举旗帜　聚民心　育新人　兴文化　展形象

———习近平

广电全媒体蓝皮书

BLUE BOOK OF CHINA'S RADIO AND TELEVISION ALL-MEDIA

中国广播电视全媒体发展报告（2023）

ANNUAL REPORT ON DEVELOPMENT
OF CHINA'S RADIO AND TELEVISION ALL-MEDIA
（2023）

国家广播电视总局发展研究中心　编著

主　编　祝燕南

副主编　杨明品（常务）　崔承浩

图书在版编目（CIP）数据

中国广播电视全媒体发展报告 . 2023 / 国家广播电视总局发展研究中心编著 . -- 北京 : 中国广播影视出版社 , 2023.10

ISBN 978-7-5043-9118-6

Ⅰ . ①中… Ⅱ . ①国… Ⅲ . ①广播事业—研究报告—中国— 2023 ②电视事业—研究报告—中国— 2023 ③互联网络—视听传播—研究报告—中国— 2023 Ⅳ . ① G229.2 ② G206.2

中国国家版本馆 CIP 数据核字 (2023) 第 183812 号

中国广播电视全媒体发展报告（2023）

国家广播电视总局发展研究中心　编著

出 版 人	纪宏巍
责任编辑	王　佳
封面设计	嘉信一丁
责任校对	张　哲
出版发行	中国广播影视出版社
电　　话	010-86093580　　010-86093583
社　　址	北京市西城区真武庙二条 9 号
邮　　编	100045
网　　址	www.crtp.com.cn
电子信箱	crtp8@sina.com
经　　销	全国各地新华书店
印　　刷	河北鑫兆源印刷有限公司
开　　本	710 毫米 ×1000 毫米　　1/16
字　　数	400（千）字
印　　张	30.5
版　　次	2023 年 10 月第 1 版　　2023 年 10 月第 1 次印刷
书　　号	ISBN 978-7-5043-9118-6
定　　价	108.00 元

目　录

第三章　媒体融合和融媒体建设

第四章　广播电视公共服务

第五章　智慧广电和科技创新应用

第六章　产业建设与发展

第七章　国际传播与交流

第八章　行业治理与安全

第九章　党的建设与人才队伍建设

第十章　发展亮点报告

附　录

CONTENTS

Chapter Ⅲ   Media Convergence and Multimedia Construction

Chapter Ⅳ   Radio and Television Public Services

Chapter V   Intelligent Radio and Television and Technology Innovation and Application

Chapter VI   Construction and Development of Radio and Television Industry

Chapter VII   International Communication and Exchange

Chapter VIII   Industry Governance and Security

坚守使命　凝心聚力
努力开创新时代广电发展新局面

（代序）

中央宣传部副部长，国家广播电视总局局长、党组书记　曹淑敏

2023 年全国广播电视和网络视听工作年中推进会的主要任务是：以习近平新时代中国特色社会主义思想为指导，全面贯彻落实党的二十大精神，深入贯彻落实习近平总书记关于宣传思想文化工作的重要论述和关于广电工作的重要指示批示精神，贯彻落实党中央、国务院重大决策部署，进一步研究、部署、推进下半年广播电视和网络视听重点工作。

一、2023 年以来广电工作取得新进展新成绩

2023 年以来，全国广电系统深入开展学习贯彻习近平新时代中国特色社会主义思想主题教育，以学铸魂、以学增智、以学正风、以学促干，各方面工作取得新进展新成绩，有力服务了党和国家工作大局。

一是重大宣传浓墨重彩。将习近平新时代中国特色社会主义思想和习近平总书记大党大国领袖宣传作为首要政治任务，推进广播电视媒体"头条"建设、网络视听平台"首页首屏首条"建设和短视频"首屏首推工程"，推动习近平总书记思想和领袖形象宣传持续深化；聚力打造核心宣

传重磅作品，《习近平的文化情缘》《连心》《中国智慧中国行》《新思想一路讲》等优秀节目脱颖而出；拓展核心宣传新阵地，成立全国广播电视新媒体联盟，遴选 100 个具有龙头示范效应的广电新媒体品牌打造网上宣传"联合舰队"，自 2023 年 6 月成立以来共发布 130 条核心宣传短视频内容，壮大了主流舆论声势。

二是精品创作繁荣发展。涌现出《狂飙》《三体》《漫长的季节》等电视剧网络剧，《中国奇谭》等动画片，《非遗里的中国》等文化类节目，《声生不息·宝岛季》《登场了！北京中轴线》等网络视听作品。

三是广电网络建设深化拓展。全国有线电视网络整合和广电 5G 建设加快推进，固定语音业务网、互联网骨干网、内容集成播控平台等三大全国性基础业务网络平台开通上线，广电移动用户突破 1600 万，"有线 +5G"融合传播格局进一步完善。

四是事业产业取得新发展。"十四五"重点惠民工程加快推进，进一步补短板、固基础；截至 2023 年上半年，高清超高清电视发展加快，全国高清频道已有 1099 个，其中超高清频道 10 个。

五是走出去取得新成效。举办"一带一路 节目互播"活动，遴选百部优秀视听作品面向"一带一路"沿线国家和地区进行展播和推广，专题片《领航》、电视剧《三体》等作品走出去取得良好效果。

六是阵地管理切实加强。深入开展文娱领域综合治理，坚决查处各类违规行为，行业秩序进一步规范。全国各级广电部门发扬"严、细、深、实"的优良作风，在重大节庆、重大活动期间，坚守一线，圆满完成元旦春节、全国两会、第 31 届大运会等安全播出保障工作。在国内多地遭受台风、强降雨、山洪等极端自然灾害情况下，各地广电部门全力投入防汛救灾，充分利用应急广播系统，及时进行灾害预警、播发权威信息、开展救灾宣传，发挥了重要作用。灾情发生后，有关地方特别是受灾较重的北京、河北、福建、吉林、黑龙江等地广电部门，全力抢修受损线路设施，尽快恢复信号传输，最大限度保障广电安全播出。

二、深刻把握广电工作的新形势新要求

广电作为宣传思想文化工作的重要组成部分,习近平总书记、党中央高度重视、提出明确要求,同时广电发展也面临新形势新挑战,要深刻认识、准确把握。

一是习近平总书记为宣传思想文化工作掌舵领航、谋篇布局。党的十八大以来,习近平总书记就做好宣传思想文化工作作出一系列重要论述,对广电工作作出一系列重要指示批示,为广电工作提供了根本遵循。关于加强党的全面领导,要旗帜鲜明坚持党管宣传、党管意识形态、党管媒体;要坚持政治家办报、办刊、办台、办新闻网站;习近平总书记对于广电工作强调,要坚持党的领导,坚持以人民为中心,忠实履行职责使命,统筹广播与电视、内宣与外宣、传统媒体和新兴媒体,加强国际传播能力建设,锐意改革创新,壮大主流舆论,努力打造具有强大引领力、传播力、影响力的国际一流新型主流媒体,奋力开创工作新局面。关于做好意识形态工作,强调意识形态工作是党的一项极端重要的工作,是为国家立心、为民族立魂的工作;提出建设具有强大凝聚力和引领力的社会主义意识形态;指出社会主义意识形态的凝聚力和引领力,既取决于富有说服力、感召力的内容,也取决于广泛有效的传播。关于建设文化强国、建设中华民族现代文明,提出推进文化自信自强、铸就社会主义文化新辉煌;在新的起点上继续推动文化繁荣、建设文化强国、建设中华民族现代文明;推进文化体制改革,加快文化事业和文化产业发展;文化和科技融合,既催生了新的文化业态,延伸了文化产业链,又集聚了大量创新人才,是朝阳产业,大有前途;习近平总书记多次对提升公共文化服务水平作出指示,提出让人民享有更加充实、更加丰富、更高质量的精神文化生活;要把农村小喇叭、小广播建起来,深入推进广播电视村村通等重点文化惠民工程。关于精品创作,强调要把培育和弘扬社会主义核心价值观作为根本任务,把爱国主义作为文艺创作的主旋律;要坚持以人民为中心的创作导向,在深入

生活、扎根人民中进行无愧于时代的文艺创作；要推动中华优秀传统文化创造性转化、创新性发展；习近平总书记对广电做好精品创作还提出了"找准选题、讲好故事、拍出精品"的重要要求。关于媒体融合发展，提出加强全媒体传播体系建设，塑造主流舆论新格局；加快推进媒体融合发展，使主流媒体具有强大的传播力、引导力、影响力和公信力；要打造新型传播平台，建成新型主流媒体，扩大主流价值影响力版图，让党的声音传得更开、传得更广、传得更深入；习近平总书记还对广电提出"推动媒体融合发展，打造智慧广电媒体，发展智慧广电网络"的重要要求。关于网络强国建设，强调过不了互联网这一关就过不了长期执政这一关；要让主力军全面挺进主战场，要把互联网这个变量变成事业发展的增量；坚持正能量是总要求、管得住是硬道理、用得好是真本事，这些都为我们做好网络视听工作提供了行动指南。关于统筹发展与安全，指出安全是发展的基础，稳定是强盛的前提；要推动发展和安全深度融合。关于做好国际传播，强调讲好中国故事，传播好中国声音，推动中华文化更好走向世界。习近平总书记对广电行业在对外传播中的独特作用给予肯定，三次向广电国际交流活动致贺信，为广电视听国际传播指明了方向。我们要深入系统学习习近平总书记的重要论述，切实用于指导实践。

二是经济社会发展提出新期待新需求。中国式现代化是物质文明和精神文明相协调的现代化，我国已经开启了全面建设社会主义现代化国家新征程，人民群众对精神文化的高品质、多样化、个性化需求日益增长。比如，我国网络视听用户规模已达 10.4 亿，网民使用率 97.4%，产业规模超7000 亿元，显示了视听产业潜力巨大，而视听正是广电的特色优势。2023年 7 月，习近平总书记主持召开中央政治局会议，分析研究经济形势，部署下半年经济工作；8 月，国务院召开第二次全体会议也提出明确要求，包括"扩大国内需求""提振汽车、电子产品、家居等大宗消费""推动现代化产业体系建设"，等等，广电系统要作为下半年工作的重要要求认真贯彻落实，更加主动融入和服务构建新发展格局。

三是信息技术发展带来深刻变革。日新月异的信息技术给行业发展带来新机遇，大数据、云计算、区块链、人工智能特别是生成式人工智能、5G、4K/8K 超高清、虚拟现实、增强现实、混合现实等新技术新业态新模式正在兴起，这些都会在广电领域转化为新的生产力。同时高新技术也是一把双刃剑，技术发展带来的不可知、不可控变量随之增多，要顺应技术发展的趋势和规律，未雨绸缪、及早谋划、积极应对。

四是行业自身发展面临新问题新挑战。随着互联网快速发展带来传播格局的深刻调整，广电行业出现转型的阵痛、发展的瓶颈、现实的困难。比如，传统广电媒体舆论引导能力和影响力有所下降；传统广电机构普遍经营困难、造血能力弱化。2023 年上半年全国广播广告收入 30.14 亿元，同比下降 8.78%；电视广告收入 236.45 亿元，同比下降 9.92%；有线电视网络传统业务收入 197.41 亿元，同比下降 4.3%；有线电视缴费用户数 1.05 亿户，同比下降 5.41%。比如，广电媒体融合、转型升级还在艰难探索中，技术升级和创新应用内生动力不足，业务形态吸引力不强，操作体验不佳。比如，广电系统市场意识还不够强，在商业运营、市场开拓、模式创新上的内生动力和方式方法上还很不够。还有，专业复合型人才缺乏，有的干部职工对未来信心不足、精气神不够振奋，等等。同时也要看到，经过多年改革发展，广电行业积淀了坚实的基础，拥有一支热爱广电事业、能打硬仗的高素质队伍。也欣喜地看到，一些单位勇于开拓创新，作出了示范引领。比如，中央广播电视总台提出"思想＋技术＋艺术"的理念，在习近平总书记思想和领袖形象宣传、重大主题宣传、精品创作、国际传播等方面作出了重大贡献，形成了具有中国特色的广播电视发展之路，国际上的传播力、影响力显著增强；比如，湖南、贵州等地充满敢为人先的浓厚氛围，充满创新的意识和激情，不断攻坚克难推出新的业务形态、取得新突破。广电战线的同志们是敢于担当、敢于改革、敢于创新、敢于开创新局面的。

总之，广电系统要辩证看待面临的机遇和挑战，既保持奋勇前行的强大信心和战略定力，又能准确识变、积极应变、主动求变，振奋精神、顽强拼搏、再创辉煌。

三、扎实做好 2023 年下半年广电工作

广电系统要按照党中央精神和中宣部部署，坚持以习近平新时代中国特色社会主义思想为指导，全面贯彻落实党的二十大精神，深入贯彻落实习近平总书记关于宣传思想文化工作的重要论述和关于广电工作的重要指示批示精神，深刻领悟"两个确立"的决定性意义，增强"四个意识"、坚定"四个自信"、做到"两个维护"，围绕在新的起点上继续推动文化繁荣、建设文化强国、建设中华民族现代文明，更好担负起新时代新的文化使命，把握工作定位，明确工作方向，突出工作重点，坚定信心、团结一致、改革创新、攻坚克难，努力开创新时代广电发展新局面。

（一）把握工作定位

自 1940 年广电事业诞生之日起，广电行业的使命就是传播党的声音和服务人民群众。任何时候我们都要担负好这一使命，把握好"二三四"的工作定位。

"二"是广电的两大业务，我们既有传统广播电视业务，也有新的网络视听业务。两者构成的"大视听"概念，早已突破了传统广播电视范畴。这两大业务点多、线长、面广，涵盖了制作、播出、传输、接收等多个环节，也涵盖了多个载体和网络，相互交织、相互融合，必须一体统筹、系统推进。

"三"是广电的三大属性，即意识形态属性、公共服务属性、技术产业属性。意识形态属性，就是要传播好党的声音，守好守牢意识形态阵地。意识形态属性是广电工作最根本的属性，也是最本质的属性，是由广电工作作为党的喉舌性质决定的，是必须坚守的政治责任，任何时候都不能弱化。公共服务属性，就是服务好人民群众，强化用户需求导向。广电工作连接民心、关乎民生，人民立场是广电工作的根本立场。广电服务，既包

括基本公共服务，也包括更广意义范畴的各类新型视听服务和产品。要坚持以人民为中心的发展思想，为人民群众提供好的内容、好的产品、好的服务，不断增强人民群众的获得感、幸福感、安全感。技术产业属性，就是要顺应技术产业发展规律，用先进技术赋能发展。广播电视是新技术发展带来的产物，因科技而生，因科技而兴，重资产、重技术、重创新，广电行业现在与未来的发展也必须依靠先进技术赋能。广电技术带动的是一个大视听产业，既包括服务领域，也包括制造领域。技术和产业强关联，新技术催生新业态，产业发展呼唤技术创新，技术创新又反过来会为产业发展赋能。可以说，技术产业属性是广电一个非常鲜明的属性，这一点跟其他宣传部门有很大区别。

"四"是提供广电业务的四个层次，即：广播电视网、IPTV（交互式网络电视）、OTT（互联网电视）和互联网。广播电视网包括有线、无线、卫星等，这是传统的广播电视传输方式，性能优异、安全可控。IPTV 是通过电信运营商的专网提供电视业务，由集成播控平台对内容和业务进行规范。前两者以传送直播内容为主，同时包括点播业务。OTT 是通过互联网方式，由集成平台对进入电视大屏的视听内容进行管控，以点播业务为主，目前不提供直播业务。互联网就是完全通过互联网方式提供视听内容，可以通过手机、电脑等终端观看，此种方式对内容审核有要求，但没有专门建立播控平台进行管控。上述方式是由技术演变而不断迭代、叠加形成的，对广电部门而言既有发展的责任、也有管理的责任，要统筹研究、分类施策。

（二）明确工作方向

要进一步强化系统观念、辩证思维、问题导向，立足当前、着眼长远，统筹好发展与安全的关系，统筹好社会效益和经济效益的关系，统筹好传统与新兴的关系，统筹好系统和行业的关系，等等。着重从"巩固提升传统广播电视、开拓创新推进媒体融合、整合聚合形成发展合力"三个方面发力。

1. 巩固提升传统广播电视

传统广播电视始终是传播党的声音的主渠道、主阵地，大屏观看仍然是人民群众的刚性需求，无论什么时候，这个阵地不能丢。必须多措并举，增强大屏的吸引力，让传统广播电视在新时代绽放出新的生机活力。

一要改善人民群众体验。老百姓不是不想看电视，而是觉得看电视难、看电视烦。集中体现就是电视"套娃"收费、操作复杂，群众意见很大，不仅是老年人，年轻人在使用过程中也存在一定困难，对行业是很大的伤害，中央领导对此高度重视。其中原因很复杂，尤其是多层次、多部门、多主体、多业务介入和叠加之后，更为纷繁复杂，有的电视机上几十个收费包，有的需要操作遥控器十多次才能看到免费的直播节目，导致让群众远离了电视大屏。现在花大力气进行整治，目标就是要让群众更加方便快捷地观看电视。优化群众体验要从多方面入手，各地各部门都要按照要求，倾听群众呼声，不断优化服务、改善群众体验。

二要增加高品质内容供给。现在广播电视优质内容不够多的问题仍然突出，必须进一步加强高品质内容供给。要加强创作制作，推出更多具有创新性、贴近人民、贴近生活的节目栏目、新品精品，前提是要用正确的价值观引领生产创作，不能搞低俗庸俗媚俗那一套。要在大屏上增加免费内容、公益内容供给，完善版权长期投入机制，推动经典剧片、好节目更加广泛、更加持续地触达人民群众。要进一步打通网上网下，推动更多优质内容在大屏播出。2022 年全国制作发行电视剧网络剧共计 411 部，其中电视剧 160 部、网络剧 251 部，网络剧占比达到 61.07%，很多电视剧也都到网上首播。要推动各类优秀作品丰富电视大屏，让大屏的内容更丰富、更好看，更好吸引观众、留住观众。

三要普及高清电视，加快超高清电视发展。高清、超高清化是大势所趋，要大力推进电视频道高清化。现在中央广播电视总台和全国省级台的电视频道已全部实现高清播出，全国地市级台电视频道高清化率超过90%，县级台频道高清化率接近 40%，广电总局还提出 2025 年地市级以上台电视频道全面高清化的目标。同时，要在确保用户权益前提下，做好评估，稳妥有序地关停标清频道。更进一步加快发展超高清电视，是深化广播电视供给侧结构性改革的重要举措，是培育视听新业态、新体验和新消费的重要手段，还能带动上下游产业。发展超高清电视，最重要的是打通从端到端的产业链。目前看，市场上生产的绝大多数电视机已经能够支持超高清，短板还是在制作、传输、接收等环节。制作方面，超高清内容供给依然不足；传输方面，广电网络还不能做到全部支持超高清传输；接收方面，有的机顶盒还不支持超高清解码，等等。初期确实有成本和投入的问题，但是广电系统首先要树立这样的意识、明确这样的方向，只要实现了产业的规模化，成本就可以大幅下降。广电总局将加大这方面的推进力度，各地也要加大投入力度，争取更多政策支持，集全行业力量，共同把高清超高清这篇文章做好。

四要瘦身健体、降本增效。截至 2023 年上半年，地市级以上广播电视播出机构开办电视频道 1255 个、广播频率 1154 个。总的来看，频道频率过剩问题比较突出，发展还不平衡。广电系统要适应现代传播分众化、差异化和全媒体发展趋势，切实转变粗放式、低水平、低效益的发展方式，加快精简精办，优化结构布局。广电总局 2023 年以来已批准撤销电视频道 19 个、广播频率 9 个，同时调整优化了一批频道频率。下一步，全系统要共同努力，加大精简精办力度，建立优胜劣汰机制，支持内容导向正确、专业特色鲜明、节目质量高、综合效益和影响力大的频道频率深化改革、扩大覆盖、创新运营、做精做优做强；对严重偏离定位、节目质量低劣、综合效益低下或不具备开办条件和能力的频道频率，依法依规坚决实施退出。各地都要强化意识，以壮士断腕的决心淘汰落后产能，提质增效、轻装上阵。

五要强基固本，拓展延伸业务功能。广播电视已经不仅是要好听、好看，还要好用。要在横向上拓展，积极探索广播电视和政务服务、社会服务、家庭服务深度融合。这方面已经有不少探索，比如有的台做好政务服务，助力打造政府服务平台；有的搭建社会服务平台，为群众交通、出行等提供多功能服务；有的开发家庭服务，把电视打造成为智慧家庭中心，等等。例如，长沙市政府专门印发文件，将180个部门的2000多项业务构建在广播电视网上。要在纵向上延伸，扩大广播电视业务触达范围，探索更加多样的业务形态。比如，公共大屏、车载音视频等新业态发展很快，也出现很多新情况，例如导向问题、管理问题、内容问题等，这些既赋予我们新的责任，也拓展了我们的业务空间，要加强规范管理、促进有序发展。比如，应急广播在疫情防控、防汛救灾、基层社会治理等方面都有重要作用。全国已建成省级应急广播平台16个、市级应急广播平台115个、县级应急广播平台1760个，建设应急广播主动发布终端（大喇叭、智能音柱、公共大屏等）1004万个，覆盖行政村32万个，覆盖应急广播终端3791万个。广电系统要进一步完善应急广播体系，横向打通、纵向贯通，加强与应急管理等部门的沟通合作，打通信息发布的"最后一公里"，让应急广播用得上、用得好。此外，正在大力推进的智慧广电固边、"三区三州"市级广电融合提升、民族地区有线高清交互数字电视机顶盒推广普及等"十四五"重点惠民工程，相关省局和单位要抓紧抓实，不断强化广电基层基础，提升基层服务能力。

2. 开拓创新推进媒体融合

互联网特别是移动互联网，已经成为意识形态主战场主阵地最前沿，必须强化互联网思维，把资源和力量向互联网聚焦，推动广电媒体主力军挺进主战场，把媒体融合放在更加重要的战略位置，打造新型广电主流媒体，塑造主流舆论新格局。

一要造船出海，做强广电新媒体自有客户端、自有平台。中央广播电视总台和一些省台已经形成了央视频、湖南的芒果TV、上海的百视TV、浙江的Z视介等具有影响力、特色鲜明的新媒体品牌。要继续突出各自的特色定位，不断增强影响力。广电总局和有关省局都要加强指导和政策扶持，做强自有平台。

　　二要借船出海，利用已有的互联网商业平台做强广电新媒体账号。目前各级广播电视台还在各类商业视听网站开设各类账号4.2万余个，其中新闻类账号超过2000个，这是大部分广电媒体开展新媒体传播的一个重要方式，虽然账号数量很多，但是多而散，品牌影响力、传播力有限。但是联合起来就完全不同，这也是广电总局成立广电新媒体联盟的重要原因，联盟首批100家成员单位的新媒体矩阵，就拥有粉丝数17亿，而且还在不断发展。要坚持包容开放，推动广电新媒体账号从"各自为战"到"协同作战"，充分利用商业平台增强我们的影响力，在各个舆论场唱响广电最强音。

　　三要强化媒体融合。当前，广电媒体融合正在向纵深发展。融合不仅在于形式上的融合，更在于内在流程和体制机制上的融通，必须推动生产方式的重塑和组织机构的调整，实现传统频道频率与新媒体平台的融合互通，大屏小屏联动，真正实现从"相加"到"相融"。建设新型主流媒体，强化全媒体运营，涉及各个方面的变革，有观念之变、内容之变、技术之变、经营之变、管理之变等，体制机制变革尤为关键。要积极探索，打破固有藩篱，创新体制机制，激发内生动力活力。目前，县级融媒体中心已经全部建立，地市级融媒体中心建设也在有序铺开。省局和省台要勇于担当，加强指导，因地制宜，发挥广电的技术和平台优势，在融媒体中心建设中体现广电作为。广电总局将进一步加强指导、完善政策，更好发挥融合发展先导单位、典型案例、成长项目等的典型示范和引领带动作用。各地也要主动作为，加强与党委政府沟通协调，为融合发展争取更多支持。

　　3. 整合聚合形成发展合力

　　面对新形势新任务，特别是对处于转型阵痛期的广电行业来说，各自为战已经不能适应时代需要、发展需要，无论是传统领域还是新兴领域，都必须协同作战，坚持"全国一盘棋"，发挥系统优势，把资源、力量整合聚合起来，实现共建共享共用，形成集聚效应，发挥规模效应。

　　一要加强资源整合。广电行业资源很多，包括内容资源、传播资源、技术资源、数据资源等，但区域分割、层级分割、主体多、小而散的问题比较突出。比如，内容资源方面，要进一步研究探索版权集中采购、共采共享、互联互通等方式手段，降低内容成本，推动优质内容广泛传播，有的地方建设了省级节目共享平台，集中购买、免费提供，打造主题内容宣传资源库，推动节目资源共享，最大限度盘活资源。比如，技术支撑方面，大数据时代，更加需要加强云、大数据等技术平台的整合聚合。总之，需要在更高的高度、更大的视野看待问题，形成广电资源的集聚、规模效应。

二要创新协同机制。现在广电行业的一些壁垒和割据，其中涉及很多历史因素，要积极寻求机制上的创新和突破，打破各自为战的困局。成立广电新媒体联盟就是行业整合聚合的一次有益尝试，新机制的强大能量也在实践中充分凸显，同时联盟还建立了有关具体运行机制，各方面积极性也很高。要推动各地局、台、网之间的协同，破除隔阂点、找准契合点、形成协作点，特别是让台的内容优势、网的传播优势更紧密协同，努力形成互利共赢、共同发展的新局面。广电行业要树立大局观，进一步创新完善协同机制，推动国家层面、省级层面、机构层面等各个层面的协同，努力形成合力。

三要探索运营模式。资源整合起来了，机制建立起来了，还要找到可持续发展的运营模式、商业模式，把"蛋糕做大"，为行业探索出一条发展之路。比如湖南台推进湖南卫视与芒果 TV 双平台深度融合，完善双效考核体系、经营调度机制和经营管理模式，这也是机构层面的整合聚合，有效打通了一体化管理、一体化运营、一体化发展路径，取得很好的效果。再比如，跨地区的产业合作，京津冀、沿黄河省份等都在探索建立区域产业协作体，就是很好的尝试。总之，我们要在整合聚合的框架内，既实现个体的做大做强，也实现整体的全面跃升。

（三）突出工作重点

1. 壮大主流舆论

要突出首要政治任务，用心用情用功做好习近平新时代中国特色社会主义思想和领袖形象宣传，不断深化完善宣传机制，努力打造优质精品，全方位立体化展现习近平总书记的领袖形象和思想魅力，更好推动党的创新理论"飞入寻常百姓家"。目前，广电总局和各地已经谋划了一批重点项目，比如微纪录片《与人民在一起》，融媒体报道《思想之光》，理论节目《思想耀征程》《思想的伟力》等，这些都要抓紧推进，抓出成效。要围绕中心、服务大局，把握下半年国庆等重要时间节点，把握杭州亚运会等重大活动，把握经济运行等重点议题，统筹做好宣传报道、舆论引导，为党和国家工作提供有力舆论支持。

2. 深耕精品创作

要按照"找准选题、讲好故事、拍出精品"的重要要求，创作出更多既体现社会主义核心价值观，又有很高艺术价值和口碑的优秀作品，努力创造视听精品繁荣发展的"黄金时代"。要围绕党和国家重要时间节点，加强选题规划，抓好重大主题创作。2023 年是改革开放 45 周年、"一带一路"倡议提出 10 周年、"精准扶贫"思想提出 10 周年、抗美援朝战争胜利 70 周年、毛泽东同志诞辰 130 周年，广电总局策划推进了一大批重点项目。包括《冰雪尖刀连》《侦察英雄》《鲲鹏击浪》《问苍茫》《喀什古城》《欢迎来到麦乐村》等电视剧，《千万工程》《国家公园》等纪录片，《声生不息·港乐季（第二季）》等文化类综艺类节目等等。对于这些重点项目，广电总局和各省局都要加强跟踪指导服务，确保推出高质量产品。要落实习近平总书记在文化传承发展座谈会上重要讲话精神，全力抓好弘扬中华优秀传统文化、彰显中华民族现代文明的作品创作生产。要坚持以文化人，在各题材类型作品中都贯穿融入弘扬真善美、传递正能量的精神力量、道德力量。要完善扶持引导政策，加强分类指导和分类管理，促进各类内容创作全面发展、全面繁荣。广电总局组织开展"文明之光"主题精品创作活动和文化传承发展优秀节目展播活动，还将召开电视剧、综艺节目、纪录片、动画片等方面的创作座谈会，举办一系列精品创作培训以及青年演员、经纪人培训，进一步强化精品创作。

3. 强化科技赋能

坚持科技是第一生产力，用先进技术赋能行业发展各个环节。要强化科技自立自强。完善科技创新体系，推进中长期科技计划部署实施，聚焦芯片、操作系统、电视机顶盒和遥控器、5G 广播、超高清等重点领域，加强关键核心技术攻关和关键标准研发应用，为行业发展注入强大动力。特别是要聚焦卡脖子问题，加强国产化替代工作，完善自主创新的国产核心技术、核心标准，为整个国家的科技自立自强做贡献。比如，要大力推进国产 TVOS 电视操作系统，推进 5G NR 广播部署应用，等等。要加强对生成式人工智能（AIGC）等新兴技术的研究应用，更好为广电发展赋能。要建好用好广电网络。蔡奇同志在全国网信工作会上，专门强调了要加快推动有线电视网络整合，进一步明确了相关地方党委政府的责任。广电网络是意识形态主渠道、主阵地，定位十分明确，就是新型媒体传播网、新型基础设施网、国家文化专网。首先要加快全国有线电视网络整合，尽快实现"全国一网"，这块硬骨头必须啃下来；必须以先进技术赋能网络建设，端到端提升有线电视网络性能，采取多种手段遏制有线电视用户下滑局面，加快提质升级。同时要加快广电 5G 发展，积极推进国家文化专网、政务专网、应急专网等建设，充分发挥好广电内容优势，推进差异化发展。中国广电以及各地局、台、网，要加强协同配合，积极争取地方党委的支持，共同努力把广电网络建设好、发展好。

4. 深化行业治理

要全面落实意识形态工作责任制，严格落实属地管理责任和主管主办责任，坚持系统治理、依法治理、综合治理和源头治理，不断提高治理能力和治理水平。省广电局，是广电行政管理链条中的重要一环，必须全面强化职能职责，全面提升管理能力，守土有责、守土负责、守土尽责。一要持续整治行业乱象。当前下大力气集中整治电视"套娃"收费和操作复杂问题，广电总局将其作为主题教育集中整治的重点任务，组建专班，一体统筹研究解决。总的思路是：坚持治标和治本相结合，按照"总体谋划、分步实施、先易后难、试点先行"的思路，统筹有线电视、IPTV 和互联网电视三种形式，按照到 2023 年年底、到 2024 年上半年、到 2024 年年底三个阶段，以体系化的治理思路逐步推进这一政治工程、民心工程和系统工程。此项工作跨部门、跨领域，涉及多个层次、多个主体，局台网以及网络视听机构都参与其中，大家要提高政治站位、强化大局意识，积极主动参与和配合，以点带面、破解难题、促进发展。特别强调的一点是，按规定 OTT 不能开展直播业务，但目前仍然存在 OTT 违规提供直播的情况，必须认识到这是一种饮鸩止渴的行为，必须坚决整改整治。要毫不松懈深化文娱领域综合治理，保持整治天价薪酬、极端粉圈、泛娱乐化、畸形审美、低俗庸俗媚俗等问题的高压态势，坚决遏制行业不正之风隐形变异、反弹回潮。二要进一步加强行业监管。当前广播电视监管范畴发生了很大变化，必须主动适应这一点。要建立综合监测监管体系，在广电总局和省级层面构建越来越清晰的体系化监管系统，进一步明确监管内容、手段、机制，进一步明确监管责任、主体责任。同时要加强各地监管能力建设，全面提升对各类业态的监管水平。三要不断完善政策法规体系。加大力度推进《广播电视法》立法工作，力争 2023 年取得实质性进展。要适应发展，制修订一系列规范性文件，完善政策体系，强化制度执行和监督机制，实现闭环管理，切实把各项管理措施落到实处。

5. 增强安全保障

安全始终是广播电视的生命线，全国广电系统必须保持"时时放心不下"的责任感，切实维护政治安全、文化安全、意识形态安全。一要始终绷紧安全这根弦。在全行业的共同努力下，近几年全国广电系统重大安全播出事故数量逐年大幅下降，但 2023 年上半年还是发生了安全播出事故，有的问题很有代表性，呈现出一定的苗头性、倾向性，还有的问题多年都没有出现过，给我们再次敲响了警钟。广电总局对这些安全事故进行了全面调查复盘，将召开专门会议进行通报，各部门各单位要以案为鉴、举一反三，严防类似事故再次发生。二要体系化推进安全工作。广电安全包含内容安全、播出安全、网络安全、设施安全等方方面面，特别是很多新技术新业态新情况的出现，赋予了广播电视安全更广泛的内涵和外延，必须以系统观念抓安全，不能头痛医头、脚痛医脚。进一步完善各类安全的管理措施、制度机制、技术手段、监管手段以及人才、资金保障等，着力构建大安全体系，整体推进安全保障工作。三要加强安全保障能力建设。针对管理弱化、技术系统设备设施老化、网络安全防范能力不强、基层技术人才缺乏等问题，要加大安全方面人、财、物投入，努力提升保障能力和水平，特别是要充分利用先进技术，赋能升级各类安全保障系统，提升安全保障的效率和可靠性。

6.加强国际传播

习近平总书记就做好新形势下外宣工作连续作出重要批示，我们要认真贯彻落实，加强战略谋划、系统布局，努力形成国际传播新局面。要积极对外宣介习近平总书记思想和领袖形象，服务中国特色大国外交。2023年下半年，要配合习近平主席出席南非金砖峰会，在南非金砖电视台开办"电视中国剧场"，举办"新视界·新影像"非洲播映活动。要深化与重点区域、重点国家主流媒体合作，办好上合组织国家电视节、第六届中阿广电合作论坛、中俄媒体分委会、中国—东盟视听周、澜湄视听周等重要机制性活动，深入阐释习近平总书记提出的重要思想和重大理念。内容和渠道是做好国际传播的两个关键点，对外传播要内容和渠道双发力，对外讲好中国故事，传播中华文明。内容方面，要引导行业机构加强内容创作生产和中外合作合拍，深入实施"丝路视听"等重点国传工程，汇聚推广更多具有中国特色、符合海外受众兴趣的优秀视听作品，扩大面向国际受众的多元题材供给，润物细无声地讲好中国故事；渠道方面，要继续推动"视听中国"全球播映、"一带一路 节目互播""电视中国剧场""中国联合展台"取得更大实效，同时要充分发挥商业平台的国际传播作用，鼓励支持重点网络视听机构海外发展，深化本地化运营与合作，积极开展分众化精准传播，持续增强国际传播的针对性、实效性、感召力。

四、加强党对广电工作的全面领导

事业成败，关键在党，关键在人。全国广电系统要以开展主题教育为契机，深入学习贯彻习近平总书记关于党的建设的重要思想，不断加强行业党的建设和人才队伍建设，为高质量发展提供坚强保障。

一要坚持以党的政治建设为统领。要全面、系统、整体地落实党对广电工作的领导，把"广电姓党、绝对忠诚"内化于心、落到实处，切实守好守牢广电意识形态阵地。要坚持严的主基调不动摇，增强管党治党意识、落实管党治党责任，推动全面从严治党走深走实，一体推进不敢腐、不能腐、不想腐，持之以恒正风肃纪。要推动党建工作和业务工作深度融合、相互促进，发挥基层党组织坚强战斗堡垒作用，以高质量党建促进广电工作高质量发展。

二要加强人才队伍建设。人才是第一资源，人才对于广电行业而言尤为重要。要努力锻造忠诚干净担当的干部队伍，传承广电红色基因，优化干部队伍结构，增强各级领导班子整体功能，尤其要加大年轻干部培养选拔力度，健全完善"选育管用"全链条培育机制，构筑广电事业后继有人、兴旺发达的坚实基础。要全方位支持人才、帮助人才，千方百计造就人才、成就人才，以实施行业"领军人才工程"和"青年创新人才工程"等人才工程为抓手，培养更多急需紧缺的全媒型、复合型、创新型人才。要进一步加强从业人员教育培训，把党的创新理论作为所有培训班次的首课主课必修课，着力加强对网络视听平台和新媒体从业人员的培训教育，提升思想政治和业务水平。

三要团结奋斗打开事业发展新天地。广电事业一路走来，凝聚着万千广电人的不懈努力、艰辛汗水，如今正处于爬坡过坎、转型发展的关键期，更需要我们保持团结奋斗、顽强拼搏的精神状态。要树立正确的政绩观，鼓足干事创业的精气神，在开拓创新、攻坚克难中激发担当作为的干劲，在干实事、出实效中创造属于我们自己的新辉煌，开创广电高质量、可持续发展的新局面。要用好改革创新的关键招，敢于突进深水区，敢于啃硬骨头，推动广电领域改革由局部探索、破冰突围向系统集成、全面深化转变，进一步拓展创新的深度广度，以创新引领发展。要拓展开放合作的新思路，坚持"开门办广电"的理念，强化部际合作，进一步加强广电同其他领域的融合，拓展应用场景、应用模式；深化央地协同，进一步发挥广电总局统筹指导的作用，进一步挖掘用好各地资源禀赋和特色优势，各地广电部门要积极争取地方党委政府支持，努力形成上下一致、协同联动的工作格局。

雄关漫道真如铁，而今迈步从头越。让我们紧密团结在以习近平同志为核心的党中央周围，坚守使命、凝心聚力、勇毅前行，加快推动广电高质量发展，努力开创新时代广电发展新局面，为建设社会主义文化强国、建设中华民族现代文明作出新的广电贡献！

（本文系中央宣传部副部长，国家广播电视总局局长、党组书记曹淑敏在2023年8月17日全国广电工作年中推进会上的讲话摘编）

总报告

国家广播电视总局发展研究中心课题组

2022 年是中国特色社会主义进入新时代的第十个年头，十年间，广播电视和网络视听工作取得历史性成就。重大主题宣传和主题创作组织引导能力显著提升，文艺创作从高原攀向高峰，公共服务从"村村通""户户通"走向"人人通""终端通""移动通"，媒体服务从"单一服务"到"综合服务"，视听体验走向呈现高清化、传播立体化、服务智慧化；行业总收入从 2012 年的 3268.79 亿元增长到 2022 年的 12419.34 亿元，年均增长率达 14.28%，《广播电视节目制作经营许可证》持证机构数量从 2012 年的 6175 家增加到 2022 年的约 5.7 万家，年均增长率达 24.88%，[①] 行业整体发展欣欣向荣。本文简要回顾 2022 年以来广电视听取得的新进展，着重分析当前新态势，提出开创新局面的对策思考。

一、2022 年以来广播电视行业的创新实践

2022 年以来，全行业以习近平新时代中国特色社会主义思想为指导，全面贯彻落实党的二十大精神，深化拓展广播电视和网络视听舆论引导能

---

① 全书除特别标注外，数据均来源于国家广播电视总局。

力提升、新时代精品、智慧广电建设、视听中国播映、安全播出、管理优化等六大工程，强化党的建设和队伍建设两大保障，广播电视和网络视听高质量创新性发展取得重大进展，有力服务了党和国家工作大局。

（一）主题主线宣传声势贯通全年

全国广电战线紧扣迎接宣传贯彻党的二十大这条主线，统筹推进新闻宣传、理论宣传、文艺宣传、精品创作等相关工作。深化广播电视"头条"和网络视听"首页首屏首条"建设，创新开展短视频"首屏首推工程"，精心组织，层层推进，接续推出，生动展现习近平总书记的思想风范和人格魅力，深入反映党的十八大以来新时代10年的伟大变革，有力唱响党的二十大主题宣传创作"合奏曲"。其中，"首屏首推"工程全年推送习近平总书记相关短视频888部，总播放量超过173亿次，取得巨大成效。

围绕重要时间节点和重大主题，提前策划，有序衔接，用心用情用功全面提升宣传创作的广度、深度、精度，形成全媒体传播的浩大声势，营造奋进新征程的浓烈氛围。"中国视听大数据"（CVB）统计，2022年，总台央视[①]和地方卫视频道共播出电视剧879部、文艺节目1096档、纪录片967部、动画片626部。其中，现实题材电视剧创作取得突破性进展，数量占比超过3/4，黄金时段收视数据稳居前列，广受观众喜爱；公益广告成为主题主线宣传的重要阵地，全国卫视频道日均播出公益广告条次和电视收视用户日均观看时长分别高达4362条和276秒，同比增长24.06%和23.2%。安全播出、网络安全保障和设施保护有力有效，主旋律成为最强音，正能量汇聚大流量。

（二）惠民工程提升公共服务实效

广电公共服务标准和机制不断完善，体系建设取得新进展。重点惠民工程建设扎实推进，国家广播电视总局[②]指导推动21个省（区、市）134

---

① 全书除特别标注外，中央广播电视总台简称总台；中央广播电视总台中央电视台、中央人民广播电台、中国国际广播电台，分别简称总台央视、总台央广、总台国广。

② 全书除特别标注外，国家广播电视总局简称国家广电总局或广电总局。各省（自治区、直辖市）广播电视局等广播电视行政管理部门，简称省（区、市）广电局或省（区、市）局。各省（自治区、直辖市）广播电视台（集团），简称省（区、市）台。

个县实施老少边及欠发达地区基层应急广播体系建设工程，基本完成 10
个少数民族地区 97.11 万户有线高清交互电视机顶盒升级改造项目，有序
推进 6 个省（区）61 个县（团场）实施智慧广电固边工程、5 个省（区）
18 个市州实施"三区三州"市级广电融合提升工程，不断补齐欠发达地区
公共服务短板，增强基层人民群众满足感、获得感。应急广播体系建设方
面，自 2022 年以来，国家级平台已投入试运行，市县平台数量超过 1800
个，在服务政策宣传、乡村治理、应急管理和公共事务方面取得了新成效。
统筹推进公共服务标准化建设，顺利完成四川、浙江、云南、安徽、湖南
5 省 12 个县（市）县级基本公共服务标准化试点工作。积极推动智慧广电
乡村工程建设，广电总局印发工程建设指导意见，初步形成了"5 大应用
场景 +3 大服务类型 +N 种业务模式"的框架体系。

（三）视听产业创新发展稳中向好

全国广电系统持续开展技术创新和融合发展应用，深入推进媒体融合
和全媒体传播体系建设，在新一轮科技革命和产业变革中推动视听产业革
新发展。2022 年，全国广播电视行业实际创收收入 10668.52 亿元，首次
突破万亿，同比增长 10.29%。网络视听作为大视听产业发展主引擎，超过
即时通讯成为第一大互联网应用，短视频和电商直播的产业引擎效应更加
强劲，短视频、电商直播等其他收入高达 3210.42 亿元，占网络视听收入
的 72.6%，同比增长 22.51%。

2022 年，广电总局共计发布 13 项行业标准和技术文件，批复设立高
新视频互动场景创新等 4 个广电总局实验室，组织推进广电总局信息系统
整合和一体化发展，智慧广电技术底座逐步搭建夯实，智慧广电建设持续
向纵深推进。全国有线电视实际用户 2 亿户；高清和超高清用户 1.1 亿户，
高清超高清视频点播用户 3981 万户，占点播用户的比例达 94.43%；IPTV
用户超过 3 亿户，OTT 平均月度活跃用户数超过 2.7 亿户。传统广播电视
机构的智慧广电及融合发展业务收入 1063.3 亿元，成为广播电视机构产业
收入重要来源，占比超过 1/4。2022 年，广电 5G 网络正式开通运营，截

至 2023 年上半年，广电 5G 用户数达 1600 万。

媒体融合以地市级媒体为重点，各级广电媒体融合发展取得重要进展。截至 2022 年年底，全国市级融媒体中心建设试点已完成机构整合接近 90%。体制机制改革取得新突破，浙江以"传播大脑"织就"全省一张网"，湖北、云南等地局部探索"二类单位、一类保障"改革创新，山东、福建、四川等地探索新型视听节目共享平台等联动机制。频率频道加速专业化、精简化、高清化进程，近两年，经广电总局批准，全国已先后撤销130 多个频道频率，其中 2023 年前 5 个月已撤销频道频率 20 多个。截至2023 年上半年，全国高清频道已有 1099 个，其中超高清频道 10 个。随着AR/VR 头显、智能音箱、儿童早教智能硬件产品、智能穿戴设备、车载端等视听智能终端的蓬勃发展，视听要素加速融入教育、康养、文旅、乡村振兴等经济社会发展各领域各方面，大视听正在成为数字经济的重要构成和强大引擎。

（四）海外交流合作和国际传播亮点迭现

广电视听对外交流工作的重要性愈发突出，创新性有效性持续提升。2022 年，有力服务元首外交，配合习近平主席出席上合组织会议、G20 印尼峰会、APEC 泰国峰会、首届中阿峰会等重大活动，精心组织节目展播和交流等活动，为国家外交营造良好舆论氛围。对外交流机制日益完善，持续办好中非、中国—东盟、中俄、澜湄等品牌活动，继续实施"中非中阿视听合作""中国当代作品翻译""丝绸之路视听"等品牌工程和国际青年视听传播计划，不断优化"视听中国"全球播映及"电视中国剧场""中国联合展台"等品牌项目，拓展交流合作内涵。对外交流形式不断创新，开展 2022 国际短视频大赛和"美好生活 走进山东"品牌外宣活动、中俄短视频大赛、首届中阿短视频大赛，举办 25 期国际研修班，对 30 多个国家的近 400 名媒体人员进行培训，多渠道扩展视听对外交流工作。大湾区视听交流日益频繁，大湾区卫视、珠江之声正式开播，内地与港澳优秀视听作品互播、联制联播不断增多，大湾区视听产业合作论坛等各类行业交流平台愈加丰富。

（五）行业治理和队伍建设取得新成效

全国广电系统坚持党建引领，推动党建和业务工作深度融合，真抓实干、履职尽责，行业整体生态健康有序。持续优化行政推动，广电总局印发"十四五"时期人才、应急广播、电视剧发展规划和科技中长期计划等文件，出台新时代纪录片高质量发展、市级融媒体系列标准、智慧广电总体技术体系、短剧创作繁荣发展等意见指南，优化内容调控、评奖推优、宣传推介等引导机制和创新中心、实验室等工作机制，推进全行业向"未来电视"演进升级。加强行业规范管理，健全网络视听内容和从业主体管理，规范线上演唱会播出、网络视听平台游戏直播等新业态和经纪机构、经纪人、演员、网络主播等主体相关活动，出台电视剧母版制作规范，开展国家电视剧版本存储管理工作。有效推进行业治理工作，开展违规短视频、网络视听节目中不规范语言文字问题、"小程序"类网络微短剧等专项治理工作，文娱领域综合治理工作取得显著成效；组织开展全国"灰广播"及非法医药广告播出、电视购物频道集中整治工作，进一步规范明星广告代言活动，有力净化行业生态。不断推进行业队伍建设，深入实施广电行业领军人才和青年创新人才工程，加强技能人才、网络主播队伍、媒体深度融合等重点队伍的培训引导，探索新文艺群体职称评审，加强广电职业资格准入管理，锻造听党话跟党走、专业化复合型、有担当肯实干的广电铁军。

二、当前广电行业面临的形势与挑战

"当今世界变乱交织，百年变局加速演进，人类社会面临前所未有的挑战"。我国发展战略机遇和风险挑战并存、不确定难预料因素增多，时代之变、科技之变、传媒之变正以前所未有的方式展开。广电视听作为重要的文化资源、公共资源、战略资源和执政资源，在推进文化自信自强、铸就社会主义文化新辉煌中，在推进中国式现代化新征程中，面临重要战略机遇和长期风险挑战。

（一）时代之变："逆全球化"逆流加剧，格外需要广电视听担负起新的文化使命

当前，在美西方少数国家主导和推动下，"脱钩论"（de-couple）、"去风险论"（de-risk）逐渐在全球范围内扩散，全球发展面临治理赤字、信任赤字、和平赤字、发展赤字四大挑战，给全球政治经济稳定构成了严重影响，也使我国广电视听面临更加艰难和不确定的国际环境。一方面，国际传播及视听产业出海形势严峻、挑战不断。比如，TikTok 被美国、欧盟、加拿大相继在政府设备上封禁，且长期受到不公平的数据安全调查。另一方面，我国在国际舆论场的"树大招风"效应日益显现，时刻处于舆论斗争的漩涡中心，但广电视听的国际传播能力还不强，有效的议程设置、传播手段和发声平台还不够多，"西强我弱"格局和被动挨骂局面未得到根本改变。

面对时代之变和处于十字路口的人类社会，我国以推进中国式现代化和中华民族现代文明建设作出积极回应，体现大国担当。广电视听是宣传思想文化战线的主力军，要认真贯彻落实习近平总书记在文化传承发展座谈会上的重要讲话精神，冲锋在前，更好担负起新的文化使命，发挥视听内容的形式亲和、情感共鸣、文化融通优势，为中华民族伟大复兴凝聚奋进力量，为人类社会和世界发展注入中华文明智慧力量。这是时代召唤和光荣使命，我们责无旁贷。

（二）科技之变：技术浪潮奔涌，格外需要广电视听掌握主动、驭浪而行

当前，ABCD（人工智能 Artificial Intelligence、区块链 Block Chain、云计算 Cloud Computing、大数据 Big Data）等多个关联通用目的技术（General Purpose Technology）[1] 相继出现颠覆式创新，新的主导技术体系正在形成，推动基于数字要素配置的世界生产力格局大规模调整，加速传播

---

[1]　通用目的技术是产业革命中的关键共性技术，具有多种应用场景和广阔发展空间，从初期的特定应用最终扩展到多个部门被广泛应用，具有溢出效应，促进生产、流通、组织方式的优化，对产业转型和经济增长发挥乘数倍增作用。

格局变革、产业周期迭代，包括广电视听在内的各行业各领域都面临着生产力和生产关系的系统性重塑。

裹挟而来的科技创新应用浪潮，"破坏力"十足。第一，受美西方打压叠加新冠疫情冲击等因素，我国部分关键数字技术产品服务产业链安全受影响，对重装备、高技术含量的广电视听行业技术迭代、供应链完整、自主可控等带来较大不确定性，关键技术和核心器件的"卡脖子"风险凸显。第二，国际互联网平台的影响力和技术能力日益显现出可直接转化为"权力"甚至"霸权"的潜在力量和风险，流量限制、数据垄断、操控国际舆论以及信息欺诈等问题背后，是主力军在主战场作战能力不足、国际国内治理规则的准备不足。第三，AI 等技术将加剧虚假生成信息、偏向性内容、网络暴力、侵权等问题，如 ChatGPT 拟人化的交互为意识形态渗透铺设了隐蔽通道，Dall-E、Stable Diffusion 等人工智能内容生成工具放大了性别歧视、种族歧视和文化偏见。广电视听具有突出意识形态属性，能否让机器学习人类价值观，实现"人机对齐"，更进一步，能否用主流价值"驾驭"算法，已成为应用新技术必须系好的"第一粒扣子"。

危中有机，我们要善于把握、洞察技术之"势"，因势而谋、应势而动、驭势而行。近年来，新一代信息技术成果已深入应用于广电视听各环节、全流程，被封装为智能创作平台、数字人等形式，广泛应用于新闻采编、素材创作、内容推荐、智能审核等场景，极大提升了生产效能。如今，在大数据、大算力和大模型的共同作用下，AIGC 展现出超乎预期的智能涌现能力，广电视听乘势而上，也将加速从智能向智慧跃升。与此同时，广电媒体机构沉淀的海量媒资，这些都是训练大模型最稀缺、最急需的优质数据资源，盘活用好这些数据，就能把握前所未有的战略机遇，行业全面数字化转型和高质量发展也将指日可待。

（三）传媒之变：生态加快重塑，格外需要加快构建现代化大视听发展格局

从媒介生态的演进看，媒体融合不断深入，全媒体传播体系和泛媒介生态格局渐趋形成，"万物皆媒""万众皆媒"成为现实图景。我国平均每个家庭可使用的泛智能设备为 9.2 台，其中约一半的设备可接入音视频内容。① 从用户使用习惯的变化看，社交媒体、网络视听成为信息传播和视听消费的主阵地。2022 年上半年，全球整体互联网流量同比增长 23%，其中视频流量占总流量的 65.93%，同比增长 24%。全球流量前十的互联网应用中有八个主要提供视频服务，其中 Netflix 和 YouTube 位列前 2 名，分别占全球互联网流量的 13.74% 和 10.51%。② 从生产方式和供给格局的变化看，创作者经济迎来大爆发，生产传播主体异常多元。高盛预测，2027 年创作者经济的潜在市场规模可能增至 4800 亿美元，网红营销支出和短视频平台广告变现推动的平台支出是主要增长动力。③

毋庸置疑，信息无处不在、媒体无所不及、技术无远弗届的全新传媒生态已基本形成，广播电视必须立足自身特点，面向未来布局，加快构建现代化大视听发展格局。一方面，必须善于利用各种视听媒介，拓展触达用户的手段和渠道，实现广电视听服务泛在化、便利化。另一方面，必须善于在海量内容、舆论广场中"脱颖而出"，始终占据舆论引导、思想引领、文化传承、服务人民的传播制高点，在主战场保有主力军地位和作用。

面对时代之变、科技之变、传媒之变所带来的新机遇新挑战，不可否认，我们的能力和水平还存在较大差距和不足，需要直面挑战、正视问题、着力破局。总体来看，广播电视融合转型和技术迭代相对滞后，特别是广电主流媒体和有线网络历史包袱沉重，普遍经营困难，人才流失严重，未能止住日益突出的用户流失、营收下滑、零赞助裸播、广告减少、招商遇冷、项目折载、网络整合缓慢等现象。足见广电视听面对传播生态的变化和视听用户结构、习惯偏好的调整，存在诸多不适应。一是供给侧结构性

① 郑维东：《中国电视产业融合发展透视——来自数字化与社会化视频的持续影响》，《传媒》2022 年第 16 期。
② Sandvine，《全球互联网现象报告》(*The Global Internet Phonemena Report*)，2023 年 1 月。
③ 中国证券网，《高盛：2027 年创作者经济规模可接近 5000 亿美元》，2023 年 6 月。

问题未得到根本解决。广播电视服务提供方式主要还是频率频道和有线、卫星为主，IPTV 和 OTT、网络视频主要是由互联网提供。不同地区、不同类别、不同题材的内容创作能力不平衡，优质内容整体占比不高，节目供给同网络视频、短视频、直播等用户需求的适配性不强。广电权威性还在，但在老百姓日常生活中的影响力呈减弱趋势，如何回归服务主渠道、用户主阵地，面临艰巨任务。二是行业资源分散分割，没有形成规模竞争力，整体利用率和效能不高。广电系统各地各级各类云网、媒资、渠道、平台、数据、用户等资源分散分割，标准不统一，发展差异明显，数据流通遭遇技术壁垒和利益纠葛，信息孤岛现象严重。传统广电技术底座明显滞后于市场需求，现有以单向为主的传输方式无法实现流量积累、用户留存和价值变现。三是体制机制滞后，改革后劲不足、协同效应不强。各级广电媒体经过多轮改革，人员混编，队伍庞大，管理方式复杂，各主体在整个行业生态中的定位不明确，有线网络、IPTV、OTT 之间替代性强、竞争激烈，台网之间存在经营冲突、协同乏力等问题，导致信息、功能、业务、技术等交换共享不足，没有形成合力。受传统事业体制机制制约，选人用人和分配激励机制的自主权无法兑现，发展活力动力不足。新征程上，广电视听行业发展亟待全面深化改革、加快创新突围和加速整体转型。

三、开创广电视听事业发展新局面的对策思考

2023 年是全面贯彻落实党的二十大精神的开局之年，广电视听要更好肩负起新时代新征程赋予的使命任务，坚持用习近平新时代中国特色社会主义思想武装头脑、指导实践、推动工作，深刻把握工作的意识形态属性、公共服务属性、技术产业属性，深化改革，凝聚并用好各方资源力量，既往不恋、把握当下、迎接未来，求真务实、攻坚克难、开拓创新，全面提升行业现代化水平，形成全媒传播、综合服务、协同作战、集约发展、集成改革、数智治理的体系化能力，在服务党和国家工作大局中发挥更加重要和独特的作用。

（一）突出意识形态属性，有力有效守好阵地

习近平总书记强调，"阵地是意识形态工作的基本依托。人在哪里，新闻舆论阵地就应该在哪里"。时代的召唤就是我们前行的方向，要加快构建网上网下、内宣外宣联动的主流舆论格局，增强阵地意识、加强阵地建设、切实守住守好阵地。

第一，创新开展网上正面宣传引导。面对嘈杂的网络舆论广场，如何实现有效引导，让主旋律、正能量成为网络最强音，至关重要，迫切需要新战略的引领。2023年6月，广电总局推动成立全国广播电视新媒体联盟，将重点打造思想引领平台、舆论引导平台、协作共享平台、发展赋能平台、高端智库平台，推动广播电视媒体融合和新媒体聚合联合，化"散"为"聚"、攥指为拳，打造网上宣传的"广电联合舰队"。这是广播电视创新做好网上正面宣传引导的关键一招，也必将成为主力军全面挺进主战场的标志性事件。接下来，"舰队"可从四方面发力。一是探索建立全国广播电视移动客户端、短视频、直播和第三方账号等细分运营联盟，形成统分结合、灵活多样、打通内宣外宣的全新战术体系。二是突出主流媒体机构的"把关人"角色和能力优势，广泛吸引调动各方资源力量，共同加强高质量PUGC、AIGC等内容供给能力，"用海量对抗海量"，组织并保护"沉默的大多数"主动发声，弥合"撕裂和极化的社会舆论"。三是推动广电视听机构发挥综合优势，以国际传播中心整合省域国际传播资源。广电总局可加强与地方的协同和整合，组建国际传播联盟，以点带面引领广电国际传播重塑业务、重整流程、重构格局。四是持续做实联盟运行机制，推动数据、技术、业务的互联互通、共建共享，搭建舆论引导反馈闭环，及时回应人民关切、合理引导社会预期，主动回应国际关切、有效影响国际舆论，全面抢占制高点、赢得主动权。

第二，加快锻造新时代广电铁军。守阵地关键还是要靠训练有素、可靠可信的人才队伍。整体看，人才的问题是掣肘行业发展诸多短板中的短板。接下来可以考虑从三方面发力补短板、强弱项。一是突出党建引领作用。坚定不移全面从严治党，及时深入学习贯彻习近平总书记重要讲话精神，统一思想、坚定信心、提振士气、增强预期；要落实主题教育的"重实践"要求，求真务实、以学促干、改革创新，以解决问题、推动发展的实际成效践行"两个维护"，引领行业脱困重生。二是推动"建立符合行业特色的人事薪酬制度"落地。针对行业积极探索的工作室制、联盟协作体等组织方式创新，及时给予核心人才、核心团队相应的运行机制、管理方式、权责适配创新，逐步建立激发创新活力、知识价值导向、管理规范有效、保障激励兼顾的薪酬制度，最大限度调动人才内生动力活力。三是各级行政管理部门可以针对人才结构性不足的问题，统筹用好培训、大赛、交流、评选等多种方式，体系化、组织化面向行业提供人才引育、能力转型等服务，优化人才布局，构建完备的人才梯次结构，有力有效守好阵地。

（二）突出公共服务属性，精心精准广电为民

人民幸福安康是推动高质量发展的最终目的。党的二十大报告提出"六个必须坚持"，首要就是"人民至上"。人民广电从诞生之日起就在不懈践行"广电为民"的根本宗旨。广电视听要顺应我国社会主要矛盾的变化，将满足人民群众日益增长的美好生活需要作为职责使命，推动公共服务的重心从"有没有""好不好"向"多样化适配"升级，从"看电视""用电视"向"电视好用"全面拓展，推动基本公共服务标准化、均等化的同时，推动普惠性非基本公共服务在满足人民群众美好生活需求方面发挥主导作用。

其一，以更多精品力作丰富人民精神世界，增强人民精神力量。广电视听可充分发挥文化节目制播能力、沉淀海量素材和文化专网建设的综合优势，高质量服务中华民族现代文明建设。一是推动"文化专网"建设和文化数字化，协同局台网，为"创造性转化、创新性发展"提供良好条件。主动发掘各方面民族传统文化资源，孵化优秀文化IP，持续产出高质量视听内容、不断拓展衍生品全业务市场。二是借力短视频、网络直播等视听形式，挖掘和培养优质内容创作者，激发全民族创新创造活力，打造强大的数字文化基因库，为精品创作提供源头活水。三是统筹用好广电总局和各地行政部门组织的评审推优平台，以及各省广电视听节目共享平台，集聚优质视听内容资源，增强丰富性贴近性，为各地针对不同人群、不同需求提供精准的基本公共服务给予有力支撑。

其二，集中力量解决用户体验不佳的突出问题。互联网电视"套娃"收费、电视操作复杂、个性化服务能力不强等问题严重影响大屏侧收视体验，人民群众反映强烈。针对这些问题，一方面，2022 年，广电总局已组织开展有线电视和 IPTV 智能推荐试点，推动广电大屏视听服务体验向跨网络、泛终端、个性化延伸，2023 年可边总结边迭代，加速向全国推广，让更多用户感知到新气象。另一方面，针对互联网电视"套娃"收费和电视操作复杂等问题，各地有线网络已加速布局软终端、语音遥控器、大小屏互动产品等，从形态上、功能上革新用户体验。下一步，政府与市场应相向而行，"一体设计、分步实施"，以有效举措争分夺秒赢回用户，重塑广电形象。

其三，用更多场景化智慧广电服务，更好服务经济社会发展。广电视听要积极发挥专业能力和在地影响力公信力优势，主动融入和服务国家重大区域战略，打造服务经济社会发展和基层治理的"枢纽"平台，搭建开放、协同的大视听产业生态体系。接下来，要全面对接智慧家庭、智慧城市、智慧乡村、智慧社会、智慧政府建设，围绕政府、企业、个人等不同服务对象的不同场景需求，针对性集聚并整合资源，精细化、精准化提供政用、民用、商用等综合服务，形成广电视听多元化差异化发展新格局。

（三）突出技术产业属性，面向未来筑牢根基

广电视听因技术而生，必然随着技术进步而进步，广电视听因产业而兴，必然在产业运营中实现发展。当前，我们要把握新一代信息技术集成创新和加速应用的战略机遇，以数字经济为关键力量，驱动广电视听产业向高层次整体跃升。

一是加快重构广播电视技术体系。2023 年 2 月，广电总局印发的《智慧广电技术体系及实施指南》明确提出，力争到 2025 年，建成以新一代信息技术应用为基础，以"算力＋算法＋数据"为支撑的现代化技术体系。我们应深刻认识到，技术体系的重构是引领行业发展范式深刻变革的"牛鼻子"。广电行业应乘势而上，推动资源重组、产品重建、体系重构、系统重塑、流程再造，以云化、软件化推动设备终端轻量化、通用化、移动化，以算力网络和行业大模型激发智能涌现，形成以数据和技术驱动的全新发展模式，创造新服务、释放新动能、培育新优势。

二是大力加强系统协同。当前，全行业应尽快树立"协同、融通、共享"理念，引导技术、应用、用户、产业等资源协同集聚、融合互促，着力实现业务上、区域上的协同，重塑行业发展模式。一方面，以基础设施的打通为突破口，加快业务协同。要抓住信息技术革命与传播格局交汇的发展机遇，深入推进全国有线电视网络整合和广电 5G 网络协同发展，探索构建"有线＋无线＋广电 5G＋卫星"协同融合传播体系。推动媒体深度融合发展，以融媒体云平台为基础，加快建立横向各类媒体部门机构打通、纵向省市县三级贯通的业务协同体系，逐步形成"传播共同体"和"利益共同体"，实现集约化发展。充分发挥先进产业项目的带动示范作用，推动产品重建、体系重构、系统重塑、流程再造，引领广电视听产业持续迭代升级。另一方面，主动对接国家区域协调发展战略，大力推进区域协同。统筹用好重点实验室、产业基地（园区）、广电媒体融合发展创新中心、行业自发组建联盟等的带动作用和溢出效应，加强协同化布局，优化关键生产力布局，引领实现政产学研用协作、服务业务便利互通、平台品牌共建共享、产业聚合集约发展，创新打造一批广电视听企业云上线下聚集的产业高地，积极推动产业链和区域产业带建设，构建区域一体化发展新格局。2023 年 7 月，四川省成立天府融媒联合体，由四川广播电视台、四川日报报业集团、四川新传媒集团、中国广电四川公司 4 家单位发起，联合 21 个市级媒体、185 家县级融媒体中心共建，列编技术联通、数据融通、主业贯通的全媒体传播"航母"。这一举措为媒体区域一体化发展提供了全新实践样本。伴随市级融媒体中心建设的快速推进，区域协同、集约发展将成为重要突破方向。

（四）强化改革关键内驱，聚智聚力推动转型脱困

习近平总书记明确指出，"推动改革向更深层次挺进，发挥全面深化改革在构建新发展格局中的关键作用"。当前，广播电视行业正处于最艰难、最吃劲的转型阶段，部分主流媒体机构因为经营造血能力减弱陷入前所未有的生存危机。要以改革作为推动行业整体转型、发展模式深刻变革的关键内驱，加强改革协同和政策统筹，发挥改革协同效应，应对变局、开拓新局，尽快实现系统性脱困。

第一，加强全媒体传播体系建设。建立以内容建设为根本、先进技术为支撑、创新管理为保障的全媒体传播体系，这是推动媒体融合纵深发展、服务中国式现代化建设的重点任务，也是广电媒体重建自身发展模式、造血机制，实现整体转型、可持续发展的基础性工程。经过十余年的持续推动，广播电视媒体融合发展已进入"串珠成链"，形成体系化、系统化能力的关键阶段，具体可从两方面着手。一是加快构建贯通广播电视与网络视听、网上网下一体、大屏小屏联动、区域协同、央地融通的全媒体传播格局，形成更可及、更便利的服务入口和服务平台。二是加快将全媒体传播体系优势转化为全媒体服务能力优势。发挥行业公信力优势，以及内容渠道协同优势，围绕用户需求，推进供需对接的场景化、精准化，在政用商用民用综合服务中找到增长的"第二曲线"。

第二，推动关键主体脱困。行业纾困，关键在于做强省台、省网两类关键主体。省级广播电视台是省域广电视听的枢纽和龙头，中国广电省网子公司是集团发展的核心力量，二者都具有对行业、对区域的整体带动能力和稳固底盘的基石作用。接下来，应以媒体深度融合和有线网络深化整合为两大抓手，切实发挥改革的突破和先导作用，引领关键主体率先破局。一方面，2023年是各省广播电视媒体深度融合三年行动计划的收官之年，以对目标任务完成情况开展全面督查考核为契机，重点聚焦省级台，梳理体制机制障碍，分类找准"事业单位、企业化管理""中心＋集团"一体化运行等发展范式遇到的现实困难，以深化改革试点的方式加强全过程指导、全方位赋能，对探索创新中遇到困难的要及时给予支持，精准施策、精准疏堵，争取率先突破、率先成势。另一方面，针对省网公司包袱重的问题，广电总局及中国广电当前正以深化"一省一网"整合为突破口，着力推动形成"四个统一"发展格局。可通过全国有线电视网络整合发展领导小组办公室印发有关工作通知，明确深化整合的目标原则、责任分工、时间节点，压紧压实各方主体责任，高位推动与基层创新有机结合，全力支持省网公司解决遗留问题，卸下包袱轻装前行。

（五）优化行业发展环境，蓄力谋势推动蝶变跃升

习近平总书记强调，"把数字技术广泛应用于政府管理服务，推动政府数字化、智能化运行，为推进国家治理体系和治理能力现代化提供有力支撑"。我们应进一步加快推动数字化赋能政府治理理念和方式创新，引领法治政府和服务型政府建设同频共振，加大行业治理，打造健康生态，坚守行业安全底线，确保不出问题。

首先，"时时放心不下"守护安全。保证安全是头等大事。广电视听既是意识形态领域斗争的最前沿，又是关键的信息基础设施，安全的内涵和外延更加丰富，时空和领域更加宽广，要求和标准也更严格。实践证明，我们必须坚定不移贯彻总体国家安全观，坚持底线思维、极限思维，根据大视听产业的技术特点和客观规律，加快研究形成与之相适应的行业安全领域标准布局，加快构建大视听安全防护体系。研究突破独自构建监管能力的传统范式，研究构建广电视听机构、内容创作者、用户等多方主体共同参与、监管机构和被监管对象协作共建、中央和地方监测监管系统互联互通、数据资源共享的新型监管体系和协同治理机制，提高整体监管效能、筑牢安全屏障。

其次，以数字化促进发展环境优化。一是以数据治理为抓手促进管理服务能力升维。2022年以来，广电总局启动实施广播电视和网络视听行业

数据规范化标准化工作，设立八条工作主线，以"探、联、用"分阶段分步骤推进数据探查、汇聚整合和服务应用，为实现网络互联、业务互通和数据共享创造基础条件。接下来，可针对行业痛点，推进行业数据应用和数据资产交易试点，孵化数据服务业态，激活和释放行业沉淀的数据要素潜能，加快广电数据业务化、业务数据化步伐，推动形成数据驱动的广电发展新模式。二是进一步用好"试点"的突破性创新能力。针对"未来电视"和"数据治理"等重大战略，宜继续采用先试验多试错、先试点再推广的基本思路。符合条件的各地各主体应积极参与，强化技术试验与业务示范、发展实践有机融合，总结提炼与复制推广动态跟进，充分激发市场主体的积极性主动性创造性，引领行业从单点创新走向整体性突破。

望远能知风浪小，凌空始觉海波平。我们要自觉担负起新的文化使命，凝心聚力奋发有为，敢于改革创新，勇于攻坚克难，全力推动广电视听高质量发展，为建设社会主义文化强国，建设中华民族现代文明，推进中国式现代化注入强劲广电力量。

第一章

重大主题主线宣传

课题指导：

国家广播电视总局宣传司副司长（主持工作）　　　李忠志

国家广播电视总局网络视听节目管理司司长　　　冯胜勇

第一节　党的二十大主题新闻宣传

提要：做好党的二十大主题宣传，是 2022 年广播电视和网络视听战线的重大政治任务。全行业全力做好党的二十大重点新闻节目、特别专题创作播出，在二十大会前、会中、会后分阶段、多层次完成了丰富多彩的主题宣传工作，主题宣传线上线下融合、大屏小屏联动、长短视频互补、艺术技术并重，厚重大气，亮点纷呈，高潮迭起，为宣传贯彻党的二十大精神营造了良好的舆论环境。

一、全流程构筑重大主题宣传新格局

党的二十大是在全党全国各族人民迈上全面建设社会主义现代化国家新征程、向第二个百年奋斗目标进军的关键时刻召开的一次十分重要的大会，在党和国家历史上具有重大而深远的意义。广播电视和网络视听战线坚定落实中央部署安排，认真做好迎接党的二十大宣传报道和大会期间新闻宣传、直播转播、阵地管理等工作，做到导向正确、主题鲜明、引导有序、亮点纷呈，高质量完成了庆祝党的二十大胜利召开的重大宣传任务。

（一）把准基调，做好宣传规划

遵照党中央统一部署，全行业牢牢把握务实、平实、朴实、扎实、切实的宣传基调，以精心的编排策划和强效的创新力度，将党的二十大报道作为工作主线贯穿全年始终。把学习宣传贯彻习近平新时代中国特色社会主义思想作为重要政治任务，让党的创新理论深入人心；聚焦十年辉煌成就和伟大变革，全方位全景式展现新时代新气象；围绕国庆和党的二十大期间等一系列重大节点和重点内容，分阶段、有步骤地推出专题专栏、系列报道，环环紧扣、层层递进，掀起宣传新高潮。

（二）创新管理机制，守牢意识形态阵地

广电总局对党的二十大宣传工作强化组织引领，创新思维理念和方式方法，着力发挥广电特色和优势，进一步提升重大宣传一体化统筹工作水平。一是超前设计，整体谋划。广电总局围绕各大重要时间节点，立足宣传部署整体推进，指导行业贯通台网加强议题设置、开设专题专栏、做好结构化设计。二是精心组织，全力完成各项重大宣传任务。按照会前、会中、会后的时间节点，组织完成好常规报道，会前积极预热、加强舆论引导、会中及时宣传、多维展现亮点，会后坚持贯彻、强化解读，持续关注各界反响。三是健全统筹联动的工作机制，切实提升重大宣传报道水平。广电总局大力实施"舆论引导能力提升工程"，加强动态管理和跟踪指导，确保广播电视新闻宣传、文艺宣传、精品创作和内容监管等工作步调一致；通过建立覆盖中央、省、市、县的全国重大宣传报道协调机制，有效提升全系统宣传指挥调度能力、快速反应能力、突发问题处置能力，强化党的二十大报道工作的服务保障；探索建立好重大宣传报道监测和评价体系，开展内容、播出等方面的专项整治和审核把关；在各项扶持、征集、评优活动中引导创作正能量、主旋律的精品力作，形成了全行业协同贯通、齐抓共管的工作格局。

（三）集聚行业力量，共建主流价值舆论场

全国广电战线一体发力，守正创新，以高度的政治责任感使命感圆满完成宣传任务。各省（区、市）广电行政部门整合全局资源，以重要时间节点为坐标，厘清时间、任务，实行清单化管理、项目式推进，形成重大主题宣传"一盘棋"；各级广播电视台强化自身特色，明确主题方向成立专项编播团队，精心设置系列专栏专区，以一体调度打通传播壁垒，实现宣传内容"一键直达"、节目资源共享互通；各大网络视听平台强化政治意识，做好调控管理，强力整合长中短视频，以优质内容献礼二十大，持续壮大宣传声势。全行业坚持"主动出题、动态管理、梯次推进"的宣传思路，以分阶段、有节奏、高质量的全媒体报道将党的二十大宣传推向高潮。

二、多声部唱响主题宣传最强音

各级广电媒体和网络视听平台聚焦党的二十大，在主频率主频道主页面中推出一批"喜迎二十大 奋进新征程"专题专区和系列报道，打造了多样态的内容精品。核心报道浓墨重彩，专题专栏精心策划，评论聚焦发声响亮，理论宣传深入透彻，程序报道议题突出，解读报道全面翔实，融合产品刷屏热传，重大主题宣传传播力引导力得到全面提升，彰显了作为党的舆论宣传主阵地的责任担当。

（一）核心宣传入脑入心

一是高光聚焦习近平总书记领袖风采。广电新闻战线持续推进"头条"建设和视听新媒体"首页首屏首条"建设、短视频"首屏首推工程"建设，做到习近平总书记重要思想和风采"天天见、天天新、天天深"。围绕习近平总书记的重要活动、重要讲话、重要会议，在重点时段、版块、位置播发时政报道、推出新闻特写。短视频《足迹·2022》以习近平主席新年贺词金句为主线，追寻足迹，坚守初心。党的二十大召开期间"置顶"聚焦习近平总书记作报告、参加广西代表团讨论、主持二十大开闭幕会等重要活动，以鲜活话语、生动场景，持续性、全方位、多角度展现习近平总书记卓越政治智慧、强大领袖魅力和深厚人民情怀，使人民领袖为人民的思想风采深入人心。

二是深入宣传习近平新时代中国特色社会主义思想。广播电视和网络视听平台着重提升议题设置精准化水平，创新时政要闻和理论宣讲，以多元解读进一步推动习近平新时代中国特色社会主义思想大众化传播。首先是开设专题专栏持续发声。各级视听传媒紧扣习近平总书记关于全面学习、全面把握、全面落实党的二十大精神的重要要求，在主频率频道和主流网络平台多维度呈现习近平新时代中国特色社会主义思想的理论魅力和时代伟力，提高理论宣传的整体水平；其次是强势推出专题理论内容。深入实施"创新理论传播工程"，创作推出一批解读深入、内容质朴、叙事鲜活的理论节目，将习近平总书记重要讲话精神和党的二十大会议精神结合社会关注话题讲实讲透，让党的创新理论"飞入寻常百姓家"。

案例：总台打造精品时政品牌矩阵，全方位强化"置顶优势"

2022年，中央广播电视总台持续深耕独家时政资源，精心策划以习近平总书记为焦点的重大宣传报道。全年重大时政活动直播23场次，出品时政新媒体产品770余条，首发重要时政快讯584条，同比增长23%。保证习近平总书记国内考察调研相关快讯首推首发，充分彰显大国领袖风范。总台针对党的二十大闭幕会特别报道、新闻发布会、记者招待会、"党代表通道"直播报道等，总观看量11.38亿人次，打造了《沿着总书记的足迹》《领航》《征程》《新时代》《解码十年》《思想的力量》《雄安 雄安》《中国大区域》《高端访谈》《伟大复兴 壮丽航程》《总书记的牵挂》《新春走基层·总书记到过我们家》等一大批时政精品节目，大声量开展对内对外宣介，牢牢占据主流媒体舆论引领制高点。

（二）"这十年"宣传讲好新时代故事

一是串联重点，做好十年光辉成就宣传。做好党的二十大宣传，一个重要任务就是聚焦十年非凡成就、展现新时代壮美画卷、唱响团结奋进新征程。各级广电媒体充分结合脱贫攻坚、乡村振兴、生态文明建设等重大战略部署，全面梳理奋斗经验，深度挖掘本土资源，多样化展现各领域取得的历史性成就，发生的历史性变革。以生动的宣传报道深刻揭示中国新时代取得的发展奇迹，根本在于有习近平总书记作为党中央的核心、全党的核心掌舵领航，在于习近平新时代中国特色社会主义思想科学指引。

二是树立榜样，做好时代典型宣传。广电宣传战线坚持以人民为中心的工作导向，将镜头和话筒对准群众，在各行各业精心选取典型人物、典型案例，以小切口反映大主题、小人物折射大时代的纪实报道，塑造了新时代奋斗者群像，立体展现普通中国人追梦、筑梦、圆梦的故事。通过鲜活的实践、翔实的数据、标志性的成果描绘十年砥砺奋进历程，表现了在习近平新时代中国特色社会主义思想指引下，人民群众自信自强、奋斗奉献的火热场景。

（三）权威隆重报道党的二十大盛况

党的二十大于 2022 年 10 月 16 日在北京隆重开幕，举国关注、世界瞩目，各级广播电视台和新媒体平台圆满完成重大会议议程和活动相关报道工作，向海内外庄严呈现会议盛况，形成强有力主流舆论。

一是全面覆盖、声势壮大。在党的二十大召开期间，全国各级广播电视主频率主频道，中央重点新闻网站，各大网络视听平台，IPTV 集成播控总分平台、30 个省级 IPTV 集成播控分平台均积极响应宣传要求，开设相关专题窗口，优质圆满完成了大会开幕会和二十届中共中央政治局常委同中外记者见面等重要活动的直转播任务。媒体融合传播效果显著增强，各大重点网络视听平台同步转播大会开幕，总观看量达到 4.8 亿次。线上线下主题宣传影响力显著增强，网络视听平台配合主流媒体，在首页首屏开设专栏，精准高效做好新闻转载推送工作，实现主流内容最大范围覆盖和最优路径传播。短视频平台大力实施"首屏首推工程"，及时推送《中国共产党第二十次全国代表大会胜利召开》《二十大报告金句视频版来了！》等短视频，点击量突破 5 亿次，大规模、强传播的视听内容矩阵形成了大小屏联动、长短视频呼应的强大宣传声势。

二是程序性报道有声有色。在会议期间，全国广电媒体推出原创专题专栏、特别节目，加强学习领会，围绕重大会议活动，及时准确做好大会程序性报道。首先是深入宣传阐释党的二十大报告。广电战线围绕报告提出的一系列重大理论观点、重大方针政策、重大工作部署，结合实况呈现和专家采访，打出报告解读"组合拳"，切实把报告中的新表述新概括新论断宣传到位，引导广大干部群众迅速将思想和行动统一到党的二十大报告精神上来。其次是贯通会场内外。各级广电媒体在重要栏目、时段开设"二十大时光"专栏，推出来自基层一线的系列现场报道，充分报道国内国际社会各界的认识体会，展现全国上下认真学习党的二十大报告、共度二十大时光的生动场景，以广大干部群众和国际人士对大会的热烈反响和高度认同，多层次诠释大会主题。

三、融合创新做大做强主流舆论

在党的二十大宣传中，广电媒体强化融合思维，让新闻产品从"可知"迈向"可感"，以高密度、强流量、多版面的宣传，牢牢掌握舆论主导权。

（一）全面创新宣传内容形式

2022年，各级广电机构强化融合创新，统筹布局微、短视频和中、长视频，在节目策划、创意创作方面加强联动，建立大小屏同频共振的推发体系，推出时政报道、系列专题、特别节目和融媒体节目联动的融合传播矩阵，进一步转变新闻的叙事表达、语态模式，让宣传更加鲜活灵动，直达人心。一方面，聚焦年轻人喜好需求和关注话题开展策划，让叙事视角更加平实、风格更加多变、场景更加丰富，为年轻观众和党的代表大会之间建立了清晰的联结，引发共鸣共情；另一方面，新闻宣传中引入了大量符合年轻群体审美趣味的表现形式，包括短视频征集、直播答题、定制内容等，以轻松语态精准触达年轻群体，增强互动参与氛围，使重大主题宣传破圈入群、声声入耳。

（二）技术赋能推动视听体验迭代升级

在党的二十大宣传中，5G、超高清、AI等技术创新的支撑性作用凸显，从"融媒体矩阵"迈向"智媒体矩阵"。一是信息采集和分发的效率大幅提升，数字化内容成主流。针对成就宣传和报告解读等任务，"图"解"数"

读等方式高效拎抓重点信息，制作生成长图，让发展概况量化和会议要点提炼更加简洁和可视。二是视听体验从"在线"向"在场"转变。超高清视音频制播、元宇宙技术和数字人应用与新闻报道有机结合，以新颖的数字人形象、精密的场景建模和活泼有趣的增强现实场景，极大提升了受众的沉浸感和参与度，为深度开发素材、捕捉新闻细节提供了更多可能。三是轻量形式承载厚重内容成为传播主流。短视频、Vlog 等新表达形式被广泛应用于新闻宣传，以独特的第一视角、亲近的观察体验、真实场景的呈现和及时有效的互动不断拓展重大新闻现场报道的深度与广度。

（三）深度融合做强主流舆论阵地

在重大主题报道中，广电媒体强化融合思维。一是壮大融媒体宣传矩阵。在发挥广电媒体特色优势的同时，坚持台、网、微、端账号同发力，坚持移动优先，大力生产多形态交互式视听产品，以多样化、分众化的主流内容增强宣传效果。二是打通媒体资源，实现一体化传播。各级广电媒体探索台网联动、多屏互动等方式，以协同联动的方式集结新闻力量，增加传播能量，提升传播效果。三是坚持主力军挺进主战场，借力"移动 +""短视频 +"拓展分发渠道，统筹主流媒体客户端和各类网络视听平台业务。以多主体联动、全场域覆盖的矩阵式传播，让重大时政主题报道的"正能量"产生主流舆论强势的"大流量"。

案例："潮起东方"融媒体新闻行动

融媒体作品《潮起东方》由江苏省广播电视总台牵头，携手省市县三级百家优质媒体共同打造。新闻行动由"江海奔涌　非凡十年""十年弄潮江海声""寻找百强共富密码""奋楫深水区""在这里，看见江苏"5 大主题组成，立体展现新时代伟大变革，多维度解读新时代江苏辉煌成就，弘扬奋斗精神。这一新闻行动充分发挥荔枝云平台内容汇聚、智能分析、策划组织、融合生产、多元发布、拓展合作的功能，统筹各级全媒体矩阵，创新性邀请网民以微视频、航拍、Vlog 等多种形式参与到报道之中，形成了协同联动的聚合传播效应。仅"在这里，看见江苏"系列直播自2022年9月30日到10月12日推出后，全网总浏览量迅速破亿，其中内容点击量超过5358万，相关话题阅读量7261万，其中1件作品登上微博全国要闻榜，得到了中宣部《新闻阅评》点名表扬，为喜迎二十大胜利召开营造了浓厚舆论氛围。

　　党的二十大主题新闻宣传为重大主题宣传积累了经验，提供了启示，也提出了进一步创新主题宣传理念、方式和方法的突破方向。

　　　　　　　　　　（执笔人：吉京，国家广播电视总局发展研究中心）

第二节　北京冬奥会、冬残奥会新闻宣传

提要： 2022 年北京冬奥会、冬残奥会广电视听宣传报道在理念、方式和技术等方面全面创新，获得空前传播效果。据统计，北京冬奥会期间，全部赛事公共信号达到 1000 小时，整个冬奥会报道内容超过 6000 小时，报道量和全球观众触达率创新高，北京冬奥会、冬残奥会广电视听新闻宣传创下多项新纪录。

2022 年，我国克服新冠肺炎疫情困难，成功举办北京冬奥会和冬残奥会两场重大国际性赛事。广播电视和网络视听守正创新，协同发力，努力讲好中国故事、传播中国声音，第一时间把北京冬奥盛会传播到全世界，开创了全球性体育盛事宣传报道工作新境界，得到国际奥委会的高度赞扬。

一、宣传主题：奏响"双奥"舆论主旋律

北京冬奥会、冬残奥会的宣传报道聚焦主题主线，布局全类型内容矩阵，打造多品类节目和衍生样态，全方位多维度宣传精彩赛事、奥运精神和中国理念。

（一）时政类：注重新闻发布，诠释负责任大国形象

时政类宣传报道内容主要涉及例行新闻发布会、奥运组委会的意见反馈、国际相关国家和地区体育界官方评价等。包括赛事期间的多场例行新

闻发布会、"冬奥·体育·文化"主题新闻发布会、奥林匹克点亮青年人的梦想、场馆利用发挥"典范"作用等内容。采访奥组委专家的时政报道，聚焦专业评价，展示中国举办国际重大赛事能力与水平。据统计，CGTN（中国国际电视台）官网发布 7 篇冬奥会时政特稿，被 1150 家海外主流网络媒体转载 4733 次。这些新闻都向全球传递了中国体育事业蒸蒸日上的时代风貌。

（二）赛事类：即时呈现比赛，高声量广覆盖展现赛事精彩

赛事类宣传主要涉及资讯报道和赛事转播。一是集中每日赛程指南、赛前宣传、赛中跟进、赛后结果报道等方面，向受众传递最新最全最准的比赛资讯和赛事精彩瞬间等，呈现全时全程报道内容。二是赛事转播方面，中央广播电视总台（以下简称总台）作为中国大陆和中国澳门地区独家全媒体持权转播机构，发挥资源优势和引领作用，推出近 100 场"直通冬奥赛场"转播，以高科技、高声量、广覆盖实现赛事宣传转播影响力最大化。

（三）经济类：聚焦中国制造，体现发展良好势头

此类报道主要聚焦四方面主题：一是关注冰雪经济，聚焦我国冰雪消费热度不断攀升的态势，推出消费观察和产业调查；二是聚焦冬奥赛事场地场馆的"中国制造"，通过专家的高度评价、运动员的亲身体验、比赛的顺利运行等视角宣传报道，验证"中国制造"的高质量与高水平；三是深入分析北京冬奥会经济发展新风向，如中国高铁助力北京冬奥交通运输体系连接三地赛区一度成为热议话题，体现科技赋能体育经济新动向；四是解析北京冬奥会期间出现的"一墩难求"现象，折射出大众对"冰墩墩"的喜爱和对"中国制造"的自信。

（四）文化类：围绕中华优秀传统文化，彰显中华民族团结奋进力量

中国文化是北京冬奥会、冬残奥会宣传报道的核心内容之一。各级媒体和平台围绕中国冰雪运动中所蕴含的中华优秀传统文化、社会主义核心价值观以及时代精神等主题进行了多角度宣传，打造多元立体的中国形象。

开闭幕式宣传报道劲吹中国风。开闭幕式节目的转播和报道紧紧抓住中国文化的内涵，通过对中国元素如中国结、迎客松、折柳送行、二十四节气元素的解读，诠释中国文化特色，让世界更好地了解中国传统文化。开幕式国旗入场环节，100多名来自全国各行各业的优秀代表及56个民族代表传递五星红旗，展现民族团结共荣的人文奥运理念。开闭幕式的宣传报道用多样化的视听语言，融入中国文化符号和体育精神，呈现祥和与高雅的氛围，赢得世界各国多家媒体的盛赞，将冬奥会新闻宣传推向高潮。

民俗类报道注重冰雪运动与中国文化的普及与融合。民俗类报道主要涉及冬奥相关的中国传统佳节、中国美食、开闭幕式衍生节目、大众参与文化活动等。北京冬奥会期间正值中国传统佳节——春节，报道中着重渲染春节氛围，生动报道冬奥赛场上的传统佳节元素、冬奥村内的春节民俗活动等；通过报道冬奥村内美食、各国运动员的体验等展现冬奥会浓厚的中国美食文化；通过报道大众参与冬奥，如系列活动"手绘冬奥为健儿加油助威"等，体现蕴藏在人民群众中的中华文化底蕴。

（五）人物类：体现"以人为本"，突出担当和挑战自我精神

通过深度立体呈现一个个鲜活的人物形象，生动展现当今中国人拼搏、奋进、担当的精神面貌。一是聚焦中国获得奖牌的健儿。通过采访获奖运动员本人、教练员及家人，集中展现运动员坚持不懈、刻苦训练、追逐梦想的拼搏精神和顽强品质。二是注重报道中国具有突破性成就的运动员。媒体不再只关注奖牌获得者，如，报道实现中国选手冬奥会高山滑雪个人全能项目参赛完赛目标的运动员孙凡影，展现她这一小步胜利，承载中国高山滑雪项目跨越一大步。三是讲述各国奥运健儿激情拼搏的故事。《看完冬奥会的七个瞬间，你会更懂这个词！》讲述了22岁中国选手与49岁德国选手在速度滑冰女子3000米比赛中上演的"老少对决"的故事，展现德国老将虽年近五旬，依然能够站在最高水平的赛场上为国征战的精神。四是讲述相关筹建工作者敢于担当乐于奉献的故事。一些报道通过业界人士从专业角度对冬奥场馆的设计进行解读，带领观众感受东方建筑的美感；聚焦冬奥会、冬残奥会的志愿者，报道其日常工作和暖心服务等，塑造中国志愿者的崇高形象。

二、宣传方式：以全景式传播拓展全媒体舆论格局

北京冬奥会、冬残奥会报道创新传播理念和形式，在弘扬奥运精神的同时，着力增进世界对中国认同，改善和重塑了国际观众对中国形象的认知。

（一）融合和联动创新，实现分类型多维度立体化传播

北京冬奥会、冬残奥会报道实现内容传播的形态创新，着力打造全程化、沉浸化、全员化、高效化的冬奥内容传播新格局。

提升全平台传播实效。各级媒体加强台网联动，打通大小屏，最大限度保证冬奥信息传输覆盖到各年龄层用户，打造立体化传播体系。据统计，总台转播报道中，实现了大小屏融合联动，14个电视频道和17套广播频率以及新媒体平台全景展现冬奥盛况，平台跨媒体总触达受众628.14亿人次。此外，在北京、上海、广东等省份和多个城市的超大屏幕上，以"8K超高清频道＋地标大屏"的融合方式，使观众通过户外大屏和手机同步沉浸式体验冬奥会。

新闻客户端汇聚海量资讯发挥重要作用。在北京冬奥会、冬残奥会报道活动中，新闻媒体加强移动端传播，聚焦主题宣传，报道全国上下各地民众积极参与冬奥活动，助力形成冬奥浓厚舆论氛围。

短视频和社交媒体显著提升传播力。在北京冬奥会、冬残奥会报道中，短视频和社交媒体二创传播发挥了重要作用。主流媒体机构采用话题联动、技术融合等传播策略，助推冰雪运动出圈传播效果明显。北京冬奥组委会等官方组织在抖音、快手等平台账号发布的征集活动，冬奥会运动员的微博、抖音账号等发布的内容，在传播冬奥文化、赛事后勤保障、运动员精神风貌等方面发挥了重要作用，这些报道通过弹幕、评论、分享等社交互动，影响力传播力显著增强。

（二）技术赋能创新，"思想＋艺术＋技术"增强传播实效

北京冬奥会、冬残奥会的转播，深度贯彻"科技冬奥"理念，呈现"云

上冬奥""数字冬奥""高清冬奥""速度冬奥"的无限精彩。技术创新应用范围之"广"、科技手段之"全",不断提升重大国际赛事报道效率与受众体验。

一是实现移动化、轻量化、超高清、沉浸式传播。北京冬奥场馆所在区域实现 5G 信号覆盖,8K 超高清画面传输、远程线上观赛、VR/AR 虚拟观赛等技术得以实现。总台创新使用"猎豹系统""时间切片"等技术,第一时间为用户提供精彩视频回看,向世界展现领先技术带来的精彩观赛体验;北京台冬奥纪实频道积极研发应用 4K/8K 超高清技术,充分展示"双奥之城"无尽风采;咪咕公司通过线上、线下有机结合,为用户搭建 5G 冰雪体验专区,提供全场景沉浸式冰雪体验。

二是跨越声音障碍提升传播效果。充分运用人工智能技术,让更多听障人士也能享受冬奥盛会的精彩与魅力。总台央视新闻 AI 手语主播不仅能报道冬奥新闻,还能进行准确及时的赛事手语直播,实现音视频内容转化为虚拟数字人手语视频;北京台发布的冬奥手语播报数字人提供全流程智能化数字人手语生成服务,智能手语播报服务生动传达北京冬奥赛事精彩内容,服务惠及更多受众享受冬奥盛会。

(三)互动形式创新,以"趣味 + 科普"实现全民传播

为最大限度消解疫情防控带来的距离感,冬奥官方组织、各级媒体平台以"全民冬奥"理念创造出更多具备高互动性的新媒体传播形式,搭建高沉浸性媒介环境,用 VR 虚拟空间复刻真实场景、用 AR 数字影像拓展空间认知、用 H5 交互设计擢升主体意识等,通过沉浸式互动接收冰雪知识与冬奥信息,使大众获得更强的主体意识、更佳的体验感以及更深刻的信息记忆。央视频为会员推出 8K+VR 交互观赛模式,打造身临其境的观赛体验;创意推出"数字雪花"互动项目,打造专属"雪花微信头像"等产品强化受众的互动参与度;一些新媒体平台还推出冬奥竞猜、场馆竞猜等游戏类活动入口,采取有奖答题直播互动等方式,激发受众参与热情,进行冬奥科普宣传。

（四）国际传播创新，讲述"三亿人上冰雪"的中国故事

各级媒体和平台创新表达方式，在融媒体平台特别是海外社交平台相继推出了内容丰富、形式新颖的冬奥主题宣传内容，推出重磅融媒产品，讲述北京冬奥冰雪故事，传播奥运精神。据统计，总台用英、西、法、阿、俄五语种累计发布北京冬奥会和冬残奥会报道2万余条，全球阅读量超过11.4亿次，多次全球首发成为外媒转引来源；推出专访系列和赛后即兴采访系列报道，累计采访多位国家元首和政府首脑以及百余位中外运动员、国际组织负责人、冬奥工作人员；推出的《我的冬奥故事》《萌娃冰雪挑战》《冰雪中国》《走说北京》等产品，全球阅读量累计超2.4亿次。此外，CGTN的AR+AI交互产品《指尖上的冬奥：跟小墨一起玩转冰雪》充分激发海外受众参与冬奥互动热情。

三、宣传成效：跨越文化壁垒，构建人类命运共同体舆论场域

北京冬奥会新闻报道注重呈现民族元素、文化理念、冰雪赛事以及"冬奥精神"的涵育过程，彰显在政治、经济、文化、体育等各层面人类命运共同体内涵。国际奥委会主席巴赫先生认为，北京冬奥会的报道和传播达到了史无前例的规模和成功，也为全球广泛的电视转播增光添彩。

（一）叙事能力显著提升，人文关怀和情感共振达到新高度

在全球多元文化背景下，如何跨越文化屏障讲好中国故事成为时代命题。北京冬奥会期间，新闻叙事在宣传传播过程中发挥了重要作用，主流媒体通过讲故事的形式不断联通中外，增强可看性、融通性，不断激发全球观众的情感认同。

一是多样态宣传中国筹办北京冬奥会、冬残奥会的故事。中国媒体通过运动员、赛事项目、群众运动、体育外交、大国实力、健康安全等多维度和多种形式，报道中国政府的一系列筹办措施，多维度表达中国在防疫和赛事筹办方面所付出的努力和成效，以及为捍卫人类生命健康共同体的责任担当。同时，通过报道筹建工作人员、志愿者等的故事，以小见大，

描绘勇于担重任、敢于直面困难的中国人民群像。

二是注重宣传好中国人民热情好客的故事。通过讲述运动员之间、中国人民与外国友人之间等在赛场交锋、友情交往、背后渊源等方面故事，捕捉生动内容，用细节展现中国人善良、热情好客的优秀品质。一些外国运动员以第一视角拍摄冬奥智能设施、志愿者热情服务以及美食等视频，在社交媒体引起国内外网友广泛关注。作为亲身经历者，他们的发声发挥了积极引导国际舆论的作用，冬奥宣传报道的话语体系多元一体，进一步壮大了国际传播力量。

（二）传播渠道多元融通，传播声量极大增强

北京冬奥会转播创造了冬季奥运会转播触达数历史。据统计，总台全媒体总触达数超出 2014 年索契冬奥会和 2018 年平昌冬奥会的总和，也超过了 2020 年东京奥运会的全球总触达数。

北京冬奥会充分运用媒体深度融合发展的有利条件。一方面，在广播电视端加大传播力度，合理调配内容资源，多频率频道联合传播使冬奥会信息覆盖面更广，展现出多元化、垂直化、专业化内容，为观众打造精彩纷呈的冬奥盛会。另一方面，充分发挥新媒体优势，摆脱空间束缚，强调应用场景落地，积极调动用户的参与性。总台央视频、央视体育客户端、央视新闻微信公众号等平台构成冬奥传播矩阵，依托各自的平台优势实现信息裂变传播。央视频在转播赛事的同时，还设置了"评论区"和"聊冬奥"等导航栏，用户打开"聊冬奥"专栏即可与其他用户实现更大范围的连接，扩大冬奥全民传播声量。北京冬奥纪实频道、广东体育频道、上海五星体育频道、咪咕、腾讯视频等也各展所长，凭借创意融媒体报道提升观众体验感，成为吸引全民关注冬奥、参与冬奥的重要力量。

（三）科技成果广域应用，创造里程碑式转播效果

在历届奥运会上，新转播技术运用被视为重要传播指标。北京冬奥会有 200 多项科技成果得到应用，包括 5G+8K、智慧观赛、运动科技等方面，在冬奥会传播史上创下多项新纪录。如，总台首次大面积使用鱼竿摄像机、锥桶摄像机等技术转播滑雪大跳台等项目，让广大观众沉浸式体验智慧观赛的魅力；速度滑冰、短道速滑、冰球等多个项目的电视转播运用"多摄像机视频回放技术"，为受众呈现更多独特的转播视角；运用可呈现实时比赛数据技术，保障体育解说员能够及时掌握比赛中运动员速度、高度、长度和持续时间等更加精准的实时数据，同时通过字幕让专业受众深度"沉浸"于赛事转播中。这些技术应用使得北京冬奥会的转播技术和精彩效果在奥运转播史上留下了刻有中国印记的、里程碑式的"遗产"，新闻宣传和转播创新让北京冬奥更精彩。

（执笔人：张苗苗，国家广播电视总局发展研究中心）

第三节　全媒体新闻宣传的创新突破

提要："加强全媒体传播体系建设，塑造主流舆论新格局"，这是广电视听创新发展的战略目标，全媒体新闻宣传在其中具有重要地位。2022年，各级各地广播电视媒体和网络视听机构深入实施主题宣传全媒体传播工程，推进全媒体新闻宣传创新创优，深化全媒体平台矩阵建设，创新全媒体新闻内容形态，广泛应用视听新技术创造新体验，强化一体化统筹和舆论引导机制，推动全媒体新闻宣传向更高质量、更广传播、更大影响迈进。

一、全端覆盖、全网连接、全域协同，全媒体新闻宣传矩阵纵横拓展

2022年全媒体新闻宣传不断深化"台网屏端微号"六位一体布局，形成全媒体制作、全平台分发、全网络连接、全终端触达新模式。横向连接省域内外纸媒、户外大屏等跨媒介资源，纵向打通省市县各层级媒体，探索跨域协同的全媒体传播格局。

一是大小屏融通，端微号协同形成全向度传播。台内层面不断完善数字视听新基建，依托客户端打造"1+N"传播矩阵，形成涵盖移动端、PC端、交互式网络电视（IPTV）、互联网电视（OTT）、地面数字电视、户外大屏等平台的整体布局和协同传播模式。值得一提的是，2022年"百城千

屏"活动有力实施，建设一系列 8K 户外大屏、8K 示范社区，重要新闻同步开展直转播，有力构建城市社区的集群式、伴随式宣传系统。节目层面统合全台新闻资源，强化广播电视媒体"头条"建设，推进网络视听平台"首页首屏首条"建设和短视频"首屏首推工程"，聚合大屏新闻版块、新闻频率频道、网端新闻栏目等打造全媒体"新闻集群"。围绕新闻节目品牌积极构建"以我为主"的"端微号"传播体系，积极在央视频、抖音、今日头条、蜻蜓 FM 等社交媒体平台开设同名账号，将"端微号"作为新闻首发平台和第一落点，打通"传统主流媒体"和"网络民间"两个舆论场，抢占舆论引导话语权、主导权。

二是以网络端为核心，链接四网同频共振。全媒体新闻宣传重点在互联网新媒体，但又不局限于"互联网"，有线、无线、卫星、互联网四网共同发力，广播电视网、IPTV、OTT、网络视听平台同频共振，共同做大做强全媒体传播矩阵。围绕党的二十大、北京冬奥会及冬残奥会、香港回归祖国 25 周年、全国两会等重大事件、重要时间节点，各大小屏平台开设专区专栏，同频共振开展跨平台协同宣传。如围绕党的二十大宣传，IPTV 集成播控总平台、30 个省级 IPTV 集成播控分平台在首页开设相关专题和窗口；七家互联网电视集成平台在首页首屏上线专区、页卡，策划"奋进新征程 建功新时代""喜迎二十大 奋进新征程"等专题，并在系列产品、终端同步上线新闻实况内容；芒果 TV、爱奇艺、腾讯视频、优酷、搜狐视频、哔哩哔哩、咪咕视频、抖音、喜马拉雅、PP 视频等重点网络视听平台同步打开转播窗口，大小屏高效协同全面覆盖，形成相互配合、一体化统筹的全媒体传播声势。

三是跨平台拓展跨地域联合，打造全媒体新闻宣传新模式。全媒体新闻宣传不断跨媒介、跨平台、跨地域向外拓展，强化主体联动，形成由点及面、连线成片的全媒体宣传新格局。尤其是省级广电媒体努力担当先行者和排头兵，充分发挥主干龙头作用，成立跨区域合作联盟，推出跨区域联动策划报道，实现资源融通、结构优化、提质增效。一方面结合地缘接近性特点，合力打造区域融合传播矩阵，京津冀三地合作开播"京津冀之声"调频广播，2022年全年共播发来自三地媒体的原创录音报道和文字稿件2100多篇。另一方面，强化主题宣传协同，开展跨区域联合采访报道，实现信息、资源、节目互联共享。河南台牵头沿黄九省区广电媒体推出融媒体报道《跃龙门看经济》；上海、江苏等沿江11省市新闻广播联合推出特别策划《对话长江——新潮逐浪》；山东台与广西台、山西台、潮新闻、四川观察、大象新闻、长江云、云南网、《内蒙古日报》《宁夏日报》等主流媒体，发起两会特别策划《带着好品上北京！——两会行李箱》，实现联合共创。当前，跨地域联合宣传报道正成为全媒体新闻创新的重要方向，不断延伸新闻宣传广度，形成持续性、联动性关注。

案例：重庆广电建设全媒体新闻宣传矩阵

重庆广电集团加快构建网上网下一体、内宣外宣联动的主流舆论格局。一是建设集约高效的内容生产体系和大屏、小屏、广播融媒体矩阵联动的全媒体传播链条。其中，"第1眼"新闻视频APP用户超3500万，发布内容90%以上为原创视频新闻。IPTV电视端、视界网PC端、重庆手机台移动端及"学习强国"重庆学习平台用户规模超1300万。二是围绕"第1眼"客户端打造融媒体"新闻集群"，集聚重庆卫视新闻板块、电视新闻频道、重庆之声新闻广播、视界网新闻版块、阳光重庆网络问政平台，结合已建成的重庆移动视听传播中心，形成覆盖电视、广播、网络的全媒体新闻传播矩阵。三是全媒体传播矩阵向第三方平台拓展，与腾讯、百度、抖音、头条、人人视频等平台深化合作；"第1眼"在微博、抖音、快手、微信视频号等平台建立矩阵发布网络，搭建"一号多端、一端多号"内容生态传播网。四是强化区域协同，开展联合采访报道。"第1眼"与四川广电"四川观察"同步上线"双城记"频道，开展联合专题采访、同步直播。

二、全媒体新闻产品不断丰富，新技术助力内容和生产方式创新

一是打造特色化、互动化全媒体新闻产品。各级广播电视机构和网络视听平台，通过个性化制作、可视化呈现，以年轻化、社交化方式，推出一系列有趣有料的全媒体新闻产品。H5、有声海报、创意动漫、微视频等成为全媒体新闻的重要表现形态，广西台推出《VR绘画看中国式现代化图景》，通过VR展现中国现代化发展成果，福建广播影视集团推出AR融媒产品《奋进春天里——福兔报春》，聚合3D建模和XR技术，用创意为主流价值传播赋能。沉浸感、体验感正成为全媒体新闻宣传重要创新方向，"由看到用"的新闻产品不断打开全媒体新闻宣传新思路，陕西台推出H5《乘"起点专机"飞"阅"新陕西》，网友"扫码登机"后，随虚拟航班飞跃陕西观看最新发展成就。互动化传播、交互式体验正有力增强主流媒体新闻宣传影响力和受众黏性。

二是融合多元视听技术，让新闻宣传动起来、活起来、潮起来。技术在挖掘新闻内涵、增强视觉效果方面发挥重要作用，不断创新全媒体新闻新样态和生产方式，实现先进技术与新闻场景的深度交融。如运用AI算法对素材文本进行词频分析，从中挖掘肉眼阅读无法察觉的新闻点，综合运用合成和三维动画技术，将文字、声音变成具象化新闻作品；使用AI虚拟主播，以人工智能、实时动捕等新技术，提高新闻报道效率和新意；运用"人物实拍＋数字虚拟＋裸眼3D"的创意表现形式，推出短视频创意产品；充分运用5G等技术，搭建"云端会客厅"，开发"5G新闻云采访"系统，打造异地多人同框、隔空对话的真实场景；解锁"元宇宙黑科技"，探索元宇宙演播室，创新"平行时空＋元宇宙＋AI角色融合"，让观众沉浸式感受新闻场景，不断拉近观众与新闻现场的距离。

三是积极研发应用视听新技术，全方位拓展视觉表达维度和全媒体新闻报道手段。深入推进8K超高清视频制播关键技术研究，研发测试实景

虚拟化设计，隐藏实景架构，全方位拓展新闻报道的视觉呈现。应用竖屏"瀑布屏 +AR"技术、AR 桌面虚拟互动技术等，有力推动新闻短视频制作。研发虚拟前置技术、虚幻引擎技术，推动虚拟手机互动屏实现互动内容最大化。打造原创混合现实（IMR）超高清制作平台，使用三维复原虚拟摄影棚、数字资产库、实时渲染技术等为新闻节目构思设计原创特技效果。创新升级 12K 技术应用，推出线上线下裸眼 3D 视觉新闻产品。视听新技术正高效赋能全媒体新闻生产传播，云化、智慧化成为重要创新应用方向，机器生成、自动拆条、视频增强、智能修复、智能识别、智能审核等智能技术，广泛应用于采编审发管各环节，不断拓展全媒体新闻制播方式，有效提升全媒体新闻生产制作效率和传播效果。

三、创新全媒体新闻宣传机制，打造集约高效的运行系统

深入实施主题宣传全媒体传播工程，建立覆盖中央、省、市、县的全国重大宣传报道协调机制，有效提升广电系统宣传指挥调度能力、快速反应能力、突发问题处置能力。创新全媒体新闻生产流程和传播评价手段，强化制度建设和管理机制，有力支撑全媒体新闻宣传创新创优。

（一）创新一体化统筹机制，平台资源上下联通

围绕主题主线宣传、重要时间节点，不断完善全媒体新闻宣传一体化统筹机制和舆论引导机制，充分利用多级联动融媒体中心体系、MCN 传播体系、区域一体化协同体系，统筹布局广播电视频率频道和网络视听平台矩阵，统一开辟专题专栏、开展集中采访、推出系列报道，从全媒体内容产品形态到传播分发，实现整合策划、一体宣传，形成新时代宣传大合唱。各省级广电媒体积极利用县级融媒体中心省级技术平台，串联起省市县三级融媒体平台，强化资源整合，打造"一键统发"操作系统；共享新闻资源，"众筹"新闻素材，构建"共同策划，共同制作，共同宣推"的全链条新闻工作机制，实现重大新闻选题全省联动、主题报道跨区域融合传播、应急新闻报道集中统筹。省市县纵向联动统一部署，各有侧重、互

为掎角，实现宣传贯通、数据贯通、服务贯通，以系统协同增强省域全媒体新闻宣传的传播力、影响力，打造上下一体、同频共振的宣传声势。

（二）畅通流程创新生产机制，为全媒体新闻宣传护航

积极发挥传统媒体善于深度报道、新媒体善于多样化表达的优势，加强内容生产和传播流程创新，形成集约高效的内容生产体系和大屏小屏联动的传播链条，持续提升主流媒体传播力、影响力。一是建立健全"全台、全屏、全案、全域"指挥统筹体系，成立垂类事业部，从机制体制、内容供给、资源配置、全案服务、信息化建设等方面畅通流程机制。二是打造新型评价体系，利用"指数"等方式推出热门榜单，帮助全媒体新闻宣传及时调整传播策略、加大传播力度。三是积极打造全媒体新闻工作室，通过对节目生产、项目运营、多元传播等方面的扁平化运营，推进内部体制机制变革，持续输出优质新闻内容和创新产品。四是按照"移动优先"发展方向，重构"策采编发"流程，建立新媒体消息首发快发工作机制，实现新闻一次采集，各媒体平台数据共享和同步发布，传统媒体和新媒体之间形成同频共振的宣传效能。五是着重各类平台建设，融通相关新闻资源，打造融合发布平台、视音频内容通联平台、广播电视多屏互动采编播一体化平台、国际化通用融合传播平台等，以平台化推动资源整合、效能优化，推动全媒体新闻实现高质量生产传播。

（三）强化制度建设，完善管理机制保障体系

2022年广电总局精心谋划出台一系列引导管理规定，完善相关制度，管理与扶持并重，保障与治理并举。一是堵塞管理漏洞，紧抓新媒体管理。印发《关于加强广播电视所属新媒体平台和账号管理的通知》，从严加强对广播电视所属新媒体平台和账号，包括广播电视台及相关频率、频道、节目、栏目所属的各类新媒体账号的管理，要求加强内容审核把关、完善管理制度、加强队伍教育管理、开展专项整治，压紧压实属地管理责任和主管主办责任，确保内容安全、播出安全。二是严格宣传管理，压紧压实责任。要求各级广电媒体牢牢坚持正确政治方向、舆论导向、价值取向、审美趣向，加强内部全流程各环节管理，及时查找薄弱环节、堵塞管理漏洞，严防出现政治性、技术性差错。牵头建立"3+1+N"广播电视和网络视听内容管理工作机制，保障广播电视和网络视听新闻宣传等工作统筹推进、步调一致、形成合力，确保新闻内容管理全覆盖、无死角。三是严格执行节目三审制和重播重审制，不管是广播电视台还是所属各类新媒体账号，都按照同一标准从严管理。采取问责、通报等处理措施，加强宣传管理问题调查处置，压紧压实意识形态工作责任制。

四、全媒体新闻宣传创新的发力方向

全媒体新闻宣传作为塑造主流舆论新格局的关键一环，在文化强国、意识形态安全等方面日益发挥重要作用。未来全媒体新闻宣传创新将在三个方面发力探索：

一是"全媒体新闻宣传"内涵进一步深化拓展，更加强调"体系"建设。跨域合作、联盟体系、协同机制将重塑全国全媒体新闻宣传总体格局，局部与整体、纵向与横向的跨域跨界联合将不断加强。一方面是以地缘接近性为驱动的区位协同，如京津冀、长三角、成渝等地区开展的联合创制采编活动，打造出区域新闻节目品牌；另一方面是集纳全国资源，筛选优质的广电新媒体品牌，打造全国范围的广电新媒体联盟，以新媒体为依托建立更大范围的重大主题宣传宣推机制，搭建协作共享平台。同时，围绕主题主线宣传，不同层级、不同类型、不同地域的媒体将建立常态化的"项目制"联盟，开展各有特色又互为一体的规模化融媒体联合采访行动。对省市县级广电媒体而言，三级打通的融媒体中心技术平台、节目共享平台等，将成为省域全媒体新闻宣传的重要抓手。

二是 AIGC 将成为推动全媒体新闻宣传创新的重要力量，推动新闻宣传内容变革、生产变革、效率变革。AIGC 将在策划、生产、传播等维度把人的想象力变为现实。写稿机器人、采访助手、语音识别翻译、视频字幕生成、虚拟主播、视频自动拆条等将更多应用到新闻采编领域，推动采编流程再造和传播效能提升。未来，AIGC 可作为强大的媒介生产力工具，承担更多信息挖掘、素材调用、撰写编辑等工作，使新闻内容生产路径不断优化。目前，总台央视已推出 AIGC 平台，打造互动式短视频创作工具，并以 AI 视角推出《开局之年"hui"蓝图》系列微视频，向数智化新闻生产迈出重要一步。

三是全媒体新闻宣传矩阵正由强调"渠道"矩阵建设，向强化"渠道+内容"双矩阵建设升级。全媒体新闻宣传的"内容"矩阵，不仅指不同形态的新闻内容在全媒体渠道推送，也包含围绕同一新闻事件接续生产新闻评论、访谈节目、微纪录片以及对民间舆论发声的集合评论等，以打造新闻宣传的跨类型内容集群，构建差异化、特色化又相互印证观照的"内容"矩阵，不断深化价值表达和内涵呈现，以更加多元的话语体系、表达方式和持续性关注，推动主流舆论宣传增强传播力、影响力、引导力。

（执笔人：王羽，国家广播电视总局发展研究中心）

第二章

内容创作与生产

课题指导：

国家广播电视总局宣传司副司长（主持工作）	李忠志
国家广播电视总局电视剧司司长	高长力
国家广播电视总局传媒机构管理司司长	袁同楠
国家广播电视总局网络视听节目管理司司长	冯胜勇

第一节 剧集

提要：2022 年，剧集创作在守正中创新、在提质中突破，现实题材作品数量和口碑俱佳，在电视剧和网络剧中的占比分别达到 80.63% 和 72.49%。以人民为中心的创作导向正成为行业主流；类型化剧集多元发展，创新拓展叙事空间，在工业题材、农村题材、女性题材等领域均有明显突破，整体呈现出主旋律作品更接地气、商业化作品更有正气的创作态势。

2022 年，剧集行业供给侧结构性调整进一步深化，创作生产减数量、提质量、调结构、重创新。2022 年制作发行电视剧 160 部 5283 集，部数同比下降 17.53%；共上线网络剧 171 部，同比下降 15%，连续三年小幅下降。剧集品类日益丰富，短剧、微短剧蓬勃发展，全年获得上线备案号重点网络剧 251 部、网络微短剧 336 部，情节紧凑的中短剧集成为主流。

一、主题剧集聚焦"国之大者"，弘扬时代精神

行业主管部门围绕"国之大者"，贯彻落实"找准选题、讲好故事、拍出精品"的重要要求，主动出题、策划指导、全程保障，推动主题剧集创作突出新时代特色，为迎接和庆祝党的二十大召开、学习贯彻党的二十大精神营造了良好氛围。

主题剧集以鲜明的时代感体现踔厉奋发的时代精神。《超越》《冰球少

年》聚焦冬奥主题，《大山的女儿》《高山清渠》讴歌时代英雄，《我们这十年》《青春正好》于时代洪流中发现耀眼浪花。主题剧集构建各行各业鲜活的时代镜像，激发崇德向善、顽强拼搏的磅礴伟力。"礼赞新时代 奋进新征程"主题电视剧展播取得重要成果，《大考》《县委大院》《麓山之歌》《运河边的人们》《山河锦绣》《硬核时代》等多部主题剧集，从不同角度生动呈现出党的十八大以来我国取得的历史性变革和历史性成就，奏响高昂的主旋律。

主题剧集更接地气，以"平凡家事"见证"不平凡国事"。"人间烟火气，最抚凡人心"，不论是被网友评为"离生活最近"的《大考》、聚焦基层故事的《县委大院》《警察荣誉》，还是以小家变化展现时代发展的《人世间》《狮子山下的故事》，这些优秀的主题剧以精彩纷呈的群戏、浓浓的烟火气，处一隅而观全局的创作手法徐徐展现时代巨变。正如网友的评论，这些主题剧集做到了"把接地气拍得有趣，把有趣拍得有意义，把有意义拍得不刻意"。

案例：《我们这十年》探索重大主题轻量化创作

作为迎接庆祝党的二十大优秀电视剧展播活动重点剧目，该剧是聚行业之力、集行业之智，推动重大主题电视剧创作的又一次成功实践。一是创作机制创新。广电总局电视剧司围绕该项目召开了36次各类会议，全程参与创作指导和组织实施。剧组则走入田间地头、车间班组，从新闻、个人采访、纪录片、短视频平台等渠道收集200余选题并多轮筛选，最终从五个方面把新时代十年的巨大变化提炼为11个故事。二是艺术表达创新。全剧采用"单元组合式"的结构方法，单元间相对独立又在"起、承、转、合"中较好地紧密衔接，实现形散而神不散。三是故事讲述创新。该剧以"小而美"描绘大时代，凭借有温度接地气的故事和富有感染力的人物形象，把价值引领融在故事中，是重大主题轻量化创作的有益尝试。

二、现实题材剧成为创作主流和口碑高地

2022 年，紧扣时代、贴近生活的现实题材剧在电视剧和网络剧中的占比分别达到 80.63% 和 72.49%，已成为当前中国剧集创作主流。

从备案许可发行和播出环节看。2022 年共有 160 部作品获得《国产电视剧发行许可证》，现实题材剧目数量达到 129 部 4143 集，分别占总部数、总集数的 80.63% 和 78.42%（见表 1）；历史题材剧目共 25 部 906 集，占比为 15.63% 和 17.15%；重大题材共计 6 部 234 集，占比 3.75% 和 4.43%。

表 1　2022 年现实题材作品获发《国产电视剧发行许可证》情况

	剧目总数		现实题材剧目数量		现实题材剧目所占比例（按部计）
	部数	集数	部数	集数	
第一季度	33	1138	25	851	75.76%
第二季度	38	1336	27	908	71.05%
第三季度	47	1457	43	1340	91.49%
第四季度	42	1352	34	1044	80.95%
总计	160	5283	129	4143	80.63%

数据来源：根据广电总局公开数据统计。

网络剧方面，2022 年在广电总局"重点网络影视剧信息备案系统"中登记且符合重点网络原创视听节目制作相关规定的网络剧共计 660 部14693 集，现实题材作品约占 72.49%（见表 2）。

表 2　2022 年现实题材网络剧备案公示情况

	网络剧总部数（部）	网络剧总集数（集）	现实题材剧目所占比例（按部计）
1 月	66	1577	62.20%
2 月	75	1779	62.00%
3 月	67	1517	75.76%
4 月	84	1813	63.50%
5 月	69	1507	74.00%
6 月	65	1403	75.40%
7 月	73	1493	64.00%
8 月	46	1067	67.00%

	网络剧总部数（部）	网络剧总集数（集）	现实题材剧目所占比例（按部计）
9 月	34	785	71.00%
10 月	15	318	80.00%
11 月	15	317	93.00%
12 月	51	1117	82.00%
总计	660	14693	72.49%

数据来源：根据广电总局公开数据统计。

现实题材作品获得高口碑，助推剧集整体网络热度。现实题材作品常常引发网上网下讨论，扩大了剧集的社会影响。第三方数据显示，2022 年虽然剧集的上线数量有所下降，但网络热度明显提升，全年国产剧 TOP 50 的播映指数平均值较 2021 年有所提升，其中媒体热度从 2021 年的 60.2% 上升至 70.4%、用户热度从 64.6% 上升到 74.9%、观众好评度从 60.6% 上升到65%。[①]媒体、用户对中国剧集关注度的提升与观众好评度的整体上升，主要得益于现实题材作品的突出表现，多部高口碑品质剧破圈传播，在网络上频频掀起讨论高潮。如在多个平台均位居前列的《人世间》；改编自真实人物故事、2022 年唯一一部豆瓣评分破 9 分的剧集《大山的女儿》。

案例：电视剧《人世间》——现实主义创作的重大成果

《人世间》改编自梁晓声第十届茅盾文学奖获奖同名小说，以北方哈阳市"光字片"一户周姓人家三代人的视角，在 50 年跨度的故事讲述中再现国家发展、生活变迁和百姓情感。全剧十分重视历史真实感和厚重感，以扎实的现实主义方法、创造性的表演鲜活刻画剧中 100 多位有名有姓的人物和他们的生活。以典型的中国式人情世故立体式书写中国人的生活哲理和情感。播出后创总台央视综合频道黄金档近五年收视新高，收视人数破 4 亿；在网络平台的正片有效播放为 47.6 亿次，领跑 2022 年全网连续剧市场。

---

① 艺恩咨询，《2022 年大剧年度市场研究报告》，2022 年 12 月。

三、多题材类型剧集创新发展，拓展叙事空间

2022 年，类型剧呈现出多元化发展态势，古装剧和现当代剧各具特色。

古装剧更加重视优秀传统文化的创新性表达，以丰厚的文化内涵取胜。改编自经典元杂剧的《梦华录》、在真实历史事件上进行艺术架构的《天下长河》，均从中华优秀传统文化中深挖内涵，彰显现代性表达；《星汉灿烂·月升沧海》《卿卿日常》采用年轻化的叙事手法，更贴合市场需求；《沉香如屑·沉香重华》《苍兰诀》等仙侠剧注重从传统文化中汲取养分，打造出极具东方色彩的仙侠世界。

现当代剧采用现实主义表达手法，助力类型化作品呼应主流话语与大众关切。《幸福到万家》《三泉溪暖》等农村题材剧多维度展现脱贫成就、三农巨变和乡村振兴；《底线》《罚罪》《冰雨火》《对手》等司法、涉案剧详细描摹检察院、缉毒、国安等工作的复杂性；《关于唐医生的一切》《女士的法则》等医疗、律政剧讲述职场故事的同时观照社会生活热点话题。

工业、女性、小众等类型剧引人注目。一是工业题材剧。职场剧的关注焦点从较为常见的律政、医疗、警匪剧等扩展至反映国之重器的更多领域，如《麓山之歌》《沸腾人生》《大博弈》用生动影像记录中国工业由"制造"向"智造"的发展升级。二是女性题材剧。不仅数量众多且涵盖了"大女主""双女主"和女性群像等多种类型，无论是《风吹半夏》里在钢铁行业打拼的许半夏，《二十不惑 2》中梁爽等职场新人，还是《幸福到万家》里努力改变乡村社会的何幸福，这些写实性的女性角色展示出女性既柔软又坚定的力量，她们的奋斗也透射出中国社会的全面进步。三是小众题材及高概念题材剧。这类剧把对现实的观照融入作品内核。如《开端》关注普通人的命运，《摇滚狂花》中对成长性亲子关系的探讨，《天才基本法》用平行时空的表现方法来反映现实。

这些现当代的类型剧，在生活流的构建中，表达各行各业各种人物昂扬向上、奋力生活的精神状态；在人物刻画和故事讲述中，不回避新时代

前进路上矛盾的复杂性和任务的艰巨性，让观众觉得这些故事是现实的镜像，这些人物是活生生的人，这些职业是可敬可亲的。

四、微短剧创作走向专业化、规范化

近两年，体量轻、节奏快、时长短的微短剧蓬勃发展，在行业主管部门的引导与管理下，逐渐形成提质增效的共识，创作生产日渐专业化、规范化。广电总局印发《关于进一步加强网络微短剧管理 实施创作提升计划有关工作的通知》（广电办发〔2022〕345 号），把微短剧界定为"单集时长从几十秒到 15 分钟左右、有着相对明确的主题和主线、较为连续和完整的故事情节"的新兴网络文艺形态。当前，微短剧发展呈现以下特点。

一是微短剧发展"微"而不弱，呈现出蓬勃发展态势。2022 年取得上线备案号的重点网络微短剧 336 部。作为适应移动视听需求的新兴文艺形态，微短剧在生产端和消费端都呈现出旺盛发展动能。以快手为例，其拥有 13 万微短剧创作者，其中 52% 来自专业 MCN 机构、影视机构和导演工作室，粉丝量超过 100 万的创作者超过 3000 人，每天在快手上消费微短剧的用户超过 6.2 亿人次。① 主要视听网站纷纷推出微短剧扶持计划，如快手"剧星计划"、抖音"剧有引力"计划、芒果 TV"大芒计划"等，扶持引导微短剧的创作生产；同时打造相关剧场，如腾讯视频"十分剧场"、芒果 TV"大芒剧场"、"优酷小剧场"和"B 站小剧场"等，以剧场化运营促进观众对微短剧的认知和消费。

二是微短剧发展"短"而不浅，以"小体量"呈现人民群众"新群像"。微短剧既有短视频的短小精悍，又兼具长剧的连续性，已涌现出一批颇具口碑的作品。如豆瓣评分 8.1 分的喜剧《大妈的世界》、悬疑单元剧《未来商店》《非常警事》等。其中，现实题材正成为微短剧创作的重要赛道，如关注职业教育的《开挖掘机怎么啦》、关注老年人群体情感的《从

---

① 数据来源：快手在第十届网络视听大会"微短剧行业发展论坛"上的分享。

前慢·白首要相离》、冬奥献礼题材《夏虫可语冰》等，这些现实题材作品正推动微短剧成长为讲好中国故事的新载体。

五、中国剧集发展的新趋势

总体看，中国剧集行业正呈现出"一长一减一短"的发展态势。

注重长期目标。"一长"是指注重长期目标。在宏观管理和发展战略层面，行业主管部门和内容创作生产传播主体都进一步强化系统思维，以剧集行业的可持续高质量发展为目标推动实践。一方面，《"十四五"中国电视剧发展规划》《关于推动短剧创作繁荣发展的意见》（广电发〔2022〕67号）和《关于进一步加强网络微短剧管理 实施创作提升计划有关工作的通知》等政策文件强化政策指引，推动形成创新多元、百花齐放、生机勃勃的生动景象；另一方面，以电视剧引导扶持专项资金项目、"网络视听节目精品创作传播工程"扶持项目、网络视听节目年度和季度推优等项目完善主题创作的引导激励机制、提升行业精品供给能力。

在中观创作层面，长期主义的直观表现即是剧本作为一剧之本的地位显著提升，项目研发、剧本讨论、扎根生活、踏实创作的行业氛围日渐回归。优秀文学作品与影视的结合更加紧密，电视剧《人世间》《破晓东方》《风吹半夏》《幸福到万家》《心居》《欢迎光临》等均改编自知名小说或纪实文学作品，扎实的剧本和恰到好处的改编，成为叫好又叫座的重要保障。此外，《大考》《县委大院》《对手》《警察荣誉》等原创作品在剧本阶段强化"深耕现实"，以真实、平实、朴实的现实主义笔触为时代画像。2022年9月，国家广播电视总局与中国作家协会签署战略合作协议，推动优秀文学作品向影视转化，将为国剧发展再助一臂之力。

提质减量成为行业共识。"一减"是指提质减量。2022年电视剧创作生产继续呈现提质减量的发展态势，全年生产完成并获得《国产电视剧发行许可证》的电视剧共160部5283集，同比下降17.53%和21.41%。其中，电视剧部数连续十年递减，2022年总部数仅为2012年506部的三分之一；

集数总量连续七年递减，从 2015 年的 16540 集减少了近三分之二（见表 3）。

表 3　2011—2022 年获得发行许可证电视剧数量

年份	2011	2012	2013	2014	2015	2016	2017	2018	2019	2020	2021	2022
部数	469	506	441	429	394	334	314	323	254	202	194	160
集数	14942	17703	15770	15983	16540	14912	13470	13726	10646	7450	6722	5283
平均集数	32	35	36	37	42	45	43	42	42	37	35	33

数据来源：根据广电总局公开数据统计。

从视频平台的上新数量看，2022 年各视频平台上新剧部数缩减 7%—28%，其中芒果 TV、爱奇艺、腾讯视频、优酷分别上新国产连续剧 60 部、200 部、135 部和 125 部，同比分别减少 23 部、14 部、30 部和 37 部。[①]总体而言，整体数量减少带来的是精品内容数量的稳步上升，以质量换数量成为行业发展共识。

情节紧凑的中短剧明显成为主流。"一短"是指剧集体量变短。《县委大院》24 集、《庭外》20 集、《开端》15 集、《摇滚狂花》12 集，一部部优秀的作品用实力证明，宏大的、个性化的主题都可以紧凑地谋篇布局。广电总局备案数据显示，电视剧部均集数连续六年递减，从 2016 年的每部 45 集减少到 2022 年的部均 33 集；播出数据显示出同样趋势，2022 年国产剧部均集数由 2021 年的 31.5 集下降至 29.9 集，其中 24 集及以下剧集部数占比达到 40.1%，同比上涨 1.9%。[②]

在网络剧领域，剧集体量向"短"的趋势也格外明显。2022 年上线网络剧中，7—20 集、21—30 集和 31—40 集的占比分别为 30%、53% 和 16%，另有 2 部 6 集以内的短剧。其中，24 集体量的网络剧数量占比达 33%（56 部）。2022 年 12 月《关于推动短剧创作繁荣发展的意见》的出台，为短剧的繁荣发展释放了积极的政策信号。

综合来看，剧集创作尽管仍然存在题材扎堆和粗糙、悬浮的现象，但创作生产整体向好向上的势头日益强劲，现实题材和现实主义的创作成为

①　云合数据，《2022 年连续剧网播表现及用户分析报告》，2023 年 1 月 4 日。
②　云合数据，《2022 年连续剧网播表现及用户分析报告》，2023 年 1 月 4 日。

行业主流，呈现出主旋律作品更接地气、商业化作品更有正气的创作特点和发展态势。未来，中国剧集更加坚定在新时代新征程中的价值定位，更加注重艺术规律，在文化强国建设中发挥更大作用。

（执笔人：彭锦，国家广播电视总局发展研究中心）

第二节　文艺节目

提要： 2022 年，文艺节目创作与新时代新征程同向同行，日益强化人文内涵和现实关注，强化艺术与技术融合创新，减量提质成效明显。全年共播出电视文艺节目 5.1 万小时，同比减少 0.3 万小时，其中卫视频道首播文艺节目 928 档，同比下降 82 档；共上线网络综艺 431 档，同比减少 21 档，数量略有下降，但整体质量显著提升。在文化类节目的多元创新、主题类节目的轻量化表达、大型晚会的科技创新应用、传统赛道节目的转型升级等方面均有亮点，推动视听文艺节目跨上新台阶。

2022 年，文艺节目秉持文化追求、突出价值引领，积极探索内容和形式创新，强化节目与观众的共情共鸣共振，强化科技对艺术的赋能，用丰富的文艺样态担负着唱响时代华章、赓续中华文脉的使命，在转型提质中进入新的发展阶段。

一、文化类节目聚焦文化传承发展

博大精深的中华文明是中华民族独特的精神标识，是当代中国文艺的根脉，也是视听文艺创新的宝藏。近年来，视听文艺节目将创作创新的目光投向中华优秀传统文化，从中寻找选题、汲取养分，以创作实践贯彻落实中华优秀传统文化的创造性转化和创新性发展，积极探索讲好马克思主义同中华优秀传统文化相结合的故事，涌现出一大批讲述中国传统文化、弘扬中华民族精神的优秀作品。

一是拓展选题广度厚度，注重赓续中华文脉。当前，文化类节目已从十年前《中国诗词大会》的单一"大会系列"，逐渐发展为以中国节日、诗词、典籍、文物等为代表的多矩阵系列，并向文博世遗、音乐戏曲、绘画传说、地域文化、饮食文化等更广领域拓展，多维展示中华优秀传统文化的丰富性、多样性和独特魅力。如《典籍里的中国（第二季）》《故事里的中国（第三季）》等深入文化典籍，《中国礼 中国乐》等深入中华礼乐；《诗画中国》《书画里的中国（第二季）》《中国书法大会》等深入书画文化；《非遗里的中国》《新生万物》《万里走单骑（第二季）》等聚焦非遗；《拿手好戏》《最美中国戏（第二季）》《戏宇宙》等聚焦戏曲文化，《清明奇妙游》《端午奇妙游》《中国节气·谷雨奇遇记》等聚焦节日节气文化，《最美中轴线》《黄河文化大会》《斯文江南》等聚焦地域文化，多维度展现中华文明的博大精深和中华文化的源远流长。

二是强化与现代艺术和技术的融合，实现传统文化创新表达。首先，多档节目以传统文化符号为基础，不断创新话语体系、叙事手法和表现形式。如《非遗里的中国》《故事里的中国（第三季）》《中国节日 2022》《博物馆之城》等节目广泛融合访谈、现场考证、戏剧、歌舞、竞赛、游戏、微电影等元素，增强节目的观赏性和趣味性。其次，广泛运用 AR、CG、AE 技术、裸眼 3D、数字绘景等科技手段，赋能文化节目在虚拟与现实之间自由切换，如《典籍里的中国（第二季）》《诗画中国》《古韵新声》及河南台"中国发明"系列节目运用数字技术讲述文化故事。再次，以时尚化表现方式架起传统与现代的桥梁，如《新生万物》中由新锐设计师带动非遗项目"火起来"，《万里走单骑》中"文化后援企划"的设计让"不可移动"的世界遗产走进现实生活；《戏宇宙》《拿手好戏》等节目把现代说唱、摇滚等流行音乐形式与昆曲、秦腔等戏曲文化交融呈现，引发观众特别是年轻一代对传统文化的追捧。

案例：《典籍里的中国（第二季）》探索文化类节目新表达

这是一档具有独特切口和创作模式的文化类综艺，用典籍之光照亮当代年轻人的精神世界。节目每期选取"一部典籍、一个人、一段跨越时空的故事"，在艺术表达上广泛采用多舞台、多空间、沉浸式戏剧和古今对话的方式，将"戏剧＋影视＋文化访谈"多形态融合，尤其是现场戏剧表演环节的精致程度堪比大型剧场演出。在传播方面强化社交媒体传播，推出系列原创短视频，带动小屏对大屏的反哺和回流，在国内外成功掀起一波"典籍热"。

三是文化类节目普遍呈现较高口碑，引领大屏收视与播出主流。全年文化类节目播出时长占所有文艺节目总时长的36%，领先于其他各类型文艺节目。其中，在2022年度晚间时段首播文艺节目收视率前十名中，文化类节目占据8席；全年重点频道上线的15档文化类节目收视率均在0.4%以上，豆瓣平均评分8.48分，远超其他类型节目平均水平，[1] 充分体现出文化类节目品质提升的态势和观众对其的认可。

二、主题文艺节目抒写时代华章

视听文艺节目创作坚持以人民为中心，弘扬主旋律，从时代之变、中国之进、人民之呼中提炼主题，全景式展现新时代的精神气象。

一是精心创作党的二十大主题文艺。2022年8月，广电总局召开迎接党的二十大重点文艺节目创作推进会，指导推出《时间的答卷（第二季）》《闪亮的坐标 青春季》《我们的新时代》《十年·逐梦向未来》《图鉴中国——昂首阔步这十年》等一批主题作品。如由浙江卫视联合东部九省市卫视联合制作播出的文艺晚会《十年·逐梦向未来》以"中国梦·奋斗

---

① 酷云互动，《影视榜样·2022年度剧集报告》，2023年1月11日。

情"为主题，回顾十年成就，唱响时代精神；《我们这十年》从 11 个方面展现新时代各领域发展成就和人民群众的新风貌、新奋斗、新精神。这些节目视野宽、选题好、内容新、形式活，全景式展现新时代发展成就和精神气象，获得良好口碑和传播效果。

案例：《我们的新时代》以平凡人书写大时代

该节目是迎接党的二十大重点文艺节目之一，采用"新闻＋纪实＋文艺"相融合的创作手法。在表现形态方面，节目重点突出新闻现场感、纪实烟火气、文艺氛围感，采用跟拍手段展现人物情感，融入歌、舞、乐等多种元素；在嘉宾拍摄环节，采用沉浸式探访以增强现场互动体验；在视觉效果方面，创新增加了升格拍摄、FPV 穿梭航拍和微观镜头以丰富故事张力和人物表现力，力图以鲜活的人物群像组成"最小情感颗粒"，呈现十年强国之梦、大国之治和人民之力。人民日报、光明日报和新华社的客户端、学习强国均点赞该节目，称《我们的新时代》"为平凡人立传，为大时代特写"。

二是坚持以人民为中心的创作导向，小切口展现新时代十年砥砺奋进的伟大成就。让人民站上文艺节目舞台的中央，是当前主题文艺节目的一大特色。一方面聚焦先进人物的典型事迹，强化内容创新和形式创新，把新时代新成就讲得生动可感。如《时间的答卷（第二季）》在讲述先进人物的典型事迹时创新采用"人生影院"模式，邀请其与未来的自己对话；《闪亮的坐标 青春季》用"讲演"形式讲述青年英模故事，激发青年群体向上向善的力量；另一方面格外关注平凡人不平凡的生活，着重描绘各行各业投身新时代的火热实践。如主题晚会《这十年·追光之夜》讲述各行各业"追光者"投身新时代的感人故事和逐梦历程，《为你喝彩·我们这五年》以北京青年人才群像的描摹反映新时代巨变。

三是聚焦国家重大战略，探索重大题材文艺新形态。2022 年，文艺节目从时代脉搏中提炼艺术灵感，全面反映乡村振兴、文旅融合、北京冬奥会等重大题材，创作推出了一批时代特色鲜明、时度效俱佳的文艺作品。《山水间的家》《从农场到餐桌》等节目以电视综艺的创新表达梳理展示乡村振兴的丰硕成果；《冬梦之约（第二季）》《冠军对冠军》《冰雪正当燃》《超有趣滑雪大会》《哇！冰球》等多档冰雪主题节目在北京冬奥会前后密集上线，将趣味娱乐与体育运动相结合，宣传冬奥与冰雪运动相关知识，传递奥运精神。

三、垂类综艺不断创新创优

2022 年，传统赛道和创新类文艺节目整体呈现出选题真实、创作扎实、表达平实的特点，在精细化发展时更加贴近现实生活，注重价值引领和人文关怀。

音综强化精细化发展和价值引领。音乐类综艺布局更加垂直细分，从全民类节目向说唱、电音、乐队、国乐、潮音等多领域精细化发展，涌现出民歌节目《春天花会开》《我们的民谣 2022》、音乐剧节目《爱乐之都》、乐队节目《闪光的乐队》、说唱节目《中国说唱巅峰对决》等多档垂类新节目。同时主题性更加鲜明，在节目创作中承担更多文化使命，如《中国好声音》推出越剧特别季、《声生不息·港乐季》拓展音综与重大主题融合创新。

案例：《声生不息·港乐季》用音乐抒发家国情怀

《声生不息·港乐季》是湖南广播影视集团和香港电视广播有限公司在香港回归 25 周年之际联合推出的音乐综艺节目，由国家广播电视总局网络视听节目管理司、港澳台办公室、中央政府驻港联络办宣传文体部指导制作，在芒果 TV、湖南卫视和香港翡翠台播出。作为音乐类综艺节目做好重大主题宣传的成功探索，节目在多方面进行创新：把爱国主义作为创作灵魂，用音乐抒发家国情怀，为庆祝香港回归 25 周年营造浓厚氛围；搭建横跨 40 后到 00 后的文化桥梁，让香港与内地老中青的不同代际重拾记忆，彰显同根同源的血脉情深；唱响励志旋律，激励青年共筑伟大梦想；推动节目入港，润物无声促进大湾区深度融合。

观察类节目再现多彩社会生活。《一往无前的蓝》《令人心动的 offer（第四季）》《初入职场的我们·法医季》《闪闪发光的你（第二季）》等职场观察类节目深入各行各业真实展示年轻人职场生活；《妻子的浪漫旅行（第六季）》《怦然心动 20 岁》《春日迟迟再出发》等节目深耕不同年龄层、不同状态群体的感情需求；《爸爸当家》《我的小尾巴（第二季）》等为观众提供关于亲子教育、家庭关系的更多思考；《忘不了农场》《老铁情缘》《百川老朋友》等观照社会老龄化过程中面对的诸多问题。这些节目在反映现实生活、紧扣时代情感的同时，传递温暖、希望和积极向上的正能量，引发观众共情共鸣。

创新类节目凸显公益和人文关怀。2022 年一批新播文艺节目通过不同视角、不同主题传递人文关怀，凸显公益价值。《我在岛屿读书（第一季）》以公益"岛屿书屋"的沉浸式场景倡导全民阅读，让观众享受"治愈"，在快节奏生活中让更多人爱上阅读，推动读书类节目的全面创新；《追星星的人（第二季）》《出发吧去露营》等将"自然""治愈"等元素纳入节目创作中，以"慢"获胜给人耳目一新之感。此外，《毛雪汪》《闪亮的日子》《快乐再出发》《打工不如打电话》等快节奏、强交互、精而巧的微综艺备受市场关注。这些小而美的微综艺，以扎实的创作、大胆的创新跑赢了"大制作"，为综艺节目创新发展提供了新思路。

四、文艺晚会在科技与艺术融合中焕新出彩

2022 年，125 台传统节日晚会接力陪伴观众共度佳节。各台的春晚和跨年晚会竞相创新，在科技的强力赋能下呈现出虚拟与现实交织、传统与潮流结合、科技与艺术融合的鲜明特点。

科技与艺术融合增强观赏性。从歌曲、舞蹈、创意节目到民俗表演、杂技、武术甚至相声等，各类高新技术极大丰富了节目的呈现形式和视觉效果，如总台央视春晚《满庭芳·国色》的"花瓣纹"天幕、依托 AR 三维绘制的《当"神兽"遇见神兽》，江苏卫视跨年晚会中虚拟的"大蓝鲸"和"海洋"等，为观众带来高沉浸度、强互动感的新体验。此外，湖南卫视虚拟主播小漾、数字虚拟人康康和果果、东方卫视虚拟人"东方媛"、浙江卫视数字宋韵文化推广人"谷小雨"等在文艺晚会中得到使用，是文艺晚会数字化应用的新成果。

表达时代主题，引领健康审美。跨年晚会和春晚是综艺的"重武器"，也是各台品牌塑造的重要举措，2022 年以来，跨年晚会和春晚再成热点，竞相创新。以 2023 年跨年晚会为例，总台和多家卫视平台都在跨年时段推出涵盖盛典、演唱会、演讲等多样形式的晚会，在整体立意和节目设计中普遍聚焦时代主题。数据显示，在 13 家平台和机构的代表性跨年晚会中，10.16%（46 个）的节目以反映新时代精神、展现新时代成就为主体，17.88%（81 个）的节目讲述奋斗者故事。① 同时，各台晚会注重深挖中华优秀传统文化，多个极具中国审美、彰显中国气质、展现中华文明的节目成为晚会热点和人们的记忆点。这一年，节日主题类文艺晚会成为文艺节目竞技场，各台以打造综合性晚会的方式塑造节目品牌，强化宣传。如为庆祝五四青年节，总台、湖南卫视、河南广电等不约而同地推出 2022 五四特别节目；农民丰收节当日，5 台乡村振兴主题晚会集体亮相。这对节日主题晚会强化创新、避免同质化竞争提出了更高要求。

案例：《中国网络视听年度盛典》展示行业发展成就，树立良好社会形象

2022 年和 2023 年，由广电总局指导的《中国网络视听年度盛典》已

---

① 闫伟、杨阳、李璇：《跨年晚会：热现象背后的冷思考》，《电视艺术》2023 年第 2 期。

连续举办两届。每次盛典都围绕中心大局，确定一个主题。2022 年主题是"中国梦·我的梦"，旨在迎接党的二十大和"中国梦"提出十周年；2023 年是"奋进新征程"，旨在落实二十大的部署要求。两次盛典都是采用"1+5"的结构，即一个序幕、五大篇章。2022 年盛典由 8 个平台承办，2023 年拓展到 18 个，涵盖了长短视频平台、直播平台和音频平台。两届盛典都是春节假期在各主要网络视听平台火热播出，在网络视听空间奏响了礼赞新时代、奋进新征程的"大合唱"。盛典在推动重大主题艺术转化、创新呈现、破圈传播、深入人心上实现了新突破，在引领网络视听行业围绕中心、服务大局、坚持导向、共创精品上强化了工作抓手，展现了网络视听行业蓬勃发展的精神面貌。

2022 年大屏综艺和网络综艺在分流中融合，在融合中分流，不断丰富主题样态、创新表现形式、拓展细分形态，在思想性、时代性、文化性、艺术性方面交出了可圈可点的答卷。同时，也应看到，目前创作生产中存在同质化、形式化、过度娱乐化、内涵贫乏、营养不足等不良现象，"综N代"节目需要更多创新，破除审美疲劳。整体而言，文艺节目创作应牢牢把握价值取向和审美趣向，充实更多文化内涵，注入更强精神力量，不断创新节目形态和表达方式，在新征程上不断创新和繁荣发展。

（执笔人：彭锦、秦煦，国家广播电视总局发展研究中心）

第三节　纪录片

提要：纪录片创作坚持以人民为中心，服务党和国家工作大局，主题宣传主力军功能日益凸显，创作整体呈现出题材类型丰富、叙事手法多样、制播形态年轻化等特征。2022 年，16 个总台央视频道、42 个地方卫视频道共播出 967 部纪录片、101 档纪录片栏目，另有 12 档电视栏目播放纪录片，累计 117598 集、6.4 万小时，纪录片仍为播放量前三的节目类型，播出时长进一步增加。网络纪录片进入高质量发展阶段，主要视频平台全年上线新纪录片内容 800 部左右，共计时长 2500 余小时。①

一、2022 年纪录片总体发展情况

（一）主题主线纪录片佳作频出

2022 年，"迎接党的二十大"重点纪录片、广电总局季度推优纪录片等共播出 9554 集 3887.4 小时，在纪录片中播出比重 6.9%、收视比重 9.7%。获年度优秀网络视听作品推选活动的网络纪录片 31 部，在 10 部年度特别节目中网络纪录片占 6 部。《领航》《征程》《加油！新时代》《习近平与乡村振兴的故事》等阐释新思想、礼赞新征程、讴歌新时代的纪录片精品力

---

① 中国广视索福瑞媒介研究，《2022 年网络纪录片年度观察》，收视中国，2023 年 3 月。

作，兼具思想性、时代感和艺术性，通过纪录性表达将"史"和"论"、微观细节和宏观叙述、普通人和时代发展、个人选择和人类命运、历史回眸和当下抉择及未来展望融会贯通，既展现出高瞻远瞩的宽阔视野，又具有"闳约深美"的中国意境。在讴歌中国精神、中国智慧、中国力量的同时，众多纪录片通过纪实表达真实展现新时代普通百姓的奋斗历程，将百姓故事解读与理论升华融合起来。2022年北京冬奥会和冬残奥会题材纪录片创作成果丰硕，《从北京到北京》《飞越冰雪线》《跨越》《粉雪奇遇》《生命因冰雪而火热》《冰雪Z世代》等，形成了一部多层面多维度的北京冬奥会影像档案，也有力推动了中国体育题材纪录片的跨越。这些纪录片采取多频道联播、网上网下同播等方式，扩大了传播力。2022年有60部作品在2个及以上的频道播出，其中《加油！新时代》在23个卫视频道播出177集次，观众总到达率8.079%。

案例：《加油！新时代》——真情书写奋斗者故事

迎接党的二十大重点纪录片《加油！新时代》由广电总局指导，中广联合会纪录片委员会联合全国二十多家省广电局、广播电视台制作。纪录片采用"卫视首播联播＋网络联动"的方式，以普通人为叙事主体，突出个人视角、个体叙事，采用人物口述实录＋纪实影像的表现手法，没有解说词，强化真实口述历史的文献价值，让每个故事人物真情讲述，配合他述语境，双话语交叉，让人物形象更加饱满。全片共六集，标题均选自习近平总书记掷地有声的金句。据中国视听大数据（CVB）统计，湖南卫视每集平均收视率为0.244%，在北京、湖南、江苏、浙江、广东等十余家卫视播出时每集平均忠实度均超60%。节目播出后，《人民日报》《光明日报》等刊发文艺评论。

（二）多元影像记录见证时代之变、中国之进

纪录片创作进一步以多元影像书写中国各领域发展的恢宏气象，在主题宣传中的主力军功能日益凸显。《我们的新时代》《友谊之路》《黄河安澜》等立足进行时态，用国际视野与历史眼光，将新时代的激越与奋斗镌刻进纪录片影像时空。《我和我的新时代》《这十年》《党的女儿（第二季）》等作品均从小视角切入大主题，着力书写普通人与国家和时代同行的幸福记忆，透过个体故事折射出中国在岁月变迁中的巨变与成就，完成了重大主题与微观讲述的统一。2022年纪录片创作深入乡村振兴实践，涌现出一批成果，《端牢中国饭碗》《村庄十年》《小岗纪事（第二季）》《我们村》《"溜索女孩"的15年见证中国脱贫奇迹》等作品小中见大，呈现逐梦路上中国"三农"的历史性变迁。《行进中的中国（第二季）》《永远的行走：与中国相遇》《数字里的中国》等用国际视角讲好中国故事的纪录片力求在更宽广的镜头下传递更为丰富多维的中国声音，在探讨环境、减贫、互助等人类共同命运话题中，向世界展现了一个"可信、可爱、可敬"的中国。《中国：野生动物家园》《中国湿地》《万物之生》《生态秘境》等自然类纪录片描绘出多种生物和谐共生的中国大地之图景，表达了"这个世界因所有的生命绚丽多彩"的核心价值；《黄河安澜》《太湖之恋》《湿地上的城市》等地理文化题材纪录片以唯美镜头展现自然之美、人文之美，捕捉鲜活的人物和故事，生动诠释出中国生态环境保护与高质量发展并进之路。

（三）创新传播路径，网上网下、大屏小屏、长短视频融合发展

纪录片持续打造年轻态、新主流的传播格局，激活了"以微纪录片承载重量内容、以长纪录片书写轻盈故事"的创作生态。让观众在"追更"节奏中，体验纪录片带来的温暖和陪伴感，实现了网上网下、大屏小屏、长短视频融合发展。衍生纪录片、互动纪录片等新形态亦在2022年不断涌现。"神十四"发射升空之际，CCTV-9制作推出的两支《飞越苍穹》中国空间站8K超高清影片花絮特辑重磅发布，社交媒体平台话题量超8亿，登陆全网热搜榜单20个，全网触达率超12亿，引发各界广泛关注与热议好评。网上网下纪录片同频共振，以现实关怀充实多元题材创作，为新时代新气象新作为留下了真实鲜活、生动翔实的纪实影像。

（四）头部平台深耕垂类圈层，开启视听表达新版图

2022年，主要网络视听平台制作的纪录片深挖垂类圈层，寻求内容升级。腾讯视频以多元化的内容布局深耕美食纪录片赛道，经久不衰的《风味人间》和衍生产品《风味实验室》《风味原产地》等以及《早餐中国》《向着宵夜的方向》《我的美食向导》等美食纪录片联合出击、持续更新，在传统热门垂类纪录片中不断加入了新的内容和表达方式。哔哩哔哩2022年的自制纪录片更多采用距离观众更近的生活化表达方式，《但是还有书籍（第二季）》《不止考古·我与三星堆》等历史文化纪录片成为爆款，凸显出青年受众群体对优质内容的追求。

二、2022年纪录片创作的亮点

（一）中国故事的世界表达

2022年纪录片更加突出用国际视角讲好中国故事。《为了更美好的生活》《全球公敌》《向南流的河》《郡县之治》等纪录片或是用"小而美"的故事揭示新时代中国发展密码，或是追随人类学家的脚步真实记录今日中国。无论采取何种叙事表达，这些国际传播纪录片积极回应国际社会的普遍关切，打破西方媒体的片面视角，以求同存异的真诚态度与国际受众探讨共同关心的硬核话题。在叙事风格上国际传播纪录片更趋成熟多样，深耕纪录片内容与中国话语的创新表达，讲国际受众"听得懂"和"听得进"的故事，以更多元的视角和更广阔的内容，彰显出国际传播的能量。这一年，以外国人寻访为主线的纪实类纪录片兴起，从外国人视角、观察和感受出发，突出跨越文化、语言和背景的"相知、相通"，更显客观真实，更利于展现可信、可爱、可敬的中国形象，为纪录片创作带来新气象。

（二）美学叙事不断创新

自然人文类纪录片创作不再满足于故事叙述本身，而是从东方哲学和东方美学中汲取营养，美学叙事成为纪录片的共同追求。《荣宝斋》《"字"从遇见你》《闪耀吧！中华文明》《舞台上的中国》《国医有方》《与丝路打交道的人》等纪录片多角度展现中国传统文化魅力与蓬勃生命力。无论是浓墨重彩的精心勾勒，还是短小精悍的短视频传播，灿烂文化的底色托举人文价值；用东方美学影像传递中华文化自信，在再现视觉奇观的同时，透过细腻、鲜活的人文故事叙述，呈现中华文明的温度和厚度。

案例：《闪耀吧！中华文明》寻找民族文化的高光

《闪耀吧！中华文明》是由广电总局网络视听节目管理司和北京市广播电视局指导，优酷和河南卫视联合独播的文化探索纪实节目。节目以六大考古现场为依托，以一线考古专家、资深文博历史学者第一手的真实经历和研究成果为支撑，以年轻化视角记录中华民族文化的精神内核。在内容上，节目邀请了100多位专家和学者进行专业的输出和深究，深度挖掘展品背后的历史细节和人文厚度；在形式上，将纪实元素与真人秀相结合，融入CG特效、国漫动画等技术，通过悬疑解谜、热血国漫的形式，寻求文化节目的视听升级和跨次元表达；在传播上，借力网络视听互动性强、社交性强的融合传播手段，吸引更多年轻人对传统文化、历史产生兴趣，自发进行深入探索。节目开播后备受关注，豆瓣评分最高达8.5分，截至2022年11月，节目主话题讨论次数近35.8万，全网话题累计曝光量达22亿+，实现热度和口碑的双丰收。

（三）纪实手法创新拓展

纪实是纪录片的基石，纪实也是纪录片的气质。2022年纪录片创作亮点之一就是纪实手法创新运用。《人生第二次》《Made in China：设计与我》《书店，遇见你》《码农的异想世界》《守护解放西（第三季）》《万分之六的人生》《真实生长》《她在家》等作品，深入一个个平凡与不凡的人生中，展现出人间烟火中的理想、困境、坚守、成长等万千姿态。生命的韧性与价值透过真实的记录传递着浓郁的人文关怀，更让观者从不同的个体生命情境中获得人生思考和精神滋养。

（四）硬核科技打造纪实奇观

纪录片所展现的极致影像离不开影像技术的革新。2022 年自然人文类纪录片不断用先进的影像技术展现生态文明之中国的广袤与神奇，聚焦人与自然的关系，科技题材作品则不断在探索视觉创新，力求兼顾科普功能与人文情怀的纪实表达，展现科学之美。《中国：野生动物家园》《中国湿地》《荒野至上（第二季）》《自然的力量·大地生灵》《遇见最极致的中国》《生态秘境》《生命之歌》《万物之生》等展现自然力量的纪录片都在影像技术呈现上追求极致境界，以至美至真的视听语言，表达"这个世界因所有的生命绚丽多彩"的核心价值。《大河之北（第三季）》《发现拉萨》《山河新疆（第二季）》《黄河安澜》《大河之洲》《太湖之恋》《我住江之头》等全方位展示地域自然文明的纪录片，注重用影像语言构建山水风物之美，绘制中华地理人文壮美画卷。此外，《重回长江的麋鹿》《与象同行》等作品推动中国野生动物类纪录片迈上新高度。"萌感"的拟人叙事、真实自然的主题内容与润物无声的讲述方式，积极探索共享性话语体系。纪录片创作还聚焦我国在科技创新上取得的新突破，展示出纪实的新魅力，《超级装备（第二季）》《神奇的嫦娥五号》《下一站，火星》以及微纪录片《中国想象力》等作品通过创新优化叙事方式，结合先进摄影技术呈现和三维动画特效等，解构抽象科学理念，全方位、多维度展现中国科技发展的时代成就，在硬核知识表达之余，不忘人文观照，在"纪录＋科普"类型上进行了有益探索。

案例：《黄河安澜》——以大历史观再现大河奔流

北京广播电视台联合沿黄九省（区）广播电视台制作大型纪录片《黄河安澜》，充分展示新中国成立以来党带领人民创造黄河岁岁安澜的历史奇迹，突出展现党的十八大以来沿黄各省区推动黄河流域生态保护和高质量发展的新成就，以大河安澜展现盛世气象、中国之治。用影像呈现黄河母亲河生态健康可持续发展的翻天覆地变化。《黄河安澜》将黄河流域恢宏铺展的万里巨川与河湖澄澈的碧波点点，用大全景尽收眼底，用特写微观聚焦，构筑了视觉表达的奇观，引领观众感受自然、生命和华夏文明的诗意之美。该片于习近平总书记主持召开黄河流域生态保护和高质量发展座谈会并发表重要讲话三周年之际，在北京和沿黄九省（区）卫视频道联播，并在党的二十大期间持续展播，得到行业内外关注、主流媒体高度评价，获得良好口碑和传播效果。

三、进一步推动纪录片高质量发展

2022 年，广电总局出台《关于推动新时代纪录片高质量发展的意见》（广电发〔2022〕7 号），提出了纪录片高质量发展的新思路新对策。未来国产纪录片的创作生产应进一步聚焦题材、内容、形式到传播的创新，持续发力，久久为功。

一是选题资源开掘的多样性。近年来考古、非遗、美食纪录片构成了地方性纪录片选题的主要方向，但"一窝蜂"的现象往往会造成良莠不齐、创作模式趋同的现象。相比之下，反映新时代发展的社会纪实类纪录片还不够丰富，应加大新时代发展故事挖掘力度，让当代中国故事的讲述更加多姿多彩。

二是强化纪录片生产的品牌意识、传播意识和规划意识。随着纪录片受众越来越追求高品质内容，各网络平台加码入局，纪录片受众需求发生重要变化，要不断创新纪录片的内容模式和传播形态。当下大多数纪录片制作机构和地方广电媒体还缺乏纪录片生产的长期规划，尤其是要在选题方向、资源整合、队伍建设和产业运营等方面需要主动地谋篇布局。

三是融媒体思维拓宽纪录片生产与传播渠道。当下纪录片创作主体仍为传统媒体。传统媒体创作者的丰富经验和传播观念应积极适应融媒体环境，从创意到创作、传播和产业，都需要贯穿新媒体思维，推动全媒体时代纪录片的新发展。网络视频平台的纪录片制作优势在于适应受众的叙事语态，紧扣用户需求，但内容布局的广度和深度还需向纵深拓展。

四是进一步发挥纪录片的国际传播优势。纪录片承担着在国际交流中真实展现中国形象、有效传递中国声音的使命。在媒介形态和传播格局不断发生变化的当下，加强国际传播能力建设，这是中国纪录片发展的重大课题。既要创新传播形式、拓展传播平台、细分国际受众，也要积极拓展纪录片题材的维度与视野，加强国际化叙事表达，丰富激发国际受众情感共鸣的主题内容，增强国际传播实效，做人类命运共同体理念的忠实记录者、传播者。

（执笔人：赵捷，国家广播电视总局发展研究中心）

第四节　动画片

提要： 2022 年，全国动画生产与播出实现双增长，全国共发行国产电视动画片 331 部、89093.9 分钟，制作时间同比增长 11.51%。电视动画片播出时间 46.53 万小时，同比增长 2.85%。相比 2021 年，国产动画优化创作结构，推动题材创新与艺术创新，更加尊重儿童审美趣味，增强现实质感。网络动画发展迅猛，现象级爆款频出，"短剧"动画、系列动画成为重要趋势。

一、国产动画创作结构更趋优化

2022 年，国家广播电视总局备案公示的全国国产电视动画片为 465 部，15.2 万分钟。童话、文化、现实、历史题材增多，科幻、教育、其它题材有所下降。其中，备案公示的童话题材 229 部、68255.7 分钟，占比 49.2%，教育题材 63 部、30953.4 分钟，占比 13.5%，文化题材 56 部、19327 分钟，占比 12%，现实题材 43 部、11934 分钟，占比 9.2%，科幻题材 39 部、13196 分钟，占比 8.4%，历史题材 23 部、3976 分钟，占比 4.9%，其他 12 部、3393 分钟，占比 2.6%。

（一）主题动画更加突出寓教于乐，助力扣好人生第一粒"扣子"

2022 年，国产动画强化价值引领，围绕迎接宣传党的二十大、北京冬奥会、全面建成小康社会等主题主线，展现新时代国家发展的伟大成就，激发少年儿童爱党爱国之情，呈现两大亮点：首先是在题材上进行突破，填补相关动画创作空白。革命历史题材动画《你好！辫子姑娘》以平民英雄"辫子姑娘"为原型，串联起渡江战役、修建南京长江大桥和港珠澳大桥等三个不同历史时期，是国内首部轻奇幻主旋律动画片。《林海雪原》首次全景式再现解放战争初期东北剿匪的历史岁月。《冰球旋风》紧扣北京冬奥会主题，首次展现冰球运动在国内的兴起与传播的过程，是我国第一部冰球运动题材动画。《下姜村的共同富裕梦》聚焦乡村振兴题材，展现下姜村区域联动、共赢发展的振兴之路。《科学家故事：呦呦有蒿》第一次以当代著名科学家为主角，展现崇高的科学家精神。其次，主题动画更加讲究叙事艺术，更加注重增加动画特有的形象化、视觉化优势，让主旋律故事不仅有"意义"，更有"意思"。如《大运河奇缘2》以寓教于乐的形式展现了大运河作为连接传统文化和现代文明的文化地理枢纽的重要意义，作品中运河精灵代表风、雷、沙、雨雪、花等自然力量，技能不同、性格各异，增强趣味性。

案例：《冰球旋风》实现冰雪运动题材新突破

《冰球旋风》是中央广播电视总台所属央视动漫集团为迎接2022年第24届北京冬季奥运会，创作的中国首部冰球题材大型动画片。《冰球旋风》选择冬奥会中对抗最激烈、最讲究团队协作的冰球项目，将故事舞台置于北京这一充满奇迹的"双奥之城"，讲述了主角尚进的成长之旅，从青少年的生活、学习、每一次训练、每一场比赛切入，尚进与队友们一起汲取对手长处，坚定自我梦想，最终在拼搏中使得旋风队成长为一支奋勇顽强、团结协作的队伍。作品从小小的冰球窥见整座城市、整个国家奋进向上的力量和追求美好未来的信心，成为北京冬奥会期间为青少年儿童献上的文化大餐。作品吸引了大量对竞技体育，尤其是对冰上运动感兴趣的各年龄层观众，因出色创作质量获第31届中国电视金鹰奖最佳电视动画片奖。

（二）动画创作题材日趋多元化，与火热现实结合更加紧密

现实题材创作更加聚焦展现社会发展变化。这些作品以梦想和快乐为主基调，更加紧密切入当代少年儿童的学习生活，关注学区房、小升初、补习班等社会热点问题，展现少年儿童的酸甜苦辣，发掘了美好生活的闪光与趣味，传递了积极向上的正能量。《23号牛乃唐（第二季）》突出现实质感，不断更新和观察了解小学生的生活，对牛乃唐等主要角色进行调整升级，讲述当代孩子成长的烦恼和家庭教育的痒点，传递"不鸡娃，耐心沟通、积极引导，也能养好娃"的正确教育理念。《新大头儿子和小头爸爸4：完美爸爸》《棉花糖和云朵妈妈——快乐生活》等作品紧扣"快乐生活"主题，展现了新时代小朋友们丰富多彩的生活故事。值得一提的是，童话题材也一改过去偏重展示展现幻想的创作特点，更加贴近时代潮流，反映现实生活。如《老鹰抓小鸡之展翅高飞》是国内首部全鸟类题材动画片，除了表现兵法谋略、中医文化等中国元素，还融入了乡村振兴、奋斗圆梦等现代主流文化声音。

（三）更加突出儿童特色和儿童视角，尊重儿童审美趣味

2022年，国产的动画在创作上更加尊重儿童的接受审美规律，尊重不同年龄阶段儿童对于色彩、人物、画面的感知能力，在讲述故事中，尽量融入儿童喜爱的动画元素，突出动画富于奇思妙想、善于塑造生动形象、便于时空叙事的特点，提升艺术性和趣味性。如创新叙事方面，《你好，辫子姑娘》充分发挥动漫创作讲述时代故事的特色，通过爷孙之间的对话进入渡江战役这样的宏大叙事，在美术风格设计上采用二维与三维相结合的制作方式，加入可爱的长江江豚作为串联元素，充满了童真童趣。创新动画艺术形式方面，历史题材动画片《杨家将（上）》以"杨六郎"的成长经历为线索，讲述了杨家将戍守北疆、精忠报国的感人事迹，作品融入了皮影等传统艺术手法，潜移默化地培养青少年有中国特色的审美趣味。《甲骨文之妇好传》展现中国历史上有据可查的第一位女性军事统帅妇好的传奇故事，巧妙之处在于用传奇益智故事串联26个富有深意的甲骨文

汉字，在短篇趣味故事中展现殷商文明，弘扬国学文化。

二、动画生产传播发展新态势

2022 年，随着媒体融合纵深推进，国产动画生产、传播方式深刻改变，网络动画发展迅猛，各大平台走差异化竞争路线，成为推动国产动画发展的最大增量。

（一）网络动画发展迅猛，各大平台自身特色明显

国产动画主要分为电视动画和网络动画，面向青少年和成年人市场的国产网络动画的影响力与传播力日渐凸显。2022 年，已立项的重点网络动画片 737 部，通过登记并取得上线备案号的 330 部。由于各平台的特性与受众群体的差异，其动画版块也逐渐在摸索中形成了自己的定位。如腾讯视频主打面向全年龄段、品类繁多、大 IP 丰富的网络动画生态链。播放热度最高的十部作品均为小说改编，类型偏重"玄幻""奇幻""冒险""动作"等。哔哩哔哩（bilibili）的受众群体定位更偏向于青少年群体，播放量破亿的作品有 5 部，相比其他平台，bilibili 动画由漫画、游戏改编作品更多。总的看，网络动画以 IP 化创作为主，原创较为乏力，而从热度、播放量来看，热门 IP、年番、系列续作等类型动画在吸引观众方面更具有优势。

案例：《中国奇谭》火爆出圈的启示

《中国奇谭》是上海美术电影制片厂和 bilibili 联合出品的动画短片集，包含《小妖怪的夏天》《鹅鹅鹅》《林林》《乡村巴士带走了王孩儿和神仙》《小满》《飞鸟与鱼》《小卖部》《玉兔》八个故事。其中，《小妖怪的夏天》脱胎于文学经典《西游记》，《鹅鹅鹅》改编自传统志怪小说《阳羡书生》，《玉兔》《飞鸟与鱼》取材于中国古代神话传说或民间传说中的概念。有的创作者将水墨、素描结合描绘空灵意境，有的以 CG 技术制作呈现北国风光，还有的将《百子图》中的孩童、《五牛图》中的老牛、《斗茶图》中的喝茶场景以剪纸的形式"复刻"到定格动画样式之中营造写意风格，既有对传

统文化的深入挖掘，也有对未来世界的想象，还有对当下年轻人普遍关于职场境遇、童年怀旧、乡愁情结等心理的反映，引发年轻观众强烈共情，作品在 bilibili 播放量破 2.5 亿，实现了热度和口碑的双爆。

（二）动画与技术结合越来越紧密，科幻题材动画实现里程碑式突破

科幻题材一直是国产动画的弱项，它需要技术与艺术的完美结合。2022 年是国产科幻动画的突破之年。制作机构加大科幻题材动画投资力度，从科幻经典名著改编入手，突出科技与艺术的融合，从创意、制作到传播全方位升级，改变了观众对国产科幻动画的刻板印象。bilibili 推出改编自同名科幻小说的 3D 动画《三体》是目前国产动画行业投资最大的项目，制作团队运用 Vicon 动作捕捉系统、AI 等技术，展现"古筝行动"、追车等震撼的动作场面；同时自主开发了一种实时表演捕捉虚拟直播与录制系统，通过上百个表情控制点实现了对角色面部肌肉群的精准控制，让人物面部表情更加细腻，截至 2023 年 3 月，作品播放量超过 5 亿。虽然在改编上引起一定的争议，却象征国产科幻动画迈出了坚实的一步。《暂停！让我查攻略》《怪奇的虫洞》《我也会发明：闪电家族》《超能钢小侠（第一季）》等作品通过生动有趣的故事情节，向观众展示出一个神奇而充满科技的世界。

（三）系列作品成为重要创作趋势，短剧动画数量变多

从广电总局公布的季度、年度推优情况和重点扶持项目名单可以看出，推优扶持更青睐现实题材、文化题材作品，并呈现出倾向于扶持系列作品的趋势。如被评为"2022 年重点国产电视动画项目"的《"红色印记系列"第一季》《"成语故事系列"第一季》《"节日里的中国系列"第一季》《"逐梦未来系列"第一季》和被评为"中国经典民间故事动漫创作工程（网络动画片）2022 年重点扶持项目"的《孔子三十六圣迹图系列动画》《河宝传奇（第一季）》《细说国宝（第二季）》等。总的看，系列化创作有利于调动更广泛的优势资源，提升创作的连续性和完整性。此外，"短剧"动画成为创作新趋势，受到观众欢迎。如 3 分钟以内的《薇薇猫的日常（31—

109 集)》《萌马吼吼(第一季)》《纸浅情深——场景化体验人大立法新时代品格》,这样的时长设置既适应了短视频时代的传播特征,又在有限幅度内保证了内容的有效传达。

三、国产动画发展趋势

2022 年,国产动画在创作、传播、技术融合上都取得长足进步,但是相比于国外动画行业发展,特别是在满足青少年日益增长的精神文化需求方面都还有差距。未来,要加快补齐各方面短板,实现高质量发展。

一是提升动画艺术水平。动画行业讲究内容为王。当前,国产动画还存在精品数量偏少、原创能力偏弱等问题,在故事讲述方式、人物造型设计、想象力扩展等方面还存在不足。未来,国产动画需要进一步强化价值导向,坚守中国文化立场,加强现实题材创作,深入挖掘中华优秀传统文化精髓,尊重艺术创作规律和儿童审美接受习惯,为少年儿童奉献更多思想精深、艺术精湛、制作精良的优秀动画作品。

二是改善网络动画题材生产结构。当前网络动画的突出问题在于题材结构失衡,玄幻、修仙题材过多,原创题材、现实题材相对较少,部分作品出现成人化倾向,在画面和情节上时有打"擦边球"现象。要引导网络视听机构将社会效益摆在首位,实现社会效益与经济效益相统一,不能让"流量"成为创作的指挥棒。要推动网上网下动画审核标准统一,进一步完善题材结构,更好挖掘网络动画的发展潜力。

三是加强全媒体传播能力建设。传播能力不足是当前制约国产动画发展的一大问题,大部分动画制作机构缺乏新媒体传播渠道,特别是主旋律动画不善于传播,优质原创动画缺乏传播推介平台。未来,要进一步完善全媒体传播机制,推动网络视听平台加大优质国产动画的展播力度,特别是加强对首屏首页推荐力度,让好作品进入好时段、好平台。

(执笔人:胡祥,国家广播电视总局发展研究中心)

第五节 公益广告

提要：2022年，广播电视与网络视听公益广告繁荣发展，涌现出了大量深受人民群众喜爱的作品，艺术水平、数量质量持续提升。广播公益广告节目播出时间58.92万小时，同比增长4.51%，电视公益广告节目播出时间113.51万小时，同比增长5.02%，播出率、收视率全面提升。网络视听平台积极加入公益广告创作和传播阵营，成为推动公益传播的重要力量，总体态势良好，传播效果显著。

2022年，广播电视与网络视听战线坚持围绕中心、服务大局，聚焦主题主线，推出了大量深受人民群众喜爱的公益广告作品和活动，在生产规模、内容质量、传播效果上均表现突出，传播力、影响力、感染力持续扩大，成为视听宣传新亮点。

一、广播电视与网络视听公益广告制作播出新情况

（一）生产规模增长，播出收视全面提升

一是广播电视公益广告生产规模保持增长态势，播出、收视全面提升，影响力不断扩大。2022年广播公益广告节目播出时间58.92万小时，同比增长4.51%，占广播广告节目播出时间的41.94%；电视公益广告节目播出时间113.51万小时，同比增长5.02%，占电视广告节目播出时间

的51.81%。据中国视听大数据（CVB）统计，2022年，18个总台央视频道、44个地方卫视频道累计播出3217条、1592267条次公益广告，共播出13636小时，同比增加0.2万小时；平均每天播出4362条次，同比增加846条次。

二是网络视频平台积极加入公益广告创作和传播阵营，总体态势良好。芒果TV 2022年累计上线超过117条公益广告，累计播放次数超千万，播放时长达847.5万分钟；抖音平台2022年共发布公益视频48.9万条，播放量达112亿次，有1.8万位创作者为公益发声；①百度、爱奇艺、优酷、快手等平台参与签署倡议书，建设大视听公益传播共同体；爱奇艺、抖音、微信视频号等平台参与举办短视频公益传播计划，在平台开设专区展播获奖作品，涌现出一批优秀的公益短视频，传播效果显著。

（二）强化部署引导，主旋律精品频出

2022年，广电总局紧紧围绕迎接宣传贯彻党的二十大主题主线，就繁荣公益广告宣传作出部署，加强重点活动、重点题材、重点选题规划和指导，在广电总局的部署引导下，各级各地推出大批记录新时代、书写新时代、讴歌新时代的优秀公益广告作品，主旋律精品频出。

一是主题突出，主题创作量稳质优。"生态文明"主题公益广告宣传党的十八大以来美丽中国建设成果，普及生态文明思想，2022年播出305284条次，平均每个开机用户观看208条次，在各公益广告主题中播出频次、户均观看条次均位居第一；"乡村振兴"主题公益广告聚焦脱贫攻坚和乡村振兴重大进展，描绘美丽乡村新图景，全年播出107827条次；"反对浪费"主题公益广告倡导节约风尚，呼吁观众共同维护粮食安全，全年播出171466条次；"疫情防控"主题公益广告普及科学防控理念，全年播出156406条次；"时代楷模人物故事"主题公益广告将榜样的事迹真实呈现在观众面前，传递榜样力量；"建军95周年"主题公益广告反映国防军

---

① 抖音，《2022企业社会责任报告》，2023年3月14日。

队建设伟大成就。

二是品质升级，精品佳作持续涌现。围绕北京冬奥会和冬残奥会、春节、建党 101 周年、总体国家安全观、知识产权等重要时间节点和重要主题，推出《冰雪有你更精彩》《民族要复兴 乡村必振兴》《数字新时代 美好新未来》等优秀公益广告作品，这些精品公益广告微言大义直抵人心，播出宣传有声有色、润物无声，有力配合了相关工作（见表 1）。网络视频平台通过优秀的创作团队制作一批有创意、暖人心的公益短片和公益短视频，爱奇艺公益频道推出公益短片《不说话的爱》，呼吁社会关心关爱听障人群；芒果 TV 自制《致自成宇宙的你》等公益短片，从形式和视觉上全面创新；抖音关注拐卖人口的社会问题，将用户的真实故事改编成公益短片《两棵树》，引发积极反响；快手参与举办《没有一头鲸想这样告别》环保艺术展，并发布宣传视频，取得良好宣传效果。

表 1　2022 年总台央视和地方卫视播出频次前 10 条公益广告

序号	公益广告名称	播出频次	播出频道数
1	保护知识产权就是保护创新	34294	22
2	民族要复兴 乡村必振兴	32658	21
3	让绿色低碳生活 成为新时尚	30846	21
4	多姿的我们，自然多彩	28977	20
5	数字新时代 美好新未来	26698	19
6	严厉打击传销活动 维护社会和谐稳定	24701	2
7	珍惜粮食 尊重生命	23931	9
8	禁传销 反欺诈 共建和谐社会	23505	2
9	诵读经典 阅享人生	21358	4
10	建设生态文明 推动绿色低碳循环发展	20522	1

数据来源：中国视听大数据（CVB）。

案例:《冰雪有你更精彩》

《冰雪有你更精彩》是中央广播电视总台总经理室推出的冬奥主题公益广告，2022 年 1 月底开始在 CCTV 全频道等官方主流媒体播出。片中既有自由滑雪、花样滑冰、冰球等冬奥竞赛项目，也有冰上龙舟、冬泳等普通市民冬日运动项目，呈现了中华大地上千里冰封、万里雪飘的动人风光。该片不仅深刻体现奥林匹克精神，更将镜头对准热爱冰雪运动的普通民众，展现"中国元素"和"全民参与"两大核心要素。

二、广播电视与网络视听公益广告创作传播新特点

（一）加强示范引领，激发全社会创作热情

一是持续推进年度广播电视公益广告扶持项目评选，激发各地创作活力，创优推优成果丰硕。山西省广电局《爷爷奶奶一年级》、江西省广电局《我们都是追梦人》、陕西省广电局《文化自信·听得见的敦煌》、湖南省广电局《小丽相亲记》、重庆市文化旅游委《国际盲人日 让爱看得见》等一批优秀公益广告获广电总局扶持。2022年广电总局共扶持87部优秀作品、80个制播机构。

案例：《小丽相亲记》

《小丽相亲记》是湖南广播电视台推出的乡村振兴主题公益广告，从当下社会话题"催婚"切入，通过富有喜剧张力的故事讲述了小丽回乡后的所见所感。片中"养鸡状元"崇尚科学养鸡，将"鸡生蛋"做成了产业，形成了规模；"葡萄大亨"坐拥500亩葡萄园，通过网络平台销售到全国各地；"有志青年"拥有多间民宿，畅游山水之间，装点起幸福乡村。年轻人不断"归巢"，将先进科技带回家乡，让绿水青山真正变成了金山银山，帮助父老乡亲实现共同富裕。该片生动展现乡村振兴战略实施成果，讲述年轻人回乡创业的新故事。

二是全国各省广电局强化扶持项目、征集展播、公益广告大赛、主题作品定制采购等示范引领和带动，进一步激发全社会参与公益广告创作热

情。在广电总局有力引导带动下，全国 25 个省级广电局设立了公益广告创作和播出扶持项目，各地普遍组织开展公益广告大赛、专题征集展播等活动，社会反响良好。北京市广电局组织《中国梦系列》等百余部高质量公益广告精品开展"喜迎党的二十大"专题展映；广西、四川、云南等广电局联合举办"喜迎党的二十大·我们的新时代"主题公益广告大赛，征集 1200 余部参赛作品；广东省广电局安排专项资金 590 万元分别用于广播电视公益广告扶持和精品采购，动员全省积极创作"喜迎党的二十大"主题广播电视公益广告作品；湖南省广电局举办公益广告大赛，收到参赛作品 188 件，评出《红》等优秀作品 50 件；重庆市文化旅游委联合市委宣传部举办"喜迎党的二十大"公益广告大赛，评选推出优秀公益广告作品并落实资金开展项目扶持。此外，国家有关部委合作不断加强，先后组织开展税收、旅游等主题公益广告联合征集展播活动，引导和带动各级主管部门、广电机构和社会各界参与，有力促进公益广告的创作播出，涌现出一大批有思想、有温度、有品质的原创优秀作品。

三是网络视频平台积极利用自身用户和平台优势，开展征集、比赛、挑战赛等活动，发动全社会力量参与公益广告的创作。腾讯公益举办公益广告大赛，围绕乡村振兴、文化保护传承、适老化与老人关爱、生物多样性等议题，通过"公益＋科技＋创意"的社会化共创机制，输出优质公益广告内容，提升公益议题社会关注度；快手公益开展"爱的阳光"短视频征集活动，广泛收集各地残联、特教学校、企事业单位及个人报送的参赛作品，倡导全社会关心支持残疾人和残疾人事业，助力营造扶残助残的良好社会氛围。

（二）拓展传播渠道，增强融合传播实效

一是全国优秀广播电视公益广告作品库建设进一步加强，汇聚和传播作用进一步凸显。2022 年新增入库作品 169 部，累计收录优秀作品 892 部，设立建党百年、疫情防控、勤俭节约、传统文化等 20 余个主题专区，优秀作品累计下载播出近 107 万次，服务对象已扩大至 2720 个，逐步成为

优秀公益广告作品汇聚和传播的重要平台。在广电总局示范引领下，全国
20 余个省级广电主管部门陆续建立优秀公益广告作品库，切实增强了优秀
公益广告作品的传播力影响力。

二是适应信息网络技术和传媒发展趋势，在巩固广播电视播出渠道的
同时，大力推进公益广告全媒体多平台融合传播，全面提升传播效果。协
调学习强国平台、主要网络视听平台同步播出或设立专区对优秀作品进行
展播，如广东省广电局将公益广告大赛获奖作品在央视频、爱奇艺、优酷
等主要网络平台，省市各级广播电视播出机构及有关网络视听持证机构联
合展播；积极拓展高铁电视、公交地铁电视、机场航班客舱、户外大屏、
应急广播等传播渠道，进一步扩大优秀公益广告作品的覆盖面和传播力，
如河北省广电局推进公益广告进机场、进车站、进医院、进商超、进百城
千屏、进手机移动端，确保公益广告宣传取得实效；短视频和直播在助力
公益传播方面亦发挥了重要作用，在快手发起的助残活动中，网红达人、
明星艺人以及用户广泛参与，拍摄的短视频加深了公众对残障人群的了解，
主题公益直播获百万人观看点赞，达到润物细无声的宣传效果。

（三）应用高新技术，创新呈现形式

随着移动智能终端的普及和数字技术的发展，公益广告借助 5G、
4K/8K、虚拟现实、增强现实、人工智能等高科技手段，实现更加生动、
沉浸、有趣的呈现，给用户带来视听新体验。北京台推进 8K 公益广告的
制播，呈现超高清的极致视听体验；上海台持续使用 3D、VR 等技术制作
城市宣传片等公益广告，探索公益广告"智造"之路；江西台原创公益广
告《纪念八一南昌起义 AR 灯光秀》运用真实场景和虚拟技术相结合的形
式，数字化呈现人民军队波澜壮阔的历程，精彩视觉与数字科技完美融合，
献礼建军 95 周年。一些网络平台将人工智能、虚拟现实等技术应用到公
益广告的创作中，科大讯飞打造 AI 方言文化公益广告《姑苏琐记》，使用
AI 苏州话旁白，并在短片中引入虚拟数字人，用 AI 技术演绎宋代风物故
事；抖音在开展的公益活动中将虚拟数字人作为发起人，参与公益短视频

的拍摄，获得广泛关注。

三、广播电视与网络视听公益广告发展趋势展望

2022年，广播电视与网络视听公益广告生产和传播取得重要成效，发展势头良好。未来，随着媒体深度融合发展，生产创作能力不断提升，新兴技术不断迭代，公益广告呈现出新趋势。一是传播精准化。运用大数据、云计算、人工智能等技术对公益广告进行个性化推荐和定向投放，实现更精准的触达效果。二是IP化。公益广告逐渐重视IP化制播，借助历史文化、地理、事件活动等IP，或打造专属的IP形象，增强宣传的感染力和影响力。三是多样化。公益广告形态更加多样，H5广告、VR/AR广告、8K超高清广告将获进一步发展，在传播渠道上也不再局限于传统广播电视媒体，而将越来越多地通过社交媒体、短视频平台、直播平台、应急广播、户外大屏等多个渠道载体实现更广泛的传播。

下一阶段，广播电视与网络视听公益广告要从以下几个方面进一步发力。一是强化主题主线公益广告创作传播。各级广电媒体在宣传工作部署中要高度重视公益广告的作用，切实把公益广告作为重要的宣传载体和创新广播电视宣传的重要方面抓实抓好。二是强化创新创意，多出优秀精品。创意是公益广告的生命，要着力发挥公益广告自身特点和优势，始终坚持创新为要，在语言形象创意、故事创意和表达方式等创新方面多下功夫，制播更多融思想性与艺术性一体的精品佳作。三是强化融合传播，增强传播实效。公益广告篇幅小、时间短、传播快，要注重在新媒体特别是移动智能终端的传播，进一步推动公益广告融合传播，增强全媒体传播效果。四是强化政策引领，营造良好生态。要在加强资金扶持、创作培训、作品库建设、优秀作品推荐播出、互联网平台播放公益广告监管与考核评价等方面进一步发力，特别是要不断强化属地管理、监管和督察的职责，确保各平台机构完成规定的播放量，形成优秀公益广告家喻户晓的氛围。要进一步健全激励政策，调动社会力量广泛参与公益广告事业，进一步激发其

发展动力。同时，各级广电部门以及有关平台要积极加强与相关党政职能部门、行业部门的合作，拓展公益广告资源和覆盖面，做强公益广告宣传合力。

（执笔人：李秋红，国家广播电视总局发展研究中心）

第六节 网络电影

提要：2022 年，网络电影①创作生产降本增效，主题创作持续发力，题材类型深化发展。在《网络剧片发行许可证》正式推出、微短剧等新兴网络视听文艺形态快速发展的影响下，网络电影行业转型升级，内容竞争不断加剧，投资门槛持续推高。全年全网共上线网络电影 380 部，总时长约 30631 分钟。主要播出平台实施新的网络电影分账模式、合作模式等，"内容为王"的态势日益凸显，精品化、多样化创作成为共识。

一、网络电影创作内容品质持续优化

2022 年 6 月，广电总局办公厅印发《关于国产网络剧片发行许可服务管理有关事项的通知》，正式将国产网络剧片审查纳入行政许可事项。网络剧片的"上线备案号"被"网标"取代，网络剧片的制播步入规范化发展轨道。一年来，行业主管部门加强对网络电影的创作引导和行业管理，在主题主线创作、全流程管理上发力。网络电影创作降本增效，主题主线作品不断推出，内容品质持续优化。

---

① 网络电影：由节目制作机构制作，主要在网络视听机构播出，按照"网络电影"管理要求履行相关手续的，具备与电影片类似结构与容量的视听作品。

（一）影片上线提质减量持续深化

2022 年，网络电影提质减量取得成效。全年全网共上线网络电影 380 部，总时长约 30631 分钟，相较 2021 年同期均下降 28%，降幅为近三年最高。

表 1　2018—2022 年网络电影上线数量、总时长情况一览表

年份	上线数量（部）	同比增长（%）	网络电影总时长（分钟）	同比增长（%）
2018	1526	−31	116126	−
2019	638	−56	49238	−55
2020	659	3	51335	4
2021	531	−19	42601	−17
2022	380	−28	30631	−28

数据来源：广电总局监管中心。

表 2　2020—2022 年网络电影出品机构、制作机构、宣发机构情况一览表

年份	出品机构数量（个）	制作机构数量（个）	宣发机构数量（个）
2020	1773	649	227
2021	1611	521	199
2022	1305	403	159

数据来源：广电总局监管中心。

近 5 年网络电影上线数量和总时长（见表 1）和近 3 年网络电影行业相关从业机构（见表 2）数据显示，随着行业规范的不断完善和市场的变化发展，网络电影提质增效明显，创作模式逐步优化，原创能力不断提高，在减量提质和精品化发展道路上昂扬进发。

（二）整体票房和千万级分账票房影片数量呈下降趋势

2022 年，网络电影分账票房整体呈下降趋势。数据显示，[①] 爱奇艺、腾讯视频、优酷分账超过 1000 万元的网络电影共计 53 部（其中单平台发行影片 22 部，多平台发行影片 31 部）。单平台分账超过 1000 万元的网络

[①]　云合数据、爱奇艺，《2022 网络电影年度报告》，2023 年 1 月。

电影数量方面，爱奇艺 23 部（其中 7 部为云影院首映模式影片），腾讯视频 9 部，优酷 8 部。头部网络影片市场竞争力同比下降。分账票房冠军《阴阳镇怪谈》为 4097 万元，连续两年呈下降趋势（见表 3）。

表 3　2022 年分账票房前 20 部网络电影①

序号	片名	分账（万元）	播出平台	上线时间
1	阴阳镇怪谈	4097	爱奇艺、腾讯视频	2022.01.08
2	大蛇 3：龙蛇之战	3421	优酷	2022.01.22
3	开棺	3380	优酷、腾讯视频	2022.05.02
4	张三丰	3071	爱奇艺	2022.01.22
5	亮剑：决战鬼哭谷	2709	优酷、爱奇艺	2022.03.03
6	恶到必除	2673	优酷、爱奇艺、腾讯视频	2022.07.28
7	东北告别天团	2601	腾讯视频	2022.04.22
8	老九门之青山海棠	2557	爱奇艺	2022.02.10
9	龙云镇怪谈	2527	爱奇艺	2022.01.20
10	猎毒者	2345	爱奇艺	2022.01.12
11	山村狐妻	2321	优酷、爱奇艺、腾讯视频	2022.06.02
12	棺山古墓	2319	爱奇艺、腾讯视频	2022.11.12
13	我不是酒神	2163	优酷、爱奇艺	2022.01.29
14	鬼吹灯之精绝古城	2130	腾讯视频	2022.09.01
15	民间怪谈录之走阴人	2029	腾讯视频	2022.08.05
16	烈探	1961	优酷	2022.07.08
17	阴阳打更人	1855	腾讯视频	2022.01.19
18	狙击英雄	1854	爱奇艺、优酷	2022.06.30
19	新洗冤录	1801	爱奇艺	2022.01.06
20	浩哥爱情故事	1800	爱奇艺、腾讯视频、优酷	2022.03.11

数据来源：云合数据、爱奇艺、市场公开数据。

数据说明：统计范围为 2022 年会员首播模式上新的网络电影，统计时间截至 2022 年 12 月 31 日；爱奇艺平台不含云影院首映模式影片；腾讯视频、优酷平台分账票房根据公开的日榜汇总。

---

① 云合数据、爱奇艺，《2022 网络电影年度报告》，2023 年 1 月。

（三）龙标网络电影和网播院线电影数量减少

2022 年全网新上线"龙标网络电影"[①]47 部，同比降幅达 48.9%，连续三年呈下降趋势。其中，独播网络电影 32 部，非独播网络电影 15 部，网院同播龙标网络电影 [②]5 部，网台（CCTV-6）同播龙标网络电影 [③]7 部。在 2022 年龙标网络电影中，动作题材数量达 30 部，其中犯罪类动作影片占比超三成。2022 年，龙标网络电影上线《非凡守护》《你是我的春天》《五束阳光》《草帽》等 8 部主旋律题材影片，涵盖公安英模、支教、抗疫、关爱留守儿童等题材内容，传递正能量，弘扬真善美。

2022 年全年上线 199 部网播院线电影 [④]，同比降幅达 43.8%。其中，国产电影 169 部，引进电影 30 部。主要集中在芒果 TV、爱奇艺、腾讯视频、优酷、咪咕视频、沃视频、乐视视频、天翼视讯 TV189 等 14 家网站。

二、网络电影品质稳步提升

2022 年，网络电影创作紧紧围绕宣传贯彻党的二十大主题，紧扣时代脉搏，唱响时代主旋律，主题创作活跃，内容品质稳中有升，原创能力进一步增强。网络视听平台纷纷调整商业合作模式和分账规则，将原先的"按照有效点击分账"调整为"按会员观看时长分账"，新的分账模式促使网络电影方和创作者更加关注影片整体质量，完整、优质的内容将获得更高的票房回报和观众认可，精品化创作成为业内发展共识。

（一）同频共振新时代，主旋律作品不断推出

2022 年，《藏草青青》《特级英雄黄继光》《勇士连》《排爆手》《黑

---

① 龙标网络电影：获得《电影片公映许可证》，仅在网络视听平台播出或首先在网络视听平台播出的作品。

② 网院同播龙标网络电影：获得《电影片公映许可证》，在网络视听平台、电影院同日上线 / 上映的作品。

③ 网台（CCTV-6）同播龙标网络电影：获得《电影片公映许可证》，在网络视听平台、电视台（CCTV-6）同日上线 / 播出的作品。

④ 网播院线电影：获得《电影片公映许可证》，首先在电影院上映，撤档后在网络视听平台上线的作品。

鹰少年》《青面修罗》等 6 部网络电影入选广电总局网络视听节目管理司 "2022 网络视听精品节目"，《重启地球》《幸存者 1937》《雷霆行动》等 8 部网络电影入选 2022 年"弘扬社会主义核心价值观 共筑中国梦"主题原创网络视听节目，《二七风暴》《围头新娘》等 10 部网络电影入选第一至四季度优秀网络视听作品，《狙击英雄》《老师来了！》等 5 部网络电影入选年度优秀网络视听作品（见表 4）。行业主管部门进一步鼓励网络视听行业创作生产高质量视听内容，充分发挥优秀网络视听作品的示范引领作用。

表 4　2022 年优秀网络视听作品推选活动优秀作品（季度、年度）、"弘扬社会主义核心价值观 共筑中国梦"主题原创网络视听节目、网络视听精品节目（网络电影类别）

类别	作品名称	版权所属者 / 出品单位
2022 年优秀网络视听作品（第一至四季度、年度）	二七风暴 *	福建光影星空影视文化有限公司
	围头新娘	福建省西窗文化传播有限公司
	烧烤之王	江苏猫眼文化传媒有限公司
	生死速度	北京爱奇艺科技有限公司
	狙击英雄 *	北京奇树有鱼文化传媒有限公司
	排爆手 *	北京淘梦网络科技有限责任公司
	特级英雄黄继光	北京淘梦网络科技有限责任公司
	勇士连	潍坊新片场传媒有限责任公司
	老师来了！ *	北京奇树有鱼文化传媒有限公司
	黑鹰少年 *	北京新惟影业有限公司
2022 年"弘扬社会主义核心价值观 共筑中国梦"主题原创网络视听节目	重启地球	北京奇树有鱼文化传媒有限公司
	幸存者 1937	霍尔果斯创维酷开文化传媒有限公司 深圳市腾讯计算机系统有限公司
	雷霆行动	深圳市腾讯计算机系统有限公司
	凡人英雄	优酷信息技术（北京）有限公司
	飞吧，冰上之光	北京爱奇艺科技有限公司
	我们的新生活	上海枫海影业有限公司
	中国救援·绝境 36 天	深圳市腾讯计算机系统有限公司
	逆流而上	深圳市腾讯计算机系统有限公司
2022 年网络视听精品节目	藏草青青	北京爱奇艺科技有限公司
	特级英雄黄继光	北京淘梦网络科技有限责任公司
	勇士连	潍坊新片场传媒、海上云天、乐于影视、中南红（北京）、新片场影业、优酷、麦奇影视、西影数码
	排爆手	北京淘梦网络科技有限责任公司
	黑鹰少年	北京新惟影业
	青面修罗	乐视影业（北京）有限公司

数据来源：广电总局网络视听节目管理司。

* 为同时入选 2022 年季度、年度优秀网络视听作品推选活动的优秀作品。

一是军事战争题材网络电影延续创作热度。作为制作公司和网络平台开发制作的重点类型之一，2022年涌现出《特级英雄黄继光》《勇士连》《亮剑：决战鬼哭谷》《狙击英雄》《冰雪阻击》等军事战争网络电影，在制作水平和年轻化叙事等方面可圈可点。这些网络电影描绘历史画卷、刻画伟大实践、彰显时代精神，激励人民在新时代征程上砥砺奋进。《特级英雄黄继光》以抗美援朝特级英雄黄继光的视角切入，讲述他与战友们为前线建立通信和守住阵地"以身躯堵枪眼"壮烈牺牲的故事。《勇士连》艺术再现"飞夺泸定桥"壮举，将不畏艰难险阻、不惧流血牺牲的英雄精神表现得淋漓尽致，充满人性光辉的感人画面引发观众强烈共鸣。

2023年3月，在全国两会重要宣传节点，由国家广电总局电视剧司、网络视听节目管理司组织指导，北京广电局联动北京广播电视台以"永不磨灭的信仰"为主题，组织协调《勇士连》《狙击英雄》《浴血无名川》《特级英雄黄继光》《排爆手》《幸存者1937》6部网络电影在北京卫视黄金时段展播。这是网络电影首次登陆卫视黄金档，网台聚力联动，让优秀主旋律网络作品在电视荧屏展现，得到更好传播，产生更大影响。

案例：《特级英雄黄继光》实现军事战争题材网络电影口碑突围

网络电影《特级英雄黄继光》以中国人民志愿军特级英雄黄继光的英雄事迹为原型，再现了抗美援朝战争中可歌可泣的英雄故事，表现出中华儿女不怕牺牲、排除万难争取胜利的优秀品质。通过生动细腻的人物塑造、戏剧化的表现手法和现代化视听语言，影片展开一幅英勇悲壮、艰苦卓绝的战争画卷，带领观众一起走进战火纷飞的年代，近距离感受英雄、理解英雄、缅怀英雄。该片对网络电影的精品化生产和类型化创作进行了积极实践，凭借精彩故事和精良制作获得播放热度和观众口碑双丰收。

二是主题主线网络电影持续发力。一批深度挖掘时代精神内涵、生动反映人民群众的平凡生活和伟大创造的网络电影，充分展现了新时代人们奋发向上的精神风貌。《藏草青青》讲述了北京大学生响应国家号召前往西藏支教，为守护藏区学童改变命运实现梦想而奉献一生的动人故事。《黑鹰少年》根据真实事件改编，讲述了在四川大凉山深处一支名为"凉山黑鹰"的少年篮球队，从故乡一路"打"到北京的故事。《围头新娘》构思精巧，故事情节富有浓郁的两岸特色，讲述两岸一对年轻人从相识相知到相爱的经历。《金山上的树叶》讲述了黄杜村人在"绿水青山就是金山银山"理念指导下，先实现自我富裕，再由先富带动后富实现共同富裕的故事。

三是现实主义网络电影创作风潮强劲。涌现出一批主题内容贴近人民生活、思想情感引发观众共鸣共情、价值观受到用户认可的现实题材网络电影佳作。《东北告别天团》通过一场不寻常的葬礼展现人间悲欢，《我不是酒神》从实现梦想的骗局中认识到脚踏实地地生活才是人生真谛，这些影片以喜剧形式展现小人物的生活百态和欢笑无常。

（二）类型片创作持续深耕

随着经济环境和行业发展的变化，视频网站会员增长放缓，微短剧等新兴网络文艺形态作品迅猛发展，网络电影的投入产出比有所下降。2022年，网络电影类型创作走向深入，动作、惊悚、悬疑等热门类型的创作生产较为集中，精品打造成绩不俗。创作者更加重视故事讲述和视效制作，多种类型元素的融合也表现出力图吸引更多观众的努力和诚意。同时，网络电影多元化创作、创新性发展成为当下行业发展的首要课题。

一是惊悚悬疑类最受市场青睐。《阴阳镇怪谈》《开棺》《山村狐妻》等延续 2021 年网络电影票房冠军《兴安岭猎人传说》的创作思路，将民俗元素与惊悚悬疑类型片相结合，满足网络电影主体观众的观影需求和喜好，取得良好票房及口碑。2022 年网络电影分账票房冠军《阴阳镇怪谈》结合五行方位、民间传说等民俗元素，通过富有传奇性的叙事方法和贴合观众生活的方式，给观众带来新鲜的观影体验。《大蛇 3：龙蛇之战》凭借惊悚、灾难等类型元素受到市场认可，使得《大蛇》系列电影三部总分账票房超过 1 亿元。

二是动作类网络电影持续热度。2022 年,《排爆手》讲述面对边境线毒贩不断制造的炸弹威胁,排爆手火线出击,与敌人展开生死较量的英雄事迹。《目中无人》讲述盲眼"捉刀人"成瞎子快意恩仇的故事,酣畅淋漓的动作设计和视听语言赢得观众口碑,创下网络电影豆瓣评分新高。《青面修罗》讲述了在古代刺客组织离恨谷中,一位少年侠客成为天下第一刺客的惊险故事。《张三丰》《恶到必除》《老九门之青山海棠》《猎毒者》等不同题材的动作类网络电影获得票房和口碑的双丰收。

三是港式犯罪类网络电影票房表现较好。《盲战》《恶到必除》《烈探》《黄金大逃狱》《逃学神探》等影片集结优秀主创团队,口碑和票房皆有亮眼表现,热度持续高走。《盲战》作为爱奇艺云影院首映模式的 2022 年度票房冠军,凭借盲人警察东谷为救爱女展开的一段生死较量的精彩故事引发观影热潮。《烈探》作为优酷"超级首映"的首发之作,凭借引人共鸣的主题、打动人心的剧情为影片注入了丰富的人文内涵。

三、网络电影发展不足与未来展望

总体而言,通过近年来的发展,网络电影无论在内容创作、类型发展还是商业模式方面加快转型升级,观众认可度和满意度逐步提高。从市场表现上看,2022 年网络电影出现一定程度的倒退,行业发展面临瓶颈期。

行业发展不足主要体现在:一是网络电影内容供给减少,影片上线量及流量均有所下降;二是优质内容供应仍然不足,整体品质有待进一步提升;三是整体创作出现题材狭窄、类型雷同的困境;四是网络电影行业相关标准、票房与发行体系需要加快建立。

未来,网络电影有着广阔的市场机遇,需在以下几个方面重点发力:一是要坚持以人民为中心的创作导向,从整体上进一步提升创作品质,创作出思想性、艺术性、社会反映、市场认可相统一的精品佳作;二是主旋律网络电影在创作上要进一步改进讲故事的方式,契合年轻互联网用户的偏好和调性,在营销上要与主旋律宣传进一步合拍,扎实推进传播效果和社会效益落地见效；三是要突破和创新现有类型，大力推动题材、体裁、内容、形式等创新，平台和创作者要针对更为圈层化和细分化的用户需求，发展并建立多元化和差异化的网络电影类型体系，扭转部分观众对网络电影的现有观念，进一步拓展网络电影的观影群体；四是进一步完善网络电影的商业策略，在合作模式的动态调整与升级中逐步推动单片点播付费模式的推广；五是网络电影和院线电影协同发展机制仍需持续探索。《网络剧片发行许可证》的全面推行，对行业从业者和创作质量提出了更高的要求，网络电影行业要携手创作主体持续扩大市场规模，推进网络电影高质量发展。

（执笔人：孙晖，国家广播电视总局发展研究中心）

第七节　广播节目和网络音频

提要: 2022 年,广播节目和网络音频进一步融合发展。广播节目内容细分结构持续调整优化,主题主线内容创作不断开掘;文化类广播节目量质齐增。网络音频平台着力强化内容创意,音频内容生态不断丰富,融合态势明显,与影视 IP、城市文旅、数字文化等领域的深度融合渐次展开,线下有声场景、人工智能内容生成渐成趋势。

一、广播节目制作生产稳定,内容结构发生变化

(一)广播节目播出时间稳定增长

2022 年,广播节目全年制播时间总体保持平稳,广播节目细分结构持续调整优化。具体表现在:一是聚焦主责主业,新闻资讯类、专题服务类广播节目基本保持稳定;二是落实乡村振兴战略,农村类广播节目制作时间增长,播出时间下降,节目减量提质发展;三是深耕内容建设,综艺益智类广播节目播出时间小幅增长,广播娱乐类节目比重连续三年下降后有所回升(见表 1)。

表1 2018—2022年全国公共广播节目制作时间情况表

	农村广播节目	新闻资讯类广播节目	专题服务类广播节目	综艺益智类广播节目	广播剧类节目	全年制作广播节目时间合计
2019年	128.68	141.88	217.99	199.51	22.41	801.87
同比增长	3.24%	−0.93%	0.60%	−4.09%	2.80%	0.01%
2020年	139	145.27	224.18	197.78	21.86	821.04
同比增长	8.02%	2.39%	2.84%	−0.87%	−2.45%	2.39%
2021年	141.56	145.72	222.61	193.86	22.39	812.71
同比增长	1.84%	0.31%	−0.70%	−1.98%	2.42%	−1.01%
2022年	143.07	142.73	216.79	189.09	20.14	787.65
同比增长	1.07%	−2.05%	−2.61%	−2.46%	−10.05%	−3.08%

数据来源：广电总局规划财务司（单位：万小时）。

（二）主流内容传递主流价值

2022年，广播媒体积极开展主题主线宣传活动，在迎接、报道和学习贯彻党的二十大、全面推进乡村振兴、冬奥会等主题主线创作中，用声音记录伟大征程，表达重大主题。

一是把握正确导向，围绕迎接学习宣传贯彻党的二十大，策划制作推出内容精良、效果出彩的广播节目。广播节目《真理的力量——经典理论我来读》采取"党组（党委）书记荐书＋党支部书记领读＋普通党员谈体会"的形式，加深了党员和干部群众对马克思主义基本理论和马克思主义中国化时代化的理解和认知。《我把习近平足迹故事读给你听——湖南百名主播诵读百篇习近平足迹故事》精心挑选100个故事，通过故事化表达，生动讲述习近平总书记领导和推动地方改革开放和现代化建设事业的施政实践。《学习时间——党员接力云领学》《"二十大"精神二十人讲》《二十大时光》等广播节目，或领读领学经典理论著作，或精读精研二十大报告理论精华，通过声音的艺术来迎接党的二十大胜利召开，贯彻二十大精神，在全社会营造迎接学习党的二十大浓厚氛围。

二是内容创作扎根泥土，展示新时代农村伟大变革和新农民新作为，助力乡村振兴。各地广电媒体推动农村题材广播精品生产，推出一系列"沾泥土""带露珠"的广播节目，发挥行业优势赋能乡村振兴发展。《农业人的十二时辰》通过采访蔬菜批发市场的货车司机、种草莓的农业人、春节返乡的农民工，将他们一天中最忙碌的时刻记录下来，结合指导农民耕作的十二时辰，表现出现代新农人忙碌的一天。广播剧《黑色沃土》立足于耕地保护，描写新时代新农民在土地耕作方式的变革中探索耕地有效利用和保护途径的故事。剧中关于黑土地保护和有关科学种植知识的普及，自然地融入剧情发展和人物形象的塑造之中，实现了故事性、戏剧性、知识性的融合。《不负青山》《天南地北话丰收》《花开的声音》《我的乡村我振兴》《我的家乡》等广播节目落实国家乡村振兴战略，深入农村，走进田地，用声音纪实，展现中国乡村变化，讴歌乡村振兴伟大成就。

三是以优质节目打造北京冬奥会宣传新亮点。这一年，北京冬奥会、冬残奥会的举办激发了冬奥题材广播和音频节目的创作活力。例如，北京台制作的原创冬奥广播剧《归雁》，通过一个冰球少年的成长历程，记录北京冰雪事业的飞速发展，展现中国冰雪运动员的爱国热情和拼搏超越的精神。吉林台推出《冬奥日记》，记录了冬奥工作人员、志愿者在服务冬奥期间的备战历程，通过"声音日记"的形式讲述难忘的冬奥故事。

（三）节目内容创作凸显文化属性

围绕"文化"主题，广播和音频节目大胆创新，以非遗文化、历史故事、地域文化等题材为切入点，创新制作文化类广播和音频节目。中央广播电视总台《行走大运河》以"行走"的方式，实地探访大运河沿线十六座城市，通过大量采访大运河文史专家、非遗传承人以及运河沿岸普通百姓，生动讲述大运河的历史文化价值。《了不起的手艺人》《遇见河北非遗》《水城人 运河情》《走进非遗》《非遗·新生》等节目，借由传承人专访、记者探访、流行音乐等形式，用音频生动传播非遗知识、非遗理念、非遗项目和代表性传承人。2022 年，广播媒体以文化为题，推出丰富的广播节目，既拓展了文化传播渠道，也拓宽了听众收听选择。

案例：《见证新时代·新物心声》讲述新时代"新物件"小切口表达大主题

国家广播电视总局、国家文物局联合出品的网络音频节目《见证新时代·新物心声》，深入挖掘新时代文物背后的精彩故事。节目中，既有国际首个在轨开展的冷原子科学实验项目"天宫二号"冷原子钟，还有湖南省十八洞村贫困户隆兴邦的精准扶贫评估档案，以及铭记中国全面建成小康社会伟大时刻的小康宝鼎等，每一件新时代物件背后，都是一个感人的奋斗故事。节目邀请新时代物件的亲历者、见证者、讲述者，通过话语交流和观点碰撞呈现人物的思想与情感，让新时代见证物释放强大的情感力量，让广大听众尤其是青少年产生心灵震撼，成为激发爱国热情、振奋民族精神文化的生动教材。

二、主流广播媒体音频平台的内容建设

（一）广播电视台自办音频 APP 加快发展

广播电视台自办音频 APP 影响力不断扩大。赛立信媒介研究数据显示，2022 年广播电视台自办 APP 使用率达 19.6%，比 2020、2021 年分别增长 11.5 和 6.7 个百分点。以"云听"为代表，广播电视台自办音频 APP 市场影响力不断增强，"云听""阿基米德"和"听听 FM"均下载量过千万。

（二）音频平台内容生态

依托广电内容优势，音频与电视场景的联动，音频化呈现电视台优质视频内容，打造丰富的音频内容资源。听听 FM"听电视"版块同步播放北京各频道电视节目音频，实现音频价值最大化。云听"电视原声"版块，除了同步总台各频道电视节目音频外，还音频化呈现总台优质电视剧内容。

生成式人工智能（AIGC）在音频领域应用扩大。在 2022 年和 2023 年两会期间，云听实现了"全 AI"语音播报，对两会进行全程报道。云听

基于总台播音主持 IP，通过对主持人声音进行模型训练和深度学习，实现声色模拟、情感展现等，打造出了适用于各类资讯版块的 AI 主播 IP。阿基米德利用 AI 智能音频技术、自动拆条技术、自动编排技术，研发出内容二次生产传播的方式，广泛应用在内容制作。

广播剧创作成果显著，整体水准呈上升趋势。2022 年，广播剧表现现实生活的角度拓宽，如反腐倡廉作品《掌灯》、科技攻关作品《中国北斗》《问天》、环境保护作品《绿色归来》，还有关注留守儿童作品《画家村的孩子》等，精品越来越多，题材日益多样，大大丰富了广播剧的创作范围。

三、商业音频平台内容分析

（一）有声书、播客、广播剧等长音频内容不断拓展

2022 年音频平台在长音频业务领域不断扩充优质内容，满足不同用户对高品质音频内容的期待。

影视 IP 与音频行业的联动，拓宽 IP 的应用场景。近年来影视公司积极与音频平台联合，涉足有声剧行业，推动影视作品在音频平台演播。喜马拉雅 APP 上线由《狂飙》《三体》《人世间》《梦华录》《风起陇西》等众多热门影视 IP 改编的有声剧，"用耳朵追剧"成为新的文娱方式。字节跳动"番茄畅听"和腾讯"懒人畅听"依托强大版权资源积极开发 IP 版权，对影视剧、综艺等内容进行音频输出。

音频节目强化面向视力障碍、阅读障碍人群的服务。《马拉喀什条约》①于 2022 年 5 月 5 日对中国生效。《条约》生效后，音视频平台积极承担社会责任，尤其是在助盲助残助弱势群体方面有诸多新的探索。如喜马拉雅 APP 上线 3 部"无障碍"版权转化有声作品《火焰》《孤单音乐剧》《嗅觉》，

---

① 《马拉喀什条约》：全称为《关于为盲人、视力障碍者或其他印刷品阅读障碍者获得已出版作品提供便利的马拉喀什条约》。作为世界上迄今为止唯一一部版权领域的人权条约，《马拉喀什条约》要求各缔约方规定版权限制与例外，保障阅读障碍者平等欣赏作品和接受教育的权利。

免费向阅读障碍者开放。爱奇艺"光明影院"、优酷"无障碍剧场"上线的无障碍电影作品，在电影对白和音响的间隙，插入对于画面的声音讲述，帮助视障人士欣赏一部完整的电影，共享优秀影视文化成果。

（二）知识付费内容创新发展

音频类知识付费内容的用户和流量遭遇瓶颈，用户对音频知识付费产品的内容丰富度要求更高。近年，音频领域掀起付费热潮，特别是音频平台几个具有代表性的 APP，如得到、荔枝、蜻蜓 FM、懒人听书均开发知识付费领域。但音频类知识付费内容在 2022 年遭遇流量和用户瓶颈，数据显示，2022 年音频类付费内容学习人次的占比仅有 13.2%，更多用户选择短视频知识付费内容（见图 1）。同时，随着在线音频的用户基础不断扩大，用户对音频类知识付费产品的内容丰富度要求更高，近六成用户选择音频类知识付费产品时优先考虑内容丰富度（见图 2、图 3）。音频平台需持续丰富垂直领域的内容布局，满足用户多样化的收听需求。

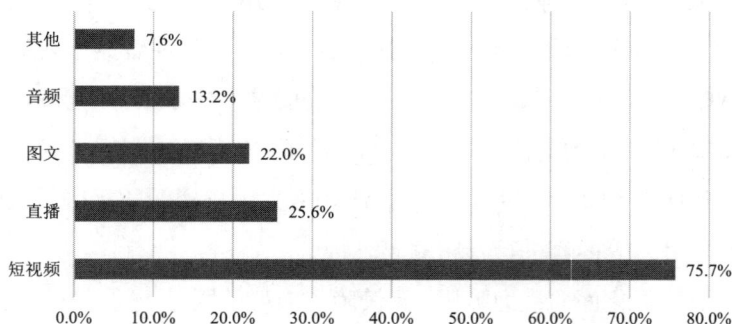

图 1　2022 年知识付费用户消费内容类型分布

数据来源：艾媒咨询《2023 年中国知识付费行业现况及发展前景报告》。

2022年中国用户购买付费
的在线音频节目情况

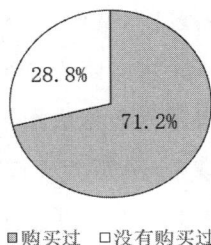

28.8%

71.2%

■ 购买过　□ 没有购买过

图2　2022年中国用户购买付费的在线音频节目情况

数据来源：艾媒咨询《2023年中国知识付费行业现况及发展前景报告》。

2022年中国用户愿意付费的音频类型

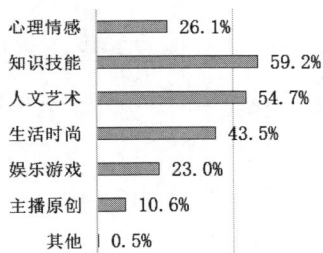

心理情感	26.1%
知识技能	59.2%
人文艺术	54.7%
生活时尚	43.5%
娱乐游戏	23.0%
主播原创	10.6%
其他	0.5%

2022年中国用户选择音频类
知识付费产品考虑因素

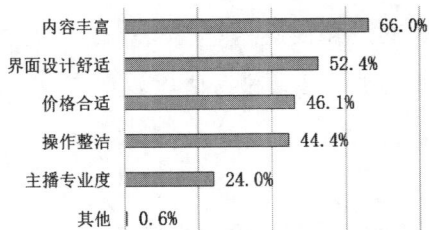

内容丰富	66.0%
界面设计舒适	52.4%
价格合适	46.1%
操作整洁	44.4%
主播专业度	24.0%
其他	0.6%

图3　2022年中国用户愿意付费的音频类型、
中国用户选择音频类知识付费产品考虑因素

数据来源：艾媒咨询《2022年中国声音经济数字化应用发展趋势报告》。

（三）城市有声文旅

与公共场景结合是音频发展的新趋势。网络音频行业发展迅速，音频平台在内容生产与创作方面与有声科技、城市文旅、数字文化等领域开展深度合作，成效显著。如喜马拉雅线上打造文旅品牌电台，讲述城市文化旅游内容，线下打造有声场景，加强游客在旅游场景下的互动和体验，打造了数字化文化的新体验，制作出了可复制的城市文化传播案例。

案例：喜马拉雅开发"城浸式"文旅

喜马拉雅用声音参与城市文化空间的内容生产与整合，打造城市有声文旅新地标，助力城市文化出圈。喜马拉雅与甘肃省文化和旅游厅共同打造文旅品牌电台《听见甘肃》；与成都市锦江区联合出品《美好生活·云听锦江》电台；与扬州运河文化投资集团、扬州市商务局三家联合打造城市网红新地标——"口口声声"喜马拉雅扬州城市有声空间。《听见甘肃》电台打造的《悦听如意甘肃》专辑讲述了甘肃的文化旅游资源内容。《美好生活·云听锦江》电台创新打造沉浸式声音导览 IP "云听锦江"，形成线上文旅推广平台，引导用户线下体验消费。2022 年元旦上线以来，《美好生活·云听锦江》电台全网播放量已突破 1000 万次，仅春节期间刺激文旅消费过亿。"口口声声"喜马拉雅扬州城市有声空间在人文历史、美食文化、休闲娱乐等领域均有涉及，喜马拉雅还在扬州市区对 23 个不同类型的城市主题书房进行数字化升级，助力扬州特色的公共阅读服务体系建设。

（四）音频平台内容特点

在线音频平台已成为大众普及型应用，尽管各大平台着力打造各自特色，但内容、栏目结构同质化现象仍较突出。以喜马拉雅、蜻蜓 FM 为代表的综合类音频平台，内容覆盖领域广泛，内容池丰富多元，但综合类音频平台内容相似，独特性不强。垂直类音频平台，如懒人听书、番茄畅听深耕有声小说资源，涵盖主流网文各种类型，但其栏目逐渐增加了文学、财经、生活等综合类音频内容，垂直类音频平台出现综合化倾向。知识付费类音频平台，如"得到"，用"知识"作为内容核心，打造知识内容网络，成为知识付费头部平台。喜马拉雅、蜻蜓 FM 等综合类音频平台也布局了知识付费内容，知识付费领域的音频平台竞争将加剧（见表 2）。

表2 音频平台内容特点

综合类	喜马拉雅	以"用声音分享人类智慧"为使命，内容涵盖小说、儿童、人文国学、个人成长、商业财经、健康、情感生活、旅游中国、红色频道等二十多个频道
	蜻蜓FM	以"听得见的，美好生活"为口号，内容覆盖有声小说、相声小品、新闻、音乐、脱口秀、历史、情感、财经、儿童、文化、科技、电台等三十余个大分类
	荔枝	倡导"人人都是主播"的产品理念，同时形成了音频内容生产者群体、用户原创播客内容、语音直播与互动等独有的特色。内容包括情感电台栏目、有声小说、二次元、广播剧、新闻资讯等众多节目类别
垂直类	懒人听书	秉承"让阅读之美平等惠及每个人"的使命，内容包括儿童、财经、人文、有声小说、曲艺戏曲、文学、党政、睡眠等二十多种分类。懒人听书持续深耕有声内容，现已形成了围绕有声书、有声节目、精品课的完整内容矩阵
	番茄畅听	持续扶持优质的原创内容，内容涵盖青春、言情、玄幻、校园、仙侠、都市、悬疑等全部主流网文类型，以及大量热剧原著和经典出版物
知识付费类	得到	旨在为用户提供"省时间的高效知识服务"，以课程、每天听本书、电子书等知识产品为主要形式。热门内容分类涵盖心理学、政治学、管理学、医学与健康、职场、商业等二十多种学科

　　未来，广播与音频行业还需不断推进融合创新，开发音频内容的新形态、新模式，拓展音频媒体发展新局面。

　　　　　　（执笔人：丁琪，国家广播电视总局发展研究中心）

第八节　视听文艺评论

提要：2022 年，视听文艺评论贯彻落实新时代文艺评论工作部署要求，加强阵地建设，紧跟视听文艺创作实践，构建视听文艺评论协同机制，推动形成评论合力，主流文艺评论影响力、引导力增强。新媒体文艺评论强化交互性、在场性、传播性的特点，丰富创新文艺评论的形式和内涵，成为年轻群体文化表达方式。视听文艺新实践呼唤视听文艺评论新机制。

一、主流文艺评论作用日益强化

2022 年，主流文艺评论着力发挥价值引导、导向引领、审美启迪作用，从主管部门到主流媒体，通过理论研讨、作品研讨，以组织化、专业化、系列化文艺评论方式，创新评论话语，推动创作与评论有效互动，成效显著。

（一）坚持正确创作导向，推动构建新时代文艺评论体系

广电总局贯彻中央部署，通过在重大时间节点举办理论研讨会、座谈会，深入阐释和宣传党的文艺方针政策，创新构建大视听文艺评论体系，指明视听文艺评论的正确道路。一是强化政策指引和理论引导。广电总局高规格举办纪念毛泽东同志《在延安文艺座谈会上的讲话》发表 80 周年理论研讨会，重温党的文艺方针政策的历史意义和现实意义，深刻认识和

把握党领导文艺工作特别是党的十八大以来取得的重大成就和历史经验，推动新时代广播电视和网络视听文艺事业繁荣发展。二是加强重点作品研讨。2022 年，广电总局中国电视艺术委员会采取线上线下相结合的方式，共计举办研讨会 28 场，包括组织重点电视剧《超越》《运河边的人们》《麓山之歌》《大考》《我们这十年》、重点网络视听节目《中国梦·我的梦——2022 中国网络视听年度盛典》等研讨活动，邀请主创团队的编剧、导演、主演，以及制作机构、播出平台、地方广电管理机构，深入研讨作品的创作经验和艺术得失。主动将文艺评论工作前置，通过召开剧本论证会，分析剧本在导向、细节、艺术逻辑等方面存在的问题并提出建议，提升艺术创作质量和效率。三是创新工作机制。2022 年 11 月，广电总局建立广播电视和网络视听阅评工作机制，组建专门的阅评小组，遴选专业阅评员队伍，围绕迎接党的二十大展播的优秀电视剧、精品网络视听节目、重点文艺节目等开展视听文艺评论，提升视听文艺评论工作的时效性、针对性，取得初步成效。

案例："纪念《在延安文艺座谈会上的讲话》发表 80 周年理论研讨会"产生广泛影响

2022 年 5 月 19 日，广电总局主办，广电总局办公厅、发展研究中心承办"纪念《在延安文艺座谈会上的讲话》发表 80 周年——推动新时代广播电视和网络视听文艺繁荣发展理论研讨会"。此次研讨会是中央确定的重要纪念活动之一，也是中央文化宣传单位中会议规格最高、参与面最广、影响最大的活动之一。时任广电总局主要领导出席并讲话，强调要坚持党对广电文艺工作的全面领导，坚持以人民为中心的根本立场，坚持热忱描绘新时代新征程的恢宏气象，坚持以高度的文化自信讲好中国故事。中国作家协会副主席阎晶明、中央文史研究馆馆员仲呈祥、原中央文献研究室常务副主任杨胜群、中国文艺评论家协会副主席兼秘书长徐粤春、电视剧《觉醒年代》编剧龙平平等 8 位专家从文艺理论研究、创作实践、行业管理等角度交流发言，畅谈心得体会。人民日报、光明日报、文艺报等十多家中央媒体及时报道，"广电总局纪念延安文艺座谈会讲话"新浪微博话题浏览量超过5463万，登上新浪微博热搜，产生广泛影响。

（二）主流文艺评论出新出彩，强化创作引导

主流权威媒体是重要的文艺评论阵地。2022年，主流视听文艺评论聚焦主题主线创作开展系列化重点评论，既为优秀文艺作品鼓与呼，也针砭创作中的不良之风，通过激浊扬清、褒优贬劣，引领正确创作方向。

聚焦迎接党的二十大主题创作重点作品，开展组织化系列化评论，影响广泛。人民日报、光明日报、文汇报等权威媒体开设文艺评论专版专栏，梳理党的十八大以来电视文艺创作生产的经验启示，解码精品力作的实践规律，为推动精品创作建言献策。如人民日报开设"聚焦现实题材电视剧创作""非凡十年""新征程 新辉煌"等系列评论，邀请知名学者、主创人员撰写文章，连续刊发《献礼冰雪运动致敬体育精神——评电视剧〈超越〉的超越》《现实题材精品力作闪耀荧屏》《在生活真实之上的艺术化和审美化创造——现实题材电视剧的收获与期待》，既有整体性的宏观分析，也有对重点作品的单篇评论，在网络上阅读总量超2000万人次，平台互动留言数十万条，相关微博话题总量超6亿人次，[①] 为迎接党的二十大营造出良好舆论氛围。

2022年，视听文艺评论强化问题意识，发挥"辨彰清浊、掎摭利病"的批评功能，针对文艺创作中的美颜磨皮、滤镜调色、倍速等技术的过度使用以及单纯追求"爽感""甜度""反转"的创作取向，以专业、理性的态度引领健康的审美取向。部分主流媒体文艺评论着力用春风化雨、理性公正的语言让人信服，如《北京晚报》的文艺评论，针对谍战剧、都市爱情剧同质化的创作问题发表评论，既讲道理，也摆细节，改变以往主流文

---

① 数据来源：《人民日报》文艺部。

艺评论陈旧的话语模式，取得良好效果。

二、新媒体文艺评论成为重要评论力量

网络平台是视听文艺生产创作的生力军、主阵地，也是文艺评论的重要阵地。随着传播技术的发展，新媒体文艺评论从传统影视评价网站向公众号、弹幕、留言、短视频、跟帖、打榜等新形态转变，更加注重互动性、时效性，网络大众多形态的个性化文艺评论显示出强大的生机与活力。

（一）主流新媒体平台增强评论"网感"

各大主流媒体革新话语体系，用更加贴近网民喜爱的语言开展文艺评论，如人民网"艺起评"，文汇报推出"文汇百家"，中央广播电视总台推出"央视剧评"，兼具时效性和专业性，影响力越来越大。广电总局加强新媒体文艺评论阵地建设，持续打造国家广电智库、广电时评、广电独家、电视艺术、收视中国、视听中国等微信公众号，构建学习强国号、微信号、微博号、短视频号媒体传播矩阵，提升主流文艺评论传播力、影响力。如"电视艺术"微信公众号创新性推出拟人化形象"网小艺"，推出"网小艺访谈"系列文章。通过邀请行业主管部门负责人、资深专家、一线主创团队等作为嘉宾，采用清新活泼、通俗易懂、更有"网感"的语言围绕网络视听文艺创作的选题、立项、不同题材创作注意事项等多个角度进行指导，其中《院线电影 VS 网络电影：谁在欢呼？谁在呐喊？》等文章在新华网、人民网相关账号转发后，阅读量超过百万。

（二）网络文艺评论成为影视作品重要评论形态

节目收视率统计是传统广播电视节目的主要评价指标，在网络时代，豆瓣评分、站内热度、热搜数、弹幕数、留言数则是衡量一部作品受欢迎程度的重要指标。如扫黑题材剧《狂飙》的弹幕互动总数超过 4670 万，这些弹幕推动口碑传播，促推其成为 2023 年开年现象级作品。现实题材电视剧《人世间》弹幕总量超 1700 万，7 万人在豆瓣上打出 8.1 的高分，超 76% 的观众打出了 4 星以上的评分，成为近年来公认的"爆款"电视剧，

"赚了太多眼泪""人间值得"成为对其主流评价。在古装偶像剧中弹幕数则更高，比如《星汉灿烂》《月升沧海》两部作品弹幕互动量破4.5亿，《苍兰诀》一个月内弹幕总量破4亿，创爱奇艺剧集弹幕总量历史新高。随着越来越多的受众参与网络弹幕、打分，作品的弹幕数等将会持续上升，一些作品还会因受众的点评而改变作品内容和风格。比如观众在弹幕中吐槽电视剧《听说你喜欢我》男女主角分手的结局不够美好，主创为此通过后期剪辑配音的方式换上了一版剧情更加圆满的结局，满足了观众的需求，但在一定程度上影响了创作的独立性。

（三）网络受众主体结构变化改变网络文艺评论机制

新媒体文艺评论的逻辑、话语体系不同于学院派评论，更加强调感染力和影响力，文艺评论群体受众结构的变化影响到网络平台的评论打分机制。以用户量最大、影响力最大的"豆瓣"为例，该平台的评分机制采取五星制，计算方式算平均分，将"无法量化"的观剧体验和用户评价可视化，给其他观众做决策参考。但是随着近年来大量观众和粉丝涌入豆瓣，抬高了国产剧评分，豆瓣评分人数前二十名国产剧里，超过一半都是2018年以后的作品。同时，粉丝的加入也产生了部分作品打分作弊行为，虽然豆瓣建立了通过技术和人工识别"剔除不正常打分"的反作弊机制，但无法彻底消除作弊因素，这些现象都值得进一步关注。

案例：《漫长的季节》网络文艺评论互动推动作品口碑发酵

2023年4月，腾讯视频推出悬疑题材电视剧《漫长的季节》，讲述东北地区一桩跨越20年杀人案件的侦破过程。这部作品的火爆很大一部分原因在于大量的"自来水"的评论推荐。播出平台为了强化与用户的互动，加强用户的关注和体验。特别是强化对弹幕评论的创新运营，配合剧集的内容，推出多项新的互动玩法，比如在剧情中的时间线变换时，弹幕会倒流，以提示观众时间线的跳转；当画面中出现燃烧的火焰时，弹幕字体会有扭曲效果。过硬的内容质量和精心口碑维护，推动作品口碑和热度不断发酵，根据云合数据，在开播第一天作品有效播放市占率不到 2%，排名在第 16 位，后续热度持续攀升，大结局时市占率上涨到了 9.4%。在收官阶段上演了豆瓣评分三连涨：从 9.2 涨到 9.3，在大结局时涨到了 9.4。截至 2023 年 5 月 18 日，打分人数从最初的几万到超过 58 万，打四星超过 90%，其中排名第一的评论有 36200 多人点赞。

三、视听文艺评论的发展趋势

2022 年，视听文艺评论工作在体制机制建设、话语革新、平台建设上取得显著成绩，对创作实践产生越来越重要的影响。同时，也暴露出一些突出问题。未来，视听文艺评论要深入贯彻落实习近平总书记关于文艺工作的系列重要论述，更加紧贴创作实践，着力提升评论的导向性、严肃性和专业性，推动视听文艺创作健康发展。

（一）坚持严肃客观的评论导向

好的文艺评论首先是要讲导向、讲真话，做到导向正、真评论，就是要好处说好，坏处说坏。当下的视听文艺评论的严重问题之一在于客观公正不足，一些文艺评论只讲好话不讲问题，往往成为新的宣推方式，而对一些不良创作现象不敢发声不愿发声；部分自媒体文艺批评则是极端评论，要么"棒杀"要么"捧杀"，以各种广告营销来增加阅读量和曝光率。文艺评论要坚持正确价值导向，既要为作品的闪光处点赞，也要有挖"烂苹果"的精神，客观指出存在问题，提出可行建议，才能更好促进创作。

（二）革新视听文艺评论语态

权威媒体评论与新媒体文艺评论各有特色，也各显优劣，权威评论具有理论深度、专业性强、分析深入的特点，但是容易陷入自说自话、过于高冷等局限；网络文艺评论则因评论范围广、话语接地气、网感强深受年轻人喜爱，但同时也有口语化、情绪化和排他性等问题。未来，要推动专业评论与网络文艺评论的结合，既要鼓励传统主流媒体革新评论话语，增强网感，贴近年轻受众，也要引导网络文艺评论强化理性和专业性。

（三）净化视听文艺评论生态

好的文艺评论能促进行业发展，不好的文艺评论则会阻碍生产创作。专业文艺评论要防止抽象、空洞，要接地气；网络文艺评论要遏止"饭圈"文化倾向，防止粉丝互撕、恶意调侃、嘲讽乃至侮辱、谩骂等人身攻击和网络暴力。特别是防止偏狭极端，阻碍创作的多样化。爱憎分明的情感应蕴藏于理性思辨和客观分析之中。未来，要持续加强针对文艺评论不良现象的治理，打击收视数据造假、恶意打分等行为，营造天朗气清的文艺评论空间。

（执笔人：胡祥，国家广播电视总局发展研究中心）

第三章

媒体融合和融媒体建设

课题指导：

国家广播电视总局媒体融合发展司司长　　　　　　　韩　冬

第一节　中央级广电全媒体传播体系建设

提要：2022 年，广电主流媒体从推进媒体深度融合向加快建设全媒体传播体系升级。中央广播电视总台（以下简称总台）、中央宣传部电影卫星频道（以下简称 CCTV-6）和中国教育电视台（以下简称教育台）锚定打造一流新型主流媒体发展目标，基于各自特点，着力推进全媒体内容生产，打造全媒体传播矩阵，探索全媒体技术支撑体系，不断完善全媒体建设保障机制，加快构建全媒体传播体系，推动塑造主流舆论新格局。

一、着力打造全媒体内容生产分发体系

2022 年，中央广电媒体积极推动内容生产供给侧结构性改革，不断打破传统广电的形态束缚和路径依赖，围绕全媒体传播各端点内容特点协同制播，完善多形式采集、同平台共享、多形态制作、多渠道多终端分发的全媒体内容生产分发体系，突出特色化、对象化、全媒化内容供给。

一是不断完善全媒体采编系统，提升内容生产效能。积极利用云计算、云存储、数据库等云基础设施，建设完善全媒体内容采集、存储、处理、编辑、发布及传播分析系统和全媒体素材库，实现素材一次采集、多频道共享、多形态制作、多渠道分发。总台搭建了"中央厨房式"新闻共享云平台，构建用户新闻上传（UGC 系统）和面向生产的即时通信系统，后台

系统植入微信文章编辑、图片剪辑、H5 模板库、数据可视化等各类制作工具，各形态内容实现协同生产。教育台全面升级"新闻全媒体采编平台"，提升"中央厨房"的资源高效聚合能力、信息快速处理能力、新闻深度整合能力及多屏分发能力。

二是一体策划协同发力，实现内容生产分发"一盘棋"。着力强化流程优化、资源共享、平台协同，以互联网思维构建跨平台、全媒体、多样态、梯次推送的内容生产分发体系。在重要直播报道中，电视端和各新媒体平台有序分工，共享信息渠道和内容资源。重大主题节目创作中，专门制定融合创新一体化工作方案，大屏节目与新媒体产品一体策划、一体制作、全媒体传播。国际传播方面，采用卫星、互联网等多种方式发布直播信号，将英文同传音轨无缝引入视频信号，供路透社、美联社、法新社、欧广联等国际媒体向其全球用户全程转发，并对外编发新闻素材，配发多语种文稿。

三是强化用户思维和互联网思维，打造"全媒态"内容品牌。积极创新全媒体内容产品，优化视觉表达，着力打造网感化、特色化产品。一方面丰富全媒体内容形态，以数读、条漫、组图、H5 等多种方式推出网感化产品。2023 年两会期间，总台推出时政微视频《解码全过程人民民主》，通过"风格化解说＋大数据 CG 动画"，深刻解读中国式民主的内在逻辑。CGTN 推出英语 H5 产品《两会开箱》，以年轻化、社交化方式，解读海外网友感兴趣的两会议题。另一方面，内容生产深植用户和互联网，创作生产"向网而生"，节目在新媒体端互动征集难点、痛点、热点话题，再通过网络直播、短视频发酵话题，根据前期受众互动问题，锁定热点选题，不断打磨适应观众需要的全媒体内容，实现大小屏互动，直播、短视频、长视频联动效果。

二、立足定位特色，做优做强全媒体传播矩阵

总台充分挖掘台、网、端、微、屏、号多元渠道价值，强化移动端、

视频端、社媒端传播能力，实现多渠道终端协同配合，放大传播声量。着力加强"三网三端"（央视网、央广网、国际在线；央视频、央视新闻、云听）建设和多平台账号运营，以差异化定位、协同式布局，不断扩大传播覆盖。全媒体传播矩阵不断"向下向外"拓展，"央视新闻"在全国构建起覆盖国内城市地标、繁华商圈、部委国企、交通出行、社区楼宇的全屏传播模式，广泛覆盖线下传播渠道。"云听"上线"百城千屏"播放器，实现终端与音频流的匹配和声画同步，国际在线强化全媒体产品的"外"字特色。"央视频"深度运营"央友圈"社交平台，不断强化全媒体传播的社交属性，增强互动性和用户参与度。同时积极加强自有平台账号和第三方平台账号运营，拓展全媒体传播"触手"，打造旗舰账号传播矩阵。

CCTV-6 作为横跨电影和电视两大领域的主流电影媒体，着力建设电视屏、新媒体小屏、电脑屏、落地电子屏、院线大屏"五屏融合"传播模式，探索"全媒体生产、跨媒体共享、多平台发布"的一体化传播格局。打造了 37 个微信、微博、微视频和客户端，推出"M 视频""M 直播""M 创意"等系列融媒体产品，形成具有广泛影响力的短视频分发矩阵和直播矩阵。

教育台立足"教育＋广电"特色，打造立体传播模式。一方面做强教育电视公共服务平台，积极推进新媒体和传统电视频道有机结合，逐步构建起包括有线电视、IPTV、移动 APP、网络电视台等在内的立体传播渠道，实现大屏传播交叉覆盖。另一方面，拓展网络新媒体平台，延伸传播链。2022 年 5 月，教育台上线融媒体新闻矩阵"育见新闻"，集电视新闻专栏节目、公众号、微博、视频号、短视频平台等全媒体形态为一体，涵盖文字、图片、数据、音视频、新闻直播等多种形式。建设官方 APP"长安书院"，除拥有教育新闻、专题节目、电视直播等内容，还具有国家教育信息交流平台的互动性功能。与第三方机构合作，先后在学习强国、抖音、快手、微博等平台上开设专区和直播平台。构建场景化传播模式，打造"电视＋线上线下互动课堂"，将传播触角延伸到学校课堂等多重空间，形成"移动优先、先网后台、台网并重、融合传播"新格局。

三、夯实数智化底座，着力构建全媒体技术支撑体系

2022 年中央广电积极利用云计算、4K/8K、5G、AIGC、VR 等视听技术，在内容创作、产品创新、传输保障等方面加大创新，有力支撑全媒体传播体系建设。

一是利用 5G 技术为重大活动宣传报道和融媒体节目提供新技术支撑，搭建全媒体传播数字新基建。围绕 5G 媒体应用和云化部署生产，持续在重大节目报道和日常节目生产中进行创新实践。北京冬奥期间，冬奥高铁"5G 超高清移动直播演播室"完成近百场 4K 超高清信号移动直播。5G 轻量化制播系统支撑第二十届阿拉伯媒体论坛及阿联酋首届全媒体大会新媒体直播。持续开展 5G 虚拟云连线、XR+ 技术、AI、AR 交互呈现在各类节目中的创新应用，在成都世乒赛实现了多角度看赛场 5G 竖屏直播。教育台推出 5G+AI+ 全息投影的在线名师课堂——"梦想课堂"，以全息技术融合智能科技，打造全息未来教室。

二是推进"云边端"架构建设，逐步形成跨区域一体化全媒体制播支撑体系。总台围绕"云网一体化"技术路线，推进基于"云边端"（CET）新型技术架构的 CMG 媒体云和新闻云建设。其中，CMG 媒体云 +IBC 节点的一体化外场移动制播系统，为北京冬奥会编辑记者提供 4K/8K 采集、编辑、播出、存储一体化的前后场协同生产模式。依托 CMG 媒体云，地方总站也搭建了轻量化全媒体制播系统，形成以本部为核心、数十个国内外总站为外延、记者站为触角，支持多语种广播、电视和新媒体新闻一体化生产、移动化制作的"全球新闻云"生产平台，持续拓展和完善新闻一体化融合生产能力，云上演播室、云上编辑工作站等服务，为突发事件提供了快速直播连线支撑。电影频道也积极运用"云存储""云采编"技术，打通大屏与小屏、线上与线下、内宣和外宣的界限，加强与国内外主流媒体及新媒体平台深度合作。

三是持续创新 AI 技术研发应用，推进智媒建设。AI 正成为推进视

听行业转型升级的新引擎。2022 年北京冬奥会、冬残奥会及 NBA 总决赛等大型赛事直播中，"央视频"先后应用"AI 手语翻译官"，可懂度超过 90%。依托智能 ASR、TTS、NLP 等 AI 技术，"央视频"推出"世界杯多终端智能语音助手"，为用户提供便利的服务。在两会报道中，总台"云听"联手中国之声组成"两会报道融媒联盟"，通过 AI 主播团与新闻记者的协同合作实现全国两会报道的全 AI 播报。央视网、央广网、国际在线共建"人工智能编辑部"，联合科大讯飞发布一站式 AI 主播解决方案，打造独具总台"智造"特色的产品创新基地。电影频道联合百度发布业内首个影视行业智感超清大模型——"电影频道—百度·文心"，用一个模型同时处理影片修复的多个任务，助力全方位提升视频修复效率。

四是强化科技与节目融合，以技术创新赋能全媒体内容生产。2022 年中央广电媒体积极拓展新技术应用场景，推动新技术在内容生产供给侧的创新应用。2022 年春晚，总台推出"竖屏看春晚"和户外公共大屏 8K 超高清直播新样态，为受众提供全新的视觉体验。运用 LED 屏幕打造出 720 度沉浸式全景舞台效果，提高舞台的视觉冲击力和现代科技感。总台建设的原创混合现实（IMR）超高清制作平台，使用三维复原虚拟摄影棚、数字资产库、实时渲染技术等为《领航》《风物》等重点节目，构思设计生产了大量原创特技效果和内容。

四、创新管理机制，强化全媒体传播体系建设保障

2022 年中央广电媒体立足全媒体传播体系建设，不断深化改革，加强管理，重塑组织架构、业务流程、组织机制，为构筑全媒体传播体系提供支撑保障。

一是深化合作，加强跨区域协同运作。当前，广电全媒体传播体系正由"台内建设"走向"区域协同"，形成跨域大传播、体系化发展态势。总台面向全国建立了一系列区域总部和地方总站，既是全媒体传播的"前沿阵地"，也是重要"传播节点"，如建设广东总站暨粤港澳大湾区总部，

设立大湾区新闻采编中心，打造强大的区域新闻传播枢纽。与此同时，总台建设了"全国县级融媒体智慧平台"，在"央视新闻＋"客户端开设"最前沿县级融媒体"入口，以技术平台为支点集聚基层广电传播资源。教育台则与各地教育电视台站、高校电视台和商业网络平台深化合作，探索在地方建立分支机构，以提升新闻资源聚合与整合能力，打造教育新闻集散地和全媒体信息传播网络。

二是持续加强新媒体平台和账号管理，探索新评价体系。在优化全媒体传播体系中，内容与产品并重，服务与管理并举，优化新媒体端的管理评价。2022年总台持续优化新媒体平台及账号备案管理工作，关停多个影响力较低的客户端、第三方平台账号；迭代升级了《短视频融媒体传播评价体系》，推出"象舞指数"评议品牌，为总台各业务部门创作生产提供专项服务。教育台也加强全台各类节目的网络账号管理，全台备案的150个各平台账号，统一由全媒体中心运营管理，实现全台融合媒体内容集团作战、矩阵统一的运营管理模式。

三是积极打造融媒体工作室、MCN机构，发挥内容创新"孵化器"作用。2022年总台和教育台不断优化组织架构，深化全媒体内容产品与服务的生产流程再造，在"中央厨房"之外，积极运营各类融媒体工作室和MCN机构，增强创新孵化潜能。总台建立了"宁听工作室""白岩松工作室"等多个融媒体工作室，成为全媒体内容生产的重要力量。"拍得漫"工作室推出的定格动画宣传片登上国内热门商圈户外大屏、公交地铁航班，并在纽约时代广场纳斯达克大屏滚动播出一周。"法治在线"工作室打造面向网友的"法治公开课"，多个话题阅读量过亿。教育台则通过新媒体MCN的专业化运营，打造专业教育MCN，围绕专业教育频道（早期教育频道、职业教育频道、空中课堂频道）打造的新媒体账号，累计粉丝量达千万。

（执笔人：王羽，国家广播电视总局发展研究中心）

第二节 省级台媒体深度融合改革

提要：2022 年以来，全国省级广电媒体深度融合发展加速，在深入改革和深化成果方面取得新进展，新型主流媒体持续推进，全媒体传播体系建设取得阶段性成果，在省域媒体聚合型、协同式发展中的龙头作用日益突出，适应省级广电媒体特点的深度融合模式日益成型。

一、主力军进入主战场，加速构建全媒体传播格局

省级广电媒体将自有客户端建设作为重点，集纳各传播渠道优势构建了传播矩阵，着力打造多元聚合的融媒体中心，构建全媒体传播格局。

（一）以移动客户端为牵引，向互联网主阵地跃迁

省级广电以自有移动客户端为龙头，布局外部平台的账号森林体系，形成深度融合、广泛触达的全媒体传播格局，主流价值影响力版图不断扩大。

一是新媒体阵地建设取得显著成效。2022 年 38 家省级以上广电机构共有 64 款累计下载量过百万的自有 APP 产品，在第三方平台形成超过1200 个活跃头肩部账号，共生产 6.1 万篇爆款作品。① 省级广电媒体拥抱

---

① CTR 媒体融合研究院，《2022 主流媒体年度网络传播力榜单及解读》，2022 年 12 月 31 日。

互联网，着力重塑新媒体时代的传播力、引导力、影响力、公信力，全网议题设置能力、全网整合营销能力不断提升，在主流舆论阵地建设中的支柱作用进一步发挥。

二是省级广电融媒新品牌建设集群效应初显。各省级广电着力培优提质，聚力打造具有强大影响力、鲜明辨识度的融媒新品牌，用户黏性和活跃度提升，用户连接与市场链接能力增强。其中既有湖南台"芒果 TV"、山东台"闪电新闻"、上海台"看看新闻 Knews"、江苏台"荔枝新闻"、四川台"四川观察"、广东台"触电新闻"、河南台"大象新闻"等平台矩阵，也有垂类频道、全媒体栏目等特色内容品牌，及主持人、记者等融媒 IP，持续打造融通大小屏的主流内容产品。

三是着力深耕短视频和移动直播。省级广电媒体将直播及短视频纳入融合发展赛道布局。一方面发力短视频平台头部账号建设，截至 2022 年年底，主流媒体在抖音、快手平台拥有 668 个百万级以上粉丝量账号，较年初增长 6.9%，其中百万级抖音账号占比已超四成。[①] 另一方面省级广电媒体积极开展移动新闻直播、复工复产直播、扶农助农直播、电商直播、"云招聘"直播带岗、大型活动直播等，不断释放"直播＋"的传播价值、产业价值和社会价值。

（二）内融外联，构建全媒体传播生态

着力打造协同发展的省域融媒体集群。全国各省级技术平台已基本完成起步建设，促进各层级广电媒体资源分割格局的破解，也一定程度解决了新技术成本重复投入问题，有力促进了技术一体化建设，带动省域内媒体整体融合转型。省级广电作为省域广电的龙头，联通央级媒体、市县级媒体及头部网络媒体平台，构建区域传播生态圈。有的省还着力构建省域节目共享平台、协同运营机制等，强化资源共享和聚合传播。

跨域联动构建传播合力。各地省级广电媒体发挥龙头作用，组建省域

---

① CTR 媒体融合研究院，《2022 主流媒体年度网络传播力榜单及解读》，2022 年 12 月 31 日。

合作联盟或联动报道形式，资源共享、协同配合，打造网上宣传的"联合舰队"。一是协同策划生产，"众筹"素材实现共享新闻资源、共筑融媒生产能力、共同策划宣推。二是在"全国一盘棋"中发挥骨干作用，积极参与建立重大主题宣传宣推机制，积极参与全国广电新媒体联盟，高效实现重大主题、重要事件的跨域联动。

二、体制机制改革不断深入，激发深融动力活力

各省级广电媒体融合以改革促融合，以融合促发展，破除传统的体制机制制约，发力融合改革的关键节点，取得新进展新成效。

（一）深化组织变革与流程再造，加速一体化融合

一是重构内部组织架构。部分省级广电突破传统的频道频率制，向新的事业部制、中心制转型。聚焦新闻资讯、民生服务、文旅体育、数字传媒、影视制作等领域推进专业化整合。如重庆广电推进"8+1"集群化改革、福建广电全力推动"大中心制"改革等。这些改革一方面减少无序竞争和重复建设，推行业务垂直化、组织架构扁平化，对同类业务单元实行业务、资源、人员等全方位整合；另一方面聚集优势资源，建设集约高效的内容生产和运营体系，打通全媒体传播各环节。

二是健全一体化融合布局。省级广电相继出台推进深度融合的总体战略与工作机制，健全广电主力军进入主战场的体制机制，打造"台、网、端、微、屏"一体化运作模式，实现多渠道信息来源、一个平台统一生产、多形态产品呈现、多终端同步分发、全渠道整合营销，整合网上网下资源渠道、一体推进网上网下生产运营。有些省级广电大力推动平台、机制、人员及数据等关键领域的互融互通，进一步推动卫视频道和新媒体版块深度融合，有的将台新闻中心和新媒体内容中心合二为一，实现了管理、团队、项目、资源的协同调度与共创共享，以内部融合促进要素资源整合和媒体融合。

案例：湖南广电推进双平台深度融合

湖南广电推进湖南卫视和芒果 TV 双平台深度融合，着力解决体制机制融合痛点，实现生产、管理、营销、团队等的全方位融合，成为真正实现台网资源打通的平台。湖南卫视和芒果 TV 实现了班子成员交叉任职，两边团队打通、标准统一、执行统一，以一个整体参与到市场各环节。同时大力推动内部改革，重调组织架构、重建考核机制，所有管理岗位通过竞聘方式推倒重来。

双平台融合后，湖南广电成为一家覆盖全媒介生态的长视频集团，拥有强大的节目生产中心，品牌背书和公信力价值，以及用户规模优势，贯通卫视、芒果 TV、小芒电商、风芒短视频以及线下场景、VR 终端等，构筑起更为全面的媒体生态。双平台的全面融合、攥指成拳，将有效提高协同效率，促进降本增效，加快释放台网融合新势能，实现高质量发展。

三是深化平台化和中台化建设。为健全融合转型的组织保障和牵引机制，有些省级广电着力建设包括中央厨房、融媒体资讯中心、全媒体营销中心等在内的一体化生产运营中心和服务管理中台，打破要素流动壁垒，实现快速调动和及时响应。一体化平台和业务、数据中台加快了资源整合步伐、融媒业务拓展及用户数据沉淀，促进了协同效能提升、资源与数据复用，也推动了台网全渠道打通及产业生态构建。

案例：陕西广电以系统性改革推动融合发展

陕西广电融媒体集团（陕西广播电视台）深化体制机制改革，大力推行"中心制"及扁平化管理，成立了新闻中心、卫视中心、都市生活中心、三农中心、交通经济中心、文艺中心、体育休闲中心、文旅戏曲中心、创新中心西部网九大内容生产中心；经营中心、版权中心、政企中心三大业务中心；技术中心、后勤保障中心两个支撑保障中心。一方面有效优化整合资源，加快机制、内容、渠道、平台、人才和市场的深度融合；另一方面激活管理运营能效，推动各中心逐步建立独立核算、权责对等、分工明确、责任清晰的独立运营主体，不断打造科学高效的管理体系。

集团采用"三端、四体、四化"运营架构，即建设后端内容一体、中端技术支撑一体、前端传播渠道一体的"三端"架构，探索"资源一体、协同一体、服务一体、管理一体"和"内容全媒体化、技术支撑信息化、传播渠道最优化、运营模式体系化"的融合路径。同时构建起陕西广电新型全媒体传播平台，为内容生产、传播分发、用户运营等提供有效支撑。

（二）深化人事制度改革和人才队伍建设

各省级台深化媒体融合，发力用人和分配制度改革。一是打破编内编外、事业企业身份限制，实现由身份管理向岗位管理的转变，实施竞争上岗、双向选择、同工同酬；二是推行全媒体融合生产传播综合评价，建立以岗定薪、倾斜一线的全员考核制度，健全"移动优先、一体发展"全媒体考核体系；三是细化评聘规范、拓宽员工晋升通道，健全能上能下的选人用人机制，疏通干部成长渠道，结合实际制定新型技术人才向高级工程师岗位晋升、首席岗位评聘考核管理等灵活机制；四是建立优秀年轻人才选拔培养机制和重点项目"揭榜挂帅"机制，运用业务培训、项目培育等多种方式提升业务能力水平；五是进一步拓宽中长期激励途径，如在一些企业中尝试运用资本化手段，在部分业务领域和团队中开展员工持股、期权、超额利润分享等长效约束与激励机制，取得了一定成效。

目前，各省级广电的全媒体人才队伍已初具规模。新媒体从业人员不断增加，内容生产、技术、市场经营等主营业务岗位已形成稳定的人才队伍，人员结构逐步优化。

（三）健全集团化、企业化、市场化运行机制

一是深化和推广"台＋集团""中心＋公司"模式。越来越多的省级广电采取"一个党委、两个机构、一体化运行"模式，组建集团公司，探寻建设新型主流媒体的有效路径。台（集团）向统一的市场化主体转型；

探索非新闻业务的企业化运行；依托不同业态的市场主体，通过股权融合、项目合作、搭建联盟、共建产业生态圈等多种方式，加大产业链资源整合联合力度。

二是以广电 MCN 推进产业化、专业化、垂直化转型。各省级广电以 MCN 布局混合业态、开展融合经营，孵化内部 IP 资源、桥接更多外部资源。广电 MCN 已从达人孵化、账号培育、内容运营向产业化发展迈进，入局直播电商、少儿教育、文旅产业、数字娱乐、智慧康养等垂直领域，持续创新服务业态，推动单一广告经营向品牌运营、平台运营、生态运营转变，加速多元化商业模式探索。

三是推进工作室制、首席制、项目制、产品中心制等内部机制改革。以工作室制为代表的团队化轻型内容生产运营机制已在全国普遍推广，这个新机制赋予部门、团队或机构创意自主权、项目竞标权、选人用人权、薪酬分配权、资源调配权、运营管理权等运作权限，打造了一批融媒改革的排头兵，有效发挥"出精品、出人才、出影响、出效益"的示范引领作用。目前，省级广电工作室制建设已进入成熟推广期阶段，经过多轮培育，有的省台融媒体工作室数量已超过百家。部分省台进一步探索，引导具备条件的工作室向企业化转型。

（四）推进 IP 化、云化、智能化改造

省级广电以实现云、网、端一体化智能协同生产为目标，着力打造网络化、智能化、服务化、协同化的融合基础设施体系，升级全媒体生产传播的技术系统、搭建新型云直播系统、建设全媒体播控中心，为实现数字化转型筑牢技术底座。如湖北广电传媒基地建成先进的"大基座、大制作、大总控、大播出、大媒资、大安全"六大工艺技术体系，将全面实现生产融合化、IP 化；湖南广电节目生产基地及配套设施建设项目"七彩盒子"，可满足高度工业化及流程化的生产制作需求，构建新型现代化文化传媒基地；广东广电打造"云广东台"，着力打造云生态下的智慧广电技术体系。

三、加速融合经营转型和业务模式创新

近年来，面对严峻的市场形势，省级广电在经营方面普遍承压，探索经营转型、推动可持续发展成为关乎生存的重要课题。

（一）向服务型媒体转型，深入探索"新闻＋政务服务商务"新模式

省级广电探索构建新闻资讯、政务服务、生活服务、健康养老、教育服务、智库服务、智慧城市与智慧社区等多维服务场景，对应国家发展、社会治理、民生问题各个环节，不断培育新业态和新增量，提高对区域经济社会发展的支撑和服务能力，凸显主流媒体更为多元的公共服务价值。

（二）以多元媒体经营转型应对行业变局

省级广电媒体横向拓宽产业融合边界、纵向延长产业链条，以融合创新开拓发展新空间。一方面重构主流媒体的内容生态。以"内容创新＋技术赋能＋运营协同"重塑内容生产逻辑、实现价值创新，打造整合营销、定制付费、版权销售、IP共创、衍生开发、节庆活动等多样化内容产品与服务。二是扩大版图、延长链条，努力开拓新赛道和新业态。各省级广电面向大视听、面向全域服务，向体育赛事、文旅演艺、会展服务、地产物业、影视院线等产业领域多维拓展，构建涵盖内容、产品、服务、技术和平台等全业务链的产业发展格局。

（三）构建新型主流媒体可持续运营机制

健全现代企业制度。各省广电集团持续完善内部控制体系、规范法人治理结构，压减落后产能、优化组织结构，做强市场主体、增强风险防范能力，促进可持续发展。

优化营收结构。目前省级广电运营情况尚未根本改观，但有些省广电集团具有较好发展韧性和增长活力，其主要原因是摆脱了广告依赖，围绕全产业链布局，具备多元化营收能力，锚定打造产业门类更全、产业链更长的全媒体综合文化产业集团，夯实了发展基础。

打好资本运作组合牌。一方面推动符合条件的广电企业上市融资，另

一方面提高资产和资本收益能力。有的省广电集团成立了下属投资公司、财务公司，开展投资融资、产业培育、资本运作、股权管理，着力打造产业生态协同体系。

四、推动省级广电深度融合发展关键在改革攻坚

省级广电媒体的深度融合取得多方面进展成效，但还存在诸多困难和问题，如体制机制改革不够深入、平台影响力较弱、人才队伍支撑不足、技术创新引领不够、市场主体竞争不强、发展活力动力不强等。其中影响发展信心的，是媒体运营方面的融合创新探索滞后，传统业务收入持续下滑，而新的融媒运营模式尚未有效建立，广电媒体经营艰难的局面没有彻底改变。

省级广电遇到的问题，既有市场下行的短期因素，也有长期积累的结构性矛盾和体制机制制约。目前需要进一步全面深化改革，瞄准重点领域和关键环节持续攻坚，以深化改革促进发展，以发展来解决问题。一要推进互联网化、数智化重构，推动理念、组织、流程、业务、功能的深融深改；二要大力做强平台，沉淀用户和数据，发挥协同作战、集团作战优势，构建全媒体传播体系；三要以用户为中心、面向市场转型，以媒体支撑服务，以服务布局产业；四要增强经营管理能力，提升效能、效率、效益；五要切实打造内容信息服务枢纽，融入政企服务、百姓生活、社会治理各领域各环节，重塑媒体价值。

（执笔人：王小溪，国家广播电视总局发展研究中心）

第三节 市级广电媒体融合发展

提要： 地市级媒体融合发展对构建全媒体传播体系意义重大，2022 年，中央有关部门制订实施方案，开展市级融媒体中心建设试点工作，重点推进地市级媒体融合发展。各地市广电媒体因地制宜，加快媒体融合进程，取得重要成果，一批地市级媒体着力重建业务、重构格局、摆脱困局，实现突破发展。

一、因地制宜积极探索，加速推进深度融合

2022 年 4 月，中宣部等三部委联合下发推进地市级媒体融合发展的实施方案（以下简称实施方案），全国各地市积极落实，以深化媒体融合为目标，探索适合自身实际的融合发展路径，形成了两大类。一是"台报合并"建设市级融媒体中心。这在市级融媒体中心试点中成为主流，在实施方案发布之前，部分试点单位已有一定的台报整合基础，台报机构整合，有利于解决同质化竞争和聚合媒体资源，打造市（地、州）域媒体龙头。二是台报分别建设融媒体中心。这是部分地市因地制宜的选择，在这些地市，地市台和地市报探索差异化融合发展，形成了互补共进、特色突出的可持续发展模式，各自发展势头良好，没有采取一刀切的机构合并方式。

经过多年的探索和一年多的试点推动，市级融媒体中心建设形成了一

些共性的做法：一是以深度融合加快重组媒体要素资源，以集约模式统筹媒体发展，精简瘦身，大胆关停撤并低效、同质化产能；二是围绕建设新型主流媒体和全媒体传播体系，重整组织架构，创新体制机制，提升媒体各业务版块的协同效能，重塑生产流程、推进一体化运作；三是人、财、物、政策等主要资源配置向互联网主阵地转移，向移动端倾斜，集中力量建强用好重点新型传播平台，打造全媒体传播矩阵。

二、强化高位推动，推进媒体融合走深走实

一些地市抓住高位推动这个牛鼻子，推动地市级媒体融合改革的基层创新。多年来，地市级媒体深度融合相对滞后，面临诸多问题，比如，具体政策不健全，机构重组需要党委政府多部门统筹，人员身份复杂，历史遗留问题多，用人和激励政策缺乏等。解决这些问题的关键在本级党委政府部门。一些地市成立市级媒体深度融合试点工作领导小组，地市党委多次召开会议进行专题研究，聚焦媒体深度融合的掣肘问题，借鉴有效的经验做法，确立"中心＋公司"的改革模式，明确有利于激发活力动力的用人与分配机制，明确各项具体改革任务，搭建起本级媒体融合发展的"四梁八柱"，加强工作统筹调度，定期召开会议听取任务进展情况，一一解决制约发展的难题。

加强相关部门协同联动，为媒体深度融合营造良好条件。推进地市级媒体融合，相关部门的政策协同、资金支持、资源划拨、数据接入等均很关键。一方面需要人事制度创新和财政支持提供基本保障，化解多年积累下来的困难，另一方面需要注入政务信息化、社会治理数字化、智慧城市建设等资源，促进融媒体转型和运营模式变革。这方面的案例很多，比如，辽宁营口市委宣传部召集财政、人社、国资委等相关部门制定媒体融合机构设置方案、财政扶持方式、人员分流安置办法。浙江编办、发改、经信、人社、大数据等部门出台政策举措，推动市域范围内的政务、服务、大数据等资源向市级融媒体平台倾斜。这些举措有力有效推动了地市级融媒体

中心的建设。可以说，当地党委政府支持的力度决定了媒体融合发展的速度和深度。

三、以改革创新激发融合发展活力动力

推进媒体深度融合是地市级媒体跨越生存危机、实现破局发展的迫切需要，需要不断解放思想、主动求变，做到"敢融""会融""真融"，激发发展活力。当前，各地推进市级融媒体中心建设的实践主要聚焦在几个重点方面。

（一）深化体制机制改革

一年来，部分地市级广电媒体融合坚持问题导向、目标导向，抓住关键问题和重点环节，推进体制、机制、机构、财政、人才、业务、产业等系统性改革，取得一定成效。

地市级媒体融合发展强化事业产业双轮驱动。有的地市级媒体采取"两块牌子、一套班子、一体运行"模式，打破事业企业身份限制，全面实行企业化管理、考核、监督，如江西省抚州市、赣州市、萍乡市三个试点市，均按照"中心＋集团""事业＋产业"的改革方式，建立了市级融媒体中心、市（文化）传媒集团，实行"两块牌子、一套人马"一体化运行模式。有的地市级媒体整合经营性资产设立国有文化企业，在传媒服务、数字创意、数字服务和教育培训等新领域发力，加快培育新型文化业态和文化消费模式。有的地市级媒体积极搭建内部创业平台，推出工作室制、项目制、团队制、产品中心制等灵活机制，赋予部门、团队或机构自主运营、用人和分配等市场化运作权限，按需进行资源配置并实行市场化考核激励，极大激发了创新创造活力。

案例：三明市融媒体中心以深化改革推动深度融合

福建省三明市以深化改革破局开路，打造市级媒体融合的"三明模式"。一是高位谋划，合力推动。三明市委主要领导亲自主抓媒体融合改

革工作，将其纳入市委市政府每月督办重点，单列考核考评，并协同宣传、发改、财政、人社等部门形成合力，出台"一揽子"扶持政策。二是机构融通，机制融活。三明市融媒体中心由三明日报社、三明广播电视台、三明网3家单位合并而成，原3家市直媒体25个部室精简归并为三大类11个部室。中心建成集指挥调度、全媒采编、大数据分析、网络安全保护等于一体的"中央厨房"，建立起适应全媒体生产传播的一体化组织架构和常态化融合立体传播机制，入驻央省主流媒体平台、覆盖主要商业媒体平台、融合智慧城市移动平台，全方位开展全媒体联动和融合传播。三是创新激励机制，优化考核评价。消除编内编外差别，实行科学定酬、同工同酬、优劳优酬。创新实施"事业＋产业"绩效分配机制，按前三年创收平均数为基数，可提取超额部分30%作为产业绩效发放。四是突出实绩导向，完善选人用人机制。打破论资排辈，建立"首席制度"，打通上升通道，通过嘉奖、记功、劳模评选等方式营造创优创效氛围。

（二）以系统化布局发挥一体化效能

各地市级媒体以内容生产供给侧结构性改革为重点，推动生产关系变革、加快生产要素的重组，以系统性思维推进一体化发展。一是优化内部机构设置和人员配备，重塑精简高效的管理体系，更好地集中人力资源、释放优质产能。二是打造新型传播平台，以自有平台建设为核心，将主力向互联网尤其是移动端汇集，向主阵地进发。三是建立全媒体生产传播体系，聚合"报网微屏端播"融媒传播渠道和平台，再造内容生产传播流程，构建面向"移动化、社交化"的新型采编流程和全媒体工作机制。四是整合经营资源，对相关产业进行战略性调整，以"传媒＋"推动产业布局，向细分垂直领域开掘，建构新的产业模式，强化造血机制。

（三）优化考评激励机制和人才选育模式

聚焦编制内外员工待遇差别、绩效考核指标单一、选人难用人难等问题，部分地市级媒体大力推进人事改革，建立考核倒逼机制，推动选人用人和薪酬分配机制改革取得突破，将媒体融合最终落点到"人"的融合，激发内生活力。一是实行双向选择、竞聘上岗，营造积极向上、担当干事的氛围。许多市级融媒体中心实行中层干部竞聘上岗、普通职工双向选聘的全员聘用制，推行人员内部调整自主、分配奖惩自主、岗位工资总额承包的"两自一包"制，以及建立"主任嘉奖""第二业绩通道"等创新激励机制，激发干部队伍活力。二是推动由"身份管理"向"岗位管理"转变。打破编内编外员工身份界限，建立统一薪酬体系，同时大力推行绩效考核管理向"量化考评"转变。三是突出专业化人才业务引领作用。大力选拔年轻骨干，着力解决晋升通道不畅问题，如部分地市传媒中心推进"首席制"，设立首席记者、首席编辑、首席主播等岗位，并赋予相应职权和待遇，大力激发人才活力动力。

四、深耕本地服务，探索多元发展模式

各市级融媒体中心锚定打造主流舆论阵地、综合服务平台以及社区信息枢纽的目标方位，精耕本地内容与服务，拓展"新闻＋政务服务商务"，主动对接国家战略，服务经济社会发展，重塑主流媒体价值与影响力。

一是聚焦主责主业，突出宣传实效。地市级媒体坚持移动优先和差异化、分众化传播策略，推进内容生产供给侧结构性改革，坚持用户导向、需求导向，从民之所望中找落点，运用全媒体内容生产手段，生产制作大量特色鲜明、内容丰富、形式多样的融媒产品，发挥全媒体传播矩阵作用，实现多样化展示、多介质推送和多元化传播。有的地市级媒体集中优势构建全媒体内容品牌，已实现从内容品质提升到品牌化引领的突破，切实提升新闻舆论的传播力、引导力。安徽阜阳市融媒体中心上接"天线"对接政府找重点，下接"地线"深入基层找故事，中间接"网线"形成大声量、矩阵式传播，打造了《广电直播 我在现场》《随机查餐厅》《阜阳人社政策云课堂》等颇受欢迎的全媒体直播栏目。其中，《随机查餐厅》由主持人、记者和人大代表、市民代表一起，跟随市场监管执法人员随机抽取餐饮、食

品经营等单位进行现场检查，同时进行网络直播，场均观看人数超 3 万人次，并将直播内容精简后在电视大屏进行二次传播，节目获得本地居民高度认可。

二是汇聚当地政务、服务和商务资源，承载多元融媒业态。地市级媒体不断突破传统媒体框架，坚守新闻主责主业的同时，致力于打造覆盖本地综合治理和信息服务的全媒体平台，着力转型综合媒体服务提供商，提供宣传推广、技术支持、移动直播、代理运营、数据分析、舆情监测等全媒体综合服务，力图实现公共传播与产业经营的双突破。如赣州市融媒体中心横向联通市直资源，100 余个市直单位入驻"赣南红"客户端，将全市党务、政务、服务等资源高度汇聚在市级融媒体平台。新疆阿克苏地区融媒体中心依托阿克苏"Hi 苹果红了"手机客户端，加强与政府部门、企业商家合作，策划组织"文化润疆·阿克苏首届二次元文化节""丝路密境·康养柯坪首届健康产业大会""出彩阿克苏人"等大型营销活动 50 余场次，在壮大主流舆论的同时，拓展经营空间，2022 年新媒体营销同比增长 253%。

三是聚焦刚需服务与民生痛点，重获用户连接"密码"。地市级媒体在找准用户和群众需求上下功夫，立足本地禀赋创新发展、精准供给，拓展媒体综合服务应用场景。其自有移动客户端成为当地百姓的信息资讯和综合服务入口，提供新闻资讯、政务服务、便民服务、文化旅游、交通出行、教育服务、医疗服务、电商服务、民生问政与投诉举报等覆盖老百姓衣食住行的多种服务，让信息多跑路、百姓少跑腿，有的客户端还集纳了消费券发放、工会福利发放、员工食堂充值等服务，有效提升用户日活。

五、地市级媒体融合改革存在问题与破局方向

当前，很多地市级媒体的改革发展依然滞后，体制机制不畅、历史负担较重、技术支撑不强、平台能力不足、专业人才紧缺、造血机制不全等，这些问题严重制约发展。需结合当地实际，全面统筹域内媒体资源，以集约化、协同化方式推进系统化重塑，解放思想，探索适合自身特点的融合发展路径。

案例：恩施州台探索上下联动的融合发展模式

湖北恩施州广播电视台实施"1+1+8"州县一体、纵向融合模式，"1+1+8"即1个省级平台"长江云"+1个州级平台"云上恩施"+8个县级平台，实现州县平台互联互通、稿件一键管控、指令一键发送。这种省州县集约化建设新路径，是对欠发达山区州县级媒体深度融合发展模式的有效探索，构建了省、州、县三级融媒体发展命运共同体，实现抱团转型发展。

"1+1+8"的恩施模式实现了多赢目标。一是以州连省、以州带县，实现整体谋划、全程指导、整体推动，避免了硬件、资金、技术、人力等资源的重复投入。二是建立开发运维机制、人才培养机制等，为长效发展提供有力支撑。三是依靠"集中托管、内容共建、资源共享"放大一体效能，实现互促共赢抱团发展。

媒体融合不是简单的机构合并，有些地市由于改革不到位，未能实现深度融合，同预期目标存在差距。深度融合发展并不是一蹴而就的，融合改革不断突破的地市往往经历了多次改革。需要以改革创新的勇气和方法不断解决融合发展遇到的问题，加快打破原有组织架构、打破平台界限、重塑制度体系，实现从相加到相融，加快实现"机构一体化运行、内容一体化生产、技术一体化支撑、经营一体化统筹、全域一体化融通"。

当下，地市媒体深度融合处于爬坡过坎的关键时期，要进一步强化改革驱动。主动与国家战略和中央决策部署对标对表，把握好"天时"；立足优势统筹谋划，用好"地利"；深化改革创新，激发出各部门和全体员工的主动性、积极性和创造性，促进"人和"。进一步增强自我革命的勇气，系统推进改革创新，切实落实党的二十大战略部署，跟上全媒体传播体系建设步伐。

（执笔人：王小溪，国家广播电视总局发展研究中心）

第四节　县级融媒体中心的建设与发展

提要：2022 年，县级融媒体中心聚焦"提高效率、提升效能、提增效益"，以创新举措，推动提质增效，不断推进内容、服务、体制机制、产业经营等方面的创新发展。截至 2022 年 12 月，全国已有 2585 个县级融媒体中心建成运行，[①]总体上形成覆盖全国、面向基层的主流舆论阵地、综合服务平台和社区信息枢纽。

2022 年，县级融媒体中心坚持引导群众、服务群众，纵深推进媒体融合，聚焦"提高效率、提升效能、提增效益"，深化改革，创新举措，推动提质增效，在内容、服务、体制机制、产业经营等方面取得新成效，不断提升基层融媒体的传播力、引导力、影响力、公信力。

一、加强内容建设，壮大县域主流舆论阵地

（一）发挥融媒传播优势，做强重大主题宣传

各地县级融媒体中心围绕目标定位，着力发挥融媒传播优势，在重大主题宣传上不断出新出彩。有的紧扣宣传贯彻党的二十大主题主线，推出二十大报道专区专题，打造融媒精品；有的开设专题专栏，展现党的十八

---

① 中央网信办信息化发展局，《中国数字乡村发展报告（2022）》，2023 年 3 月 1 日。

大以来各县域取得的成就，以小视角折射大时代；有的创新发挥应急广播"空中宣传"优势，开展应急宣传、疫情防控、农技推广、党史学习教育、惠民政策等多场景多样化主题宣传；有的则聚焦"三农"工作、党建廉政、平安法治等宣传主题，提升宣传内容数量和质量，做大正面宣传，提高舆论引导力。

（二）打造本土特色节目，提升基层舆论引导力

各地县级融媒体中心发挥贴近基层群众的优势，打造本土特色节目，进一步提升基层舆论引导力。有的围绕地方历史文化等本土元素，推出广受欢迎的短视频作品，节目触达面显著提升；有的关注当地热点话题和党政中心工作，推出舆论监督问政类栏目，聚焦基层治理热点、难点和痛点，为政府、社会、群众搭建公共对话平台；有的加强与省台、地市台的资源协同，打造既有县域特色，又有上级台支撑的节目机制；有的加快县域移动客户端建设，打造县域新型传播平台。

（三）技术赋能内容升级，增强生产和传播实效

5G、大数据、虚拟现实、人工智能等技术不断驱动媒体融合，许多县级融媒体中心依靠"内容＋技术"双轮驱动，以技术创新促进内容生产与传播。有的推出 5G 视频彩铃、AI 主播报道、360 度全景图等沉浸式、交互式新闻产品，提升传播和宣传效果；有的打造新的技术平台，将新技术贯穿新闻编辑、校对、审核、分发等采编全流程，实现生产流程优化；有的运用大数据、云计算等技术打造共享媒资系统，应用于新闻数据智能化储存、管理、搜索和调度等场景，实现全域新闻资源统一汇聚、高效利用；有的则充分借助新技术实现突破性升级，比如，北京市丰台区融媒体中心整合全息、AI、5G 等技术，创新实现全息传播应用。

（四）统筹协调多级协同，提升全媒体传播水平

有些省推进省市县媒体融合三级"纵向贯通"，打通省市县媒体资源和渠道分割，提升内容生产和传播效率。有的着力打造三级协同机制，比如，湖北恩施州探索省州县纵向融合、协同发展的"1+1+8"模式，实现省州县平台互联互通、稿件一键管控；有的在重大报道中搭建县级融媒体中心指挥部，形成"一体统筹、上下联动、协同互通、资源共享"的调度机制，实现全媒体、全平台、全矩阵传播；有的接入省级技术平台，"荔枝云""长江云""北斗云"等县级融媒体中心省级技术平台全面升级改造，不断优化全省联动、统一分发的传播体系。此外，有的县级融媒体中心还探索区域化"横向合作"，比如，北京市通州区融媒体中心与津、冀两地媒体建立日常联络机制，助力推进京津冀协同发展。

二、紧贴群众需求，提升服务水平

各县级融媒体中心拓展融媒体服务外延，深化"新闻＋政务＋服务"模式，深耕本土服务群众，在政务服务、乡村振兴、社会服务、社区治理、精准服务等方面均表现突出。

（一）创新"媒体＋政务"模式，提升政务服务效率

一是升级政务新媒体矩阵，着力建设更加权威的信息发布和解读回应平台、更加高效的政民互动渠道，着力实现用户全覆盖，成为政务新媒体主阵地。多数县级融媒体中心归集整合政府政务账号、邀请入驻客户端，把"××发布"作为全县政务新媒体主账号，传播面迅速扩大；有的进一步打造超级入口APP，吸纳政府部门入驻，实现全县政务、公共服务功能全接入和基础信息数据互联互通，推动政务服务更为便捷、有用、有效。

二是与相关政务部门联动合作，优化"媒体＋政务"模式的资源配置。有的与政务部门启动战略合作，携手打造融媒体创新工作室，共同推出政务短视频、政务直播等内容，依托全媒体传播矩阵，多形式、多渠道融合打造政务服务新模式，有效拓展政务服务渠道；有的研发"政企云"服务项目，与各部门单位之间形成"同屏"共振，推动实现当地宣传数据共享、信息及时传递；有的依托本地化优势，将党和国家战略部署与基层百姓关切相对接，主动联系政府部门，发挥好中介、载体和工具作用，提高服务效能。

（二）拓展民生和社会服务，做好"新闻＋服务"

一是深化县级融媒体中心在乡村振兴中的独特作用，利用自身资源和渠道开展帮农助农服务。有的充分发挥融媒矩阵优势和信息枢纽功能，开展融媒助农行动，开设助农专栏，发布助农报道，助力解决农民工就业、农产品滞销等难题；有的还深入下沉服务基层，开展慰问帮扶工作，通过建立帮扶制度、落实走访慰问、结对帮扶等形式，进一步巩固拓展脱贫攻坚成果。

二是健全县级融媒体中心与应急广播资源互用协同机制。有的将新闻指挥中心和应急广播指挥中心深度融合，将应急广播数据拓展到所有发布渠道上，在客户端开设应急广播专栏，并在微信公众号和网站上同时发布应急广播消息，将应急信息从广播端转移到移动端；有的打造本地最快捷权威的新闻资讯平台，与应急广播体系深度融合，构建多部门前端发布、多类别即时服务、多媒体连线互动的运行模式；有的建成集电视、调频广播、应急广播、微信、抖音、客户端等为一体的全媒体传播矩阵，扩大宣传覆盖面；有的接入应急广播系统的监控探头和后台数据，在融媒体中心指挥大屏上呈现，随时处理问题；有的将应急广播与调频广播、5G智慧电台并机开展宣传，同时融合应急、水利、气象等部门建立分平台，发布应急预警信息。

（三）升级信息和社区服务，增强基层治理效能

一是大数据、云计算、人工智能等新技术应用有效提升了县级融媒体中心建设综合性信息服务平台的能力，把信息服务"触角"延伸至基层居民。有的县级融媒体中心升级为5G智慧电台，既解决了县级融媒体中心节目资源和主持人不足的问题，又可本地化、智能化推送生活资讯，特别是5G智慧电台一键式自动化生成新闻、资讯、天气、路况等内容，颇受当地用户欢迎；有的还瞄准本土受众，在移动客户端为每位用户构建用户画像，借助大数据掌握用户需求喜好，利用智能算法"千人千面"精准推送内容和服务，实现信息精准触达。

二是数字化、智慧化治理平台的建设和应用成为当下县级融媒体中心创新前沿。不少县级融媒体中心强化数字技术对平台、产品、服务等方面的支撑与赋能，主动融入智慧乡村、数字乡村的建设，以数字化优势连接本地用户，拓展服务场景，为乡村治理注入新活力。有的在区域范围内统筹建设数字农业、数字治理、数字经济等各类项目，推出数字公共服务平台，聚合县域信息资源，提供各类便民服务，如福建省尤溪县融媒体中心推出数字赋能乡村公共服务项目"尤溪县数字乡村公共服务平台"，陆续在全县各乡镇推广；浙江省安吉县融媒体中心搭建数字乡村平台，整合党建、村务、旅游等数据，通过智能大屏显示，实时掌握乡村动态，大幅提升基层社区治理效能。

三、聚焦深化改革，增强发展动能

（一）坚持问题导向，深化体制机制改革

县级融媒体中心的突出问题是受传统事业体制机制制约，发展动力不强，活力不足，针对这些问题，有的县出实招，求实效，一一化解；有的转型为国有文化企业，"事改企"初显成效；有的推进"中心＋公司"运行体制改革，有力激活内部动能；有的调整为公益二类事业单位，为融媒体中心建设和运转提供配套机制；有的实现二类事业单位、一类经费保障。这些改革举措，有力促进了县级融媒体中心的高质量发展。

（二）优化组织架构，提高协同效率

许多县级融媒体中心着力解决制约发展的机构定位、运作模式等问题。有的探索建立适应新型媒体运转的现代管理制度，优化内设机构，建立新的事业部制，健全高效的扁平化和垂直化管理模式；有的按照采编经营两分离、两加强原则，升级再造全平台生产流程；有的进一步优化管理结构，实行编委会抓新闻主业、经管会抓产业经营、技委会抓技术支撑等，健全适应融媒体发展的协同组织架构。

（三）推进综合评价，探索以评促进

县级融媒体中心着力建构新的综合评价体系，通过周期性评价以评促进，以评促改。云南的探索初显成效，云南省广电局与国家广电总局规划院联合发布《云南省县级融媒体中心综合评价体系及实施细则》，依托中国视听大数据（CVB）开展县级融媒体中心综合成效季度评价和年度评价工作，涵盖生产力、传播力等多个评估维度，根据评价结果对各个县级融媒体中心提出针对性改进措施。

（四）优化人才机制，强化人才驱动

许多县级融媒体中心积极改革和完善人才机制、强化人才队伍建设。有些打破传统机制，建立新的人才引进机制，丰富引进形式，大力引进创新型、复合型人才；有些建立多通道晋升机制，打破职务、职称、编内编外界限，坚持岗位公开、公平竞争、择优上岗，为人才晋升和流动打开通道；有些健全激励奖惩制度，细化考核内容和评价标准，将政治素养、业务水平、创新能力等指标纳入考核范围，做到了人员能进能出、岗位能上能下、收入能高能低；有些优化人才管理，统筹事业编制、劳务派遣、公司招聘等形式，破解人才使用难题；有些强化人才培训，分类制定不同的培训机制，加强与高校、企业及科研机构合作，逐步培养全媒体人才。

四、拓展多元经营，增强"造血"功能

（一）创新经营模式，提升经济效益

许多县级融媒体中心破解事业体制制约，立足壮大媒体实力，开展多元服务，创新经营模式，健全自我"造血"机制。有些探索媒体和产业发展新模式，如湖北省鹤峰县融媒体中心积极探索媒体与产业两分开、两加强，不仅增强了自我造血功能，而且有力助推了区域经济发展；有些组建公司实现事业办企业、企业反哺事业，将新媒体业务进行公司化运营，如江苏省江阴市融媒体中心组建江阴市大数据股份有限公司，2022年营收总额达1亿元；有的深入探索协办、联办、直播带货、工作室等多种"媒体＋

商务"经营模式，如福建省尤溪县融媒体中心先后成立航拍工作室、短视频工作室等，成效显著；有的突破地域限制，走出县域承接周边省市宣传片、纪录片拍摄制作业务，加强和周边县区融媒体公司区域经济合作。

案例：鹤峰县融媒体中心推动全县经济社会高质量发展

近年来，湖北省鹤峰县融媒体中心抢抓全国融媒体改革试点县建设机遇，秉承"不搞大投入、不搞大建设、因陋就简、因地制宜"建设理念，重点从机制体制入手，全面改革、深度创新，充分发挥各媒体间深度融合和聚合共振效应，不仅增强了自我造血功能，更为全县经济社会高质量发展营造良好氛围。一是打造"智慧鹤峰"项目，助推区域经济发展。将全县所有生态质量大数据纳入云平台当中，为基层发展特色智慧农业、智慧医疗、智慧教育、智慧旅游等提供支撑，为区域经济发展提供科学指导。二是创新服务理念，倾力助推"新闻+"。打通各行业之间的信息壁垒，形成产业组合发展的模式，拓展"视听＋文旅""视听＋直播电商""视听＋乡村振兴"等新场景新业务，拓展大视听产业空间，服务于本地经济发展。

（二）延伸产业链条，拓展收入渠道

大多数县级融媒体中心积极延伸产业链条，实现多产业发展、多渠道增收。有的联合相关行业展开跨界合作，如福建省尤溪县融媒体中心承接县智慧城市建设、县博物馆升级改造等项目，拓宽营收渠道；深圳龙岗区融媒体中心向文化创意、智慧城区等各类业务拓展，探索培育新项目、新模式、新业态；多数县级融媒体中心围绕乡村振兴，开展直播带货活动，建设农村电商产业，如重庆市巴南区融媒体中心推动"融媒体＋商城"建设，借助"看巴南"等电商平台，销售本地农副产品；有的还在发展电商产业基础上进一步打造农产品区域公用品牌，如浙江省安吉县融媒体中心创新研发运营区域公用品牌自主平台"安吉优品汇"，2022年营收超过6000万元，中心全年营收高达4.87亿元。

五、存在问题与对策思考

总体来看，2022 年县级融媒体中心建设成效显著，在提质增效方面取得突破性进展。但不少县级融媒体中心改革滞后，缺乏动力活力，资金、技术、人才不足，生存困难；有的硬件资源配置尚可，但内部管理和运营能力低下；有的节目质量不高，内容针对性、服务性不强，缺少特色品牌；有的开办的新媒体矩阵用户少，影响力小，公众号、短视频账号难以转化为运营资源，成了摆设，特别是自主移动端平台建设运营滞后，用户留存少。

下一阶段，要进一步贯彻落实党中央相关部署，以改革为牵引，以创新为驱动，锚定中央确定的县级融媒体中心建设发展目标，加强基础建设，创新体制机制特别是运行机制、激励机制和用人机制；着力将县级融媒体中心打造成为县域最具有权威性和影响力的新闻宣传平台、网络政务平台、民生服务平台、社会治理平台；要立足本地用户需求进一步强化节目与业务的特色化品牌化建设，全面提升传播力、引导力、影响力、公信力，加快提质增效；要进一步加强县级融媒体中心建设发展的跟踪指导，形成正确的工作导向、效益导向、发展导向，促进改革创新和高质量发展。

（执笔人：李秋红，国家广播电视总局发展研究中心）

第五节　全国有线电视网络整合和广电 5G 建设一体化发展

提要：2022 年，全国有线电视网络整合和广电 5G 建设一体化发展取得重要进展，全国广电网络整合深入推进，广电 5G 网络服务全面开启，"有线 +5G"融合传播新格局加快构建。截至 2023 年 4 月，广电 5G 实现我国 31 省（区、市）网络服务全覆盖，建设 48 万个 700MHz 基站，共享 375 万个 4G/5G 基站，统一运营管理体系逐步建立，特色化差异化发展道路日趋明晰。截至 2023 年上半年，广电 5G 用户数达 1600 万。

2022 年，全国有线电视网络整合和广电 5G 建设一体化发展进一步推进，积极落实媒体深度融合、国家文化数字化、数字中国等国家战略，推动深化改革、高质量发展，促进广电网络服务提质增效。

一、全国广电有线网络整合进入全面深化阶段

按照中宣部等九部委联合印发的《全国有线电视网络整合发展实施方案》（中宣发〔2020〕4 号）文件要求，中国广电网络股份有限公司（以下简称中国广电股份）创立，作为全国有线网络的统一运营主体，从资本层面完成了 23 家非上市省（市、区）网络公司和 1 家上市公司（歌华有线）的整合，形成了全国有线电视网络整合的基本盘，为广电 5G 业务开通和

广电网络全国性业务开展奠定了基础。全国有线网络整合进入深化整合阶段。

全国一网层面，吉视传媒、陕西广电、湖北广电、江苏有线、东方有线、浙江华数、广西广电、贵广网络和天威视讯等九家上市广电网络公司，通过现金出资方式形成资本纽带参与全国一网整合，后期资本层面整合将坚持"一企一策"逐步推进。一省一网层面，中国广电股份成立以来稳步推进一省一网深化整合工作，已完成云南、宁夏、重庆一省一网整合，福建、新疆生产建设兵团整合进入扫尾阶段，其余 17 个省份一省一网整合正在加快推进。此外，中国广电在构建"全国一网"管理体系的过程中，始终把发展作为第一要务，积极实施民族地区有线高清机顶盒普及、国家级工业互联网安全平台、中国 5G 超高清视频融合服务平台等一系列国家级重大项目，指导各地网络公司改造升级网络，创新特色产品，并形成初步成果。

二、开启"有线 +5G"融合发展新格局

全国广电 5G 网络服务全面启动，广电网络的业务类型从传统的有线电视、宽带等向 5G 移动业务拓展，我国广电网络逐步形成"有线 +5G"双轮驱动、融合发展的新格局。

一是加速推进广电 5G 网络生态建设。核心网及基础平台方面，中国广电已建设完成 5G 核心网一期、IT 云一期、系统平台、BOSS 平台、安全系统等，并持续优化平台业务支撑能力。核心网及网络云资源池已建成南北两大区和北京、南京、广州、成都 4 个节点。基本实现全国市县城区、乡镇连续覆盖，重要区域、发达农村有效覆盖。终端适配方面，支持 700MHz 频段的入网终端有 650 多款，2023 年新入网主流品牌终端出厂即支持 700MHz 频段。中国广电持续加强与终端产业链合作，推动了首批"超级 n28"增强型 700MHz 手机上市，在全国 15 个省市实现中国广电首批 5G 合约机开售。

二是正式启动广电 5G 融合服务应用。2022 年 6 月，中国广电正式启动广电 5G 网络服务，三个月后，除港澳台以外的全国 31 个省（区、市）已全部开通。广电 5G、中国广电手机应用、网上营业厅、小程序等官方线上渠道，全国上万家广电网络实体营业厅等线下渠道支持办理广电 5G 业务，10099 全国统一客服热线也在全国范围启用，整体实现全国一体化经营，标志着全国有线电视网络整合和广电 5G 建设一体化发展取得新的突破性进展。

三、广电网络统一运营管理体系建设成效显著

按照"统一建设、统一管理、统一标准、统一品牌"的要求，中国广电推动构建统一运营管理体系，广电网络管理现代化和运营集约化水平大幅提升、成效显著。

统一品牌方面，2022 年 6 月，"中国广电""广电 5G""广电慧家"三大品牌标识及广告语发布，完成了全国范围内 1 万余家广电网络营业门店统一换标。此外，中国广电各控股广电网络公司陆续完成"中国广电"更名流程，使用统一的公司名称，广大用户对"中国广电"的品牌认知逐步增强。

统一建设方面，中国广电已获得固定语音业务牌照，积极推进广电 5G 业务网、固定语音业务网、互联网骨干网、内容集成播控平台等四大全国性基础业务网络平台建设，抢抓全业务运营机遇，进一步夯实融合发展新格局。目前，CBNET 骨干网网络建设正在加快推进，首批完成 8 个主要核心交换节点和全国 31 个省（区、市）的互联互通，滚动推进，逐步完成网络下沉至重点城市，并与"广电云"一起，打造云网一体的新型算力网络体系，下一步将推动 5G 业务自主发展、宽带业务提质增效、内网生态聚合发展、跨省业务统一调度、视频业务全国统一分发。

统一管理方面，中国广电以战略规划为统领，以规范法人治理结构为重点，以全面预算管理和经营业绩考核为抓手，加强对省网子公司的集团

化管控，建立适应行业特点的财务管理体系，完善全国经营分析机制。此外，中国广电积极推动集约化经营，2022 年进行了首次全国光缆集中采购，发挥规模化优势，实现降本增效；持续推进"全国一网"宽带业务集约联合运营，与辽宁、湖北、江苏、安徽等省网公司签订集约化运营落地协议，推动实现统一流量调度、统一服务质量、统一结算价格、降低业务运营成本、提升用户服务品质等目标。

统一标准方面，中国广电不断推进技术、服务、内容等系列标准的统一。技术标准上，中国广电发布 10G PON 设备规范等系列企业标准体系，推动广电网络向千兆光网的技术演进。服务标准上，建立全国客服体系，持续推动融合服务标准化建设、融合服务信息能力建设，提升更统一、更优质的服务体验。此外，积极推动各地网络公司内容数据标签统一化标准化工作，为内容集约化运营提供支撑。

四、广电网络特色化差异化发展道路日益明晰

广电网络积极谋划特色化差异化发展战略，创新发展融合化、智慧化的综合信息服务，努力打造具有鲜明特色的新型广电媒体传播网、国家文化专网和国家新型基础设施网，推动传播渠道相互赋能、内容网络复合叠加、文化科技有机融合，持续塑造广电网络特色优势。

一是固移融合服务。江苏、上海、湖北、广西、贵州、山东、福建等多家省网公司将有线业务、宽带业务、5G 业务、广电 5G 手机、优质视听内容套餐等统筹运营，推动广电网络从固网服务向"固移融合"服务转变，使广大用户享受更加低成本、个性化、便捷化的智慧广电综合信息服务。其中，贵州广电采取"3+N"发展模式，即"电视、宽带、手机 + 不同客户需求"，配置业务办理软硬件终端，实时调度指挥，省内 5G 开卡用户率先突破 10 万户。江苏有线推出"广电 5G、千兆慧家"全千兆智慧家庭解决方案，提供"5G+ 宽带 + 电视"优化服务，打造了广电规模放号的"江苏样本"。截至 2022 年年底，江苏有线发展广电 5G 用户 70 万。天津公

司、吉视传媒陆续推出"5G+ 宽带 + 电视 + 智能家居""5G+ 光宽带全业务"等融合服务。湖南公司开展"你用智能家电，广电 5G 买单"活动，将电视、智能音箱、广电 5G 手机手表等智能终端作为套餐礼包进行推广，市场反响良好。

案例：固移融合视听服务应用——"直播中国"

"直播中国"是广电 5G 融合视听服务平台首个移动客户端产品，其内容涵盖直播（电视 / 电台）、点播、应急广播、视听会员、第三方视听专区（爱奇艺、哔哩哔哩、喜马拉雅）等多个版块，目前已在广电 192 用户和有线电视用户中测试使用。广电 5G 融合视听服务平台以广电 5G 网络建设为契机，以广播电视直播频道和网络视听节目集成播控为核心，提供固移融合、多屏联动的新型视听服务，通过可管、可控、可运营的统一播控系统，满足用户跨屏、跨网、跨终端的视听需求，构建视频与图文、个人与家庭、小屏与大屏、广电与通信等多维度的媒体融合发展新生态。

二是垂直行业应用。广电网络积极运用"有线 +5G"融合优势，探索政企业务新场景新应用。一方面，中国广电积极布局智慧电力、煤矿、林草、海洋、港口等垂类行业应用，2022 年 9 月，与国家林草局签订战略合作协议，发挥广播电视网络技术，特别是 700MHz 5G 网络覆盖优势，助力森林草原监控、监测、感知能力建设。此外，中国广电还与上海文广集团签署战略合作协议，双方围绕广电 5G、有线电视网络、广电元宇宙、广电内容及宣传推广等领域，深化探索挺进网络内容业务主战场的有效路径。另一方面，各省网络公司积极开展各领域应用实践。华数传媒持续开拓广电 5G 应用场景，通过"5G+ 雷达"助力 2000 户老人居家工作，为校车加装 5G 车载传感设备，为家庭医生配备移动诊疗备包，搭建邻里停共享停车平台等。江苏有线联合政府、企业等各类主体，不断优化互联网电子后视镜、5G 应急网络产品、工地景区山区视频监控等产品服务。在城乡建设方面，山西公司与山西高平市签订战略合作协议，推动 5G 智慧数字城乡建设，打造数字化城乡体系。

案例：吉视传媒"5G+ 智慧农业"项目

吉视传媒抢抓广电 5G 在吉林省本土的发展机遇，深耕 5G 智慧农业，在省内建设 22 个"5G+ 智慧农业"生产基地，配套广电 5G 基站、农业物联网设备，搭建农作物生长环境监测系统和全生命周期可视化溯源系统，通过覆盖范围广、延迟低的广电 5G 网络，实时采集田间物联设备数据，感知农作物全生命周期数据信息、理化指标和病虫害信息，通过平台的大数据分析处理能力，实现从种子育苗到餐桌食用全流程可溯源管控，并逐步向畜牧、渔业、粮储等行业拓展应用，让吉林黑土地充满科技感。

三是文化专网建设。广电网络积极参与国家文化大数据体系建设。中国广电启动国家文化专网建设，发布《国家文化大数据体系暨文化专网建设规范白皮书》，明确了采用有线电视网络资源开展国家文化专网组网及运营应遵循的技术要求。各地网络公司积极推进国家文化大数据区域中心建设，并在红色基因库试点基础上，主动对接宣传文化系统有关单位、有关地方政府，调研了解文化专网市场需求，进一步探索文化大数据业务试点，创新发展新业态、新模式。其中，云南公司、东方有线、山东网络纷纷推出红色基因电视专区、数字电视红色文化专区、红色齐鲁展馆，推进红色文化资源开放共享。江苏有线陆续推出"中共苏州独立支部旧址塑造'乐益＋'IP 红色文化符号""视·听"党史学习教育融媒平台等项目，持续推进红色文化 IP 开发。

五、思考与展望

2022 年，全国有线网络整合和广电 5G 建设一体化发展取得丰硕的成果，为广电网络开辟了新业务新赛道新增长点，为广电行业发展带来了新机遇。但必须认识到，新业务增量还不足以成为支撑广电网络发展的收入增长极，仍需较长培育期。进入新赛道能否形成独特竞争优势，站稳广电 5G 发展根基，尚存诸多难点需要攻克。总的来看，中国广电不仅要推动有线、5G 两种传输手段的融合，更要推动视听内容和渠道的深度融合，实现特色化、差异化发展。一要全盘统筹，加强顶层设计，发挥"全国一网"整合的一体化优势，做好有线、无线、卫星等多种传输方式的协同传输，重塑视听内容产业服务模式。二要抓住关键，创新推动台网协同发展，深入沟通各方诉求，做实做细，逐步建立分工更加合理、联动更加紧密、利益更加一致的台网协同机制，形成互利共赢、良性互动的行业生态。三要有的放矢，进一步提升视听公共服务的有效性，解决视听服务的有效性和便捷性不足的痛点，将视听用户数据转为生产要素，优化服务供给，提升广电服务智慧化水平，将主流内容做亮做强，在人民群众当中树立品牌形象，把服务做到用户的心坎上，切实重塑广电网络发展和竞争优势。

（执笔人：沈雅婷，国家广播电视总局发展研究中心）

第四章

广播电视公共服务

课题指导：

国家广播电视总局安全传输保障司司长　　　　　　谢东晖

国家广播电视总局规划财务司司长　　　　　　　　余爱群

国家广播电视总局公共服务司司长　　　　　　　　邓慧文

第一节　广播电视公共服务

提要： 2022 年，全国广播电视坚持以人民为中心的发展理念，补短板、强弱项，扎实推进广播电视公共服务体系建设。重点惠民工程深入推进，"智慧广电＋公共服务"服务乡村振兴、融入社会服务，稳步推进公共服务标准化、均等化，广播电视公共服务建设再上新台阶。

一、广播电视公共服务建设取得新成效

（一）优质内容和高清超高清供给日益丰富

截至 2023 年上半年，全国高清频道已有 1099 个，其中超高清频道 10 个。中央级、省级电视频道基本实现高清化。2022 年，新闻资讯类、综艺益智类电视节目高清超高清制作比例分别达到 70.72% 和 64.99%，分别比上年提高 8.39% 和 5.56%；新闻、文化、科技、公益类节目占比大幅提升，剧集、综艺、纪录片等节目质量稳步提高；VR、人工智能、大数据等新一代信息技术赋能节目创新性发展、融合化传播。各地以节目共享平台为载体，推动优质节目内容向基层、乡村覆盖。对农广播与电视节目制作时间分别为 143.07 万小时和 67.22 万小时，分别占全部广播与电视节目制作时长的 18.16% 和 23.57%，占比较 2021 年分别提高了 0.7% 和 1%；播出时间分别为 444.28 万小时和 423.59 万小时，《春风又绿江南岸》《三泉溪暖》

等对农节目展现新时代农民生产生活和乡村振兴实践，丰富了人民群众的精神食粮。

（二）传输覆盖网络不断升级和拓展

全国有线电视网络整合与广电5G建设一体化发展取得突破性进展，广电5G网络正式开通运营，截至2023年上半年，广电5G用户数达1600万。各地统筹有线、无线、卫星、互联网等传输覆盖方式，全面提高城乡广播电视覆盖面和播出质量，加快推进广播电视网络数字化、高清化、IP化、智慧化发展。全国有线电视实际用户2亿户；有线电视双向数字实际用户9820万户，同比增长1.23%；高清和超高清用户1.1亿户，高清超高清视频点播用户3981万户。全国交互式网络电视（IPTV）用户超过3亿户，互联网电视（OTT）平均月度活跃用户数超过2.7亿户。

（三）老少边及欠发达地区弱项显著补强

全国广播和电视节目综合人口覆盖率分别为99.65%和99.75%，同比分别提高0.17%和0.09%。农村广播与电视节目综合人口覆盖率99.49%和99.65%，同比分别提高0.23%和0.13%。农村有线广播电视实际用户0.66亿户，在有线网络未通达的农村地区直播卫星用户1.5亿户，同比增长1.35%，覆盖水平持续提高。西藏、新疆、内蒙古、青海广播电视综合人口覆盖率均达99%以上。老少边及欠发达地区广播电视公共服务弱项显著补强，群众基本文化权益得到保障。

（四）广电行业帮扶成效显著

一是推动行业帮扶。国家广播电视总局联合国家发改委、国家乡村振兴局等部门指导相关机构开展公益直播助农活动；山西、山东、安徽、广西等地综合多种媒介形态，培育广电消费帮扶节目与活动品牌，"公益广告、节目＋消费帮扶""短视频＋消费助农""直播＋带货"等成为行业服务乡村振兴新模式、新常态。

二是持续深化定点帮扶与对口帮扶。2022年，广电总局对定点帮扶的山西平顺、四川德格累计投入帮扶资金581万元、引进帮扶资金4041万元、培训基层干部和技术人才等 5000 余人次。通过"直播＋消费帮扶""智慧广电＋教育帮扶"等，推动本土电商发展，吸引社会各界力量形成乡村振兴强大合力。举办江西大余短视频制作及网络主播素质能力提升网络培训班，推动当地人才队伍建设；支持定点帮扶县、对口支援县县级融媒体中心智慧化升级。

三是扎实推动对口援藏援疆项目落地落实。广电总局协调各对口支援省（市）广电局、广电总局相关直属单位及行业企业落实价值约 20 亿元的"十四五"时期援藏援疆项目，主要涉及优质节目捐赠、电商直播助农、设施设备购置、提供人才培训等。举办 2022 年广电总局对口援藏、援疆技术人员培训班，助力人才队伍建设。

二、广播电视公共服务政策供给不断完善

2022 年，全国广播电视深入贯彻党的二十大精神、国家《"十四五"公共服务规划》《国家公共服务标准》等顶层设计要求，坚持以标准化促进基本公共服务均等化、普惠化、便捷化。

（一）资金保障进一步强化

财政部 2023 年发布《中央对地方均衡性转移支付办法》，该办法指出中央财政建立均衡性转移支付规模稳定增长机制，确保均衡性转移支付增幅高于转移支付的总体增幅；资金重点用于保障基本公共服务等支出需求，着力通过均衡性转移支付手段缩小不同经济水平地区差距，将资金向薄弱地区倾斜，逐步实现基本公共服务均等化。

财政部印发《中央支持地方公共文化服务体系建设补助资金管理办法》，明确把收听广播和观看电视服务中的县级应急广播体系建设、广播电视节目覆盖、融媒体中心建设等公共服务类目纳入补助资金范围。2023 年将下达的中央支持地方公共文化服务体系建设补助资金中，对民族地区有线高清交互数字机顶盒按每户一次性补助 100 元核定，着力解决民族地区有线广播电视传输覆盖基础薄弱的问题。

（二）广电公共服务标准化工作走向深入

一是推动落实《国家基本公共服务标准》。国家广播电视总局配合国家发改委开展《国家基本公共服务标准（2023 年版）》广播电视部分内容的动态调整，修订完善了"提供不少于 15 套广播、电视节目"等收听广播、收看电视服务标准。组织研提"公共广播节目覆盖率""公共电视节目覆盖率""农村应急广播覆盖率""有字幕或手语节目的卫视开播率"等行业基本公共服务事项实现程度监测指标。

二是各地因地制宜积极推动基本公共服务地方实施标准。江苏局印发全国第一个省级广电公共服务标准规范：《江苏省广播电视公共服务标准化建设规范（2022 年版）》；四川局印发《广播电视基本公共服务实施标准（2022 年版）》，对完善运行维护标准体系、制度规范体系、监督管理体系、绩效评价体系提出具体办法；云南省将广播电视便民服务写入《云南省公共文化服务保障条例》，制定《关于加强基层广播电视公共服务网络标准化建设的实施意见》，对广播电视基本公共服务与普惠性非基本公共服务内容进行界定，明确各级广电部门在公共服务体系建设中的职能职责、强化监督考核、加强对市场维修主体的日常监管与考核等。上海、天津、福建等地均因地制宜推出富有地方特色的服务标准。

三是推动县级基本公共服务标准化试点工作。四川、浙江、云南、安徽、湖南 5 省 12 个县（市）健全标准规范，完善基层服务网络，健全长效运维体系，增强本地化节目供给，在保障人民基本文化权益、丰富群众精神文化生活、夯实基层广电发展基础、推动公共服务高质量发展等方面积极探索并取得显著成效，为进一步完善地方实施标准、推动基层公共服务建设积累了经验。广电总局组织召开全国广播电视公共服务工作暨县级标准化试点建设推进会，印发《关于开展广播电视基本公共服务县级标准化试点建设工作的通知》，要求各地学习借鉴前期试点的经验做法，以标准化建设的新成效加强基层公共服务体系建设。

案例：浙江湖州市全面推进广电基本公共服务标准化试点工作

一是市县联动，构建"1+3"标准体系。湖州市出台《湖州市广播电视基本公共服务标准化试点工作实施方案》，长兴、德清、安吉三县出台试点工作相关方案，统筹联动推进试点建设。二是以"设施优化、服务长效、传播提升、服务惠民、智慧创新、内容创作"六大工程为载体高标准推动试点建设。三是数智迭代，提高公共服务覆盖面与适用性。拓展"政用民用商用"服务场景，深化"4K+5G"媒体格局，推动城乡广电服务优化升级。四是平战结合，创新应急广播应用场景。利用数字化技术实现应急广播可管可控，提供应急播出、政策宣传、红色宣讲等服务。五是下沉服务，实施广电普惠服务工程。对低保户、城乡贫困残疾人等用户实施费用减免和优惠政策。六是健全考核标准，夯实项目运营基础。科学制定考核指标，通过特批财政支持和专项补助的方式，支持工程建设。

三、重点惠民工程建设深入推进

广电总局通过统计报表、管理台账、视频会议等方式，对各时间节点的工程建设进度和资金执行提出具体要求；组织开展建设进度专项督查、任务自省自查，有力推动工程建设进度。高标准推动应急广播建设和智慧广电建设，基本完成 10 个省 97.11 万户民族地区机顶盒推广普及项目，有序推进 5 个省 18 个市级广播电视台实施市级广电融合提升工程。

（一）高标准推进应急广播体系建设

广电总局印发《全国应急广播体系建设"十四五"发展规划》，提出 5 大主要任务和 22 项重点项目。指导推动 21 个省（区、市）134 个县实施县级应急广播体系建设工程。多地将应急广播发展纳入当地国民经济和社会发展中长期发展规划，出台专项扶持政策。国家级应急广播平台完成标准化改造扩容，各级平台资源共享和协同联动能力不断增强，逐步形成上下贯通、综合覆盖、安全可靠、精准高效的中国特色应急广播体系，服务政策宣传、乡村治理、应急管理和公共事务能力显著提高。

（二）智慧广电赋能公共服务提档增效

一是智慧广电固边工程建设有序推进。2022年，广电总局指导边境6个省（区）61个县（团场）扎实推进智慧广电固边工程建设实施。各地综合有线、无线、卫星等传输覆盖方式，推动云、网、端深度融合，广电网络覆盖不断扩大，基础信息网络布局不断优化，综合服务水平和易用性、可靠性不断提高。建设公共服务管理平台和专用文化信息服务平台，积极探索省、市、县乡级平台的互联共通，提供党建政务、安防监控、口岸管理、应急救灾、乡村治理、生态保护、产业发展等多元化融合化服务。稳边固边、兴边强边的智慧广电网络逐步形成，广播电视服务边境党政军警民成效显著。

二是智慧广电乡村工程建设提档升级。广电总局印发《关于推进智慧广电乡村工程建设的指导意见》，对各地加强乡村舆论阵地建设、服务乡村治理能力和治理体系建设、推动乡村公共服务智慧化发展、服务乡村产业振兴、服务美丽乡村建设等五个方面提出具体要求。多地将智慧广电乡村工程纳入地方"十四五"规划和部门专项规划和办实事项目，积极探索"智慧广电＋公共服务＋社会治理＋产业振兴"新路径。乡村网络基础设施进一步提质升档，智慧广电应用场景不断拓展，智慧广电助力宣传、基层治理和政务、商务、民用等服务的触角和范围进一步扩大，保用户、守阵地、促发展的成效显著，彰显了广电在助力乡村振兴、建设数字乡村、服务文化强国、数字中国和网络强国建设中的独特地位和作用。

（三）组织实施电视剧少数民族语译制片源捐赠工作

广电总局组织全行业向新疆、西藏等5个主要少数民族地区捐赠了包括《红旗渠》《创业年代》等在内的26部975集电视剧。对2019—2021年参与电视剧捐赠的版权机构予以通报表彰，鼓励更多版权机构履行公共文化服务社会责任，积极参与片源捐赠，更好保障民族地区群众文化权益。

四、存在问题与对策思考

建设社会主义文化强国和数字中国，广播电视公共服务必须与时俱进，不断转型升级。当前，老少边及欠发达地区广电公共服务总体投入依然不足、基础设施落后；公共服务标准化建设工作滞后，建设进度两极分化、发展不均衡的问题凸显；公共文化服务平台易用性和触达率依然不足，运行与维护长效机制尚未形成；应急广播、智慧广电乡村工程、智慧广电固边工程、"三区三州"市级广电融合提升工程建设仍处于初期阶段，后发地区资金、人员不足，发展滞后等问题依然突出，适应数字化、网络化、智能化发展趋势和用户大规模向移动互联网转移的视听公共服务体系建设亟待创新。

进一步推动广播电视公共服务高质量发展，要从以下方面发力：一是加快推动标准化建设，完善广播电视现代公共服务体系。推动各地因地制宜修订完善实施标准，以标准化推动均等化、普惠化，提高易用性、覆盖面。二是顺应新一代信息技术和媒体融合发展新趋势，加快推动广播电视公共服务体系创新升级。加快人工智能、大数据、云计算等新技术运用，创新传播方式、服务模式、服务业态，推动智慧广电融入数字城市、数字乡村、数字社会建设，探索普惠性服务互联网供给。三是强化典型引领。充分发挥县级标准化试点建设的引领作用，探索形成一批可复制、可推广的经验，在全国推广；继续推广江苏等地公共服务内容共享平台建设经验。四是健全保障措施，深入推进重点惠民工程。加强中央财政转移支付重点惠民工程项目绩效管理，进一步完善分类考核和绩效指标动态调整机制，推动绩效管理"以评促建"；坚持建、管、用并重，明确公共服务"谁投入、谁负责、谁管理"的责任主体和要求。

（执笔人：张庆男，国家广播电视总局发展研究中心）

第二节　应急广播建设与发展

提要： 应急广播是国家政策宣传、应急管理、社会治理和精神文明建设的重要基础设施，是打通信息发布"最后一公里"、实现精准动员的重要渠道。2022 年以来，全国广电系统深化应急广播建设，着力推动形成上下贯通、综合覆盖、安全可靠、精准高效的中国特色应急广播体系，提高服务政策宣传、乡村治理、应急管理和公共事务能力，取得了新进展新成效。截至 2023 年 7 月，全国已建成应急广播国家平台 1 个，省级平台 16 个，市级平台 115 个，县级平台 1760 个，乡（镇）级前端 1.9 万套，村（社区）级前端 22.4 万套，新增 5.7 万套，覆盖应急广播终端 3791 万个。

一、各级政策供给力度日益增强

党中央、国务院高度重视国家应急广播体系建设。《中华人民共和国国民经济和社会发展第十四个五年规划和 2035 年远景目标纲要》《中共中央 国务院关于做好 2022 年全面推进乡村振兴重点工作的意见》《"十四五"公共服务规划》等规划和文件对完善应急广播体系建设作出了明确部署。

2022 年 5 月，《全国应急广播体系建设"十四五"发展规划》印发实施，聚焦应急广播体系的"建、管、用"，围绕"科技创新，面向未来"，提出了 5 大主要任务和 22 项重点建设发展项目。2022 年 9 月，为贯彻落实《全国应急广播体系建设"十四五"发展规划》，推进全国应急广播体系建设，广电总局组织印发了《推进国家应急广播体系建设工作方案》，对健全应急广播指挥调度体系、建设高可靠应急广播传输覆盖网络、强化应急广播的应急信息播发、推进基层应急广播体系建设、做好应急广播体系建设经费保障、加快技术研发和标准制定等工作进行细化分工落实。

应急广播标准体系日趋完善。在前期研究实践基础上，2021年广电总局制订发布了《应急广播技术标注体系》，形成由系统通用、传输覆盖、安全运行、效果监测等四大类共28项标准组成的较完备的标准体系。目前，已发布行业标准和暂行技术规范文件15项，正在制订6项，为全国应急广播建设提供了重要技术支撑。根据技术发展和建设需要，2022年启动了《应急广播系统总体技术规范》等11项暂行技术文件升级为行业标准的工作。

政策资金保障水平持续提升。广电总局联合财政部积极争取中央财政资金支持基层县级应急广播建设。2018—2020年，累计申请资金18亿元，用于补助442个深度贫困县应急广播系统建设。"十四五"时期，将进一步扩大范围，计划投入资金35亿元，对全国701个老少边及欠发达地区县级应急广播建设进行补助。截至目前，已下达资金19.06亿元支持414个符合条件的老少边及欠发达地区县开展应急广播建设。各地党委政府高度重视应急广播体系建设，结合本地区实际，推出将应急广播体系建设纳入省级政府工作报告、本省"十四五"规划、高质量发展考核目标，成立多部门联合专项工作小组多项实质性政策，从制度、资金、人员等方面为应急广播提供制度化保障，积极推进本地应急广播体系建设。江苏、安徽、山东等省区完成应急广播省级及省内所有地市级、县级平台建设，江西、湖南、重庆、贵州、云南、西藏、陕西、甘肃等省（区）省内各级平台建设完成比例较高，全国应急广播体系建设推进取得重大进展（见表1）。

表 1　各地应急广播体系建设主要的推进措施情况

应急广播体系建设推进措施	省、自治区、直辖市
将推进应急广播体系建设写入省政府工作报告	安徽、江西、山东、贵州、云南、西藏
将应急广播体系建设列入本省"十四五"规划和2035年远景目标	河北、河南、广西、贵州
将推进应急广播体系建设纳入本省各地区高质量发展、目标管理绩效、重点改革事项和民生惠民工程等考核项目，以考核促建设	山东、湖南、贵州、云南
省政府印发推进体系建设实施意见（通知）	黑龙江、江苏、安徽、山东、湖南、广东、海南、广西、云南
建立省级跨部门联系会议，成立专项工作小组	黑龙江、河北、安徽、河南、广东、海南、四川、云南、西藏、新疆
编制实施本省应急广播体系总体建设规划、整体技术方案、工程建设规范等文件，加强规划指导，严把建设质量	河北、江苏、安徽、江西、河南、重庆、四川、云南、西藏、陕西、甘肃、新疆
通过省内开展应急广播建设试点带动全省整体建设	江西、山东、贵州
召开全省应急广播建设现场会，加强交流，推动建设	江西、山东、贵州、西藏、广东、黑龙江
列入智慧广电、乡村振兴等其他项目统筹推进	广西、四川
积极协调当地财政资金，为应急广播体系建设提供保障	江苏、山东、湖北、四川、云南、陕西、甘肃
与各区、市签订应急广播建设目标责任	江苏

二、全国应急广播建设新特征

从各地实践和现实情况看，作为预警播发渠道，应急广播具有覆盖精准、不受时空限制、抗干扰抗损毁能力强、信息承载量大、传播快速便捷等特点，这些鲜明的差异化优势，让应急广播在加强灾害预警、发布权威信息、协调救援指挥、灾后重建、社会稳定、心理疏导等方面有着不可替代的作用，被干部群众亲切地称为应急救灾的"轻骑兵""高速公路"和"绿色通道"。

（一）传输覆盖渠道更加融合化多样化

当前，大喇叭和音柱是主要的应急广播接收终端，信息呈现方式较为单一。各地正在积极利用广播、电视、网络视听、手机 APP、新媒体平台、5G 网络等发布渠道，完善应急信息播发渠道，推进布局多种传播媒介，逐步实现全媒体融合覆盖。总体看，传输覆盖渠道和接收终端的多样化，持续扩大了应急广播消息的触达率。

多地经过探索实践，形成适配地方特色的应急传播传输体系。如贵州利用有线电视可同时承担点对点精准传播和大范围信息传播的特点，充分发挥广播电视光纤行政村全覆盖优势，建成以有线电视为主体的应急广播体系，依托全省 1004 个广播电视乡镇综合服务站提供服务。在偏远农村地区，具有覆盖范围广、抗灾能力强、传播迅速、安全性高、接收简便等特点的直播卫星是最为有效的传输技术，如内蒙古局 2020 年起采用直播卫星方式开展农牧区应急广播试点建设，取得良好成效。

各级应急广播平台的互联互通、资源共享和协作联动能力不断强化。目前，应急广播国家平台实现了与 16 个省级平台（含试验平台）对接。在信息源端实现与气象、地震等国家级应急发布部门的对接，在发布端实现了与直播卫星、广电 5G 等国家级传输覆盖资源的对接。为降低网络传输成本，国家级平台与国家电子政务外网实现了联通，可在全国范围通过政务外网与各级平台对接。各地强化当地应急广播平台的对接。如四川应急广播省平台通过电子政务外网、文本信息交换等网络实现了与省应急、气象、地震部门、省卫健委、水利部门信息系统对接。

（二）平急结合取得积极成效

1. 在突发灾害中发挥重大作用

应急信息传播是应急广播的基础价值和立身之本。近年来，各地已建应急广播不断加强应急服务能力建设，在预警信息发布、防灾减灾、疫情防控等方面取得了实效。

每年洪涝灾害、台风灾害、山体滑坡等自然灾害高发时期，福建、山东、湖南、广西、青海等灾害易发、高发、频发地区应急广播主动对接应急服务，做好灾情预警播发。2022年9月15日，为应对台风"梅花"，山东省应急广播平台面向全省发布了三条预警信息，在台风过境烟台长岛期间，长岛本岛播放应急信息35条次，触达3000余人次，有400条船收到信息后进港避风。由于播报及时且反复多次播报，在维护人民群众人身财产安全方面成效显著。

2022年"6·1"雅安市芦山地震和"6·10"阿坝州马尔康地震发生后，四川应急广播系统立即启动应急预案，向灾区群众及时发布抗震救灾和防灾减灾科普信息，向群众提供政务信息发布和政策宣讲服务，有效增强了各级政府应对突发事件的应急处置能力。

2. 服务深度和广度日益增强

一是平时制作播发各类应急科普知识，引导人民群众提高安全意识和自救能力。北京台交通广播2022年推出了《应急时刻》《应急真人秀》以及每日在不同时段滚动播出的《应急云课堂》广播节目，并通过抖音、快手等渠道发布应急知识视频内容。

二是紧贴需求，丰富内容供给，筑牢基层宣传舆论阵地，让人民群众思想上增"信"、精神上得"悦"、政策上解"渴"、方法上解"惑"。山东、云南、江西等地统筹制作党的二十大精神系列宣传音频，通过全省应急广播播出，云南还专门制作了普通话版与民族语版，供民族居住地区日常播出。山东潍坊利用应急广播构建理论宣讲平台、"三农"政策宣传平台、法治宣传教育平台、农业技术推广平台。安徽在全国率先开展"学习强国"乡村大喇叭试点建设，通过应急广播宣传党的理论政策，推动党的创新理论"飞入寻常百姓家"。

三是积极拓展应急广播应用场景，服务基层治理、乡村振兴、疫情防控等方面，实现了从单一功能向智能化多功能应用的转变。在边疆地区通过应急广播助力强边固边，如云南普洱西盟县把应急广播作为护卫边境的岗前哨，为53个边防所安装应急广播终端设备，深入开展法制宣传和边防教育，有效震慑违法犯罪行为。江西高安、福建莆田、江苏南京江宁区等地利用应急广播开展"一镇一品""一村一品""一村一韵""一村一景"等品牌建设，搭建"广播＋直播"助农带货模式等，全面服务乡村振兴。在赋能基层治理方面，近年浙江、江西、贵州、江苏、湖南、河南等多地都涌现出"应急广播＋视频监控"的"视播一体化"创新应用，比如，将应急广播与"雪亮工程""人像大数据""智慧灯杆""智慧文旅"等项目融合，相互赋能、实现效果倍增，扩大应急广播的功能发挥及影响力，让应急广播犹如一道"科技防护墙"。启动较早的有浙江台州仙居、江西丰城等，典型应用场景包括防溺水、垃圾分类、疫情防控、路况提醒、汛情监测和预警、环境监测、治安维稳等。浙江温州文成县开拓了"文物保护智能化预警"和"高空瞭望森林火灾预警"应用场景。湖南岳阳平江县监播联动助力禁渔防火、尾矿区地质灾害预警、水库水位预警等。

案例：山东以试点带动全面推进应急广播建设

山东省不断创新应急广播建设、使用模式，在济南获批全国城市应急广播试点后，省广电局又批复泗水县为县级应急广播试点，以试点推动全面实施。目前，全部16个市级、136个县（市、区）、16个功能区完成应急广播平台建设，部署终端18.2万个。一是"典型场景"拓展应急广播"广度"。济南市作为城市应急广播系统建设全国试点，充分考虑城区特点、人流密集程度、交通状况等因素，初步试点启动"十大类典型应用场景"建设，包括景区、文化场馆、交通重要场所、大型国企、避难场所、办公场所、大型商城、示范小区、学校等，基本覆盖了城市应急信息发布各种应用场景。二是"需求引领"挖掘应急广播"深度"。泗水县立足沂蒙山区特色，在现有行政村实现应急广播全覆盖的基础上，突出应急需求导向，聚焦防火卡口、塘坝、水库、疫情管控区等重点急用区域，让应急广播更精准、突发处置更高效。

（三）"真应急"不断深化

一些地方在建设部署中多措并举积极探索提高应急广播的安全可靠性，特别是断电断网等极端条件下应急广播的可用性。如江苏采用有线、无线双通道覆盖，行政村部署双电源终端，保障断电断线时喇叭照响；山东从技术、体制上系统探索"人断我通"。

一是备播方面，各级应急广播平台强化本地部署的同时，加强平台灾备建设，提高平台防灾能力。例如，山东通过对济南市应急广播平台进行升级改造，建成了山东省平台的应急备份平台。江苏南京市应急广播通过将平台接入城市应急管理调度指挥系统，形成双平台系统，实现应急广播在市应急管理平台上同步应用，并在江宁谷里市中波发射台建设了一套异地备份系统，提高系统灾备能力。二是联通方面，省、市、县平台之间通过适配器对接，适配器既能作为防火墙，又解决了不同平台接口标准不一的对接问题。三是渠道保障方面，严格要求平台之间、平台与接收终端之间至少有一路无线传输路由（中波、调频广播、DTMB）；通过省卫星地球站建设应急广播信号卫星传输链路，作为应急信息传输覆盖的备份链路和快速通道。四是应急电源方面，省、市、县平台和部分乡、村平台配备不间断电源，部分接收终端加装太阳能供电模块，进一步提高断电情况下的应急保障能力。

三、对策思考

经过十余年持续发力，全国应急广播建设已取得重大进展，当前进入新阶段，形势与任务呈现新变化和新特点。一方面对于起步早完成快的地区，要解决下一步高质量发展问题，向"好不好"的高标准升级，重点难点在于服务的实效性与长效机制；另一方面，当前我国应急广播体系整体还在发展建设初期，对照"十四五"应急广播体系建设目标，全国省、市、县平台建设任务依然较重，部分省区建设比例不高。对于这些因重视程度不够、地方财政紧张等多种原因导致建设进展缓慢的地区，面临的则是行业整体下行压力不断加大等诸多因素叠加带来的人财物不足，还处于要千方百计想办法、赶进度解决"有没有"的阶段，重点难点在于克服困难，尽快启动应急广播建设。

党的二十大擘画了以中国式现代化全面推进中华民族伟大复兴的宏伟蓝图。新时代新征程上，应急广播也迎来高质量发展新阶段。全面贯彻落实党的二十大精神，要进一步把握广播电视新旧动能转换、整体转型的关键机遇时期，在加强政策标准的体系化赋能、加强先进技术的创新引领、全面提升服务的精细化水平这三个维度重点发力，推动应急广播的综合支持、技术研发、成果转化、产业化推广应用、多行业多场景落地，发挥行业优势，提升服务实效性，真正把应急广播打造为一张能走进群众心坎里的高标准、高可靠的生命网、安全网、服务网。

（执笔人：赵京文，国家广播电视总局发展研究中心）

第三节　智慧广电固边工程建设

提要：2022 年，广电系统推动智慧广电固边工程建设取得重要进展，边境6个省（区）61个县（团场）建设实施有序推进，实现良好开局。各地以"一网两平台"为基础，优化网络布局、拓展服务业态、强化融合应用，推动边境地区广播电视从功能业务型向创新服务型转变，从数字化网络化向智慧化发展，有力提升了边境地区广播电视公共服务水平与固边强边能力。

智慧广电固边工程是国家"十四五"规划纲要安排部署的重点项目，是"十四五"时期广电行业贯彻落实党中央强边固防、兴边富民战略部署的一项重点工作，是新征程智慧广电发展的政治工程、基础工程、民心工程。2022年，在前期试点基础上，广电总局指导边境6个省（区）61个县（团场）扎实推进智慧广电固边工程建设实施，让基层人民群众享受到了更多更丰富的广播电视节目和智慧化服务，受到了边疆群众和地方党委政府的热烈欢迎。

一、工程建设实施的思路举措与主要成效

聚焦边境地区实际需求，智慧广电固边工程以边境地区广播电视传输网络、公共服务管理平台和专用文化信息服务平台为主要内容，提供面向

边境党政军警民的不同业务承载和信息服务支撑，把智慧广电基础设施部署到边境舆论引导的每一片阵地，把智慧广电宣传服务延伸到边境地区的每一个角落，有力维护边境地区政治安全、文化安全和意识形态安全。

（一）强覆盖，优化公共服务网络布局，边境网络传输覆盖能力显著增强

一是充分整合已有网络覆盖优势，云网端融合。聚焦边境一线乡村有线电视网络建设和升级改造，对有线网络未通达或较薄弱地区、边防部队和哨所，优先建设光纤到户网络；对有线网络通达地区，重点提升网络双向接入能力和高清传输能力。如广西推进防城区、东兴市工程建设，累计建设广电光缆干线 460 公里，实现自然村、部队、口岸光缆联网通达，全面增强边境地区的网络综合服务水平和安全可靠性。

二是综合运用广电传输覆盖方式，点线面覆盖。通过有线、无线、卫星多种方式有机结合，推动广播电视覆盖由点连线、由线组网，将广电网络打造成稳边固边的基础信息网络。如内蒙古创新集固定接收、移动车载终端接收、手机终端接收为一体的新模式，让乡镇、公路铁路沿线、边防哨所都能第一时间听到党的声音。

（二）搭平台，拓展公共服务新业态，"智慧广电 +"固边平台体系初步建成

各地以智慧广电服务生态体系资源与创新成果为基础，依托云计算、大数据及智能化技术，建设服务民用商用的公共服务管理平台和服务党政军及边防需求的专用文化信息服务平台。其中，公共服务管理平台可提供民族类节目、安防监控、空中课堂、远程会议等公共服务和新型融合广播电视业务，专用文化信息服务平台可因地制宜面向边境社会治理提供政务查询、信息发布、应急调度等专用信息业务。各地还积极探索平台间互联互通，与省市级智慧广电平台协同、与县级融媒体中心互通、与应急广播平台对接，推动在本地智慧乡村等公共服务基础上实现一专多能和高效利用。

（三）重应用，与各行业广泛深度融合，边境基层服务与管理得到有力支撑

边境地区充分发挥广电"党媒政网"和智慧广电网络终端"一竿子插到底"的优势，以有线电视网络高清化视频服务和融合业务平台为支撑，创新提供"智慧广电＋党建政务、安防监控、口岸管理、出入境管理、检验检疫、乡村治理、生态保护、产业发展"等多元化融合化服务，在服务强边固防、兴边富民等方面发挥了重要作用。如广西建设智慧广电平安乡村安防监控平台，与当地"雪亮工程"监控管理平台打通，用户在家可通过智慧广电机顶盒收看实时监控视频，构建守边固边军警民一体化联防体系；与应急广播平台协同，对内在边境村屯开展党的方针政策、守边固边、扫黑除恶等宣传，将党中央的声音直接传递到千家万户；对外宣传中国边境政策，促进中越文化交流。

案例：广西构建智慧广电固边新服务新业态

围绕建设公共服务管理平台和边防部队专用文化信息服务平台的目标，广西探索运用智慧广电"云、网、端"的资源，基于已经成熟应用的智慧乡村"一村一屏"电视综合信息平台，搭建了集成高清电视、政务查询、电视教育、党员培训、农业知识、文化娱乐等内容的公共服务平台，以电视机为终端，丰富边境群众的精神文化生活。同时，将"一村一屏"的技术和模式应用到边防部队、边境口岸、边远学校，打造了"营房一屏""口岸一屏""一校一屏"等特色平台，依托智慧广电丰富的内容和应用，辅以本地化、个性化的内容定制，满足军警民文化信息的新需求，进一步巩固和加强边境地区意识形态阵地。

二、工程建设实施的主要经验

经过一段时间的探索实践，智慧广电固边工程初步形成了以各级政府为支撑、以广电部门为主导、以基层治理需求为着眼点、以基础设施升级改造为主要内容、以多场景融合应用为发展路径的推进机制。

（一）因地制宜，科学规划

智慧广电固边工程建设涉及面广、专业性强，既要统一要求标准，也要突出地方特色，有很高的系统性、协同性要求。国家"十四五"规划和"十四五"公共服务规划等均明确提出推进实施智慧广电固边工程，《广播电视和网络视听"十四五"发展规划》明确了智慧广电固边工程要建设"智慧广电＋"公共服务平台及服务网络，提升广播电视公共服务能力并促进智慧广电业务在基层政务管理、公共服务、边防建设和治安消防监控管理中的应用。各地立足实际统筹确定建设内容和技术路径，研究细化制定本地建设实施方案。黑龙江、内蒙古、吉林、广西、云南等地均制定工程建设专项规划或建设方案，明确平台功能、系统架构、接口协议、安全保障等，确保工程建设和后期运行标准化、制度化、规范化。在工程启动前还通过实地调研、座谈会、书面征询等方式，进一步摸清边境县对智慧广电的需求，同时进行了可行性研究，科学细致做好初步设计、任务安排等各项工作。

（二）互补建设，统筹推进

纳入智慧广电工程建设统筹考虑，推动固边工程和其他广播电视惠民工程的互补建设。各地在建设中坚持系统思维、绿色节约，充分做好现有资源的统筹利用工作，加强行业内局台网横向协同、层级间省市县纵向协同，促进广电资源整合、功能聚合、体系融合。同时预留相关数据和功能接口，促进各平台资源联通共享。如云南沧源县重视系统互联，智慧广电公共服务管理平台的建设已实现与县级融媒体系统、应急广播系统的互联互通，后续可进一步对接其他公共服务系统，推动各平台相互融合、相互赋能。

纳入乡村振兴和地方经济社会发展全盘考虑，融入强边固防工作大局，形成共建共享合力。各地成立智慧广电固边工程建设领导小组，主动对接发改、财政、公安、边防等部门，积极争取将智慧广电固边工程建设纳入地方经济和社会发展规划，纳入乡村振兴、数字城市中心工作，纳入新型基础设施建设任务，加大对智慧广电固边工程的规划引导、政策扶持和资金支持。如广西将智慧广电固边工程作为各级各部门绩效考核的重要内容，由政府牵头推动，对工程建设质量、服务质量和安全生产进行有效监管，确保智慧广电固边工程建设进程。

（三）试点先行，逐步推广

按照"整体规划、分步实施、试点先行"的原则，各地通过试点建设探索模式，以点带面深化拓展工程在不同领域的应用。内蒙古在工程实施过程中，先后试点建设了微波应急通信固边工程、锡林郭勒盟边境地区"广播电视公共服务"固边工程等重点项目，完善工作方案，总结建设经验，为其他地区提供样本。

（四）量力而行，尽力而为

统筹好存量资源和新建资源的衔接融合，避免存量资源闲置浪费。通过扎实的调研摸底，明确边境地区广电公共服务基本情况，用好用足已建成基础设施，增强新建设施的前瞻规划。如内蒙古在实施锡林郭勒盟边境地区固边工程中，充分利用已有旗县至苏木广播电视传输网络和 8 座广播电视、微波传输基站开展工程建设，避免存量资源闲置浪费。

新建平台轻量化部署，技术支撑系统异地集中部署，减轻边境县（市）建设、管理和运维压力。各地综合考虑技术、管理、运维和经济性等方面的因素，在大部分边境县采用"中心云＋边缘云"技术架构，即县级平台轻量化部署，技术支撑系统异地部署的方案，不仅充分利用了省级平台现有资源，降低了建设成本，也可以实现用户、业务、数据、内容的集约化高效管理。如云南技术支撑系统以中国广电云南公司现有的"云岭云"和"云广云"平台资源为基础进行扩展建设和升级完善，具体业务服务系统在当地部署，减轻边境县（市）建设、管理和运维压力。

案例：云南沧源试点强化"建、管、用"协同机制

一是明确任务清单，强化实用实效。围绕"一网两平台"建设内容，安排了 13 项任务，共投入资金约 408.86 万元，建设周期 3 个月。边境地区广播电视传输网络"共建共享、充分利旧"，智慧广电公共服务管理平台"因地制宜、统筹资源"，专用文化信息服务平台"专网专用、服务大局"。二是做实实施机制，做优长效机制。加强组织领导，成立省、州（市）、县 3 级领导机制；加强沟通对接，全面融入全省强边固防工作大局；加强资源整合，实现局、台、网协作，省、市、县联动，县融、应急广播多系统互联互通；加强科学管理，对试点全过程开展指导和监督。

三、未来展望与思考

党的十八大以来，党中央、国务院深入推进兴边富民行动，边境地区经济社会快速发展、人民生活水平显著改善。但也要看到，由于特殊的历史、自然、地理和复杂的周边环境等多方面因素影响，同其他地区相比，边境地区发展投入总体不足，基础设施相对落后，各类人才较为匮乏，意识形态领域斗争复杂严峻，保障和改善民生任务艰巨，包括公共文化服务在内的基本公共服务均等化、可及性还有待进一步改善，人民群众对高质量广播电视服务也有很高的期待。

面临新形势新任务新要求，要以习近平总书记关于宣传文化、公共服务、民族工作、国家安全特别是边境安全和发展等重要指示精神为指导，在党和国家工作大局中谋划推进工程建设，充分认识智慧广电固边工程是国家战略工程的重要定位，让固边工程建设成果更多更好惠及人民群众，为满足边境地区人民群众新期待、构建宣传思想文化固边新格局作出新的更大贡献。一要持续做优项目前期工作，完善典型做法，提炼先进经验，将业务需求精准转化为建设任务。二要切实优化工程实施方案，以因地制宜的方案推进工程建设取得最优效果，确保工程任务高质量按期完成、取得实效、发挥作用。三要不断强化工程组织推进机制，进一步团结协作合力攻坚，共同做好项目组织、管理、推进及地方建设资金落实。四要建立完善"建、管、用、维"相协同的长效运行机制，一方面通过政府购买服务、财政补助、企业运作等多种方式，推动事业与产业、平台与网络、内容与传输相互促进，确保智慧广电固边工程长期运转、长效服务；另一方面积极培育自我造血能力，依托工程积极拓展业务和服务，以建设投入带来实际创收，以实际创收反哺建设投入，形成长远发展的良性循环，巩固智慧广电固边工程的建设成效。

（执笔人：戚雪，国家广播电视总局发展研究中心）

第四节　智慧广电乡村工程建设

提要：2022 年是智慧广电乡村工程的启动之年，广电总局推动各地广电机构积极探索，以各级政府为支撑、以广电部门为主导、以有线网络为主要载体的多方协同推进机制基本形成，包括智慧党建、乡村治理、公共服务、文化服务、产业振兴、生态治理等在内的智慧广电乡村工程取得阶段性成效，在乡村振兴战略中发挥了重要作用。

一、加强政策指引

2022 年，智慧广电乡村工程相关政策文件陆续出台，主要任务和建设框架逐步明晰，从法规建设、规划制定到行业政策，为工程建设提供规范和指引。

智慧广电乡村工程相关法律法规出台。2021 年颁布实施的《中华人民共和国乡村振兴促进法》首次从法律层面明确县级以上地方人民政府应"积极推动智慧广电乡村建设，活跃繁荣农村文化市场"，为智慧广电乡村工程建设的政策制定实施提供了法律依据。各地也积极探索公共服务配套立法。《江苏省广播电视公共服务实施办法》成为我国首部省级层面的广播电视公共服务地方政府规章，为省域工程建设做出了突破性、实践性的制度设计。

智慧广电乡村工程规划和政策相继制定。国家《"十四五"公共服务规划》《"十四五"推进农业农村现代化规划》《"十四五"数字经济发展规划》《"十四五"国家信息化规划》《数字乡村发展行动计划（2022—2025年）》等专项规划相继出台，这些规划均强调发挥智慧广电在数字乡村建设、繁荣发展乡村优秀文化中的作用，进一步强化了智慧广电乡村工程的价值定位。广电总局积极落实国家战略部署，将智慧广电乡村（城镇）工程纳入智慧广电公共服务重点工程，以此推动广电公共服务转型升级。2022年1月，广电总局印发《关于加快推进智慧广电乡村工程建设的指导意见》，明确了智慧广电乡村工程建设的基本原则、主要内容、组织实施、保障措施等，为智慧广电乡村工程建设明确了任务书、路线图。

工程建设纳入各地重要民生工程。江苏、广西、山东、福建、陕西等地广电局制定智慧广电乡村振兴工程实施意见或实施方案，规范建设标准，部署试点建设，强化考核评估，因地制宜落实配套机制，高标准推动智慧广电乡村工程落地实施。如江苏局将智慧广电乡村工程细化为5大类、16项重点工作，着力解决建设过程的难点痛点，增强工程建设成效。

二、立足实际求实效，健全协同发力机制

经过一年来的探索实践，智慧广电乡村工程初步形成了"5大应用场景+3大服务类型+N种业务"的建设模式，延伸了服务党和政府、服务基层宣传、服务乡村百姓的触角和范围，促进了基层治理能力提升，让乡村居民享受到智慧广电"红利"。

（一）试点先行，立标准，建机制

加强试点示范引领，探索可复制、可推广的工程模式。各地结合实际和基层需求，积极推进智慧广电乡村工程试点，做到边试点、边总结、边推广，探索工程应用场景、建设标准、业务模式、推进保障机制，推动试点工程如期有效落实。如江苏局在印发推进智慧广电乡村工程建设通知的同时，配套推出建设规范（试行）版、建设评估办法，从建设标准、推进

模式、考核评估和保障机制等方面做实工程建设，自 2021 年起江苏连续两年建设 400 个智慧广电乡镇（街道），取得重要成效和经验。广东局启动和完成 45 个"智慧广电"平台示范点建设县（县级市、区）任务；广西局在全区 15 个行政村创新开展智慧广电乡村工程试点；福建局推动将智慧广电乡村工程试点建设纳入年度乡村振兴实绩考核指标体系；云南局印发《智慧广电乡村工程建设规范（试行）》，明确 21 项重点工作、13 项评估指标等，以试点推动工程建设标准化规范化。

（二）重场景应用，探索工程建设模式

智慧广电乡村工程是多部门参与的系统工程，也是推动广电资源整合、功能聚合、体系融合的媒体融合工程。在工程建设中，一些广电机构对外联合地方政府部门及相关机构，整合打通农村党建、综合执法、政务服务、便民服务、安防监控等功能应用和各类政务民生服务资源；对内打通广电系统应急广播、视频共联共享、视频会议、户外大屏、广电客户端等终端平台，建设各有特点的管理平台，推动形成政府统筹、广电主推主建、相关部门协作、镇村参与、村民应用的多方联动建设模式，在实践中基本形成了以"5 大应用场景 +3 大服务类型 +N 种业务"的智慧广电乡村工程模式，并向全覆盖、多场景建设方向不断拓展。

"5 大应用场景"是指以"智慧党建、文化振兴、公共服务、乡村治理、产业振兴"为核心的应用场景；"3 大服务类型"是指以"高清及交互广播电视服务、政用民用商用综合信息服务、社会管理服务"为重点的智慧服务；"N 种业务"包括"一镇（村）一品（屏）、平安乡村、法治乡村、名师空中课堂、智慧水利、智慧旅游、数字农业、农村电商"等。

智慧党建场景主要通过建设基层党建综合信息平台，整合基层各类平台数据的方式，集发布、宣传、服务、管理、参与等功能于一体，促进农村党建工作和宣传工作的规范化、智慧化发展。广东省珠海市斗门区"智慧一公里"项目盘活现有基层公共服务阵地资源，在已有渠道基础上补充建设 101 块电子大屏、2506 个大喇叭，覆盖全区 101 个行政村、28 个社区，显著增强了政府服务和媒体宣传功效。

文化振兴场景主要通过对基层文化设施的建设或改造，推进广电惠农便民文化服务，巩固乡村思想文化阵地。例如江苏宜兴、金湖等地利用有线网络把各个镇乡贤的宣传及采访视频放上平台，打造数字乡贤馆。

智慧公共服务场景主要通过打造公共服务平台，为基层群众提供生活服务、医疗养老、教育培训等综合民生服务。如上海金山卫、崇明等地的智慧广电平台为社区老年人提供在线挂号预约、旅游资源、疫情防控信息等；广西广电为包括老年人在内的民众提供"空中课堂"在线教育等服务。

乡村治理场景主要通过参与数字政府、数字乡村建设，促进乡村公共安全视频监控体系建设和应用拓展，开展三务公开、在线议事监督、法律服务、智慧水利、综合治理等服务，提升基层治理能力。有些智慧广电乡村振兴试点村建设安装监控点位摄像头和应急广播大喇叭，实现了对农村生活垃圾处理、村容村貌治理、饮用水水源水质监测与保护、森林防火、水利监测等功能的全覆盖。

产业振兴场景主要通过发挥广电基础网络、数据采集计算、高清终端等优势，打造区域性智慧农业生产服务平台和"直播带货""移动电商"等商务服务平台，在数字农业、农村电商、智慧旅游等方面服务本地农民农村农业。黑龙江、江苏、浙江、四川等省（区市）广电部门积极打造"智慧广电＋文化振兴＋特色旅游"发展模式，促进了农民收入水平的提高。无锡广电集团的无锡智慧农业项目、吉视传媒股份有限公司的吉视传媒智慧农业项目，均促进了农业生产的智能化、精准化和可视化。

案例：江苏智慧广电乡村工程

由江苏有线实施的江苏智慧广电乡村工程旨在利用广电网络和云平台，为乡村提供文化传播、公共服务、乡村治理和产业振兴等方面的智慧化解决方案，实现惠农便民、赋能乡村振兴的目标。目前江苏智慧广电乡村工程已实现1个设区市、15个区县全覆盖，受益人群近1200万。例如苏州吴江元荡村"数字乡村客厅"项目广泛涵盖智慧交通、智慧金融、行政审批、盖章预约及宴会厅预约等功能，让村民充分享受数字化建设成果；木渎香溪社区"乐享＋"居家养老项目，通过视频对讲、一键报警、智能手环、智能门磁、AI呼叫等功能，为老年人提供生活帮助及情感关怀；沭阳堰下村数字乡村融合云平台，打造"一码两端三化四中心"，以数字化为地方花木电商乡村产业振兴赋能；靖江公司为当地农业农村部门打造智慧化农产品仓储监管、智慧水利系统等平台，优化农业种植和储运监管服务。

（三）多方合作，协同发力

工程实施一年来，覆盖县、乡、村的融媒体传播格局加快形成，促进了信息传播与公共服务的"双融合"、主流媒体与资源的"全融合"，形成了乡村振兴工作的广电合力。

有线网络公司以平台建设为重点，拓宽智慧广电应用覆盖面。江苏、广东、广西、贵州等地以双向有线网络基础设施为载体，主动承建或对接融合"数字乡村""新时代文明实践中心"等平台，统筹运用基层公共服务阵地资源，积极打造"一村一屏"等区域电视门户和各类智慧化平台，壮大主流宣传文化主阵地，提升基层治理与便民惠农服务水平。

市县融媒打造全传播矩阵，壮大基层宣传主阵地。一些市县融媒因地制宜，建设广电APP、微信小程序、微信视频号、抖音号、快手号等全媒体矩阵，实现信息多元发布、精准到达、互动引流、协同放大的集群效应，持续推动党的创新理论、法规政策、文化服务进乡村、进家庭、进生活，更好满足基层群众精神文化和信息服务需求。

应急广播和IPTV拓展功能作用，成为工程建设新抓手。一些地方加强应急广播平台与融媒体中心平台、应急信息源的对接，提高双向应急广播终端比例，开展应急宣传、疫情防控、乡村治理、旅游管理、科普教育、农技推广、普法宣传等多场景多元化信息服务，成为巩固农村意识形态阵地、创新公共服务的重要抓手。山东、重庆、浙江等地还积极探索 IPTV 智慧广电乡村服务新模式。如山东海看 IPTV 智慧广电数字乡村项目围绕数字综治、惠民服务、产业发展、应急管理四大方向，采用搭建 1 个智慧广电数字乡村平台、打造 1 支乡村振兴服务行动队、联合政—企—媒—校 4 大主体共建的"114"综合服务模式，高质量构建 IPTV 智慧广电城乡一体化公共服务体系。

三、智慧广电乡村工程建设展望

智慧广电乡村工程实施一年开局良好，积累了重要经验，包括以网络基础设施和智能终端为基础、贴近化内容便捷化服务为根本、多方协同合作为保障、广电行业形成合力为关键，等等。但智慧广电乡村工程建设还处在探索起步阶段，存在一些短板与不足，主要表现在：一些地方认识不到位，重视程度不同，各地建设很不平衡，点上有突破，总体尚滞后；乡村网络基础设施和承载能力弱；内容供给的丰富性、贴近性和服务的精准性、便捷性不强；建设资金特别是后续运维经费难以解决；业态和场景创新不足；广电系统合力机制不健全等。

党的二十大报告提出全面推进乡村振兴、建设宜居宜业和美丽乡村的战略，既为智慧广电乡村工程建设提供了重大机遇，也提出了新任务新要求。一要进一步提升广电网络基础设施和服务能力，促进农民增收致富和乡村文化繁荣，推动工程建设走深走实；二要加大技术自主研发创新力度，强化数据聚合、共享和协同，保障网络安全和信息安全；三要加强广电云平台的建设和应用，拓展各领域应用场景，形成特色鲜明、形态多样、可持续发展的智慧广电新格局；四要建立健全智慧广电乡村工程协调机制，优化组织架构和专业化管理；五要加强工程建设滞后地区的政策支持和落实力度，进一步推进新阶段智慧广电乡村工程建设拓面提质增效。

（执笔人：索强，国家广播电视总局发展研究中心）

第五章

智慧广电和科技创新应用

课题指导：

国家广播电视总局科技司司长 余 英

第一节　智慧广电建设

提要：2022年以来，广电总局加强智慧广电技术体系建设，开展行业数据规范化标准化工作，改造升级广电视听基础设施，强化智慧广电基础支撑。广播电视推动多元应用创新，加快体系重构、系统重塑、流程再造，智慧广电科技基座不断夯实。

一、加强和规范智慧广电技术体系建设

广电总局深入贯彻落实习近平总书记关于"打造智慧广电媒体、发展智慧广电网络"的重要指示精神，引领和规范行业智慧广电技术体系，推动智慧广电建设纵深发展。

推动构建全新技术体系。2023年2月，广电总局编制发布《智慧广电技术体系及实施指南》，明确提出，力争到2025年，建成以新一代信息技术应用为基础，以"算力＋算法＋数据"为重要支撑的技术体系。这是加快广播电视体系重构、系统重塑、流程再造，实现服务大局能力系统性升级的重要布局。

为数据治理和数据价值化夯基筑本。通过广泛深入调研，聚焦行业需求和痛点，广电总局编制印发《广播电视和网络视听数据规范化标准化工作方案》，组织召开全国电视电话会议，建立专项工作机制，着力打通"未

来电视"跨网络、跨媒体数据流通障碍。设立媒资素材、跨平台内容服务、生产工具数据、融媒体中心数据、视听内容传播行为数据、监管数据、政务数据、从业人员信息数据规范化标准化等八条工作主线，以"探、联、用"分阶段分步骤推进数据探查、汇聚整合和服务应用，努力为实现网络互联、业务互通和数据共享创造基础条件。截至2022年年底，数据探查工作取得阶段性成果，形成总体研究报告，为下一步联和用打下了较好基础。

案例：中国广电重庆公司大数据技术综合应用

以"业务数据化、数据资产化"为目标，中国广电重庆公司完成公司级系统的相关数据资源梳理，加强数据管理能力。已落地用户流失预警、精准营销、智能推荐、智慧人力和智能运维等数据技术的应用，实现对市场营销、内容运营等支撑精细化，由整体市场分析转变为精细化业务场景的数据分析挖掘，提供了更精准的营销模型；丰富了运维、人力、投资等数据支撑内容，建立了相关数据的整合模型，丰富数据分析内容；增加了客户数据内容洞察，围绕市场营销、内容运营、网络运维、内控管理、客户洞察等五大业务条系，实现以数据融合、数据共享为基础，打造数智融合、能力开放体系。

二、强化智慧广电基础支撑

（一）广电网络系统加快升级改造

有线电视网络升级改造着重构建"云、网、端"为基础的新型网络架构，光纤化、IP化改造加快。中国广电网络股份有限公司着力打造智慧广电云算力服务，统一规划建设数据中心、广电云、边缘计算等融合型算力设施，搭建集约化云资源池，打造数字化、自动化、智能化的算网大脑，整合跨地区、跨平台的算力资源，构建新型广电云算力网络基础设施。卫星直播服务迈向高清化、融合化，广电总局卫星直播中心联合中国广电新疆公司开展直播卫星+5G试验项目；组织研发智能推送型终端，进一步拓展党建、政务、公共服务能力。智能电视操作系统 TVOS 4.0 通过国家 EAL3 级信息安全认证，5.0 版本正在研发；2022 年新部署 TVOS 机顶盒约 180 万台。广播电视无线发射台站智慧化运维建设试点进一步推进，多地实现"有人留守、无人值班、移动管理"目标。

（二）IPv6 全流程部署取得积极进展

广电总局印发《〈深入推进 IPv6 规模部署和应用 2022 年工作安排〉广电相关重点工作任务台账》，截至 2022 年年底，大部分省（区、市）有线电视网络已基本完成省际干线的 IPv6 改造，构筑支持 IPv6 的广电 5G 核心网和承载网，消息类、呼叫类、位置类业务平台应用以及安全系统支持 IPv4/IPv6 双栈，广电 5G 用户访问互联网的 IPv6 流量占比超过 30%。上海、重庆、广东等地规划开展 IPv6 单栈网络及 SRv6 技术试点研究。终端设备、互联网电视和 IPTV 业务端到端 IPv6 支持能力不断提升，云平台 IPv6 推广应用持续加强，IPv6 监测能力建设稳步推进。

（三）组织推进广电总局信息基础设施一体化发展

为改变信息基础设施分散薄弱局面、加快统一规划和共建共享，2022 年 1 月起，广电总局成立工作专班，由科技司会同规划财务司，研究提出"统筹布局、集约建设、分步实施、安全发展"原则，明确信息基础设施整合的近期目标是整合"十四五"时期新建设项目的基础设施资源，实现统一的云资源管理和统一的云安全防护；中远期目标是进一步实现服务层和数据层的深度融合共享，为智慧广电建设提供有力的支撑。2022 年 5 月，广电总局信息基础设施整合总体方案（试行）、基础设施整合工作机制（试行）相继印发，指导相关"十四五"重大项目完善功能定位、凝练项目需求，综合运用新一代信息技术手段，提升资源利用效率和系统运维水平，提供媒体深度融合发展行业基础技术支撑能力，最终实现服务的灵活部署和数据的深度共享，推动广电总局信息化建设和行业治理能力向更高水平迈进。

（四）持续推进入网认定"放管服"改革

广电总局不断优化入网认定管理工作机制，推动动态调整品种范围、全面推行电子证件等入网认定改革举措纳入《国务院办公厅关于深化电子电器行业管理制度改革的意见》，明确改革方向，提高政府监管效能，促进行业转型升级和技术创新。结合新技术发展趋势和行业发展需要，开展入网认定品种表动态调整规划研究，优化调整并发布 2022 版品种表，提高入网认定规范化、科学化水平。研究编制入网认定实施规范，在全面实现入网认定电子证件的基础上，不断完善入网认定网上服务平台系统功能。2022 年，共审核 136 个企业 469 个型号产品的入网认定申请材料，颁发入网认定电子证书 439 件，不予许可 30 件。

三、拓展智慧广电业态创新

伴随新一代信息技术的集成创新、融合应用，全国智慧广电建设在强化广电功能、保持广电特色的基础上，加快业态创新，逐步构建起面向用户、多元智能、内容丰富的新型服务体系，一批高质量新技术应用成果在中国国际广播电视信息网络展览会（CCBN）、北京国际广播电影电视展览会（BIRTV）、数字中国峰会、深圳文博会等展会缤纷亮相。

（一）轻量化发展能力增强

由本地重装备单一模式向云化、资源池化、轻量化发展，是广电走向网络化、数智化和适应主战场打法的重要一步。近年来，越来越多广电机构将视音频节目、全媒体制播系统等向云端迁移。一是新媒体直播常态化、泛在化。当前，便于融媒体节目制作的小型化直播、转播车，便携式、轻量化移动制作系统在行业得到更加广泛的应用，各级广播电视台的新媒体直播比重都显著增大，有的达到平均每天十几场的密度。二是制播能力全环节上云。媒体深度融合有力推动各播出机构制播系统的轻量化应用。省级台以融媒体技术云平台、产业园区（基地）为依托，提供云导播、云剪辑等各类制播工具包，为市级、县级广播电视台（融媒体中心）提供集约化、轻量化发展的新选择。比如，湖南广播电视台启用"七彩盒子"节目生产基地，基地全面实现"IP 化、云化、智能化"，建立了新型云制播系统，搭建了全国第一个全媒体播控中心。

（二）自主可控能力增强

广电行业不断提升关键技术的自主研发水平、增强重要传播平台的自主可控能力，为创造更多契合行业特色、符合用户需求的业务形态提供重要载体和技术支撑。2022 年以来，主要进展集中在三个方面。一是虚拟现实技术落地场景更加丰富，逐步形成具有广电特色的一体化解决方案。比如，XR 拍摄技术应用于直播及电视节目录制，将前沿科技与表演创意有机融合，提升内容产品的感染力和融合传播影响力的同时，也提升了制作效能。VR 社交方面，芒果 TV 推出的芒果幻城智慧虚拟社交平台已在主要 VR 硬件平台上线。二是 AI 应用的产业化部署成效显著。围绕智能审核、智能剪辑、视频修复、虚拟主持人、深度伪造鉴别等行业特色需求，形成了更加丰富的成果转化，应用程度日益广泛和深入。三是基于行业沉淀的优质视听媒资，乘势 AIGC 浪潮，加紧训练迭代自主可控的算法模型。比如，浙江广电集团自研了人脸关键点算法和人脸特征提取算法。

（三）着力提升用户体验

2022 年以来，行业集中发力破解"看电视不方便"这一突出问题，形成了阶段性进展和成效。一是推动大屏业务向智能化、个性化延伸。广电总局组织开展有线电视智能推荐服务试点，依托用户行为数据形成个性化收视体验。浙江华数的智能推荐频道日均使用用户数较上线前增长 389%。二是将收视服务与机顶盒硬件解耦，提供无处不在的便捷视听服务。多家省网公司研发并落地了以"软终端"或 APP 为载体的电视服务产品。三是基于用户实际需求推出创新服务。比如，中国广电重庆公司对全量用户的平台服务能力迭代，增加了画中画、四屏同看、九屏导视等新功能。

（四）打造特色服务能力

各地打造特色智慧广电项目，以点带面推动广电与党政、教育、医疗、旅游、金融、农业、环保、商务等相关行业的业务合作、业态创新和服务升级，主动对接和服务国家重大战略和重要部署，引导新供给、新消费、新业态。一是"文化专网"规划建设应用进程加快。中国广电联合多家单位编制《国家文化专网实施方案》和"国家文化专网"标准体系。以省网公司为代表的广电力量，积极通过文化专网、文化大数据平台项目、区域中心、中华民族文化基因库、VR博物馆及数据填充、家庭文化体验厅建设等方式加快服务和推动国家文化数字化战略落地。二是加快战略性新兴技术行业应用，培育智慧广电新优势。截至2022年6月，广电总局以及湖南、四川、上海、浙江、山东、辽宁、安徽等地广电系统内20多家单位开展了区块链创新应用，场景包括视听内容版权保护与交易、数字藏品、数据治理、节目制作与传播、内容审核与监管等。广电领域已建联盟链超过17个，初具规模。多地媒体机构纷纷推出特色IP的数字藏品。三是智慧广电应用为智慧社区、智慧乡村建设延展服务内涵。针对大屏端的老年群体，各地纷纷推出包括智能导诊、慢病配药、一键叫车、助购助餐、居家服务等数字生活场景服务，并通过语音交互、一键切换等方式，便捷入口、简易操作、直达需求。围绕乡村振兴战略，发挥入户优势，多地提供"一村一屏"的个性化服务，聚合三资公开、乡贤榜、志愿服务、村民自治、便民服务、高清视频会议等功能模块，受到普遍欢迎。

四、智慧广电发展展望

对标到2025年形成布局合理、竞争有序、特色鲜明、形态多样、可持续发展的智慧广电新发展格局，还存在一定不足。一是供给能力滞后于人民群众需求。比如，在大屏侧，当前内容供给仍以高清为主，传输环节上，我国近50%的有线电视用户、约96%的直播卫星用户仍然使用标清机顶盒，与主流电视机能力不相适配。二是业态创新主动性不强，产品和服务的形态、丰富度以及使用体验上，离人民群众满意有明显差距。三是智慧广电"地基"建设存在难点堵点。比如，广电海量历史数据资源的确权，超高清节目的多路并发流畅稳定性保障等。四是行业转型发展技术路径不清晰，面临双线作战巨大压力，资源力量如何优化配置，亟需科学统筹谋划。

　　当前和今后一个时期，持续推动智慧广电建设纵深发展，必须全面贯彻落实党的二十大精神，对标文化强国、科技强国、网络强国、数字中国建设目标，担负起新的文化使命，找准智慧广电建设与"未来电视"战略部署的结合点、切入点、着力点，努力在大布局中作出新贡献，在大战略中展现新作为。

　　一是从全局高度认识和推动智慧广电建设。智慧广电建设是重塑性变革，旨在建设全新的创新体系、技术体系、业务体系、生态体系、治理体系，因此，不能仅从技术应用角度简单理解智能推荐、5G频道建设等项目、任务和规划，要善于用好科技创新"支点"，加快形成"顶层设计牵引、重大任务带动、基础能力支撑"的广电体系化创新能力，真正撬动全行业、全系统、全流程蝶变。

　　二是主动作为，建立健全"试验试点"闭环机制。当前，正处于走向"未来电视"的关键"十字路口"，技术路线、关键技术的选择至关重要。先试验多试错、先试点再推广，一直是行业的创新法宝。广电总局正在大力推动"未来电视"等试点工作，这是关乎行业发展根基的关键问题，各地各主体应同向而行，强化技术试验与业务示范、发展实践有机融合，探寻新的技术路线和发展布局。主管部门将及时总结有益做法，形成可复制可推广模式、上升为政策标准供给，引领行业整体性突破。

　　三是加强统筹协同形成智慧广电战略科技力量。围绕现实需要和长远发展，用好"揭榜挂帅"项目组织管理方式，进一步强化行业内外、国内外各类各方资源力量的组织能力，用好前瞻战略研究、理论研究、案例分析、数据仿真、趋势研判、国外信息动态跟踪等多种手段，从理论和规律层面，研究行业演进走势、传播生态、体制机制和政策环境，问题导向、目标导向，理清发展趋势、实践路径和发力重点，为进一步推进智慧广电建设提供系统支持。

　　　　　　　　　　　　（执笔人：莫桦，国家广播电视总局发展研究中心）

第二节　广电视听技术创新与应用

提要：2022 年，广电总局作出"未来电视"发展战略部署，进一步强调以科技创新推动行业重构。新技术研究和治理得到加强，视听技术标准体系不断健全，科技创新实验室走向规范发展，技术应用创新大赛推动落地应用取得新成效。在政策指引和市场引领下，行业大力推进重大关键技术的集成创新、应用创新和融合创新，广电视听技术创新应用取得重要进展和突破。

2022 年，我国广电视听技术创新与应用贯彻落实国家重大战略，沿着数字化、网络化、智能化方向不断推进。相关技术持续融合演进、集成创新，技术矩阵搭建起数字底座，为视听行业创作生产、传播分发、呈现体验等各环节提供了全新解决方案，拓展了视听内容的表现形式和应用场景，正加快塑造大视听格局。

一、视听技术底座日益坚实

（一）全流程数智化进程加快

全行业着力构建以"算力＋算法＋数据"为支撑的新技术体系，加快流程再造、系统重塑、体系重构，不断提升生产传播服务效能，高品质视听内容供给能力显著增强。大部分广电机构都建立了可视化、集中化、快速响应、高度共享的融合新闻生产体系，特别是通过各地县级融媒体中心省级技术平台的赋能，能基本满足省域协同策划指挥、媒体联合报道、内容交换等需求，部分省级平台还采用智能化手段开发了内容智能生成、智能配音剪辑及虚拟主播、媒资智能识别和安全监管等功能，提供大数据舆情采集分析及解决方案。

基于 AI、大数据等新一代信息技术的智能服务在视听行业各环节广泛运用。具体表现在一些典型应用上，如 TTS（Text To Speech，文字转语音）、TTV（Text to Video，文字转视频）技术具备摘要提取、脚本改写、素材检索及智能匹配、内容情绪还原等能力，能定制训练主持人仿真声音，在新闻自动生成、应急广播智能播报等领域有较大范围的应用；基于 AI 的智能剪辑、智能渲染、智能审核等应用能实现分钟级、甚至秒级的音视频剪辑，提升内容审核准确率和召回率，极大提高工作效率。

一些广电机构的数智化发展已进入实质阶段，如浙江广电集团研发上线"新蓝算法"，创新打造"全媒体新闻传播""浙里直播"等数字化重点应用；央视网为多终端运营提供热点发现、指挥调度、内容生产、精准传播、用户运营、效果评估等全流程支撑大数据平台，可实现全量数据采集、全流程智能辅助、全效分析挖掘，具备每天处理 100 亿条数据的能力。

（二）高新视频制作体系日益完善

云转播、自由视角、虚拟制作、数字人等制播呈现技术广泛应用，互动视频、沉浸式视频、VR 视频、云游戏等高新视频新业态加速孵化落地。一些视听机构已建立相对成熟的高新视频制作和支持技术体系。如河南台推出"大象元"元宇宙平台，升级了 XR 沉浸式 4K 扩展现实演播厅，能够实时渲染输出；北京星光视听产业基地搭建了 600 平方米的虚拟演播室，在中央广播电视总台 2022 年元宵晚会等活动中得到应用；爱奇艺新建虚拟拍摄棚，已应用于影视剧拍摄；快手发布"数字人及 XR 解决方案"；新媒股份与科大讯飞成立元宇宙 XR 联合创新实验室，重点开展"元宇宙技术以及应用研究"及"元宇宙商业模式探索"。

虚拟人应用场景更加广泛。语气、样貌、姿态都"形似人"的虚拟人，能高效、快速、沉浸式提供线上线下融合的交互体验，其生成速度快、生产成本低的特点也推动了广电视听机构降本增效、释放生产力。多家广电机构打造了虚拟主持人，如央视频的"AI 王冠"、湖南台的"橙双双"、江苏台的"荔小漫"、浙江台的"谷小雨"、广东台的"悦小满"（粤语）等。AI 手语主播在新闻报道以及大型活动、赛事中的应用也越来越普遍，且理解度不断提升。哔哩哔哩、抖音等视听平台以及部分 MCN 均推出了虚拟电商主播，采用虚拟主播或"真人＋虚拟人物"模式的直播间不断增多。

案例：山东台数字主持人"海蓝"在多场景应用

山东台成立了元宇宙创新实验室，推出超写实数字人主持"海蓝"。"海蓝"采用了时域扫描系统、表情捕捉及表情迁移系统、材质扫描系统和数字人体征数据库等领先的数字人底层技术和动捕设备。"海蓝"可以以多种身份出现，不仅可以作为数字主持人，还以数字客服形态现身，实时互动对话，操控做相应动作。"海蓝"刚亮相就以评论员身份现身《山东新闻联播》"主播说"专栏，《山东新闻联播》也成为全国首档运用超写实数字主持人的省级新闻联播栏目。"海蓝"还先后成功与山东省有关政府部门签署了代言协议，成为山东森林防火宣传大使、绿博会形象代言人、山东好品推荐官等。

（三）高清化、超高清化进程明显加快

2022 年 6 月，广电总局印发《关于进一步加快推进高清超高清电视发展的意见》（广电发〔2022〕37 号），围绕制播能力建设、标清频道关停以及有线网络、直播卫星、IPTV、地面无线等六方面提出进度要求和推进策略，进一步巩固和加强广播电视舆论宣传阵地，满足人民群众对美好视听生活新需求新期待，积极促进信息消费、数字消费、绿色消费。

高清频道已成为电视主流播出方式。截至 2023 年上半年，全国高清

频道已有 1099 个，其中超高清频道 10 个。2023 年 1 月 1 日起，各播出机构已无需在高清电视频道播出画面的右上角标注"高清"字样，这也意味着高清真正成为电视播出的基本模式。

超高清内容生产能力迅速提升。总台已突破每年 5000 小时的 4K/8K 内容制作，广东省现存 4K 内容已经超过 2 万多个小时。多个网络视频平台均开设了 4K/8K 内容专区，大部分自制、修复以及用户上传内容均支持超高清显示。

"双 Vivid"标准体系逐步成熟，多项技术实现从无到有突破。HDR Vivid 与 Audio Vivid 标准已逐步形成端到端的全产业链布局，分别在多项重大赛事活动中得到应用。2022 年 1 月，广电总局发布《高动态范围电视系统显示适配元数据技术要求》行业标准，卡塔尔世界杯直播中，咪咕视频实现了双 Vivid 标准首次联合应用。

二、科技创新布局不断优化

2022 年以来，广电总局顺应新一轮科技革命和产业变革大势，加强科技创新顶层设计和规划引领。

（一）加强广电总局实验室建设

广电总局加强实验室规范管理，印发《〈国家广播电视总局实验室管理办法〉实施细则》，激励引导实验室紧紧围绕行业重大需求和重点工作开展科技创新活动。支持指导"5G 高新视频多场景应用广电总局重点实验室"申报全国重点实验室。批复设立"高新视频互动场景创新""智慧广电传播创新""高新视频云交互创新""电视剧制作技术创新研究与应用"等 4 个广电总局实验室。举办实验室培训交流会，组织对部分实验室进行实地考察评估，促进各实验室在科研、学术、成果转化等方面互学互鉴、共同提高。

（二）大力推动视听技术创新研究

一是大力研发电视服务智能推荐技术。北京、上海、浙江等地开展有线电视智能推荐服务试点，实现电视节目智能推送，将直播电视频道、电视录播节目、影视剧点播节目等，按照观众喜好和收视行为，自动混排、智能推荐，着力实现有线电视服务的"千人千面"。二是探索广电领域区块链融合应用。充分利用区块链分布式、安全可信的技术特点，积极开展广播电视和网络视听领域区块链应用场景规划和基础设施建设布局，提出了"1+N+M"的多层级架构，初步编制形成广电领域区块链应用和基础设施规划。三是开展 5G 频道技术研究。编制形成《5G 频道技术白皮书》，为实现 5G 频道技术架构统一、业务互通、内容共享、用户互认的发展目标提供技术支撑。四是开展"十四五"国家重点研发计划重点专项研究。组织团队申报 2022 年度"十四五"国家重点研发计划"社会治理与智慧社会"重点专项项目《虚假与不良信息多元传播治理关键技术研究及应用示范》。结合"未来电视"场景需求，研究凝练国家重点研发计划"多模态网络与通信""文化科技与现代服务业""社会治理与智慧社会""城镇可持续发展关键技术与装备"等重点专项 2023 年度项目需求。

（三）技术创新应用大赛促进新技术推广应用

广电总局组织开展第二届高新视频创新应用大赛，引导带动全国各地在互动视频、沉浸式视频、VR 视频、云游戏、超高清视频等领域的技术应用，为打造新视听产业提供科技助力；组织开展第二届广播电视和网络视听人工智能应用创新大赛，着力培育全国各地在虚拟数字人、深度合成、视频修复、智能推荐和深度伪造鉴别等领域的人工智能技术创新应用，为推进广电行业数字化转型提供技术支撑。

三、加快标准规范研编

广电总局积极推进广播电视和网络视听标准化工作，助力行业技术转型升级和创新性发展。

一是推进行业标准研究编制。编制发布市级融媒体中心建设系列标准，规范地市与省、县级融媒体间双向协同和互联共享，更好发挥市级融媒体中心承上启下作用，推动市级融媒体中心建设规范化。发布高动态范围标准，促进产学研用相互结合，实现技术突破；发布节目内容标签、节目信息即时传输等标准，满足用户差异化、分众化、个性化收视需求，为开展有线电视智能推荐服务提供技术支撑；推进节目对外译制标准化，明确翻译、配音、字幕、后期制作等环节的技术要求，提高广播电视和网络视听节目对外译制水平。2022年下达35项标准制修订任务，发布13项行标和技术文件。

二是推进强制性国家标准立项，加强智能电视数据保护。加强对互联网电视数据安全和个人信息保护的监管，组织开展《智能电视数据处理安全要求》强制性国家标准研制和立项工作，规范智能电视开机广告、用户数据采集和处理等相关行为。

三是积极参与国际标准化工作，提升标准国际化水平。着力推动音视频传输网络标准国际化，我国主导制定的5G NR广播、融合媒体服务云、智能电视操作系统等10项技术文件成为ITU国际标准，基于融合媒体云的视听媒体微服务架构、第三代高性能同轴电缆网络（HINOC 3.0）等5项技术文件通过ITU国际标准立项。推进《4K超高清视频图像质量主观评价用测试图像》等3项行业标准的英文版编制工作，进一步提升广播电视和网络视听行业标准对外开放水平。

四、视听科技创新与应用下一阶段的任务和对策

数字化将全球科技创新带入平台竞争、生态竞争、体系竞争、多维竞争、高频竞争的新阶段。当前，广电视听行业总体科技创新能力不足，关键核心技术攻关能力不强，具体表现在以下几个方面。一是视听关键领域研发和应用能力不足，还存在"卡脖子"问题。二是技术研发与行业需求的匹配度还需进一步提升。三是广电行业虽然拥有海量数据资源，但各级各类云网、媒资、渠道、平台、数据、用户等资源分散分割，没有形成规模竞争力，整体利用率和效能不高。四是广电机构技术升级和创新应用的

内生动力不足，部分机构技术设备老化、技术机构落后，广电有线、无线、卫星演进升级和协同融通的路径还不够清晰，业务形态吸引力不强。五是传统安全播出和新型网络技术风险并存，生成式 AI、元宇宙等新技术应用的风险在不断提升。

做好当前和今后一个时期的广播电视和网络视听科技工作，必须进一步落实国家重大战略部署，以推进"未来电视"战略部署为牵引，以加快高科技赋能、打造高品质服务、推进高效能治理、推动高质量发展、保障高水平安全为工作主线，抓住战略机遇期，抢占发展制高点，赢得时代主动权，着力推动构建现代化大视听发展格局。

一是夯实技术底座，筑牢发展基础。打通数字基础设施大动脉，深度融入网络强国、数字中国以及国家文化数字化战略，聚焦数字化转型重大需求，着力建设好、应用好、保障好视听新一代数字基础设施，充分发挥数智技术对行业发展的放大、叠加、倍增作用。推进行业应用服务大协同，强化"一盘棋"观念和系统思维，树立"协同、融通、共享"理念，着力推动台网、云网、网间、监管协同，引导技术、业务、用户等资源协同聚集，着力构建全国视听主流媒体海量资源一体化共享、分发、运营和监管的体制机制，强化广电系统整体性和行业协同性。畅通数据资源大循环。推动广播电视和网络视听技术系统纵向贯通，促进数据资源高效循环、可信流通，推进数据融合共享，分级分类分场景研制相关数据标准规范，推进行业数据联通和应用试点，孵化数据服务业态，激活和释放行业数据要素潜能，加快广电数据业务化、业务数据化步伐，发挥内容优势叠加数字技术的"乘数效应"，推动形成数据驱动的广电新发展模式。

二是加强前瞻布局，构建协同创新体系。准确把握新一轮科技革命和产业革命大势，加强趋势问题研究、关键技术攻关、战略路径规划，努力让广电战略科技力量真正强起来。做优做强广电总局实验室，推动各实验室着力攻坚技术短板，突破"卡脖子"难题，推动重大科技成果应用落地。探索搭建共享技术研发应用平台，加快创新成果应用转化速度，降低企业智能化转型门槛成本，激发企业创新能力，推动把视听技术打造成产品、服务、模式，以先进性、轻量化、共享化技术撬动视听行业发展。

三是筑牢安全屏障，应对风险挑战。适应未来多元、多维、海量视听内容生产传播对安全的更高要求，突破独自构建监管能力的传统范式，重塑监管体系，推动构建政府、广电视听机构、内容创作者、用户等多方主体共同参与的新型监管体系和协同治理机制。加强对重点领域，特别是颠覆性技术的持续跟踪，加强分析研判和风险评估。强化视听安全技术措施同步规划、同步建设、同步使用要求，既守牢安全底线，又留出创新空间。

（执笔人：赵京文，国家广播电视总局发展研究中心）

第三节　加快推进"未来电视"战略部署

提要：面向世界信息科技前沿，立足行业现状和技术发展趋势，广电总局加强技术创新应用顶层设计，深入研究面向未来的大视听形态、场景、生态和格局，汇集各方智慧，系统梳理凝练广播电视和网络视听中长期科技攻关方向和研发任务，编制完成《广播电视和网络视听中长期科技计划》，发布2022年度科研攻关项目指南，建立"揭榜挂帅"科技项目创新体系，积极吸纳产学研用各界力量作为中长期科技计划重点项目承担主体，广泛撬动系统上下、行业内外、社会多方研发资源，协同攻克制约行业创新发展的技术难点、痛点、堵点、卡点，提高科技成果转化率，推进向"未来电视"演进迭代，着力构建大视听发展格局。

当今世界，新一轮科技革命和产业变革加快推进，经济社会对更高品质视听内容、更便捷互动体验、更泛在智慧服务的需求，驱动视听技术和服务形态不断迭代。面对新环境新形势新任务，广电总局准确把握数字化、网络化、智能化演进趋势，加强前瞻性思考、全局性谋划、战略性布局、整体性推进，深化趋势问题研究、关键技术攻关和战略路径规划，逐步推进"未来电视"发展战略。

一、全面认识"未来电视"发展战略

广电系统上下、行业内外纷纷讨论"未来电视"的内涵外延，畅想"未来电视"的形态功能，研究"未来电视"的关键技术，思考"未来电视"的发展路线。关于"未来电视"发展战略的认识和理解正在不断深化。

"未来电视"是新征程上广电迭代升级新方向。21 世纪以来，我国视听媒体历经多次技术变革。2003 年，广电总局从有线电视侧启动电视数字化进程，发展数字电视。其后又推进有线网络的双向化和 IP 化改造，推进直播卫星电视和地面数字电视建设，基本实现传输覆盖网络的数字化。互联网技术应用改变了视听媒体传统的演进路线，视听媒体服务的形态、场景和方式发生了重大变化。2014 年启动实施的媒体融合战略加快了视听媒体变革的进程。2018 年，广电总局启动智慧广电战略，深化广播电视与新一代信息技术融合创新，推动广播电视从数字化网络化向智慧化发展，从功能业务型向创新服务型转变。新征程上，广电行业贯彻落实党和国家系列战略部署，抢抓新一轮技术变革机遇，承前启后，以"未来电视"战略为牵引，推动广电新一轮系统性革命性的迭代升级。

"未来电视"是广电行业立足科技变革前沿的重大战略部署。广电总局在综合分析研判未来媒体深度融合趋势、技术演进可能性及用户需求变化等因素的基础上，明确了"未来电视"的服务形态、发展愿景和技术路线。2022 年 7 月，在广电总局年中工作推进会上，时任中宣部副部长、广电总局局长、党组书记徐麟首次明确提出"加快推进'未来电视'战略部署"。在 2023 年年初的全国广播电视工作会议上，时任广电总局副局长、党组成员乐玉成代表广电总局党组对推动"未来电视"发展进行了进一步论述和部署。CCBN2023 主题报告会上，广电总局副局长、党组成员朱咏雷对"未来电视"发展提出明确要求。"未来电视"已成为文化强国建设、国家文化数字化战略的视听行业重大实践，是构建现代化大视听发展格局的重要抓手。

"未来电视"基本特征和发展愿景趋于明晰。"未来电视"不止于电视。面向 2035 年，"未来电视"将以高品质视听内容服务为切入口，通过构建新一代开放融合发展的生态体系，打造更融合的网络，实现更便捷的交互，提供更多态的内容、更精准的供给、更沉浸的体验和更智慧的服务。从服务内涵来看，"未来电视"的服务可分为高品质视听服务、泛视听服务和数智化信息服务三大类。从用户角度来看，"未来电视"的主要特征表现为"六化"，即"频道定制化、呈现多样化、视听沉浸化、服务智慧化、交互人性化、网络无感化"。以"六化"为引领，广电发展将开拓新空间、新业态、新模式，不断满足人民群众日益增长的美好生活需要。

"未来电视"处于起步探索阶段。"未来电视"战略的推进涉及科技攻关、产业支撑、生态建设、行业治理、机制创新等多方面多领域，是一项面向未来 10—15 年的复杂系统工程。当前，各地已陆续开展相关试点，在高新视频、人工智能创新应用领域不断积累创新实践，着力促进"未来电视"的孕育发展。接下来，广电总局将有组织、有重点、有步骤地开展"未来电视"试验试点，突破"未来电视"技术瓶颈和发展短板，探索"未来电视"场景生态和实现路径，推动"未来电视"高质量发展。现阶段，要重点在夯实新技术基座、补齐产业支撑短板、增强创新发展能力上用功发力。

二、稳步夯实"未来电视"技术基座

"未来电视"是广电行业的革命性重塑，必须开展系统性变革、创新性实践。加快推进"未来电视"战略，要加强技术路线、发展模式研究，以科技创新引领行业重构，加快构建大视听发展格局。广电总局凝聚产学研各方力量，组成工作专班，按照"场景穷举—需求梳理—体系建构—任务凝练"的总体研究路线，分析"未来电视"技术需求和体系框架，梳理重点研发任务，研制了《广播电视和网络视听中长期科技计划》（以下简称中长期计划），这个规划将是推进"未来电视"演进和构建大视听发展格局的重要抓手。

健全"未来电视"技术支撑体系。中长期计划提出了"设施层—数据层—能力层—业务层"四层技术架构，分层归并"未来电视"关键共性技术，描绘了一个大视听开放生态下内容生产协同、技术平台互联、算力网络一体、海量节目汇聚、业务应用互通、行业数据共享的广电视听供给侧技术体系。其中，业务层位于最上层，是视听产业链上下游各类视听文娱、数字生活等综合信息服务的业务主体，为用户和社会提供服务价值的载体；能力层是视听内容生产、融合服务、网络分发、交互呈现、安全监管各个领域支撑业务实现所需关键能力，为业务的创新和迭代提供能力支撑；数据层所提供的数据要素在支撑能力层中各关键技术发挥作用，产生业务数据，并提供数据驱动力，同时通过对内容数据、行为数据、消费数据、终端数据、用户数据等多源多维信息的融合分析，调度协同设施层和能力层共同支撑生态层优化业务、挖掘价值。设施层位于最底层，主要完成对算力资源、网络资源、存储资源、呈现装备等基础 IT 能力的整合和调配。

开展"未来电视"研究攻关。广电总局建立"揭榜挂帅"项目管理机制，实现中长期计划稳步推进。2022 年组织拟定中长期计划年度项目指南，在融合基础设施与自主关键系统、融合制播、沉浸呈现、智能交互、安全监管、集成解决方案、发展战略等 7 个领域确立了 24 个项目，重点从国产化、IP 化、云制播、软终端、VR 视频、虚拟制作、沉浸式拍摄制作、多屏联动、数字人、数据安全管理、自由视点、未来社区、智慧养老、卫星互联网等方面进行了项目布局，配套项目经费，并且定期组织项目督导，确保研究不走偏、成果有实效。此外，联合中国传媒大学、南京大学、中央财经大学等高校和科研院所，通过设立社科项目等方式，开展未来视听媒体理论与政策研究。

三、加快推进"未来电视"战略部署

谋划和推动"未来电视"发展，需要强化互联互通共享能力，建设大协同体系；需要强化综合精准高效能力，打造大服务体系；需要强化产学研用深度融合能力，构筑大生态体系；需要强化自主实时预防能力，夯实大安全体系，重点要打好六大基础。

一是打好技术基础。围绕"未来电视"发展目标，结合中长期科技计划，按照轻重缓急、分领域分阶段逐年提出技术攻关的项目榜单，综合运用"揭榜挂帅"、定向择优等方式，广泛吸纳和撬动社会创新资源，组织开展"未来电视"关键技术研发、标准研制和应用试点，推动形成以企业为主体、产学研用相结合的"未来电视"创新生态。

二是打好数据基础。进一步深化行业数据规范化标准化治理，以推动行业数据有效利用、合规流通和安全保护为重点，提升互联互通共享的协同服务能力，加快广电数据业务化、业务数据化步伐，推动形成以数据为关键要素的新发展模式。

三是打好预研基础。加强对未来电视媒体发展规律的研究和发展模式探索，持续深化对"未来电视"内涵、外延、影响和推进路径的认识，并结合未来电视媒体的生产组织方式、传播服务方式、生态建构方式等，研究适应未来电视媒体新形态监管治理方式。在研究过程中，适当组织小规模区域协同试点，通过实践验证，深化认知、探索路径、调整策略。

四是打好标准基础。建立中长期科技计划与标准化工作联动机制，加快前沿技术标准研究，推动新技术新产品的创新应用和标准化。围绕提升行业安全与治理水平，加强行业治理方面标准研制，规范新业态、新服务发展。推进标准实施效果评估，建立符合性检测机制，推动提升全行业的标准化水平。

五是打好安全基础。面向未来大视听格局下行业大协同给安全防护、监管治理、自主可控等带来的新变化、新挑战，组织研究与未来协同工作机制相适应的安全体系架构。加强算法监管研究，探索算法治理机制。提升广电技术系统自主可控水平，加强前沿技术、颠覆性技术风险研判。

六是打好联动基础。持续加强沟通协调，积极争取国家各相关部门在规划引导、项目布局、技术研发、产业协同等方面的支持，努力构建内外联动、多方协同的发展环境。同时，积极跟踪国际标准化组织及美日等国家广播机构在未来视听领域的前瞻研究与最新实践，把握潮流趋势，充分吸收和借鉴国际相关领域的成功经验。

（执笔人：沈雅婷，国家广播电视总局发展研究中心）

第六章

产业建设与发展

课题指导：

国家广播电视总局传媒机构管理司司长　　　　　袁同楠

国家广播电视总局网络视听节目管理司司长　　　冯胜勇

国家广播电视总局规划财务司司长　　　　　　　余爱群

第一节 大视听产业发展

提要： 2022 年大视听产业创新驱动发展态势明显，核心层视听产业总量保持稳定增长，实际创收收入首次登上万亿元台阶，产业结构持续优化，网络视听成为视听产业发展主引擎；外围层"视听＋"产业规模和边界不断扩大，逐步融入经济社会发展各领域各方面。同时，视听内容产业、数字视听领域、基础设施、市场主体、产业园区等方面均呈现新态势。

2022 年，广播电视和网络视听行业深入实施"智慧广电"战略，推动大视听产业创新发展。大视听产业核心层的视听产业以及外围层的"视听＋"产业均取得新突破、实现新发展，成为刺激新型消费、促进数字经济发展的重要引擎。

一、视听产业发展稳中向好

2022 年，作为大视听产业核心层的视听产业，实际创收收入 10668.52 亿元，同比增长 10.29%，整体稳中向好。其中，网络视听收入大幅攀升，广告收入保持较快增长，而智慧广电及融合发展业务收入、有线电视网络业务收入有小幅下降，传统广播电视节目销售收入和电视购物频道收入等则明显下滑。

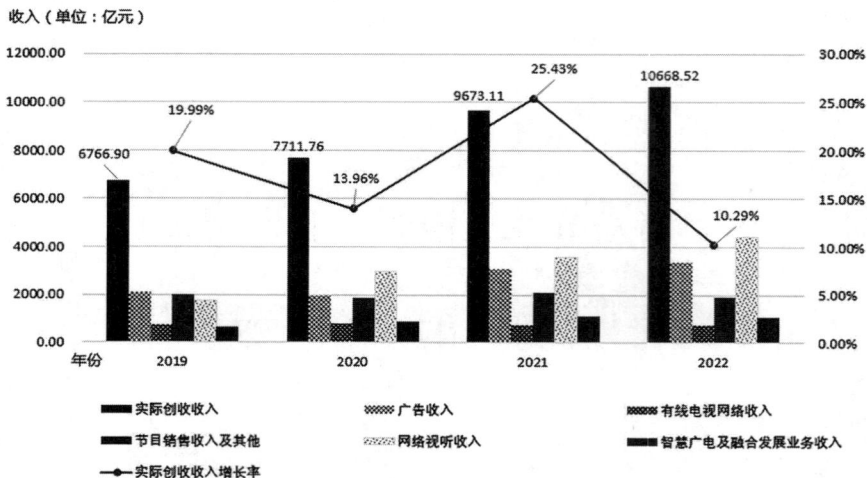

收入（单位：亿元）

	2019	2020	2021	2022
实际创收收入	6766.90	7711.76	9673.11	10668.52
增长率	19.99%	13.96%	25.43%	10.29%

图例：
- 实际创收收入
- 广告收入
- 有线电视网络收入
- 节目销售收入及其他
- 网络视听收入
- 智慧广电及融合发展业务收入
- 实际创收收入增长率

图 1 2019—2022 年全国视听产业发展主要指标

网络视听成为大视听产业发展主引擎。2022 年，网络视听相关业务收入 4419.8 亿元，同比增长 22.95%，带动视听行业实现整体增长。从具体细分领域看，一方面，用户付费、节目版权等服务收入大幅增长，达 1209.38 亿元，同比增长 24.16%。这主要是因为：一是主要网络视听平台相继上调会员价格，如芒果 TV 会员连续包月价格从 19 元 / 月上调到 22 元 / 月，腾讯视频 VIP 连续包月价格由 20 元调整为 25 元。2022 年，爱奇艺全年总营收 290 亿元，其中会员服务营收 177 亿元，同比增长 6%，占总营收比重超六成。二是版权生态持续优化，节目版权收入不断增长。2022 年以来，抖音与爱奇艺、腾讯视频、搜狐视频，快手与乐视视频等达成协议，就影视作品二次创作和改编授权开展合作，开启长、短视频共赢新模式，视听作品版权价值进一步释放；另一方面，短视频、电商直播等其他收入增长迅速，达 3210.42 亿元，同比增长 22.51%。2022 年我国泛网络视听产业市场规模达 7274.4 亿元，其中短视频产业规模达 2928.3 亿元，较 2020 年的 2051.3 亿元增长了 877 亿元，增幅达 42.8%。

广告收入整体保持增长态势。2022 年，全国广播电视和网络视听广告收入 3342.32 亿元，同比增长 8.54%。这说明，广告仍是视听行业主流商业模式，但从具体细分领域看，广告收入构成发生了结构性变化，新媒体成为广告投放主阵地。数据显示，2022 年新媒体广告收入大幅上涨，广播电视和网络视听机构通过互联网网站、计算机客户端、移动客户端等取得的新媒体广告收入 2407.39 亿元，同比增长 20.28%，拉动广告收入实现整体增长；其他广告收入小幅上扬，广播电视和网络视听机构通过楼宇广告、户外广告等取得的其他广告收入 307.98 亿元，同比增长 5.65%。与此同时，传统广播电视广告日益萎缩，广播广告收入 73.72 亿元，同比下降 28.09%；电视广告收入 553.23 亿元，同比下降 19.11%。

智慧广电及融合发展业务收入小幅下降。广播电视机构智慧广电及融合发展业务收入 1063.30 亿元，同比下降 2.06%。这说明，智慧广电建设和媒体融合发展还存在一些短板，科技创新对智慧广电建设的驱动力仍显不足，广电媒体融合业务仍有待拓展，地区间、层级间不平衡问题还比较突出，两个效益仍有待统一。从具体细分业务看，有线电视网络宽带、集团客户等增值业务收入、IPTV 平台分成收入、OTT 集成服务业务收入均实现增长，其中增值业务收入 267.81 亿元，同比增长 8.44%；IPTV 平台分成收入 169.79 亿元，同比增长 4.96%；OTT 集成服务业务收入 87.15 亿元，同比增长 11.7%。但同时，广播电视机构新媒体广告收入 273.71 亿元，同比下降 1.08%；广播电视机构网络视听收入 264.84 亿元，同比下降 17.81%。

传统广播电视节目销售及其他收入下滑明显。其中，传统广播电视节目销售收入 330.68 亿元，同比下降 24.54%；电视购物频道收入 81.59 亿元，同比下降 29.43%；付费数字电视内容与播控收入 20.86 亿元，同比下降 10.85%；节目制作相关服务收入 252.81 亿元，同比下降 6.99%；技术服务、游戏、主题乐园及衍生产品等其他创收收入 1243.99 亿元，同比增长 1.58%。

有线电视网络业务收入降幅收窄。2022 年，有线电视网络收入 719.55 亿元，同比下降 2.04%。其中，收视维护费、付费数字电视、落地费等传统有线电视网络业务收入 451.74 亿元，同比下降 7.35%；增值业务等新业务收入 267.81 亿元，同比增长 8.44%。

二、"视听＋"产业在融合发展中不断壮大

新时代赋予广电媒体新任务新使命。2022 年，全国各级广播电视台（融媒体中心）、有线电视网络公司和主要网络视听机构，主动对接数字中国、文化强国、乡村振兴等国家战略，广泛开展"智慧广电"业务，不断创新发展模式和产业形态，全面融入和服务于经济社会发展，推动"视听＋"产业持续做大做强。

"视听＋乡村振兴"。2022 年，广播电视和网络视听机构积极服务乡村振兴战略，推出了"媒体＋扶贫""短视频＋助农""直播＋农产品"等新模式，因地制宜开发"一县一品"，拓宽贫困地区农产品流通和销售渠道，打通乡村振兴服务的"最后一公里"。一是"智慧广电乡村工程"建设取得显著成效，全面助力乡村振兴。经过一年多的实施，智慧广电乡村工程初步形成了"5 大应用场景 +3 大服务类型 +N 种业务模式"的框架体系，即以产业振兴等为核心的 5 大应用场景，以政用民用商用综合信息服务等为重点的 3 大服务类型，以平安乡村、智慧旅游、数字农业、农村电商等为主要内容的"N 种业务模式"，全面对接和服务乡村振兴各方面各领域。二是"短视频＋直播"赋能乡村数字经济发展。各平台发挥"短视频＋直播"资源优势，通过"视听＋"活动，搭建产销平台，探索立体化"短视频＋直播电商"合作体系。例如，北京组织电商企业参与"桃醉平谷·2022年平谷区鲜桃季"等直播助农活动，助力北京地理标志农产品向全国推广；江西景德镇陶溪川直播基地，打造"陶瓷＋电商＋直播"运营模式，孵化5000 多名主播，实现日均线上营收 1100 余万元。

"视听＋硬件制造"。5G、VR、AI、大数据、云计算、区块链等新一代信息技术创新应用加速落地，全面促进新兴视听终端快速迭代，数字视听设备制造产业日益壮大。一是市场规模不断扩大。2023 年上半年，中

国智能手机出货量 1.24 亿部，占同期手机出货量的 96.0%；[①] 2017—2022
年，中国智能穿戴设备市场出货量从 0.57 亿台增长至 1.3 亿台，市场规模
从 212.6 亿元增长至 813.5 亿元。[②] 二是新型视听硬件产品加速迭代，科技
含量不断提升。各类主体积极布局新型视听硬件领域，推出多款产品应用，
加速产品更新迭代。

"视听＋生活服务"。各级各类广播电视和网络视听机构，充分发挥内
容、平台、网络、用户优势，拓展资源链接广度和深度，创新服务模式和
业态，更好地满足人民群众多样化生活服务需求。一方面，网络视听平台
大力布局和发展本地生活服务。例如，2022 年抖音生活服务业务已覆盖全
国 370 多个城市，合作门店超过 100 万家，覆盖餐饮、酒旅、休闲娱乐等
行业。[③] 另一方面，广播电视机构和融媒体中心也不断深化媒体融合发展，
全方位拓展智慧广电业务。

"视听＋文旅"。广播电视和网络视听行业充分发挥资源和平台优势，
深入推进"视听＋文创文旅"建设。一是参与建设智慧旅游平台，促进旅
游管理规范化、智能化和精细化，实现全域旅游的精准营销，有效解决各
景区旅游业"吃、住、行、游、乐、购"各方面需求面广，旅游资源分散
等问题。例如，江苏有线吴江分公司在黎里古镇打造智慧旅游综合管理平
台，集会议、指挥、调度、展示、监控安防等于一体，实现一部手机管景
区、一个平台控全局。二是组织开展特色融媒活动，助力旅游景区宣传推
广。山西开展"百融直播——千名主播秀山西"活动，联动山西省 100 个
县级融媒体中心和省内重点景区，开展 100 场网络直播活动，推介当地文
旅景点，带动土特产营销，助力建设国家全域旅游示范区；陕西探索"媒
体＋文旅"发展模式，策划举办"致敬重阳·2021 华山云海音乐会"融媒

---

① 中国信通院，《2023 年 6 月国内手机市场运行分析报告》，2023 年 8 月 11 日。
② 中商产业研究院，《2023 年中国智能穿戴设备行业市场前景及投资研究报告》，2023
年 4 月。
③ 抖音，《2022 抖音生活服务数据报告》，2023 年 1 月 3 日。

直播系列活动。结合融媒直播活动，积极探索新技术、新产品应用场景。三是视听技术提升文旅体验，赋能文旅产业转型发展。例如，江西着力发展"沉浸式文旅"，一些红色景区借助全息技术、VR、AR、5G 等现代科技，丰富传承红色文化的路径，增加游客的参与度与体验感。

随着数字经济和文化强国建设向纵深推进，视听作为产业要素的价值进一步彰显，视听全面融入经济社会发展各方面各领域，"视听＋教育""视听＋安防""视听＋农林""视听＋医疗"等"视听＋"产业全面繁荣，大视听产业外围层不断扩大，产业价值和经济潜力将进一步释放。

三、大视听产业发展主要特征

视听内容产业日渐成熟壮大。一是视听内容创作生产日益繁荣。2022年，广播电视和网络视听行业聚焦主责主业，深耕内容建设，优化结构供给。全国制作发行电视剧 160 部，制作发行部数同比下降 17.53%，减量提质态势进一步强化；全国制作纪录片 8.31 万小时，播出时间 79.34 万小时，同比增长 7.11%；全国制作发行电视动画片 331 部、8.91 万分钟，制作时间同比增长 11.51%。二是内容创作生态不断优化。以网络视听创作平台为例，在哔哩哔哩、抖音、快手等平台，拥有上万粉丝的创作者数量从 2021年的 900 万增长到 2023 年的超 1300 万，优质网络视听内容创作者的加入，极大促进了视听内容的创作传播。2022 年 2 月，在电视剧《人世间》热播期间，爱奇艺号发起"人世间共剪百态人生"短视频二创活动，邀请超500 位优秀影视创作者对《人世间》进行创意剪辑，覆盖影视、生活、手工、旅游、搞笑、美食、音乐七个方向。三是视听内容产业链价值链拓展延伸。近年来，围绕总台央视春晚、河南台"中国节日"系列节目等优质内容，广电行业加大 IP 运营和变现力度，积极拓展内容衍生品市场，提升内容产业价值链。

案例：江西功夫动漫——以 IP 为核心的产业动漫发展模式

功夫动漫创立于 2008 年，专注于动漫超级 IP 的孵化，拥有完整的 IP 生态链运营平台。一方面，着力打造城市超级 IP，构建城市"文化芯片"。功夫动漫先后与不同省市开展战略合作，相继推出德阳市《三星堆》、临淄市《蹴鞠小子》、眉山市《少年苏东坡传奇》等一批体现地域文化特色的城市超级 IP。另一方面，以 IP 赋能实体行业，实现跨界交互融合。功夫动漫坚持"互联网＋动漫＋实业"的产业动漫发展模式，以超级 IP 赋能实体行业，落地推出动漫 IP 主题乐园、IP 文化体验馆、IP 潮玩店、动漫主题酒店等多元化 IP 新玩法，成功将动漫 IP 融入城市文旅产业链，满足新型消费群体的文娱需求。

数字视听成为产业转型发展新赛道。全球数字经济正在持续扩张，促使视听产业加速向数字化、网络化、智能化转型升级。一是人工智能广泛应用于内容生产、深度合成、视频修复、智能推荐、深度伪造鉴别等视听内容生产、传播和监测的各领域各环节。例如，2022 年百度发布智能云曦灵 AI 手语平台，支持视频直播手语合成；爱奇艺全面接入百度"文心一言"，探索将 AIGC 技术应用于内容搜索、内容宣发、内容创作工具、小说创作等业务。二是数字藏品成为热门赛道。2022 年，湖南、山东、河南等广电机构和主要网络视听平台都发挥各自资源优势，以不同方式切入数字藏品赛道。例如，爱奇艺热播剧集《风起洛阳》携手"薄盒 Mints"发行主题数字藏品，首次拉开国产剧集 IP 元宇宙帷幕；优酷推出 IP 云收藏空间"时光宇宙"，上线《沉香如屑》《这！就是街舞》《超感星电音》等 IP 收藏空间等。三是数字虚拟人成为布局重点。2022 年，央视频推出总台首个超仿真主播"AI 王冠"，拥有强大的信息汇聚能力和梳理知识结构、形成知识图谱的能力；浙江卫视推出"首位数字化宋韵推广人"谷小雨，赋予"数字人"历史的纵深感和宋韵之魂，并利用"数字人"的交互能力、演绎能力，打通传统文化的现实和虚拟界限。

　　产业基础设施支撑作用日益增强。2022 年，全国有线电视网络整合和 5G 建设一体化发展取得新突破，初步形成"有线 +5G"产业融合发展新格局。一方面，中国广电品牌全新亮相，用户规模和营收能力稳步提升；另一方面，有线网络用户规模保持稳定，增值业务收入稳步增长。2022 年，全国有线电视实际用户数 2 亿户，其中高清超高清用户数 1.1 亿户，与上年基本持平。有线电视网络收入中收视维护费、付费数字电视、落地费等传统有线电视网络业务收入有所下降，但增值业务等新业务则同比稳步增长，蕴含巨大产业发展空间。此外，中国视听大数据系统（CVB）实现扩容升级，支撑行业数智转型和高质量发展。截至 2022 年年底，CVB 已汇集覆盖全国 4 亿户家庭的有线电视、IPTV 和 OTT 用户收视行为数据，可开展跨网络、跨方式、跨终端的节目黏性、场景吸引力、平台效应、内容供需等融合多维分析，为行业提供高质量多样化数据支持。

　　视听行业市场主体活力逐步释放。全国广播电视和网络视听坚持"两个毫不动摇"，着力激发和释放各类市场主体发展活力。一方面，广电领域国有资本和国有骨干企业持续壮大，成为文化产业和数字经济发展主力军。另一方面，民营资本依法依规开展视听业务，发展活力日益释放。例如，陕西多措并举支持民营制作经营机构高质量发展，2022 年给予财政资金支持 3876.6 万元；上海不断优化民营制作企业社会效益评价考核工作，柠萌影视等部分头部民营企业通过多种渠道成功上市，进入规模化发展新阶段。

　　产业园区集聚辐射效应不断彰显。作为大视听产业发展高地、创新高地，产业基地（园区）推进资源聚合，着力增强规模优势和集聚辐射效应，成为大视听产业高质量发展关键引擎。一方面，入驻基地（园区）的广电视听各类企业持续向好。截至 2022 年年底，纳入管理统计范围的 28 个国家级广电视听产业基地（园区）入驻广电视听各类企业 9942 家，实际投资额 550 亿元，吸纳就业超过 20 万人，营业收入 1450.74 亿元，同比增长 16.54%，应缴税金 76.71 亿元，同比增长 24.07%。另一方面，视听产业基地（园区）带动效应凸显。除广电视听企业外，产业基地（园区）吸引其他相关企业入驻 7000 家，就业人数近 12 万人，带动实际投资额超过 560 亿元，营业收入超过 2542 亿元，应缴税金超过 220 亿元。

案例："中国 V 谷"马栏山视频文创园五年迭变

马栏山视频文创产业园自 2017 年 12 月成立以来，在基础建设、内容生态、技术底座、媒体融合等方面取得长足进展，实现稳步快速发展。特别是 2020 年 9 月 17 日，习近平总书记亲自视察马栏山视频文创产业园，园区建设进入快车道。2022 年，园区新引进企业 1027 家，累计新注册企业 3490 家；实现企业营收 633.5 亿元，同比增长 21.87%；实现税收 33.18 亿元，同比增长 10.01%；完成重大项目投资 77.4 亿元，超出年度任务 5 个百分点；新引入头部企业 30 家；新增规上企业 52 家、高新技术企业 41 家。在中宣部、科技部对 55 家国家文化和科技融合示范基地绩效评价中，获评"优秀"等次（全国仅 4 家），名列第二。

值得关注的是，会展业作为连接文化生产与消费的重要一环，在疫情后逐渐回归成为文化发展新活力。2023 年，第十届中国网络视听大会、CCBN2023、首届中国电视剧大会、第三届中国广电媒体融合发展大会、第十九届中国国际动漫节等行业会议、节展陆续举办，为广播电视和网络视听行业展示、交流、合作提供平台。其中，被称为网络视听领域"年度风向标"的中国网络视听大会已成功走过十年。第十届大会以"新征程，再出发"为主题，创新方式开门办会、整合资源，邀请国家部委、主流媒体、教学科研机构、网络视听企业等 60 余家部门单位共同参与，2000 多家业界机构、500 多位行业代表、近万位嘉宾深度参与，共同推动网络视听在新征程持续高质量发展。

在开启全面建设社会主义现代化国家的新阶段，广播电视和网络视听将锚定高质量发展目标，创新"视听＋政用商用民用"服务，为人民群众提供健康、教育、就业、出行、休闲等一体化多功能服务，大力拓展大视听产业规模和边界，全面融入经济社会发展，为社会主义现代化强国建设作出新的更大贡献。

（执笔人：贺涛，国家广播电视总局发展研究中心）

第二节 视听新业态发展

提要: 2022 年,随着人工智能、大数据、算法推荐等新技术的发展与应用,以短视频、网络直播为代表的视听新业态加快跨界融合、垂类深耕,大小屏幕组成智慧生活的控制与交互终端,"视听+"内涵日益丰富,外延不断拓展,业态持续创新,消费应用场景、运营商业模式日益丰富,产业生态日益完善,全方位融入数字经济。视听新业态已成为广电更好服务人民群众的新方式,成为构建大视听产业高质量发展格局的关键力量。

2022 年,广播电视和网络视听行业积极贯彻落实文化数字化战略,持续推动大视听产业创新发展,以内容创意、科技和业态创新、市场拓展作为发展引擎,在融合传播、共享发展、共建生态上大踏步前进,不断丰富视听产业内涵与外延,日益融入数字生活和数字经济,在服务国家战略中发挥着重要作用。

一、短视频加速拓展融合,成为泛内容业态主力产品

截至 2022 年 12 月,中国网络视频(含短视频)用户规模达 10.31 亿,同比增长 5586 万,占网民整体的 96.5%。其中,短视频用户规模最大,达 10.12 亿,占网民整体的 94.8%,用户规模同比增长约 8.32%,是最具发展

活力与创新动力的视频业态（见图1）。[1]

单位：万人

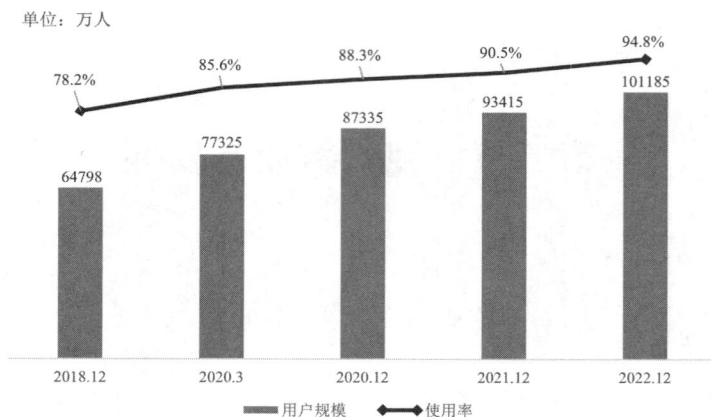

图1　2018年12月至2022年12月 短视频用户规模及使用率

数据来源：CNNIC 中国互联网络发展状况统计调查，2022年12月。

作为国民普及型应用，短视频广泛链接分发平台、创作者及创作机构、消费者与各类应用场景，已成为数字生活、数字经济的通用型内容媒介。各大平台发力短视频赛道，构建以短视频为支柱的内部生态，建立引流、付费、电商、营销、激励广告等多元商业模式，覆盖文化、旅游、娱乐、体育、教育、医疗、生活服务等数字生活的各个领域。

三农短视频持续助力乡村振兴。截至2022年12月，农村网民群体短视频使用率已超过城镇网民0.3%。[2]平台深度挖掘下沉市场，加快短视频业态与农村实体经济融合，培育新农人、孕育新场景、开拓新模式，为乡村振兴与数字乡村建设注入大视听活力。一是与基层政府、县级融媒体中心合作，共同开设助农电商基地，加快短视频融入农业生产、流通、销售

---

[1]　中国互联网络信息中心（CNNIC），《第51次中国互联网络发展状况统计报告》，2023年3月。
[2]　中国互联网络信息中心（CNNIC），《第51次中国互联网络发展状况统计报告》，2023年3月。

环节。2022 年全国农产品网络零售额达 5313.8 亿元，同比增长 9.2%，[①]"短视频＋电商"成为连接农产品与各地消费者的纽带。二是孵化三农主播，吸引年轻人返乡创业。2022 年，数十万农村博主参加短视频平台培训计划，众多地标农产品借助帮扶项目实现产业化发展。三是优化助农流量分发与创作扶持机制，一系列三农主题激励计划带动大量新农村新农人进行短视频创作。

知识类短视频形成创作热、消费热。平台加强专业化、细分化知识传播扶持，吸引科研机构、专家学者、科技科普达人创作，泛知识短视频产出量质齐升。2022 年 1 月到 10 月，抖音知识类短视频发布量增长 35.4%，粉丝过万的知识创作者数量超过 50 万，同比增长 69.6%，众多教授、院士，乃至诺贝尔奖得主通过短视频分享前沿研究成果。[②]越来越多用户主动搜索和分享知识，拉动各垂类领域在线课程、图书、科普文创等商品热销。特别是短视频图书销售成绩突出，在平台推动及作者、出版社、高校、达人的共同参与下，荐书、讲书类短视频大受欢迎，直接带动图书销量增长。2022 年抖音读书类短视频播放量同比增长 65.17%，抖音电商共售出图书2.5 亿单。[③]

短视频内容电商业态逐步完善。2022 年，短视频平台上线"商城"入口，促进短视频内容引流与电商营销，加快布局在线支付业务。通过引流、导购短视频，打通内容与搜索、店铺、橱窗等零售商品"货架场景"，形成由短视频内容与商品、服务、消费者、支付、物流与售后等环节组成的商业闭环，覆盖用户全链条线上消费行为和需求。

本地生活服务短视频成为数字社区生活的重要入口。2022 年，短视频平台上线团购、外卖、售票功能，开拓本地生活服务市场。短视频广泛接

---

① 商务部，《商务部电子商务司负责人介绍 2022 年网络零售市场发展情况》，2023 年 1月 30 日。
② 抖音、巨量算数，《2022 抖音知识年度报告》，2022 年 12 月 28 日。
③ 抖音，《2023 抖音读书生态数据报告》，2023 年 4 月 13 日。

入餐饮、休闲娱乐、房产租售、汽车租赁等同城商圈消费场景，提供定制化营销解决方案，吸引各类广告投放。商家靠短视频引流，消费者看短视频"团券"，已成为数字生活新潮流。

文旅短视频带动"云游"消费。2022 年受疫情影响，跨区域旅行减少，本地游、周边游、露营热度增长。拍摄当地标志性建筑、风景、露营和骑行路线、美食，发短视频"打卡"，成为人们获取圈层认同、情感共鸣的重要社交分享模式。商家积极开拓文旅短视频营销渠道，宣传推广特色产品与服务，成功连接足不出户、云游览的线上消费者。2022 年，贵州、广西、四川等 10 个省份 2000 多个商家借助抖音"山里 DOU 是好风光"项目，销售乡村文旅产品超 4 亿元。[①]

"二创"短视频进入良性发展阶段。2022 年以来，抖音与爱奇艺、腾讯视频、搜狐视频，快手与乐视就长短视频联动推广、短视频合规"二创"达成合作。长视频平台向短视频平台授权其拥有版权的长视频内容用于短视频二次创作，短视频平台推出"二创"激励计划与创意营销方案，吸引头部创作者参与，促进短视频创作者、版权方、用户与平台的共赢。一批优质"二创"短视频为影视新作宣传推广增加了话题与曝光量，也帮助经典再度翻红，形成"短视频流量、最大范围触达、口碑提升转化、深度绑定受众、引流长视频观看"的全链路内容种草模式。

"短视频 + 音乐"，开放式合作平台模式日趋成熟。短视频平台搭建面向音乐人、音乐机构的一站式音乐合作开放平台，提供音乐上传、推广、发行、词曲演唱合作、数据分析等商业服务，加快短视频与音乐创作、营销、版权运营的深度绑定。通过流量扶持与现金奖励，重点挖掘原创音乐及音乐人，实现差异化竞争。音乐短视频创作者的商业模式包括授权短视频投稿、流媒体播放、直播或 K 歌、音乐服务、单曲购买、付费数字专辑或广告等。

---

① 抖音，《乡村文旅数据报告》，2023 年 4 月 18 日。

二、视频直播拉动全场景消费，激发数字经济新动能

截至 2022 年 12 月，中国网络直播用户规模达 7.51 亿，同比增长 4728 万，占网民整体的 70.3%（见图 2）。电商直播商业模式日臻成熟，用户规模 5.15 亿，同比增长 5105 万，占网民整体 48.2%；明星竖屏直播演唱会热度反响良好，演唱会直播用户规模 2.07 亿，同比增长 6491 万，占网民整体 19.4%；平台加大投入，购入世界杯等国内外重要体育赛事版权，带动体育内容渗透和消费增长，体育直播用户规模 3.73 亿，同比增长 8955 万，占网民整体 35.0%。[①]

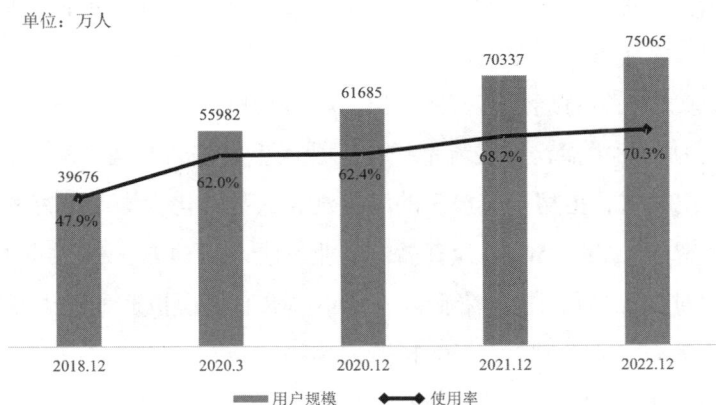

单位：万人

图 2　2018 年 12 月至 2022 年 12 月 网络直播用户规模及使用率

数据来源：CNNIC 中国互联网络发展状况统计调查，2022 年 12 月。

（一）直播电商生态日益丰富

直播电商业态中，即时零售、在线消费渗透的行业范围扩大，品类持续增加，覆盖更多应用场景，实现"万物到家"。商务部重点监测的电商

[①]　中国互联网络信息中心（CNNIC），《第 51 次中国互联网络发展状况统计报告》，2023 年 3 月。

平台 2022 年累计直播场次超 1.2 亿场，累计观看超 1.1 万亿人次，直播商品超 9500 万个，活跃主播近 110 万人。①

三农直播深度挖掘下沉市场。各平台持续发掘扶持乡村创业者，开展农产品销售、农业技能直播人才培训，加大流量扶持力度，重点扶持农村青年主播。2022 年，数千万场"村播"吸引数亿消费者观看，成交海量订单。

"直播带货＋教育"融合创新，成为新热点。双语直播带货模式将英语教育与直播电商相融合，连续数月成为平台月度直播带货榜榜首。创新直播业态的同时，着力打造带货主播新类型，实现破圈引流。

直播带"岗"连接供需两端，有力促进就业。平台加强流量扶持与招聘企业运营培训，直播招聘信息更透明、效率更高、成本更低，成为当前企业招聘、人才求职的有效途径。

直播卖房探索打通房产交易链路。平台把房产 KOL、经纪人、置业顾问等发展为签约主播，开展流量扶持、社区生态经营与运营培训，开拓直播卖房经纪模式，把房产直播间的海量观看人数转化为房产销售额。

人工智能、VR、5G 等为直播电商业态注入新动力。AI 数字人直播可 24 小时实时在线导购，极大降低人工成本。VR 直播模拟适配各类真实环境，提供全景视角、第一视角，极大提升云购物体验。

（二）直播新业态广泛服务数字生活

以"云端、在线、在场"作为关键词的视频直播，成为 2022 年全场景数字生活消费的新方式。

云健身引发全民参与。以在线直播跟练为代表的线上健身吸引大量用户，头部教练粉丝数量达到千万级，直播同时在线观看人数可达数百万，拉动付费课程、智能健身器材热销。

云演艺发展迅猛。平台加大投入，争相举办主打怀旧、跟唱与互动的明星线上直播演唱会，屡创同时观看人数纪录。同时，努力开拓演艺类细

---

① 商务部，《商务部电子商务司负责人介绍 2022 年网络零售市场发展情况》，2023 年 1月 30 日。

分领域直播市场。音乐剧、中国舞、话剧、喜剧、杂技等"小众"演艺直播热度增长最快，非遗、民间与传统艺术直播也受到用户喜爱。2022 年，全国网络表演（直播与短视频）行业整体市场营收 1992.34 亿元，[①] 同比增长 8%，累计主播账号超 1.5 亿，直接或间接带动就业机会超 1 亿。[②]

案例：戏曲直播间——百戏争辉 声声不息

"@ 怀宁县黄梅戏剧团"成为 2022 年抖音最受欢迎的县级戏曲剧团直播间。怀宁县黄梅戏剧团已有 60 余年历史，近年受疫情影响，线下演出计划经常被打乱。这个老剧团开始摸索线上直播的演出新路径。自 2022 年 1 月起，演员们每晚在抖音直播，年底已收获超百万粉丝，获赞 3.6 亿次，[③] 线下演出邀约不断。直播提升了基层剧团的关注度，让更多人喜欢上中国传统戏曲文化，演员们也增加了收入。截至 2022 年 4 月，抖音演艺类直播打赏收入同比上涨 46%，已有 231 种戏曲开通直播，一年时间内开播超 80 万场，戏曲类主播收入同比增长 232%，73.6% 的已开播戏曲获得过直播收入，不少濒危剧种通过直播再现活力。[④]"百戏争辉、声声不息"在线上实现。

泛知识类直播热度持续攀升。2022 年，直播上网课热度持续，高校与出版社直播间人气高涨，涵盖专业学科、语言、成人识字、蓝领技能等各大门类与细分品类的知识普惠类直播间也吸引了大量用户。

"云游"成为直播新风尚。2022 年，全国数以千计的景点首次尝试线上直播，最受欢迎的景点收获上亿次点赞。动物园借助"慢"直播获得海量线上围观。

---

① 不含线上营销（广告）业务。
② 中国演出行业协会，《中国网络表演（直播与短视频）行业发展报告（2022—2023）》，2023 年 5 月 11 日。
③ 抖音，《2022 抖音数据报告》，2023 年 1 月 10 日。
④ 抖音，《2022 抖音戏曲直播数据报告》，2022 年 4 月 14 日。

其他直播平台扩大垂类覆盖范围，"直播＋消费场景"新形态层出不穷。游戏直播主打 UGC 生活化与社交化；探店直播涵盖美食、购物、民宿等细分领域，紧密连接消费者与商家；真人秀直播发挥互动优势，探索电商带货、广告植入、粉丝打赏等多种商业模式。

三、新业态广泛接入"视听＋"场景

当前，新业态集聚、显示、管理与应用各类视听内容、产品与服务，广泛连接平台、内容与服务提供商、用户与消费者、智能设备等上下游全产业链环节，不断融合"视听＋"场景，不断衍生新业态、创造新价值。

（一）电视大屏向智能化定制化服务发展

2022 年，广电网络着力推动智能化定制化智慧广电服务。一是发展数字家庭、家庭物联网平台、智慧社区、数字乡村信息服务平台等数字文化消费新业态，让电视大屏成为家庭智能生活的圆心。其一，打造智能推荐系统。创新"短视频生产＋长视频引流、社群服务＋线下体验、多点分发＋商业合作"模式，提升服务质量与用户体验；其二，定制开发智慧城市与社区大屏。通过机顶盒位置，自动配置所在街道、社区对应界面，提供党政服务信息、社区直播、在线问诊、空中教育、法律咨询援助、应急广播等全链条定制电视产品服务，满足各类应用场景需求。二是依托广播电视网络技术特别是 700MHz 5G 网络覆盖优势，广电 5G 可视化屏幕正在成为重要的监控、监测、感知工具，不断拓展面向电力、煤矿、农业、林草、海洋、港口、环保、水利等行业的网络服务。

（二）互联网电视布局会员制交互式场景

2022 年，OTT 对接大屏用户新需求，加强产业链合作，探索新业态新模式。第一，加强跨界融合，发展大屏智能化、交互性应用。互联网电视开拓"云演艺""云电竞"、智慧出行、智慧养老、大屏直播电商等新业态新模式。第二，加强媒体资源融合，打通大屏小屏内容与运营渠道。互联网电视依托自有优质内容，构建版权、营销等大屏融合场景；搭建技术平台，开发融媒体直播点播垂类产品；研发融合运营与资费平台，推出"大会员"机制，保障用户一站式畅享。第三，强化品牌意识、用户意识、服务意识。互联网电视进一步规范收费，畅通投诉、咨询和纠纷解决渠道，优化用户体验。探索会员服务制度，努力推动"一号通看"，提高用户满意度。

（三）屏幕成为"视听＋电商"的消费入口与交易终端

网络视听自建电商平台，边播边卖，垂类布局，让热播真正变热销，视听屏幕成为线上消费的入口与交易终端。一是通过独家内容"种草"，进行差异化电商布局。视频平台在节目中增加自有电商售卖入口，加强与内容的深度融合，用户点击屏幕即可购买节目同款、联名款商品。二是突出优势，开发、销售视听类软硬件产品。音频平台自建垂类电商，加强跨界跨屏合作，深耕音乐音效产品，深度植入智能耳机、智能音箱、智能汽车等，并推出自有硬件品牌，把服务拓展至大众生活消费、UGC 制作服务等领域。

案例：小芒电商——只卖国货的新潮内容电商平台

小芒电商是芒果 TV 打造的"只卖国货的新潮内容电商平台"，也是湖南广电创新双平台深度融合的产业模式，开展全产业链营销，积极应对严峻市场形势的一次主动出击。一方面，小芒电商依托芒果生态体系，与芒果独播内容深度融合，充分发挥电视和网络双平台优质内容 IP 与艺人资源价值，实现内容场景带货。另一方面，小芒电商植根于芒果核心用户群体，抓住青年潮流生活方式与兴趣选择，不断拓展国货合作伙伴，深耕商业变现。2022 年，小芒 APP 用户规模达 1.1 亿，日活峰值达到 247 万。2023 年一季度，小芒电商 GMV 实现 20 亿元，[①] 成为湖南广电最具商业价值的创新业态与平台之一。

---

① 龚政文，《视听格局的变革与湖南广电的实践探索》，第十九届深圳文博会 2023 大视听产业高峰论坛，2023 年 6 月 8 日。

（四）视听 IP 向文创文旅延展

一是视听机构充分发酵精品文化节目热度，建立 IP 运营机构，与国内外头部品牌合作开发经营文创产品，打通"一鱼多吃"的全产业链 IP 商业闭环。河南台依托中国节日系列节目，成立"唐宫文创"作为系列 IP 的官方运营机构，IP 产品销售突破 5 亿元。二是着力构建"视听＋文创"产业生态，开展产业化规模化经营。如中央广播电视总台围绕自有 IP，整合衍生节目、新媒体内容和宣传资源，发掘创意人才与创作资源，由总经理室统一开展产业化品牌授权、版权运营和广告营销。功夫动漫为全国数十个城市定制动漫 IP，融入城市文创产业整体规划与开发运营。三是积极创造"视听＋文旅"市场需求。有内涵、重体验、年轻态的视听内容主动响应文化消费需求，成为城乡美好生活方式的宣传片，有力促进文旅经济发展。如《去有风的地方》帮助小众取景地走入大众视野，一部剧带火了一座城。

当前，视听新业态的融合力、延展性、适用性进一步增强，为数字经济、数字文化发展注入新动能。时下，微短剧分账式合作、厂牌化运营等新商业模式在不断探索，"视听＋文创文旅"等新合作示范效应日益增强，AIGC 等新技术潮流引发效率与成本变革，视听新业态将在跨界中不断创新，以更广的连接和更好的服务，打造大视听产业引擎，为满足泛文化消费需求、促进经济社会发展作出更大贡献。

（执笔人：黄田园，国家广播电视总局发展研究中心）

第三节 广电视听产业基地（园区）建设

提要：近年来，广电总局在全国范围内科学布局，培育打造了一批高质量国家级广电视听产业基地（园区），各省也陆续建立一批省级视听产业园区，在产业集聚、项目孵化、内容创意、科技创新等方面发挥了重要作用。截至 2022 年年底，纳入管理统计范围的 28 个国家级广电视听产业基地（园区）入驻广电视听各类企业 9942 家，新增企业 1386 家，实际投资额 550 亿元，吸纳就业超过 20 万人，营业收入 1450.74 亿元，同比增长 16.54%。这些基地（园区）聚焦特色主业，夯实产业基础，产业承载支撑作用显著提升，产业辐射带动效应日益凸显，为大视听产业高质量创新性发展注入生机和活力。

2022 年以来，视听产业园区坚守产业定位，突出特色优势，强化产业支撑，在推进资源整合，增强规模优势和集聚辐射效应方面发挥着至关重要的作用，成为大视听产业发展高地、创新高地，持续推动文化产业和数字经济繁荣发展。

一、视听产业基地（园区）发展整体格局

入驻基地（园区）的广电视听各类企业发展持续向好。截至 2022 年年底，纳入管理统计范围的 28 个国家级广电视听产业基地（园区）规划

建筑面积总计 3.91 亿平方米，入驻广电视听各类企业 9942 家，新增企业 1386 家，实际投资额 550 亿元，吸纳就业超过 20 万人，营业收入 1450.74 亿元，同比增长 16.54%，应缴税金 76.71 亿元，同比增长 24.07%。其中，马栏山视频文创园实现企业营收 633.5 亿元，同比增长 21.87%；实现税收 33.18 亿元，同比增长 10.01%；完成重大项目投资 77.4 亿元；新注册企业 1027 家，新引入头部企业 30 家。中国（成都）网络视听产业基地实现营业收入 49.89 亿元，应缴税金 2.51 亿元，实际投资额 9.95 亿元，营业利润 9.27 亿元，累计入驻机构 239 家，从业人员数量 6711 人。

视听产业基地（园区）辐射带动效应日益凸显。除广电视听企业外，2022 年纳入管理统计范围的 28 个国家级广电视听产业基地（园区）共吸引其他相关企业入驻 7000 家，吸纳就业人数近 12 万人，带动实际投资额超过 560 亿元，营业收入超过 2542 亿元，应缴税金超过 220 亿元。其中，中国（广州）超高清视频创新产业园区 2022 年入园企业实现产值约 150 亿元，带动相关产业产值逾 530 亿元。入驻企业中，文化和科技融合企业占比 91%，包括腾讯、科大讯飞、映客、雷曼光电、博冠科技等相关头部企业和上市公司；马栏山视频文创产业园 2022 年新注册企业 1027 家，成功引入华为湖南总部、华太电子 5G 芯片研发中心等 18 家相关行业头部企业，逐步形成国有大型企业为龙头、行业头部企业为核心、一大批中小微创新企业为基石的产业园发展格局。

二、视听产业基地（园区）发展特点趋势

在政策引导和激励下，经过多年探索实践，视听产业基地（园区）正在迈向高质量发展阶段，差异化特色化产业生态和梯次协同发展格局逐步形成，产业承载支撑作用显著提升。

政策机制不断优化，推动园区高质量发展。近年来，广电总局先后出台《关于推动国家广播电视和网络视听产业基地（园区）建设发展的通知》等多项政策文件，推动广电视听园区优化结构、创新业态，实现内涵式发

展。2022 年 2 月，广电总局等六部门又联合制定《关于促进影视基地规范健康发展的意见》，引导视听园区科学规划、合理布局、改革创新，打造主业突出、技术先进、服务优良、特色鲜明的视听产业基地，带动视听产业高质量发展。同时，各基地（园区）也在不断创新工作机制，持续优化园区软硬件环境，释放和激发视听产业发展活力。例如，湖北建立推进中国（湖北）网络视听产业园建设发展工作联席会议制度，形成上下联动的议事机制；推动成立中国（湖北）网络视听产业园建设发展企业联合体，头部企业覆盖网络视听全领域，成员单位集体议事，集众智、扬众长、合众力；接续举办产业发展高峰论坛、专场人才招聘会、银企金融对接沙龙、特色党建活动、产业公开课、人才推介会、产业联合体大会等系列活动，全面赋能园区企业发展。

主业进一步凸显，差异化特色化产业生态逐步形成。2022 年，各视听产业基地（园区）聚焦内容产业主要环节和细分领域，以及网络应用、超高清、高新视频等数字经济重要领域，大力推进视听产业培育、项目招引、平台建设和企业服务等各项重点工作，推动视听产业建"圈"强"链"，初步形成主业突出，差异化特色化产业生态。例如，中国广电·青岛 5G高新视频实验园区紧紧围绕 5G 高新视频进行产业布局，引入京东方、海信、华为、冰鉴、无锋等 21 家链主企业，举办 2022 山东省高新视频创新大赛，成立"山东省 5G 高新视频创新创业共同体"，构建产业发展硬核心，打造产业发展硬实力；中国（厦门）智能视听产业基地聚焦主业、发挥优势，推动文化与科技深度融合发展，集聚美图、咪咕等一批具有全国影响力的文化和科技融合发展产业平台，以及十点读书、舞刀弄影、小题影视等细分内容领域优质企业，形成主业突出、特色鲜明的智能视听领域高端产业集群；中国（成都）超高清创新应用产业基地，以5G+4K/8K 为发展方向，引进超高清数字摄影棚群落、中国移动 5G 超高清产业技术研究院重点实验室、8K 协同创新研发中心暨 5G 超高清视频产业基地等项目，打造形成集超高清视频研制、影视科技研发、文化创意、时尚传媒为一体的产业生态圈。

产业公共服务平台支撑作用显著提升。产业平台是园区发展产业的核心支撑。各视听产业基地（园区）通过打造公共服务平台，充分发挥产业链条的孵化作用和集聚效应，引导产业资源集群发展，构建形成多点支撑、共生互补的格局，吸引更多上下游企业落户入驻。例如，马栏山文创园建成"马栏山企业综合服务平台"，实现 102 项行政审批事项"园区事园区办"，累计兑现 2000 多家企业各类惠企政策资金 3.32 亿元。投入 2.2 亿元建成马栏山视频产业云平台，可提供虚拟制片、数据管理等一站式解决方案，打造"拎包入住"的数字支撑环境；中国（湖北）网络视听产业园打造了由六大板块构成的线上线下平台，实现网络视听产业在选题策划、项目孵化、科技支撑、宣传推介、配套服务等多个维度上的一站式集成；中国（厦门）智能视听产业基地搭建了教育培训、生产宣发、内容审核、版权交易、产业交流、金融服务、云服务基建等 7 大数字化智慧化平台，为智能视听企业提供全渠道、全业态、全链条的一体化服务方案。

案例：中国（湖北）网络视听产业园搭建一站式线上线下协同智慧服务平台

中国（湖北）网络视听产业园搭建"政策服务、金融对接、版权联动、技术应用、人才培养、展示交流"六大线上线下协同智慧服务平台，实现网络视听产业选题策划、项目孵化、科技支撑、宣传推介、配套服务等多个维度的一站式集成，构建形成政策、企业、产业、商业四位一体服务体系。在政策方面促进政府关怀、政策扶持、政务服务工作开展，在企业方面满足总部型、高成长型、初创型等不同阶段企业入驻办公，在产业方面满足技术、投融资、人才、展示交流等产业服务，在商业方面满足网络视听企业展示、体验、交易、互动等功能。近两年，产业园举办了高峰论坛、专业人才招聘会、特色党建活动、产业公开课、人才推介会、产业联合体大会等系列活动，通过软硬件环境的进一步优化，激发市场主体主观能动性和发展积极性。

视听产业基地（园区）梯次协同发展格局日渐确立。除了国家级视听产业基地（园区）外，四川、山东、福建等省区市先后制定出台省级广播电视和网络视听产业基地（园区）认定和管理方面的规范性文件，从省级层面对产业园区的项目发展、资金支持、资源配置、行政审批、评优推优、宣传推广、队伍建设等方面予以扶持，重点培育省级视听内容生产、创新应用产业园区（基地），初步形成梯次协同发展格局。例如，四川持续发挥中国（成都）网络视听产业基地和中国（成都）超高清创新应用产业基地的引领示范作用，辐射带动其他市（州）协同发展，助力绵阳市、宜宾市和德阳市建强视听设备制造产业带；浙江在4个国家级视听产业园区之外，又认定了9个省级广播电视和网络视听产业基地，形成"4+9"产业基地发展格局，聚集广电视听和相关企业13294家，成为大视听产业创新发展高地。截至2022年年底，山东已认定省级网络视听产业基地（园区）7个，山西认定广播电视和网络视听产业示范基地（园区）9个，辽宁认定3个省级视听产业基地，这些省级广电视听产业基地辐射带动本省网络视听产业合理布局、行业汇聚、结构优化、做大做强，服务数字经济、广电高质量创新性发展。

三、视听产业基地（园区）发展问题与思考

视听产业基地（园区）被誉为拉动大视听产业发展的"三驾马车"之一。当前，产业基地（园区）建设虽然取得一定成就，但仍存在发展不平衡不充分、差异化特色化不够、产业链拓展提升缓慢等突出矛盾和问题，有不少基地（园区）主业还不够突出，链主企业还不够强，产业链带动和产业生态集聚效应不足，产学研紧密联动和整体辐射拉动扩展乏力，尚未发挥应有示范引领作用。要不断优化各项工作举措，大力推动视听产业基地（园区）高质量发展取得新突破。

坚持创新引领，推动基地产业生态升级迭代。一是创新业态模式，鼓励广播电视和网络视听企业在优势领域深耕细作，促进提质增效，加强与电商、文化、教育、旅游体育等相关产业深度融合，以场景建设为牵引，着力培育视听文创经济新产业、新业态和新模式，激发大视听产业发展新动能；二是坚持科技赋能，夯实科技支撑底座，推动构建智慧型产业园区，主动拥抱新技术、适应新应用，通过 5G、4K/8K、XR、人工智能、区块链等技术创新开启视听产业广阔发展空间，带来产业发展新增量和转型升级新动能，持续优化视听产业生态和发展格局。

优化产业布局，推动产业集群化协同化发展。一是聚焦主业、突出特色，推动视听产业园区差异化特色化发展，发挥集聚和规模优势。招引更多行业链主、龙头和具有高成长性的优质企业，打造新兴数字视听产业集群，加快形成分工合理、优势突出、特色鲜明的新视听产业集聚协同发展格局。二是推动园区协同发展，打造视听产业带。对接和服务京津冀、长三角、粤港澳大湾区、长江经济带、成渝地区双城经济圈等区域发展战略，推动视听产业园区协同发展。推进京津冀视听走廊建设，依托北京南城视听产业集群优势，连通河北省廊坊市大厂影视小镇、香河短视频基地，延伸至天津滨海新区视听产业集聚区，打造一条覆盖视听领域科技创新、技术应用、内容生产、信息服务和装备制造等全产业链的视听产业走廊；以黄河流域视听合作发展联盟为契机，推动沿黄各省市广电视听产业基地加强合作、资源共享，优势互补、各展所长，共同做大做强。

加强服务管理，提升产业园区承载支撑能力。政府层面，要进一步优化支持视听产业园区发展的政策措施，坚持问题导向和目标导向，强化政策协同联动，持续优化营商环境，加强对园区的统筹规划和服务管理，建立健全科学管理评价体系，实施动态考核和评估激励机制，着力推动视听产业园区高质量发展。园区层面，要用好行业和地方的各项支持政策，不断完善运行机制、优化运营模式，抓住项目孵化、产学研融通、留才引才、精品生产等关键环节，推出一系列打基础、补短板、增后劲、管长远、带全局的有力举措，持续做好平台搭建、金融对接、版权联动、技术应用、人才培育、展示交流等各项基础和服务工作，构建良性园区发展生态。面向未来，谋划高质量创新性长远发展，推动基地（园区）真正成为大视听和数字经济发展动力充足的强引擎。

（执笔人：贺涛，国家广播电视总局发展研究中心）

第七章

国际传播与交流

课题指导：

国家广播电视总局国际合作司司长   闫成胜

第一节　对外交流合作

提要：2022 年，广播电视和网络视听对外工作坚持以习近平新时代中国特色社会主义思想为指导，坚定文化自信，坚持守正创新，发挥广播电视和网络视听特点优势，多渠道多形式讲好中国故事，传播好中国声音，不断提高国际传播效能。

一、服务中国特色大国外交，助力构建人类命运共同体

成功举办第五届中非媒体合作论坛，总结十年经验成就，凝聚中非媒体合作共识。习近平主席向论坛致贺信，充分肯定中非媒体合作论坛成立十年来发挥的积极作用，对中非媒体共同讲好新时代中非故事、传播全人类共同价值、推动构建人类命运共同体提出要求。时任中央宣传部部长黄坤明宣读贺信并作主旨演讲，共有来自非广联、中国和 42 个非洲国家政府部门、主流媒体机构和企业的 240 余名代表通过线上或线下方式参加。论坛坚持"真实亲诚"对非合作理念，以"新愿景 新发展 新合作"为主题，围绕广电视听发展政策、内容合作创作、高新技术应用与数字化融合发展等进行专题探讨，通过《共同宣言》，发布 12 项合作成果，在理念沟通、务实合作、发展引领等多个方面取得积极成效。论坛期间同步举办中非媒体合作十年成果展、广电视听科技展和首届非洲视听节目展播，得到中外

方与会代表高度评价。

围绕元首外交，务实开展广电视听国际交流合作。配合习近平主席访问乌兹别克斯坦并出席上合组织会议，推动《创新中国》等一批精品节目在乌国家台等媒体黄金时段播出。配合习近平主席出席 G20 印尼峰会、APEC 泰国峰会，分别举办"视听中国·优秀视听作品展播"和"中泰一家亲"视听产业交流活动，推动《我们这十年》《一湾一世界》等电视剧、纪录片在两国视听平台播出。配合习近平主席出席首届中阿峰会，举办"共享新视听 共创新未来——中阿合作主题周"，举行首届中阿短视频大赛颁奖典礼，在中东广播中心（MBC）开设"电视中国剧场"，推动电视剧《山海情》《小欢喜》等在沙特、埃及、阿联酋等国播出。

围绕中外建交等重要时间节点，开展系列视听交流活动。为庆祝中国与东帝汶建交 20 周年，与东帝汶议会事务和社会传媒部签署中国电视节目播出授权协议，推动《薪火相传：中国非物质文化遗产》《你所不知道的中国（第三季）》《围棋少年》等 10 部优秀视听节目在东帝汶国家电视台播出。为纪念中日邦交正常化 50 周年，举办"中日合拍论坛暨'全球发展 视听共享'日本展播季"，推动双方开展节目合拍；推动《超越》《人间至味是清欢》《你和我的倾城时光》等 24 部优秀中国视听作品在日本卫星剧场、银河频道、BS11 和亚马逊日本站等电视媒体和新媒体平台播出。为纪念中国同中亚五国建交 30 周年，举办中国与中亚国家广电视听合作研讨会暨节目互播活动，来自中亚五国媒体政府主管部门、主流媒体机构和学术界的 16 家机构 40 余位代表与会交流，推动在哈、吉、塔、乌中亚四国六家主流电视台播出《功勋：袁隆平的梦》《美猴王》《巨兵长城传》等近 20 部优秀视听节目。为配合中国—葡语国家经贸合作论坛部长级特别会议在澳门举办，指导支持外交部驻澳公署与澳门广播电视股份有限公司主办"文化为媒 中国葡语国家媒体携手合作——中国文化纪录片赠送仪式"，向葡语国家赠送《四季中国》《东方医学》《一叶茶，千夜话》等 3 部纪录片葡语版。

二、深入实施"视听中国"全球播映活动，推动更多优秀视听作品走向世界

聚焦"北京冬奥""人类命运共同体""一带一路""中国这十年""全球发展倡议"等五大主题，策划实施"全球发展 视听共享"播映活动，汇聚行业力量，译制一批优秀节目，通过在国际知名影视节展设立"中国联合展台"、在海外主流媒体开办"电视中国剧场"、在海外网络视听平台开办中国频道、互办"视听传播周"等多种形式，不断深化与各国媒体的交流合作。推动《大考》《功勋》《与非洲同行》《中国节气》等280部次节目在100多个国家和地区播出，以多语种视听作品对外讲好中国故事，提升中华文明传播力影响力。加强海外渠道建设，在俄罗斯红线电视台、白俄罗斯国家电视台、乌兹别克斯坦国家电视总台、沙特中东广播中心等新开办4个"电视中国剧场"，推动《习近平治国方略》等7部俄语译配节目、《山海情》《三十而已》等13部阿语译配节目播出。在中国国际服务贸易交易会期间举办首届"电视中国剧场论坛"，积极动员行业有关力量，实现视听产品走出去质的提升和量的增加。

扎实推进"丝路视听工程""中非中阿视听合作工程""中国当代作品翻译工程"等项目，发挥重点工程项目引领作用，遴选一批优秀电视剧、纪录片、动画片和综艺节目开展海外精准传播。加强对反映新时代十年伟大变革、符合国际市场需求的优秀作品的创作与译配扶持，加大海外推广力度。丰富精品内容供给，鼓励视听版权贸易。积极开展中外合拍，深化合作传播。开展国际传播优秀节目、精品项目推优表彰活动，引导更多市场主体参与国际传播，推动更多优秀视听节目海外播出。

三、持续举办系列品牌活动，推动中外视听交流务实合作

与柬埔寨新闻部、广西壮族自治区人民政府共同主办第四届中国—东盟视听周，300余名中国和东盟国家政府部门、驻华使领馆、媒体机构及

企业代表参加，达成 10 项合作成果，举办中国—东盟青年主播创造营等系列活动，发布《中国—东盟视听国际传播十年发展报告》，推动 49 部视听作品在东盟国家播出。

与泰国民联厅、云南省人民政府共同主办第三届澜湄视听周，以"澜湄视听共享 共筑友谊桥梁"为主题，开展"视听中国 中泰一家亲"视听交流等一系列丰富多彩的活动，推动 82 部视听作品在澜湄六国播出，首次将广电技术交流纳入澜湄视听周，向澜湄国家展示推介中国广电视听技术、标准、产品和应用，不断丰富双多边视听交流合作内涵。

为深化中俄视听合作，与俄罗斯数字发展通信与大众传媒部共同支持开展 2022 中俄视听传播周，举办视听作品互译互播、青年歌会、短视频大赛、动画产业对话会等系列活动。中俄机构从 2022 年上半年至 2023 年上半年陆续相互播出《习近平治国方略：中国这五年》《创新中国》《瑞奇宝宝（第四季）》等一批精品佳作。

"中国联合展台"采用线上参展形式，参与亚洲电视论坛及内容市场、戛纳电视节、法国国际阳光纪录片节、法国昂纳西国际动画节、东京国际影视节、莫斯科春季世界内容市场等，同时在亚洲电视论坛及内容市场设立线下展台，以"特别合作伙伴：视听中国"冠名，举办了 4 场节目推介活动，共组织 20 多家机构 200 多部作品参展。此外，"中国联合展台"在线平台还积极配合推出云展台、云会议、云交流、云版贸等服务，提供沉浸式展播体验，助推各类节目国际宣推与发行。

策划推出海外传播品牌项目"电视中国剧场"，鼓励中外媒体开展合作传播，推动中国优秀译配节目在海外电视台及新媒体平台实现常态化播出。目前已在俄罗斯、白俄罗斯、尼泊尔、柬埔寨、老挝、越南、蒙古、印度尼西亚、捷克、埃及、南非、阿联酋、塞尔维亚等国家和地区开办"电视中国剧场"。

四、加强网络视听媒体国际传播，积极影响海外青年群体

网络视听媒体在国际传播中扮演越来越重要的角色。举办网络视听国际传播系列活动，聚焦"我们这十年——收获与感动"主题，先后开展了国际传播短视频创作营、"美好生活 走进山东"品牌外宣活动、全球短视频作品征集、国际短视频大赛等系列活动。推动优秀短视频在海外播出，向全球观众讲好中国故事，共征集全球作品 2876 部，头部平台官方话题量达 39.8 亿次，新闻报道 3000 余次，在 TikTok、Facebook、Twitter、YouTube 等海外平台累计观看量达 1386 万次。

继续举办中国—东盟友好合作短视频大赛，面向中国和东盟国家征集短视频 2 万余条，境内外播放量超过 1500 万，集中展示了中国同东盟国家持续推进共建"五大家园"的丰硕成果，多角度阐释构建中国—东盟命运共同体的内涵和活力。举办中俄短视频大赛，首届中阿短视频大赛，持续提升活动传播力、影响力。筹备建立网络视听国际交流与传播工作委员会，进一步调动发挥行业机构积极性。

为贯彻落实习近平总书记关于做好国际青年交流合作和传播工作的重要指示精神，将"Z 世代"作为重点传播对象。联合北京大学、中国传媒大学等著名高校，以及芒果 TV、哔哩哔哩等视听媒体平台，共同实施"国际青年视听传播计划"，引导海外青年广泛参与主题创作与合作传播，共同讲好中国故事。

五、主动服务行业发展，推动对外合作与国际传播高质量发展

积极融入对外开放，深化产业合作，用好国内国际两种资源两个市场促进视听产业高质量发展，培育国际传播新动能。举办第二届中俄动画产业对话会，近 30 家中俄动画制作机构、播出平台、衍生品研发公司的 50 余名代表参会，并围绕"加强内容合作 共筑中俄友谊""推动产品交流 共谋产业发展"两个主题进行深入交流、洽谈合作，两国动画机构推介了《熊

猫和开心球》《恐龙城市》《宇宙的奥秘》等近百个动画项目，就进一步推进联合制作、版权贸易、译制播出、衍生品开发等达成合作共识。

举办"中泰一家亲"视听产业交流活动，开展一系列视听合作项目。中泰视听业界和高校代表围绕中泰视听产业合作开展了深入对话交流。与会嘉宾一致认为，近年来中泰两国在文化领域关系日益活跃，两国视听产业合作前景广阔，双方应进一步对接需求，加强节目内容交流，开展多种形式的合作合拍，为中泰一家亲增添新活力。

努力拓展对美对欧交流，为双方视听产业界合作开辟新平台新渠道。举办中美视听产业高峰论坛，围绕"中美视听产业的新平台、新思维与新合作"开展交流研讨，表达求同存异、深化合作的共同期待，策划举办视听作品在美展映、系列沙龙活动等。举办"视听中国 走进欧洲"展播活动，推动《行进中的中国》《这十年》等20余部视听作品在法国、德国、英国、希腊、匈牙利等5个欧洲国家媒体平台集中展播。

六、参与国际组织参评国际奖项，国际研修有创新和突破

深耕国际组织，扩大国际影响力。中国广播电视机构代表出席第59届亚洲—太平洋广播联盟大会，并成功当选亚广联副主席。积极参加亚广联评奖，《国家宝藏·展演季》《人世间》《人生第二次》等8个节目获亚广联节目奖，有关人士获亚广联"行业杰出贡献奖"，广电总局设计院"青岛东方影都影视产业园制作区"项目获"落实可持续发展目标工程奖"。组织优酷、腾讯视频等重点网络视听机构参加亚广联活动。深化与非洲广播联盟合作，共同举办重大活动，推进广电视听对非援助，支持非洲媒体事业发展。

深化用好国际传媒研修"云平台"，完成5种语言全年328天的线上直播培训。截至2022年年底，已有来自152个国家6646名发展中国家的政府官员、媒体机构中高层管理人员、资深编辑记者、技术人员等参加了各类国际研修项目。积极推动国际传媒研修项目与重点论坛、主场外交活

动对接。配合中非媒体合作论坛创立 10 周年庆典，首次举办"我的中非故事"短视频征集活动，面向 2017—2021 年参加广电总局组织的国际研修班的非洲学员，通过"云策划、云讨论、云统筹"等方式收集到 15 个国家的几十部由非洲媒体人员制作的短视频作品。

（执笔人：顾芳、朱新梅，国家广播电视总局发展研究中心）

第二节　视听节目的国际传播

提要：中国视听节目以亚洲为中心向全球发行和传播，形成了以电视剧主体、纪录片和动画片为补充，以出口播出为主要方式，模式销售和海外翻拍等多种方式并存，长视频和短视频互动、内容和平台合作的传播格局。主要视听节目在海外传播范围持续扩展，传播效果持续提升。

一、视听节目布局海外市场，国际传播渐成梯队

（一）电视剧是出海主要节目形态

电视剧在中国视听节目国际传播中占据重要地位。电视剧出口约占中国视听节目出口量的 2/3，电视剧占据了海外观众收看中国节目时间的 50% 左右。

1. 主题创作剧集国际传播呈现新突破

2022 年，主题创作剧集登上国际主流媒体，实现海外传播重大突破。"电视中国剧场"和中国出海互联网平台是重大题材创作剧集的主要播出平台。《大江大河》在国际互联网平台全剧播放总量达 3308 万次，好评率达 88.43%。《山海情》被翻译成二十多种语言在多国热播，引发国际社会广泛关注。《功勋·袁隆平的梦》在白俄罗斯、吉尔吉斯斯坦播出，受到两国观众喜爱。一批批新的主题创作剧集，如《大考》《县委大院》等也

随着"中国联合展台""电视中国剧场"走向国际市场。

2. 现实题材剧成为国际传播新势力

现实题材剧以社会发展和时代进步为坐标，叙事贴近中国现实生活，更加关照普通人和真实情感，更易引发海外观众的共鸣。《人世间》《小敏家》《理想之城》等现代题材剧发行到国际主流视听平台，悬疑剧《开端》《谁是凶手》、都市情感剧《你是我的城池营垒》《爱很美味》等被韩国引进。《狂飙》在新加坡、美国、加拿大、澳大利亚、新西兰、英国、日本等多地播放量登顶第一，在全球权威评分网站互联网电影资料库 IMDb 获评 8.5分，在爱奇艺海外社交媒体的话题浏览量近 1 亿。科幻剧《三体》在全球同步上线播出，版权发行至中国香港、中国澳门、日本、韩国、越南、俄罗斯、美洲、欧洲、中东、大洋洲、印度等地区。部分现代剧集在韩国、东南亚多国销售翻拍权，推出了当地版本剧集。

3. 古装剧在海外市场构筑起核心优势

古装剧具有鲜明的中国特征，是海外最受欢迎的中国节目。出海古装剧内容题材日益丰富，展现古代家庭群像和家国情怀的古装剧《星汉灿烂》，描写女性自立与自强的《扶摇》《梦华录》，古装悬疑剧集《风起陇西》，刻画古代爱情的剧集《苍兰诀》《卿卿日常》等都在海外市场口碑良好。例如《卿卿日常》开播 3 天即列泰国、菲律宾、越南、印度尼西亚、韩国等市场同品类排行榜首。《且试天下》在海外通过 Netflix 触达 190 多个国家和地区的观众。

（二）品牌综艺模式落地海外，影响力增大

综艺是中国内容海外传播的第二大类型，YouTube 平台的中国节目中综艺节目观看时长占比 15.04%，观看量占比 28.1%。

1. 优秀综艺节目在海外影响力持续提升

全球同播模式提升了综艺节目的国际影响力。综艺节目《我们的歌》《极限挑战》《中国新相亲》等在中国和东南亚地区主流媒体同步播出；网络综艺节目，例如芒果 TV 的《乘风破浪的姐姐》、优酷的《这！就是街舞》

等在平台全球同步播出。其中，《乘风破浪的姐姐》在 YouTube 平台三季观看量已经达到 2.7 亿。浙江卫视综艺节目《奔跑吧 2022》在 YouTube 平台的频道订阅用户突破 200 万。

综艺节目国际联合制作成为新风尚。越来越多的海外偶像明星进入中国原创综艺，例如优酷的《这！就是街舞》《了不起！舞社》，芒果 TV《乘风破浪的姐姐》等都吸引了海外偶像明星的加入，为这些节目进入海外市场打下了良好基础。

2. 优质原创综艺节目模式频频落地海外

中国原创综艺节目在海外影响力增大，部分优秀综艺相继开发国际版。例如，原创节目《我们的歌》成功将节目模式出口到欧洲。西班牙版《不可思议的二重唱》在西班牙国家电视台（RTVE）播出，播出期间收视份额保持本地同时段节目前三名。该节目模式还将推出德国版，将在德国、奥地利、瑞士等国家电视台播出。

（三）纪录片借助合作合拍打开国际市场

1. 国际联合制播推动纪录片走向主流平台

纪录片国际合作制播机制更加成熟，国内制作机构与探索频道、国家地理频道等国际知名纪录片制作播出机构合作拍摄并推动节目在海外主流媒体平台播出。上海广播电视台携手探索频道打造的《行进中的中国》，登陆探索频道国际平台在多国的黄金档，收视率超过同时段平均收视数据 70.6% 和 103.75%。五洲传播中心打造的《神奇的中国》《华彩中国》《丝路时间》等一批中国影视对外合作传播的重点栏目，推动合拍优秀纪录片登录海外主流市场，触达主流群体。纪录片《大上海》在泰国主流媒体累计收视近 180 万人次，线上浏览超过 10 万人次。

展现中国文化的主题纪录片在海外受欢迎。例如《海派百工 璀璨非遗》多部非遗主题纪录片在 2022 丝绸之路、大运河等主题旅游海外推广活动中受到海外播出机构的关注。

2. 微纪录片加快国际传播亮点频出

随着内容从大屏转向多屏、跨屏，纪录片国际传播升级迭代，微纪录片加快海外传播。北京市政府新闻办出品的中英双语系列微纪录片《京味》，展示北京建设成就，引发海内外观众热议。微纪录片《百年大党——老外讲故事·上海解放特辑》用 5 分钟的微纪录呈现上海城市故事，契合了当下海内外年轻人的观影模式。该片先后登陆 YouTube、Facebook 等海外主流新媒体平台，两个月内点击量达 1842 万次。体现新疆人文之美的微纪录片《点击新疆》，以及记录小人物的脱贫之路的微纪录片《追光者：脱贫攻坚人物志》在马来西亚播出，引发当地媒体关注，获得良好传播效果。

（四）动画加强品牌建设，海外影响力提升

1. 中外合拍是动画作品出海有效方式

中日合拍的《肆式青春》、中美合拍的《飞奔去月球》《许愿神龙》等在海外主流视听平台的播出，热度不断提升。其中，东方梦工厂和 Netflix 联手打造的音乐动画《飞奔去月球》，在 Netflix 上线 28 天观看量超过 4300 万，追光动画创作的《新神榜：哪吒重生》和《白蛇 2：青蛇劫起》在 Netflix 上线一周排名全球热度榜的第六和第十位。

2. 网络视听平台成为动画作品海外传播新力量

腾讯视频自制的《魔道祖师》《全职高手》等在东南亚上线后获得了不少当地动漫粉丝的喜爱；爱奇艺出品动画《无敌鹿战队》在全球 160 多个国家和地区播出；哔哩哔哩出品的动画《天官赐福》上线 Netflix 等平台，上榜东南亚多国的播放量前十名，在 YouTube 平台上该作品的观看次数超过 2500 万次。

3. 动画作品 IP 系列化助推海外市场深耕

奥飞娱乐出品的《超级飞侠》系列作品在北美、欧洲和东南亚三大核心市场发行，在印尼、法国和中东地区等多国成为最受欢迎的儿童节目。公司还借助动漫形象在美国、法国、西班牙、意大利、英国、土耳其、越

南等地进行了数千场的消费者线下活动，扩大了品牌曝光量。例如参加美国梅西百货的感恩节大游行，全球有超过 1 亿观众在电视机、PC 以及移动设备前收看。

（五）短视频成节目海外传播新力量

各级广电机构推动系列短视频大赛。2022 年，国际短视频网红大赛、中阿短视频大赛、中国—东盟短视频大赛、中俄短视频大赛、"我们这十年——收获与感动"国际短视频大赛，"我们的新时代"第十届中国梦（浙江）网络视频大赛、"第三只眼看中国"国际短视频大赛、"北京·国际范儿"短视频大赛等多项短视频国际竞赛评选精彩纷呈，精选的短视频内容在国内外短视频平台、社交网站广泛传播。其中首届国际短视频网红大赛汇聚了海内外 7000 多个参赛作品，视频总播放量超过 2 亿，大赛在海外新媒体平台上发布作品 302 个，触达海外用户 140 万人。

二、打造多种出海模式，积极开拓全球市场

（一）人类命运共同体价值引领作用进一步凸显

加强对共同价值的挖掘是中国内容出海的重要保障，也是中国现实题材剧成功出海的重要原因。这些剧集通过积极向善的叙事美学，展现出具有跨文化共性的价值内核，例如《山海情》展现的中国人民团结协作脱贫攻坚的奋斗精神，《欢乐颂》表达的女性独立的思想，《大江大河》讲述的拼搏奋斗、勇于创新的精神，这种积极向上的价值观比较受海外观众喜爱，是这些剧集在海外成功的经验。

现实题材节目展现当代中国社会现状，《温暖的味道》构建了中国乡村图景，《三十而已》呈现当代都市生活故事，《小敏家》展示的中国当代家庭生活，《三叉戟》《青年医生》《超越》《安家》等全景式展现中国各行各业风貌，这些节目回应了海外观众了解中国的期待，满足了观众的需求，有些剧集被海外观众称为"打破对中国偏见的剧"。

（二）视听节目国际传播参与各方形成合力

1. 规模化传播扩大中国内容与全球观众接触度

"中国联合展台"集结中国优秀视听节目共同向世界推介，一次展览就能携带 200 余部作品走出国门，为大量中小企业提供了国际传播途径和资金支持。"电视中国剧场"将优秀的中国节目传播到 38 个国家 62 个主流频道，成为主题创作节目的重要展示平台。节目制作公司、发行公司致力于规模化传播，例如华策影视建设了全球数字视频版权交易云平台 C-dramaRights，提供一站式国际交易平台和窗口，截至 2023 年 3 月，上线以来已经吸引了 4000 多家买家进驻。上海广播电视台打造的中国节目模式数据聚合与交易推荐平台 iFORMAT，截至 2022 年 10 月，该平台已拥有超过 1000 个中英双语版本的中国原创节目模式"宝典"，先后在欧洲多个国家举办中国原创节目模式推介活动。专业发行机构世纪优优、雅文传媒等聚合国内上百家制作公司、全球上百家电视台、新媒体平台等合作伙伴，将丰富多样的节目内容传播到 YouTube、TrueID 等海外平台。

2. 平台与内容互相促进合力传播

当前视听国际传播不断推进对外交流、节目出口、海外平台、传播渠道建设的合作，形成了内容、渠道与平台全球化合作，短、中、长视频各类节目形态接力传播的新格局。

截至 2022 年年底，长视频平台芒果 TV、爱奇艺、腾讯视频、优酷等都推出了海外服务，推动内容与平台一体化出海。部分平台海外累计用户过亿，月访问超千万。借助视听平台产业链海外延伸，大量优质内容全球同步上线，内容和平台在国际的影响力持续放大。

在非洲，四达时代自建海外传统广播电视和新媒体平台。平台播出的中国优质节目为四达时代收获了大量用户。四达视听业务遍及非洲 49 多个国家，数字电视用户 1500 万，互联网视频用户 2800 万。Startime ON 新媒体平台，已经成为中国在非洲最具传播力的长视频平台之一。

除此之外，视听节目传播走出了从短到长的国际传播路径。制作发行机构首先将视听节目通过短视频平台输出海外，根据短视频传播效果，有的放矢推动长视频的国际传播。这一创新举措提升了国际传播的精准率，降低了传播的试错成本。

案例：硬核科幻题材电视剧《三体》的全球传播经验

2023年1月15日，科幻剧《三体》在全球上线，上线三周观看人数超过400万，累计观看时长超过100万小时。随后电视剧版权也发行到日本、韩国、越南、俄罗斯、美洲、欧洲、中东、大洋洲、印度等国家和地区。"硬核科幻＋中国故事"，让《三体》成为兼具国际化和中国范儿的作品。电视剧《三体》海外成功传播有多重因素。首先，作为科幻小说的"高段位"之作，《三体》本身就是一个好故事，未上线就得到国内外高度关注。其次，电视剧《三体》的创作历时7年，仅剪辑就花费一年半之久，可谓精心创作，其创作高度还原原著的同时，与中国历史和中国社会高度契合，其细节、情感都饱含"中国风"。再次，在传播上腾讯视频通过自有平台、自有渠道全球同步播出，在中外"书迷"和观众们的互动中不断放大传播效果。

（三）本土传播手段创新，传播方式不断丰富

推动作品本土化的手段进一步升级，本土译配、社交体验、本地宣传、本土再创作等各种方式不断推出。有的内容制作机构根据海外市场特别举办消费者活动，参加海外的节庆活动，举办主创见面会等推广活动。有的内容制作机构不断放大当地观众的喜好，加快优质IP国际翻拍，特别是在东南亚国家与当地头部机构合作推动剧集全明星阵容再创作，影响力不断扩大。

有的机构拓展"内容＋商品"传播模式，例如芒果TV探索电商模式，在海外掀起了汉服热。优酷基于阿里平台开发海外影视衍生品市场，在亚洲开设了6家实体店，创建支持全球物流服务，并且与当地音像视频店、衍生品商店等线下渠道开展合作分销。

三、发力合作、技术和全球化，让中国视听节目走得更远

当前在海外有影响力的中国视听节目主要是以古装、爱情为主题的剧集，大量当代题材剧集国际传播力亟待提升；传播区域以亚洲为主，在欧美等主流市场影响力仍然有限；海外受众以华人群体为主，在非华语市场传播效果还有较大上升空间；节目的商业发行仍处于起步阶段，市场化水平需要进一步提升。未来要进一步强化国际传播合作，与行业伙伴共享各自的资源优势，着力做海内外文化双向沟通的桥梁。

（一）深化与海内外机构合作

视听节目制作机构、传播机构应当拓展与国际制作机构合作合拍，选择优质项目推动双向传播。国际传播中须加强与国际视频平台、社交平台、直播平台合作，拓宽宣发渠道，避免出现好作品"长在深山无人知"的状况。利用互动、短视频、新体验等方式推动新的发行工作。

挖掘内容 IP 长尾价值，加强与国际传播上下游环节中国企业的协作，特别是借助国内电商发展优势，在技术、产品上推动电商业务，合作出海；加快完善产业链条，推动海外线下产业叠加电商等服务。

（二）深化先进传播技术应用

在生成式人工智能、元宇宙、区块链等一系列技术的驱动下，国际传播的格局不断改写。技术重塑话语体系，也为我们带来了新的发展机遇。例如生成式人工智能广泛应用将推动信息自动化生产，甚至可以实现自动译配。当然，这些新技术在降低国际传播门槛的同时，也增加了信息甄别的难度。未来视听节目的国际传播，要用好在国内经过用户检验的先进算法推送、人工智能创作、虚拟互动体验等，不断提升国际用户消费体验，扩大国际传播效果。

（三）立足全球用户打造中国内容品牌

首先，要将人类命运共同体理念深植视听节目创作和国际传播，寻求

中外文化最大公约数，打造跨国界"潮流"，提升节目内容的文化辨识度和海外市场的适配度，变节目"出海"为内容创作、生产、传播全流程的"全球化"布局。其次，在海外运营中要借鉴国际头部平台本土化传播的成功经验，提升服务专精化、内容本土化水平，构建更受国际用户喜爱的文化形象。最后，要进一步建立健全多元交流合作机制与平台系统集成，加快建设视听节目贸易服务国际平台、国际传播平台，提升中国企业和节目内容在全球视听市场的输出能力，以更有效的组织创新和协同发力推动视听国际传播高质量发展。

（执笔人：周菁，国家广播电视总局发展研究中心）

第三节　网络视听机构国际自有平台建设

提要：近年来，中国网络视听机构积极开拓国际市场，以用户为中心，输出优质视听内容，着力本土化建设，强化新兴科技驱动，加强国际自有平台建设，积极推动合作创新，多方合作"协同出海"，探索海外运营模式，呈现出出海形式日渐多样、辐射范围日渐广泛、平台特色日渐显现、用户增长持续加快的发展局面，中国网络视听机构国际自有平台日益成为加强和改进国际传播的重要支撑。

一、网络视听机构国际自有平台发展概况

（一）平台类型丰富多样

长视频平台稳步向好发展。一方面，芒果TV、爱奇艺、腾讯视频等立足国际自有平台，"内容＋平台"联合出海路径日渐清晰，进一步开拓海外市场；四达时代、未来电视等平台充分发挥终端用户优势，借力优质电视内容辐射亚非国家和地区；华为视频、聚宝等平台通过引入其他平台内容，打造精品频道，不断提升国际影响力。另一方面，国内头部长视频平台加快出海步伐。2022年，优酷国际版APP上线，逐步实现中国内容全球同步播出。2022年7月，哔哩哔哩（bilibili）新加坡和马来西亚版本相继上线，覆盖多个东南亚国家或地区。

短视频平台以集团形式发力。快手、欢聚、传易旗下短视频平台内容生产、商业变现模式逐渐成熟。继 Kwai 之后，快手又推出短视频社交平台 SnackVideo 和海外短剧平台"TeleKwai"，积极布局拉美与东南亚地区。欢聚集团推出的短视频平台 Likee 集创作、编辑与分享于一体。传易旗下的 Vskit 与传音系品牌深度结合，聚焦非洲用户，助力非洲短视频行业发展。

音频平台着力开发国际市场自有平台。音乐流媒体平台方面，2015 年，腾讯音乐在东南亚主要国家推出了"QQ 音乐东南亚版"——JOOX；2017年，网易通过与传音控股成立合资公司的形式投资了关注非洲市场的音乐流媒体平台 Boomplay；播客平台方面，Castbox、喜马拉雅以及阿基米德等聚合丰富音频内容，为全球用户提供服务。

在线直播平台积极布局海外市场。欢聚集团推出海外短视频直播平台 Bigo Live；小象直播以全球华人为切入点辐射全球用户；国内知名游戏直播平台斗鱼、虎牙也相继推出自己的海外版 Mildom 和 Nimo TV。

（二）覆盖国家广泛

近年来，进入国际市场的中国网络视听平台不断拓展海外覆盖面，形成了全球覆盖和重点区域聚焦的双重发展模式。

全球覆盖。爱奇艺国际版已在 191 个国家和地区提供服务；腾讯视频 WeTV 覆盖海外国家和地区数量超过 200 个；芒果 TV 国际版覆盖全球 195 个国家和地区；优酷国际版覆盖全世界 193 个国家及地区；未来电视 Sinow 目前海外传播覆盖 141 个国家和地区。直播平台 Bigo Live 的用户已遍布全球 150 多个国家，呈现出语种、文化、兴趣爱好的多元性。

区域覆盖。短视频社交平台 SnackVideo 主要覆盖亚洲、中东和北非地区，短剧产品 TeleKwai 主要覆盖巴西。短视频社区产品 Vskit 聚焦非洲用户。音乐流媒体平台 Boomplay 关注于非洲音乐市场。

（三）平台用户增长快

中国网络视听平台持续向好发展，用户量不断增长。截至 2022 年年底，爱奇艺海外会员数涨至 1.2 亿。腾讯视频海外总用户数超过 1.8 亿。芒果 TV 国际版 APP 海外用户 1.11 亿。华为视频拥有 2.4 亿全球月活用户。喜马拉雅海外版全球注册用户超过 5000 万。四达时代在泛非地区拥有 1300 万家庭用户，2700 万手机端用户和 1500 万社交媒体用户。TeleKwai 上线后，不到 9 个月的时间，月活用户规模超 2500 万，作品播放量超过 750 亿。

其中，2022 年第四季度，爱奇艺海外会员收入同比增长 30%，特别是美国和加拿大的订阅人数增长 70% 以上。2022 年第三季度，Bigo Live 月活用户达 3540 万，同比增长 14.2%，其中，中东地区同比增长 7.8%，欧洲地区同比增长 9.8%，东南亚及其他新兴国家增长亮眼，同比增长 19.2%。

（四）平台特色渐显

专注于国际市场特点和需要，出海平台积极打造特色精品平台。长短视频平台、音频和在线直播平台聚焦主营业务，儿童启蒙数字视听 APP 也别具一格。

国产原创品牌宝宝巴士专注打造儿童启蒙数字产品，累计服务全球 6 亿家庭用户。宝宝巴士现已发布超过 200 款 APP、3000 多集儿歌动画、9000 多期国学故事等，面向全球 160 多个国家和地区发行了 12 个语言版本，在多个国家和地区占据市场优势，并提供分龄化服务、防沉迷设计等，优化视听内容输出。

二、网络视听机构国际自有平台发展新态势

（一）调整运营策略，突出重点市场

随着国内网络视听平台在海外市场的不断深入，各平台依据自身优势和产业布局，积极调整运营策略，推动平台的良性发展。

注重内容和营销的本土化。爱奇艺国际版从购买作品版权转而致力于开发本土内容，同时在海外同步推出"恋恋剧场"，紧跟国内剧场排期模式，提高目标用户的留存率。优酷通过潮玩品牌销售延续用户的社交体验，保

持《这！就是街舞》的节目讨论热度。

因地制宜"量身定制"运营策略。针对非洲当地的低付费意愿问题，Boomplay 与非洲电信公司 9Mobile 合作推出"Boomplay 流量计划"，为尼日利亚听众提供"负担得起的流媒体服务"。针对非洲音乐产业较为分散，多独立艺人的问题，Boomplay 为入驻音乐人提供推广服务，以此形成艺人供给方面的正向循环。

注重差异化竞争和精准传播。在东南亚地区，腾讯视频 WeTV 与爱奇艺国际版侧重国家有所不同。2022 年，从应用投放情况来看，腾讯视频 WeTV 主投印度尼西亚，该国素材量占总素材的 33.65%；爱奇艺海外版主投泰国，该国素材量占总素材的 25.15%。芒果 TV 国际版在东盟地区重点发力越南。华为分亚太、欧洲、俄罗斯、拉美、中东等几大片区进行运营，大的国家实行"一国一策"运营战略，小的国家实行区域化运营。快手海外版主要关注拉美和中东市场，SnackVideo 聚焦以印度尼西亚为主的东南亚地区。欢聚旗下 Likee 聚焦中东、南亚和东欧；2022 年，Bigo Live 在巩固印尼市场的同时，尝试向欧洲和东亚等成熟市场扩张。

（二）与国内机构联动，促进协同出海

网络视听平台通过与移动服务商、数字业务营销商以及终端设备厂商等合作，优势互补、探索联合出海。

数字业务营销商助力中国企业迈向全球。爱奇艺国际版与出海广告投放企业飞书深诺达成战略合作，实现海外广告系统的落地。bilibili 与数字媒体业务整合营销商 WEZO 维卓合作，在东南亚地区完成从冷启动到稳运行的工作任务。2023 年 3 月，猎豹移动与 Kwai for Business 达成合作，成为其一级代理商。

移动服务商方面，华为 HMS 生态的技术、运营、维护、优化、政策等一系列支持助力 Likee 在海外市场开拓不断取得突破，实现月活用户数和下载量的持续提升。

快手与音乐产业基建平台"看见音乐"达成合作，旗下海外短视频

Kwai、Snack Video 接入"看见音乐"基建，获取基建内全球千万级音乐数字资产的调用，为平台用户创作提供全球优质配乐素材，促进作品创作提效，提供优质音乐内容体验，扩大海外市场版图。

（三）商业生态建立，提高变现模式

在加大投资力度的同时，网络视听平台重视海外商业生态的构建，加速商业变现回报。快手上线品牌化广告平台 Kwai for Business，产品用户已覆盖 30 多个国家。作为短视频和直播为载体的新营销渠道，Kwai for Business 提供品牌营销、标准型广告、内容型广告以及效果广告等整合营销解决方案，涵盖 10 余种新样式，6 个出价决策能力，实现服务从品牌到效果的全链路产品能力。直播业务是欢聚集团的主要营利支柱所在，占到了总营收的 92.5%。JOOX 拓宽广告营收面，凭借与视频广告平台 SPOTX 等的合作，吸引了可口可乐、宝洁、联合利华等品牌的广告投放；并且，采用联动用户社交行为与付费行为的策略，在当地社交媒体中实现裂变，提高赞助价值。TeleKwai 以短剧的形式加强品牌与当地用户的联结，实现高曝光、强互动的品效双赢。

三、网络视听机构国际自有平台发展新风向

（一）丰富优质内容，节目口碑趋好

丰富优质内容。2022 年，爱奇艺国际版上线作品 500 多部，提供 7000 余小时优质娱乐内容，包括 7000 多集电视剧、综艺、纪录片、动漫以及 300 多部电影，大规模输出包括悬疑、古装、爱情等不同品类的原创内容；腾讯视频与海外多渠道平台合作，共有上百部优质作品输出海外，涵盖电视剧、纪录片、动漫和综艺等类型。截至 2023 年第一季度，芒果 TV 国际版共上线 1500 个节目，库存节目超 15 万小时。喜马拉雅国际版 APP 为华人提供全球畅销有声书、小说、世界名校教授英文课、行业专家中文课程等 10 万余本优质有声书籍。

节目口碑趋好。网络视听平台的优质节目屡屡成为海外市场的爆款，

斩获国内外奖项。2022 年 8 月，《苍兰诀》登陆爱奇艺国际版，开播后不久就被韩国电视台买入播出权，此后陆续登上马来西亚、新加坡等多国热搜。芒果 TV 国际 APP 在首页特别建立了"中国文化"专区和国风专属文化频道，多维度展示中国文化和当代华人青年生活状态，向全球用户推广 100 多部优质华语文化类纪录片，深受海外观众喜爱。截至 2023 年 3 月，腾讯视频 WeTV 上《三体》的观看量超过 700 万，其中近 42% 的用户来自北美地区，海外口碑持续攀升。古装轻喜爱情剧《春闺梦里人》开播一周斩获 WeTV 越南、韩国、美国、印度尼西亚、泰国单日热度第一。此外，bilibili 出海的 15 部高质量纪录片累计斩获 107 个国内外奖项，在世界范围内获得了较好的传播效果。

（二）本土化建设力度加大，国际化增强

各出海平台深耕本地市场，加大本土化建设。

一是设立本地办事处，深入当地市场和用户，推动国际业务纵深发展。爱奇艺以北京总部与新加坡国际总部为国际业务双中台，同时在泰国、马来西亚、北美等地设立本地办事处进行本土化运营；四达时代在卢旺达、尼日利亚、肯尼亚、坦桑尼亚等 30 多个非洲国家注册成立公司并开展数字电视和互联网视频运营；Boomplay 建立初期就搭建了本地社媒运营团队，并采取"分层而治"的策略，团队中一半员工都是非洲本地人，并采取"总部—海外社媒运营团队"协同的方式。

二是积极与当地媒体、影视制作公司、电视台等组织开展合作。爱奇艺与长信传媒合作，在马来西亚创立"宠爱娱乐"，打造东南亚最大的艺人经纪公司。腾讯视频在日本与索尼展开独家合作，通过其丰富的资源渠道覆盖更多观众。2022 年 8 月，芒果 TV 与老挝国家电视台、云南无线数字电视文化传媒股份有限公司正式签署战略合作协议，共建东南亚区域国际传播中心，推动三方在平台建设、内容授权与译制、融合传播等领域的合作。

三是开展合作合拍，生产本土化优质内容。爱奇艺先后与韩国 Studio

Dragon、新加坡长信传媒、菲律宾 ABS-CBN 公司合作制作剧集《我的室友是九尾狐》、"南洋三部曲"、《说再见（Saying Goodbye）》等。优酷少儿与俄罗斯动画公司瑞奇联合出品动画《缇娜托尼》。腾讯视频 WeTV 与泰国 CHANGE 2561、康塔纳影视集团、TV Thunder 等泰国领先的内容制作商合作推进本土化原创内容制作，打造本地标杆性 IP，代表作品有《正妻》《仇爱》等。芒果 TV 与泰国电视台联合投资制作《杉杉来吃》泰国版。

四是推出系列活动，实现线上线下良性互动。腾讯视频每年在泰国举办 WeTV AWARDS，2022 年 WeTV AWARDS 年度盛典获得了喜爱亚洲题材的泰国用户的良好反馈，3 周内共计收获了 1050 万张选票。2022 年，四达时代尼日利亚子公司与非洲电影学院奖（AMAA）合作举办了 AMAA-StarTimes 短片电影节。2022 年第一季度，Likee 的本地运营团队在南亚当地婚礼季推出多个婚礼相关的话题挑战，鼓励创作者展示传统婚礼文化，吸引超过数亿浏览量。2022 年 4 月，BIGO 深入印尼传统文化，在斋戒月期间发起 Good to Bigood 活动，引发印尼全民参与，得到了印尼旅游与创意经济部部长、印尼通信部司长的大力支持。

（三）技术驱动增强，交互性明显

依托技术创新优势，优化使用体验。爱奇艺国际版运用 AI+5G 技术实现了为直播节目提供多语言字幕的超低延迟实时翻译。腾讯视频 WeTV 依托技术创新、数据分析，提升经营效率，助力华语内容触达更广泛的海外人群。Likee 为用户提供了视频创建和编辑套件，基于先进的 AI 和 AR 技术、人体识别和 4D 特效，实现了超强的视频编辑功能。Vskit 在传音手机的终端硬件优势基础上针对各国标准脸进行了适配，升级了美颜模式。

强化平台社交属性，提高用户交互体验。腾讯视频 WeTV 建立用户互动社群，通过粉丝基础积极拓展成新的消费群体，让新的亚洲内容题材爱好者不断加入。Likee 上线 Friends 好友功能，以满足用户多样化的社交互动需求；在欧美部分地区上线了兴趣社区功能板块 LOOP，并专注打磨各类社区互动工具及功能。Boomplay 平台推出音乐社区 Buzz，用户可以在

Buzz 中结交新朋友，获取所有最热门的新闻资讯以及对顶级艺术家的独家采访，并与全球娱乐爱好者聊天。

国际新媒体平台建设对重构国际传播格局具有战略意义，面向移动端的海外平台是关键阵地。目前，中国出海平台面临重要机遇，也面临强大竞争对手和诸多不利因素。总体来看，中国网络视听平台全球化布局还在起步阶段，需要进一步推进国际化本土化建设、构建上下游联动的国际传播体系、加快技术赋能产业升级，将"造船出海"与优质内容深入融合，注重海内外合作共享传播，打造全媒体传播矩阵，讲好中国故事，讲好中外合作故事，做到精准触达、有效覆盖、可持续发展，推动国际传播新格局加快形成。

（执笔人：周述雅，国家广播电视总局发展研究中心）

第八章

行业治理与安全

课题指导：

国家广播电视总局政策法规司司长　　　　　　　　刘　俐

国家广播电视总局传媒机构管理司司长　　　　　　袁同楠

国家广播电视总局安全传输保障司司长　　　　　　谢东晖

第一节　广播电视政策与法治建设

提要： 2022 年，广播电视和网络视听战线深入学习宣传贯彻党的二十大精神，坚持法治国家、法治政府、法治社会一体建设，日益适配新时代大视听法规政策体系，法治政府建设扎实推进，法治宣传教育创新拓展，抓内容、强技术、保安全、促产业、净生态，"法治广电"建设迈上新台阶。

一、深入学习宣传贯彻党的二十大精神，开创新征程广电法治建设新局面

以党的二十大精神为指引，把党的领导贯穿广播电视法治建设全过程各方面。党的二十大提出在法治轨道上全面建设社会主义现代化国家的目标任务，指明广播电视和网络视听法治建设方向和道路。广电总局党组第一时间召开会议作出部署，把全面学习宣传贯彻党的二十大精神与贯彻落实习近平法治思想结合起来，与提升广播电视治理体系和治理能力现代化结合起来，与推动当前工作结合起来，统筹谋划广播电视法治建设各项工作，奋力谱写新时代新征程广电法治建设新篇章。

深入学习宣传贯彻习近平法治思想，增强学习贯彻的自觉性和坚定性。视听战线将习近平法治思想作为推动法治建设的行动指南，列为会前学法必学内容、法治培训必修课程，全方位、多角度、深层次学习宣传阐释，

不断增强学习贯彻的思想自觉、政治自觉、行动自觉，全面推进各项工作法治化。

二、加快完善大视听政策法规体系，以法治力量护航视听高质量发展

加快推进广播电视法规制修订工作。广电总局党组多次召开专题会议研究部署法治政府建设有关重大问题，审议广播电视法等法律法规和党内法规文件的制修订。国务院预备提请全国人大常委会审议广播电视法草案，广电"基本法"驶入立法快车道。广电总局积极为其他部委涉广播电视业务的百余件法律法规提供建设性意见，协助《爱国主义教育法》《网络安全法》制修订，配合修订《外商投资准入特别管理措施（负面清单）（2021年版）》等法规，不断完善广电领域法规体系。推动将智慧广电、高新视频等内容纳入国家《"十四五"扩大内需战略实施方案》等政策文件，将网络视听、国家文化专网和文化大数据体系建设等列入国家产业结构调整指导目录鼓励类事项，为产业高质量发展提供政策指引。北京、江苏等地积极推进网络视听地方立法，以法治理念、法治手段创新地方治理。

持续推进部门规章制修订。根据行业发展实际和管理需求，新制定《广播电视节目传送管理办法》《广播电视无线传输覆盖网管理办法》两部规章，修订《广播电视节目制作经营管理规定》《中外合作制作电视剧管理规定》《广播电台电视台审批管理办法》三部规章并向社会征求意见，启动《互联网视听节目服务管理规定》等规章修订工作，加快健全广电规制体系。

完善广播电视规则和标准体系。一是依法做好文娱领域综合治理，联合中宣部等部委出台《关于进一步规范播音员主持人职业行为和社会活动管理的意见》《网络主播行为规范》《广播电视和网络视听领域经纪机构管理办法》等文件，以规制补齐监管漏洞和短板。二是完善网络直播、微短剧管理政策，出台《关于加强网络视听节目平台游戏直播管理的通知》《关

于进一步加强网络微短剧管理实施创作提升计划有关工作的通知》等文件，进一步完善视听新业态和内容新形态的全流程管理机制。三是强化行业标准、自律规范对内容、安全、技术等工作的引领支撑作用，全年发布《广播电视和网络视听节目对外译制规范》等 20 多个行业标准文件，中广联合会、中国网络视听节目服务协会等行业组织制定《电视剧网络剧摄制组生产运行规范（试行）》等自律管理制度，促进行业正规化、标准化建设。

加强涉外法治工作。广电总局积极参与广电国际规则制定，参加世界知识产权组织版权及相关权常设委员会、亚洲广播联盟知识产权和法律委员会等相关活动，研究交流广播电视行业涉外知识产权、涉外谈判、涉外管理应对措施及相关制度等问题，推动形成公正合理的国际广播电视规则体系。加强涉外法治理论研究，持续做好《外国广播电视法律法规翻译》等课题研究，为广电视听国际传播工作提供有力理论支撑。

三、扎实推进依法行政，法治政府建设迈上新台阶

（一）加强法治政府建设

不断优化法治政府政策体系和职责体系。一是健全内部重大决策、协议、规范性文件合法性审查工作机制。广电总局对现行有效规范性文件进行系统性梳理和合法性审查，汇总形成现行有效文件目录和拟废止的文件清单目录，将作为规范性文件主动公开的名单依据。二是加强行政复议规范化、专业化、信息化建设。2022 年广电总局办结行政复议案件 3 件，依法处理 2 起行政诉讼案件，有效发挥行政复议化解行政争议主渠道作用。三是依法依规开展信息公开工作。2022 年在广电总局官网发布新制定规章和规范性文件、行政许可相关信息、财政预决算信息等 250 余条，受理和办结政府信息依申请公开 53 件。在广电总局官网"政策解读"专栏对《"十四五"中国电视剧发展规划》《网络主播行为规范》等重点工作和社会关注度高的政策进行解读。四是主动开展广播电视法治理论研究工作。国家广播电视总局与中国政法大学合作共建广播电视政策法规研究基地，

为各项法治工作提供理论支撑。江苏等地也健全广电行政决策论证专家库，借外脑外智提升法治政府建设能力。

（二）深化"放管服"改革

分级分类推进行政审批制度改革。广电总局积极推进行政许可事项清单编制和行政许可事项实施规范的制定工作。各地按"四级四同"要求，梳理统一的行政许可事项清单，规范编制政务服务事项目录，动态更新办事指南，推动政务服务标准化、规范化、便利化升级。山西、四川等地实现省市县统一审批事项办事流程、申请材料、办理时限、办事标准、网办事项"五统一"。

推进政务服务数字化与法治化深度融合。全面推行广电政务服务数字化、标准化，推进"证照分离"改革，由"不见面办、立即办"向"全程网办、一网通办、全省通办"乃至"移动办、掌上办"升级。广电总局提升"政务大厅＋政务平台"服务水平，实现信息网络传播视听节目许可证核发等12项政务服务事项一网通办。地方广电局也通过直接取消审批、告知承诺、优化审批服务等方式，推进审批减环节、减材料、减时限、减收费项目，强化政策支持和服务保障。积极构建以"互联网＋监管"为基本手段、以信用监管为基础的新型监管机制。江苏、湖北、北京等地出台行业信用体系建设规定，上线信用监管平台，构建信用标准体系，有效提升行业管理科学化精准化水平。

案例：江苏省广电局构建信用监管新平台新机制

江苏省广播电视信用监管平台于2023年2月正式投入运行，创新广播电视信用监管新模式。一是全省协调统一。平台用户包括省、市、县三级行政管理部门和所有广电从业主体，近3000家单位各自拥有相应账户和不同权限，所有信用数据在平台呈现，避免数据搬家、数据孤岛、数据烟囱等现象。二是事项一网通办。平台包括信用法律法规和政策查询、信用承诺、信用信息查询应用、信用状况认定、信用评价、联合奖惩和信用修复等板块，实现所有信用监管事项一网通办，极大减轻基层工作负担。三是数据互联互通。平台和省政务办、省公共信用信息中心等平台实现互联互通，数据及时共享，有效简化数据报送、信用信息查询等多个工作流程，提高工作效率。四是监管信用融合。平台所有信用体系建设环节均内嵌于江苏广电政务服务平台和行业监管之中，实现广电业务管理和信用体系建设融为一体。

（三）打造法治化营商环境

持续优化营商环境，服务行业高质量发展。一是打造市场化法治化国际化营商环境。广电总局认真做好自贸试验区改革相关工作，如期完成营商环境创新试点系统互联互通和数据共享工作，实现相关政务信息数据资源与国家平台的同步共享及授权管理。二是出台一系列纾困助企政策举措。多地采取加强远程服务指导、采用远程视频勘验、适当放宽年检换证条件、实施重点项目"绿色通道"等方式，落实落细政务审批事项不见面办、网上办、立即办以及容缺受理，靠前服务化解疫情影响和冲击。三是营造包容宽容的市场环境。广电总局按照"统筹发展和安全、统筹活力和秩序，监管和繁荣并重、提正和减负并重"思路，对网络视听平台做到"强管理、帮规范，重扶持、慎处罚"，推动行业实现良性循环、高质量发展。各地推进包容审慎监管执法模式，制定广电领域"轻微违法不予处罚"清单制度，广泛运用说服教育、劝导示范、警示告诫、指导约谈等方式，让执法既有力度又有温度，激发市场活力。

（四）提升行政执法规范化制度化水平

完善行政执法制度体系和工作机制。健全行政执法人员持证上岗和资格管理、行政执法责任制等行政执法制度体系，完善案件线索处置、联合执法等行政执法工作机制，推动审批与监管、服务衔接联动。一是加强播出机构和制作传送机构管理。把依法确立下放事项、广电播出机构许可证和广电频道许可证审核换证工作与加强播出机构管理、建设融媒体中心、推进频率频道改革、推动高清化改造结合起来，全面规范优化广播电视播出秩序和发展环境。二是加强广告播出管理。把商业广告治理与推动公益广告创新和提质增效结合起来，统筹日常监管和专项整治、查处问题和健全机制，开展全国"灰广播"及非法医药广告播出集中整治工作，巩固商业广告治理成果。三是开展非法卫星电视地面接收设施常态化治理与专项整治行动。严查非法生产、销售、安装卫星电视地面接收设施等行为，整顿和维护卫星电视传播秩序。

四、持续创新普法工作，法治社会建设取得新进展

（一）丰富和拓展全媒体法治宣传阵地

积极构建全媒体法治传播体系和法治宣传主阵地。引导播出机构和网络视听平台加强法治频道、法治节（栏）目、网络视听法治传播矩阵建设，贯通电视、手机、平板、车载等各类终端和平台，通过媒体报道、新闻评论、影视节目、短视频等形式，推动法治宣传教育跨屏、跨域、跨网、跨终端有效衔接，扩大法治宣传阵地，引导社会公众自觉遵守法律法规。鼓励法治题材视听产品创作生产，《巡回检察组》《狂飙》等一批现象级法治题材电视剧成为讲好法治故事、传播好法治声音的最好素材。创新"大视听普法"方式，积极运用图解、动漫、短视频、网络直播、微短剧等视听手段创作大量网络普法作品，湖南、云南等地广泛利用应急广播系统"送法到基层"，推动法治宣传更通俗易懂接地气，提升普法到达率、普及率、知晓率。

案例：湖南利用"村村响"做好法治宣传

湖南省广电局、湖南省司法厅持续利用"村村响"广播开展法治宣传教育。一是加强部门协同，普法增渠道。省司法厅组织专门力量录制"村村响"法治广播音频，由"村村响"广播播放，两部门都将法治广播播放情况纳入工作考核，确保落实落地。二是紧扣重要内容，普法接地气。针

对农村实际问题，选取发生在群众身边的典型案例，突出《民法典》《森林防火条例》《土地管理法》等法律法规宣传，增强居民法律意识和法治观念。三是突出重要节点，普法讲时效。充分利用元旦、春节等节假日和赶集、庙会等农村群众较为集中时段开展禁毒、防范电信诈骗宣传，提高普法效果。四是聚焦特殊群体，普法有重点。重点宣传妇女权益保障法等有关婚姻家庭法律条款，引导广大农村妇女知晓自已的财产、婚姻权益等内容；围绕电信网络诈骗等开展集中宣传，让群众特别是老年群体提升防范意识。

（二）压紧压实普法责任制，提升普法针对性时效性

健全普法责任制落实机制。各级广电部门把"谁执法谁普法""谁管理谁普法""谁服务谁普法"原则贯穿于法治工作全过程，认真实施"八五"普法规划，完善普法责任清单，明确普法具体内容，增强法治宣传教育效果。云南等地还探索建立"谁执法谁普法"责任年度履职报告评议制度。完善媒体公益普法机制，充分利用"4·15"全民国家安全教育日、"12·4"国家宪法日等活动，全媒体宣传宪法、国家安全法、民法典、广播电视管理条例等法律法规，在强化行业干部职工普法学法用法的同时，面向社会、面向公众开展公益性普法宣传和法律服务。

强化法治宣传与法治实践双向融合。各地结合行政执法、行政复议、行政诉讼、政府信息公开等案例，在立法、执法过程中开展实时普法，不断提升普法工作与管理工作结合度、契合度。广电总局利用广告播出违法违规典型案例开展法制宣传教育，督促各级播出机构强化自查自纠自律。云南局开展"法治宣传固边防"行动、江西局打造"处长讲法、干部执法、企业守法、群众评法"法治矩阵、北京局组织开展"服务大局普法行"等活动，增强了全系统依法行政、依法管理、依法运营能力。

创新法治培训工作。各级广电部门通过举办法治培训、法治讲座、编写发放普法资料等形式，加强对全系统干部职工的法治宣传教育。广电总

局组织各司局新承担行政执法职责的人员进行培训，举行行政执法证申领考试，举办全国广播电视法治骨干培训班，联合文旅部等部门开展全国文化市场综合执法岗位练兵技能竞赛等活动，提升学法用法实效。

　　广播电视法治建设永远在路上。新时代新征程上，广播电视系统将坚持以习近平新时代中国特色社会主义思想为指导，全面贯彻落实党的二十大精神，进一步完善大视听内容、技术和安全等方面的法律法规，健全系统化的行业规则、规制、管理、标准等制度体系，加快新技术新应用新业态等重点领域、新兴领域的建章立制，推动大视听法规政策体系更加成熟；进一步加强法治政府建设，推进政府职能转变，深化"放管服"改革，优化法治化营商环境，促进行业健康有序发展；进一步健全全媒体法治传播体系，推动大视听普法走深走实，在全行业全社会营造浓厚的法治氛围，以高质量的广电法治建设为广播电视高质量发展保驾护航。

　　　　　　　　　　　（执笔人：陈林，国家广播电视总局发展研究中心）

第二节　行业综合治理

提要：2022 年，广播电视和网络视听行业管理机制日趋完善，内容监管不断加强，重点整治协同发力，从业人员管理与机构平台治理持续深化，发展秩序日益规范，治理效能全面提升，良好的视听生态加快形成，行业综合治理成效显著。

2022 年，行业主管部门深入贯彻落实党的二十大精神和党中央决策部署，聚焦内容、技术、安全三大重心，更好统筹当前和长远，加快推进新时代新征程广播电视和网络视听治理体系和治理能力现代化建设。

一、持续推进视听传播生态系统治理

（一）加强统筹指导，强化把关监督

广电总局加强重要节点重点题材的统筹策划与规划部署。一是紧紧围绕党的二十大、北京冬奥会等重大时间节点，强化对宣传报道、公益广告等各类视听节目的动态管理和跟踪指导，确保正确导向。二是强化内容管理、阅评与重大宣传报道协调等重点工作机制，深入抓好重保期"首页首屏首条"建设、"首屏首推工程"和播出调控管理，把握正确方向。三是加强全年剧集播出宏观调控，推动文艺评论、评奖推优进一步聚焦重大题材，以"评"促"治"、以"优"带"优"，推动优秀视听节目生产传播。

深入落实意识形态工作责任制。加强对重点视听节目的审查管理，把好节目编排、内容定位、人员片酬等关口，从源头营造良好氛围。一是开展省级卫视节目结构化管理。做好广播电视上星综合频道宏观调控，加强卫视黄金时段和重点类型节目管理，监督指导卫视公益节目、新闻节目、纪录片、动画片播出时长达标，严禁偶像养成类节目、影视明星子女参与的综艺娱乐和真人秀节目在电视上播出。二是严把内容导向关，做好全链条管理。在剧集拍摄制作备案公示、内容审查和播出调控等环节严格审核把关，优化特殊题材剧目内容审查，审慎处理问题剧目，进一步落实和优化重大题材剧集创作管理。三是强化新兴内容形态的系统管理。加强对短剧、网络微短剧的管理，把网络微短剧与网络剧、网络电影按照同一标准尺度进行管理，并将线上演唱会这一新业态按照网络综艺节目与网上境外其他视听节目引进的相关规定纳入监管，规范促进新兴内容形态有序发展。

（二）提升治理效能，净化行业环境

广电行政部门充分发挥主体作用，压紧压实属地管理责任、主管主办责任和主体责任，统筹各方力量共同营造良性的行业发展环境。

深入推进文娱领域综合治理。广电总局加大整治文娱领域出现的突出问题，开展形式多样的治理工作，营造风清气正的视听环境。一是完善对电信网络诈骗、新型毒品犯罪、网络平台直播乱象和非理性追星、饭圈乱象、阴阳合同、明星虚假广告代言等娱乐圈突出问题的规制，补齐监管漏洞和短板，强化收视率造假治理。二是扎实部署开展违规短视频、网络视听节目中不规范语言文字问题、以"刑满释放"为标签的不良短视频和网络直播内容、小程序类网络微短剧等专项治理工作，有力净化网络视听空间。三是加强经纪机构与人员管理，出台相关管理办法明确其权利义务，推动行业协会成立经纪人委员会，有力规范经纪活动。四是加强对流量明星等演艺人员的管理与对违法失德艺人的处置，通过演员聘用合同示范文本，明确规定可能导致高价片酬、偷逃税问题的关键条款，约束演员在签约、缴税等环节的行为。

加强广告领域监管整治。一是组织开展全国"灰广播"及非法医药广告播出集中整治工作，清理一批违规商业广告，有效遏制非法医药广告特别是"神医""神药"广告的播出。二是加强重点领域广告播出管理，进一步规范明星广告代言活动，提出规范明星代言行为、规范企业选用明星开展广告活动等一系列具体举措，督促各地抓好贯彻落实，加大排查处理借党的二十大进行商业营销、违规开展校外培训广告等问题。三是组织开展电视购物频道专项整治，下架问题产品、停播问题节目，督促指导问题购物频道整改，整治购物频道违规播放电视剧等问题。

推进视听行业规范化与标准化。广电总局多措并举，制定出台系列规范性文件，充分发挥规范标准的基础性、引领性作用。一是研究制定在内容生产制作等方面的规范性文件。从电视剧母版制作入手，对电视剧时长、署名、图像等进行技术量化和统一规范，推进版本存储管理工作与体系建设，并设计启用国产电视剧片头统一标识，打造中国电视剧标志性文化符号，提升电视剧制作播出的标准规范水平；联合国家电影局等部门从准确界定范围、落实意识形态工作责任制、合理规划布局等方面，全方位促进影视基地规范健康发展。行业组织也主动作为，出台相关自律制度，中广联合会、中国网络视听协会对电视剧网络剧摄制组的生产运行从职责要求、工作进程管理、安全与保障等多方面进行规范。二是建立健全标准化工作机制与技术标准体系。推进重点领域行业标准研制，编制发布市级融媒体系列标准、高动态范围和三维声标准、节目内容标签与节目信息即时传输标准、节目对外译制规范等一系列行业标准，完善标准体系建设。

二、不断强化广播电视机构业务管理

（一）改进节目制作经营机构监管

广电行政部门提升改进监管方法，加大加强监管力度，促进广播电视节目制作经营机构健康发展。一是进一步做好广播电视节目制作经营许可证审核发放和管理工作，推动形成政府监管、行业自律、社会监督的管理格局。二是指导督促各地开展国有广播电视节目制作经营企业社会效益评价考核，通过培训调研、细化考核指标、加强结果运用和正向激励等一系列举措推动考核目标落地见效，并重点加强对拟上市企业履行社会责任情况的审核把关，促进主要企业树立正确的效益导向与发展导向。三是持续深化"放管服"改革，北京等地把更多力量从事前审批转移到加强事中事后监管上来，创新采取根据信用状况分类分级的"信用＋智慧"监管模式，实现差异化管理，提升监管成效。

（二）深化节目播出机构改革发展

加强广播电视播出机构阵地管理。各级广电部门坚持常态化督导与全时段监测，推动播出机构在宣传思想和高品质文化服务方面发挥更重要的作用。一是严格播出机构管理，做好全国播出机构和频道频率许可证的审核发放工作，加强内部全流程各环节管理，落实落细节目三审制和重播重审制，以问责、通报等处理措施压紧压实责任。二是指导省级广电行政部门在市县级融媒体中心和广播电视台管理上履职行权，强化在宣传、节目、许可和安播等多方面的管理。三是深化队伍教育管理，加强广播电视播音员主持人职业资格准入管理，及时核查相关人员的违规违纪行为，筑牢关键岗位入口关。

深入推进频率频道资源整合和精简精办。在广电总局的统一部署要求下，各级广电扎实推进频率频道整合优化。一是积极推进电视频道转型升级，2022 年全国共有 55 套公共频道调整为专业频道，更加突出节目特色和专业化融合化品牌化发展趋势。二是撤销不适应发展需求的频率频道，2022 年共撤销 54 个频道频率，包括 33 个普通电视频道、8 个付费电视频道与 11 个普通广播频率、2 个付费广播频率，频率频道的结构不断调整优化。

加快推进高清超高清化进程。一是加快推进高清超高清电视发展，围绕制播能力建设、标清频道关停等方面提出进度要求和推进策略。截至 2023 年上半年，全国高清频道已有 1099 个，其中超高清频道 10 个。二是积极推进户外超高清大屏播放视听节目发展，联合工信部等部门开展"百城千屏"超高清视频落地推广活动，加速推动超高清视音频融合创新发展。

三、全面深化网络视听领域治理

（一）聚焦内容治理，清朗网络空间

深化网络视听节目内容管理。一是健全网络视听内容管理制度，制定关于网络主播、游戏直播、网络直播打赏、线上演唱会等一系列规范性文件，引导网络视听行业健康发展。二是推动实施国产网络剧片发行许可制度，要求网络剧、网络微短剧、网络电影、网络动画片等国产重点网络剧片上线播出时使用统一的"网标"，加强省级广电部门对网络剧片的发行管理、播出巡查和监管，逐步实现重点网络剧片发行许可全覆盖，推动网络剧片创作生产和传播精品化、规范化。三是提升审核效能，开展重点网络剧片与网络综艺的立项及完成片审核，做好网络剧、网络电影备案审核、选题规划和内容审查，推动创作生产告知承诺制度落地见效，健全重点网络综艺节目制作计划月度报备与主要嘉宾遵纪守法承诺制度，实现关口前移，建设启用"重点网络视听节目内容审核系统"，推进内容审核工作的公开透明与可实时追溯。四是用好立项与播出调控，确保现实题材比例不低于 60%，并定期召开网络视听宣传例会、节目创作指导例会，提示不良创作倾向，推动问题发现与解决。五是加强内容安全管理，出台专门的网络视听节目内容安全管理工作方案，将内容审核的片名关、导向关、内容关、人员关、审美关、片酬关、播出关、宣传关 8 关固化到审核的具体要求中，同时在重大时间节点组织实施内容安全专项检查，开展年度重点网络视听直播平台政策指导和内容安检，管治结合提升治理水平。

持续开展"清朗"系列专项行动。2022 年"清朗"专项行动聚焦社交、短视频、网络直播、自媒体、算法等领域，13 项行动共清理违法和不良信息 5430 余万条，处置账号 680 余万个，下架 APP、小程序 2890 余款，解散关闭群组、贴吧 26 万个，关闭网站 7300 多家，整治网络乱象，营造文

明健康网络环境。在网络视听领域，对 IPTV 集成播控分平台、互联网电视集成平台、有线电视开展"清朗视听"内容安全专项整治，在节目源管理、节目内容合规、节目接入路径、业务合规、意识形态工作责任制落实、内容管理机制等各方面，规范视听平台与内容建设，推动大屏内容管理日益规范成熟，营造良好舆论环境。

（二）规范从业人员，深化平台治理

加强网络视听从业人员规范管理。广电总局将人员管理作为网络视听行业管理的重要抓手，推动逐步建立涵盖培训、考核、持证、监督的全流程全链条管理制度。一是加强重点关键岗位从业人员管理，强化对文化内容安全关键岗位人员教育培训，不断加强短视频平台编审团队的组织建设和思想建设，探索建立专职审核员等培训合格信息库，逐步完善数据的集中化管理，打破数据孤岛，提高管理能力。二是进一步规范网络主播从业行为，明确网络主播应当遵守的行为准则和规范要求，划定相应的底线和红线，加强教育培训、日常管理和规范引导，树立行业新风正气，促进行业规范发展。

强化平台主体治理。以"正能量是总要求，管得住是硬道理，用得好是真本事"为遵循，健全网络视听治理体系，规范网络视听发展秩序。一是压紧压实网络视听机构主体责任，深入推进落实网络视听平台意识形态工作责任制，加强对头部平台的监管，以长视频、短视频与直播三大业态为核心抓手，全面抓好许可准入、内容审核、日常监管、算法管理等各环节，实现"强管理、帮规范，重扶持、慎处罚"。二是加强广播电视所属新媒体平台和账号管理，从内容审核把关、完善管理制度、加强队伍教育管理等方面开展专项整治，深入自查自纠、堵塞管理漏洞。三是推进网络视听平台信息登记与新业务上线评估审核工作，按照边登记、边整改、边纳入的工作思路，深化对新兴平台与业务的管理，不断增强对 VR、AR、互动节目、网络微短剧等新业态的监管能力。四是坚持依法依规管网治网，在细化网络短视频内容审核标准、规范网络直播打赏、加强网络视听平台游戏直播管理、维护未成年人权益等方面深化制度建设、强化制度执行。

广播电视和网络视听行业综合治理不断取得新进展新成效，但随着新的技术应用、新的业态和行业市场的创新发展，行业治理将面临新形势新挑战、新任务新要求。必须与时俱进、紧贴实践，进一步创新管理机制，运用法治思维和法治方式，提升治理能力现代化水平，加强系统治理、依法治理、综合治理、源头治理，不断完善广播电视和网络视听综合治理体系，推动形成规范有序、创新发展的广播电视和网络视听生态。

（执笔人：索东汇，国家广播电视总局发展研究中心）

第三节　传播安全建设

提要：全国广电树立"大安全"理念，圆满完成党的二十大等国家重大活动安全播出，持续完善安全播出长效机制、平稳有序管理卫星运行、稳步建设现代监测监管技术系统，扎实推进网络安全、设施保护和传输覆盖网建设。2022年广电总局接报处置安全播出重大事故30起，累计停播时长56小时26分45秒，两项指标连续九年保持递减趋势，事件事故发生率再创历史新低。

一、安全播出工作再创佳绩

安全播出是广播电视工作的生命线。2022年全国广电系统顺利完成北京冬奥会、冬残奥会、全国两会、共青团成立100周年大会、庆祝香港回归祖国25周年大会、党的二十大、江泽民同志悼念活动、烈士纪念日敬献花篮仪式，以及元旦、春节等党和国家重大活动及日常各项保障工作，全国安全播出工作再创佳绩。

2022年，广电总局聚焦主题主线，围绕党的二十大安全播出保障工作，开展全国安全播出大检查、安全播出应急演练、网络安全渗透测试和攻防演习，以及召开动员会议、实施"安全播出月"高等级保障等一系列工作，为党的二十大安全播出保障夯实了基础。其中，大检查自查工作覆盖了中央、省、市、县四级共计 9693 个单位和部门，累计自查项目 125 万项，全国平均达标率为 94.25%。广电总局成立 19 个检查组开展大检查实地检查工作，共检查单位 349 个，累计检查 29711 项内容，发现需整改的问题 1080 个，督促各相关单位建立问题台账，对账销号，确保到党的二十大前绝大部分问题得到整改。党的二十大重要保障期间，全行业全力以赴，尽锐出战，高质量、高标准完成党的二十大安全播出保障任务。

监测监管数据显示，2022 年广电总局共接报处置安全播出重大事故 30 起，累计停播时长 56 小时 26 分 45 秒，两项数字再创新低，安全播出总体态势良好。从事故发生领域看，电视中心发生 15 起，广播中心 2 起，卫星传输 2 起，集成平台 5 起，光缆传输 1 起，无线发射 5 起。据统计，2022 年北京、天津、河北、山西、吉林、黑龙江、上海、江苏、浙江、安徽、江西、山东、湖北、湖南、广西、海南、重庆、云南、甘肃、宁夏、新疆等省（区、市）和新疆生产建设兵团，以及电影频道、国际电视总公司、中广影视卫星公司等单位全年未发生重大停播事故。其中，上海、江苏、浙江、甘肃等省（市）连续三年未发生重大停播事故。

安全播出长效机制持续完善。一是修订印发了《〈广播电视安全播出管理规定〉安全播出事件事故管理实施细则》。二是与中央广播电视总台建立了重要直播信息通报机制。三是定期召开季度安全播出工作例会。四是加强预案管理，修订更新应急预案。五是调整更新广电总局安全播出指挥部成员及办公室成员，组建安全播出专家库。六是做好例行检修和临时停播管理，加强事件事故调查处理和通报。七是积极推进广播电视技术系统"智慧运维"。

卫星运行管理平稳有序。一是加强卫星资源储备。中星 6D 卫星发射成功、交付运行后，有关部门组织相关地球站开展了业务转星调整，从中星 6C 卫星顺利转至中星 6D 卫星。二是广电总局积极推动卫星高质量发展。大力推进直播卫星高清化，组织召开全国广播电视卫星直播高清同播工作推进电视电话会议。积极推进卫星直播节目集成播控平台迁建工作。三是完善卫星传输行政许可。根据国办行政许可事项清单，修订部门规章，制定了利用卫星方式传输广播电视节目审批事项服务指南和示范文本。

监测监管技术体系建设稳步推进，推进"智慧监管"，建设现代监测监管系统。一是推动将监测监管重点项目纳入广电总局基建项目库。组织完成多个项目技术论证。二是推进中央和地方监测监管系统互联互通和数据共享试点。落实国办关于首批营商环境创新试点系统互联互通数据共享工作方案，实现广电总局安全播出专网（指挥调度网、预警信息发布交换、安全播出视频电视电话会议）与国家电子政务外网专网联通。三是组织开展安全播出数据资源共享试点及信息编码标准研究。

二、网络安全建设保障能力明显提升

加强网络安全顶层设计。2022年，全国广电行业围绕迎接宣传贯彻党的二十大这条工作主线，层层压紧压实责任，贯彻落实《党委（党组）网络安全工作责任制》，全力加强网络安全各项工作，促进行业网络安全整体保障能力的提升。组织编制《广播电视关键信息基础设施安全保护规划》《广播电视行业网络安全审查预判指南》《广播电视关键信息基础设施网络安全保护实施细则》等行业网络安全管理规范。

圆满完成重大活动重保期网络安全保障工作。在党的二十大、北京冬奥会和冬残奥会保障期间，广电总局提前组织监管中心开展了对行业重要直播网站和互联网系统的远程检测，组织开展网络安全攻防演习，开展现场网络安全检查和渗透测试，发现漏洞隐患，提出整改建议，发送整改通知，跟踪整改情况，确保相关单位及时修复中高危漏洞，做到隐患归零。建立与重要保障单位的每日零报告制度，加强网络安全监测值守，确保及时掌握重点部位网络安全态势，全年重保期间组织行业监测处置高危IP地址639个。

建设启用广播电视网络安全预警通报平台（APP），建立全国广电行业网络安全信息通报的组织架构，全年发布预警 107 次，高效处置网络安全事件，最大限度降低事件影响。广电总局继续采用多种手段紧密配合，持续优化完善包括监测预警、整改通知、跟踪复测中高危漏洞修复情况等在内的闭环管理机制，全年共发现行业相关网络和信息系统高危漏洞 15 个，中危漏洞 55 个，下达整改通知 22 份，同比呈显著下降趋势。

三、广播电视设施安全保护能力得到加强

2022 年，全国各省（区、市）广电部门按照广电总局有关要求认真贯彻落实相关法律法规，以迎接党的二十大广播电视安全播出为主线，加强重点单位、要害部位和重要传输线路的安全防范，进一步完善联防联动联合处置机制，深入开展广播电视设施保护宣传，积极预防自然灾害、外力施工损坏广电设施案（事）件的发生，不断提升广播电视设施安全保护能力。根据全国各省（区、市）广电行政管理部门及相关单位上报的设施保护情况数据统计，2022 年全年发生盗窃破坏广播电视设施案件 592 起，造成经济损失 358.6 万元；发生外力损坏案件 6644 起，造成经济损失 6160.3 万元。湖南、内蒙古、四川和辽宁等省（区）局积极开展设施安全保护工作，为各地提供借鉴与经验。

四、多措并举推进传输覆盖网高质量发展

一是积极谋划传输覆盖网发展路径。落实国家无线电频谱规划纲要，结合广播电视业务发展方向和频谱需求，起草编制《广播电视频谱规划纲要（2022—2035）》。研究制定支持中国广电多渠道传输覆盖网的工作方案，融合新业务场景应用，促进广电 5G 与有线、无线、广播电视传输卫星、直播卫星、低轨通信卫星融合发展，积极探索建设多渠道融合、差异化发展的传输覆盖网络。

二是支持广电 5G 建设，扎实开展地面数字电视 700MHz 频率迁移。广电总局成立 700MHz 频率迁移领导小组，建立 700MHz 频率迁移内部督

察机制，加强工程督导。编制印发《地面数字电视 700MHz 频率迁移工作方案》《频率指配方案》《工程实施方案》《单频网信号源方案》《项目技术验收实施细则》等文件。中国广电、广电总局设计院强化责任担当，科学安排工程进度，稳妥推进 700MHz 频率迁移工程实施工作。全国各地克服困难连续作战，咬定迁移目标不放松，强力推进 700MHz 频率迁移取得重要进展，有力保障中国广电集团放号计划顺利实施。江苏、宁夏、广西和广东等省（区）局顺利完成 700MHz 频率迁移工作。2022 年，全国范围累计完成 5490 座台站的设备安装任务。

三是建章守制，保障传输覆盖网规范发展。根据国务院审改办关于实施行政许可清单化管理的要求，结合广播电视传输覆盖网发展新趋势，组织修订《广播电视无线传输覆盖网管理办法》（国家广播电视总局令第 13 号），进一步加强广播电视无线传输覆盖业务事中事后管理。组织开发全国广播电视传输覆盖电子政务系统，推动实现广播电视频率使用许可电子证照应用和网上在线办理。严格依法依规做好行政审批，积极做好广播电视传输覆盖行政许可各项服务。2022 年，共办理行政许可 484 项，核发频率使用许可 1512 个，审核安全传输与播出方案、技术方案 20 份，审核利用卫星方式传输广播电视节目许可 9 份，研究批复上行系统及参数调整等卫星系统运行操作事项 20 件。

四是加强广播电视传输覆盖秩序管理。落实国务院部际联席机制的要求，加大对违规设台用频行为的治理力度。印发《关于加强广播电视无线电秩序管理的通知》，部署全国各地在北京冬奥会、冬残奥会、春节、全国两会、党的二十大等重要活动、重要节假日期间无线用频管理，加强地区协同配合，净化空中电波环境，督促设台用频单位依法依规进行无线电发射活动。各地广电局严格履行"属地管理、主管主办"职责，全面开展广播电视秩序监测排查，坚决打击乱播乱放违法行为，推动台站合法化运行。积极配合公安、无线电等部门打击治理"黑广播"，加强违规设台用频、擅自变更发射参数等情况的监测和查处。上海、辽宁、云南等省（市）积极开展并配合相关部门，发现、查处"黑广播"案件卓有成效。全国各地在党的二十大期间加强人员值守、内容审核和安全管理，确保 RDS 业务安全。

（执笔人：孙晖，国家广播电视总局发展研究中心）

第九章

党的建设与人才队伍建设

课题指导：

国家广播电视总局人事司司长　　　　　　　　桂本东

国家广播电视总局机关党委

第一节　广电党建

提要： 2022 年，全国广电系统紧密围绕迎接学习宣传贯彻党的二十大主线，以中央和国家机关党的建设"巩固深化年"为主题，深入实施广电党建"提质铸魂"工程，结合行业特点全面推进党的建设，推动党的建设走深走实。

一、坚持政治统领，做到"两个维护"更加坚定有力

全力做好迎接服务、学习宣传贯彻党的二十大各项工作。2022 年，全国广电系统深化党建与业务融合，将迎接党的二十大和学习宣传贯彻党的二十大精神这一主线贯穿全年主题宣传，准备充分，立意高远，理念创新，形式多样，全年精品迭出，佳作纷呈，声势强大，深入人心。广电总局严格按程序高标准高质量完成总局出席党的二十大代表、中央和国家机关党代表会议代表推选工作。按照深入学习宣传贯彻党的二十大精神的方案，统筹广播电视和网络视听平台开展好大会直播转播和大会精神的新闻宣传。按照广电总局党组学习安排方案，组织全系统第一时间收听收看党的二十大报告开幕式，并对报告进行交流研讨。各级党组织将党的二十大精神纳入理论学习中心组、党支部、党小组、青年理论学习小组学习计划，纳入党校、干部教育培训必修课程。广电总局党组主要负责同志向广大党

员干部、青年干部宣讲党的二十大精神，班子成员深入事业单位、直属企业、社会组织、网络视听机构宣讲大会精神，充分发挥领导干部领学促学效应。

认真落实"第一议题"制度，扎实开展"学查改"专项工作。全系统围绕完整、准确、全面贯彻新发展理念，把贯彻落实习近平总书记关于广播电视和网络视听工作的重要指示批示精神作为首要政治任务，作为各级党组会议第一议题认真学习贯彻，不断健全完善督办落实机制。广电总局对 2022 年接到的习近平总书记 25 件重要指示批示和 1 件贺信，全部建立工作台账，形成及时传达学习、定期督促检查、全力抓好落实的工作闭环，做到件件有着落，以实际行动践行"两个维护"。广电总局党组理论学习中心组开展 2 次习近平经济思想专题学习，组织各部门单位结合工作实际深入学习研讨，召开专题组织生活会。广电总局各部门各单位围绕"学查改"工作制订 100 余项具体改进举措，推动立行立改 60 余项，长期坚持整改 40 项。各省局、省台等都安排了多批次"第一议题"学习、党委理论中心组学习和宣讲报告会，适时开展"回头看"，全力推动习近平总书记重要讲话重要指示批示精神落地见效。

扎实推进"提质铸魂"工程，深入开展党建专项督查整改。按照《广电党建"提质铸魂"工程实施方案》，明确提出深入开展提升政治能力、筑牢政治信仰、强化政治功能、增进政治本色等 4 项行动，抓实抓好 24 件重点工作，为推动"十四五"时期广播电视和网络视听党的建设高质量发展夯实制度基础。形成《基层组织党的建设典型问题清单（2022 年）》，针对 5 个方面 18 个问题 67 条具体表现，推动各部门各单位对照自查整改，补齐短板。

二、坚持凝心铸魂，科学理论武装进一步加强

以上率下构建学习格局。全系统各级理论学习中心组围绕党的二十大精神和党章、意识形态工作等重要内容，通过"七一"主题党日讲授专

题党课等多种形式，结合实际制定学习宣传贯彻方案，主要领导领学、带学、促学，进行扎实深入的学习讨论。广电总局党组开展了 12 次集体学习，组织指导各级党组织书记以"走好第一方阵 我为二十大作贡献"为主题讲好党课。下发《中央和国家机关基层党组织精品党课汇编》，开展优秀党课展播活动。充分运用好"学习强国""共产党员"学习平台，在《广电党建》杂志和微信公众号开设专栏，引导党员干部及时学习党的创新理论最新成果。

丰富形式提高学习实效。广电总局举办 6 期深入学习贯彻党的二十大精神专题学习班。组织开展符合青年干部特点的专题学习，开展 43 项"关键小事"调研攻关活动。各省广电系统各单位通过组织召开党组会、领导干部会、动员部署会、专题读书班、宣讲报告会、工作推动会等方式，切实把思想和行动统一到党的二十大精神上来。

把握重点突出常态长效。广电总局深入开展"政治机关，政治工作"学习教育，配发《党的政治建设论》，编印学习教育材料，引导党员干部撰写心得体会，组织多个部门单位代表在广电总局"七一"主题党日上作现场交流。推动各级党组织开展丰富多彩的主题党日活动，把对党忠诚教育纳入家庭家风家教建设。电视剧《理想照耀中国》和纪录片《诞生地》在"共产党员"教育平台等陆续展播，组织开展全方位全覆盖学习。推出移动客户端"中国视听"，打造学习习近平新时代中国特色社会主义思想的新平台新阵地。

三、坚持夯实基础，事业发展的组织保证进一步强化

狠抓深度融合。全系统持续推动党建和业务工作同总结、同述职、同考核、同评价。广电总局开展党建和业务工作深度融合创新案例征集活动，评选出 63 个 2021 年度广电总局"党建融合创新"优秀案例。举办广电总局"喜迎二十大 党建放光华"党建融合创新交流展示活动。全系统广泛开展"送温暖、送文化、送健康"下基层活动，广电总局向德格县捐赠了党

建帮扶资金、电脑和文教用品，协调腾讯公益基金和优酷分别向德格县捐赠乡村振兴公益基金和艺术教室。

深化分类指导。建立党建工作例会机制，定期研究、通报、推进广电总局系统党建工作。持续推动事业单位实行党委领导下的行政领导人负责制和全系统基层党组织按期换届。广电总局制定了党建工作量化考核和满意度测评标准，分级分类对基层党建工作进行考核评估。制修订6项基本制度，强化精准分类施策。加强行业党的建设，广电总局党组审议成立全国广电党建研究会。

加强引领带动。广电总局机关党委协助总局党组开好党史学习教育专题民主生活会，指导各部门各单位高质量开好专题民主生活会、组织生活会，做好民主评议党员工作。推动基层党组织用好支部工作手册、"支部工作"APP，编印《广电总局党建工作指引》，督促各支部严格落实"三会一课"、主题党日、民主评议党员等组织生活制度，优化基层党组织工作通报机制，提高组织生活质量和党务干部履职能力。

强化标准规范。全系统持续深化"四强"党支部创建。广电总局完成《中央和国家机关基层党组织建设质量提升三年行动计划（2019—2021年）》总结评估工作。广电总局系统42个党支部被命名为"中央和国家机关'四强'党支部"，命名84个党支部为"总局'四强'党支部"。基层党建向一线延伸，课题组、项目组、剧组建立临时党支部的做法得到推广，基层党组织的政治功能和组织功能进一步增强，战斗堡垒作用更加彰显，基层组织建设质量全面提升。

四、坚持全面从严，正风肃纪反腐治理成效持续巩固

强化政治监督。全系统坚持心怀"国之大者"，不断推进政治监督具体化、精准化、常态化。广电总局组织召开直属单位党委书记、纪委书记座谈会，进一步压实管党治党责任。优化年中督责机制，查找问题不足53项，梳理亮点成效35项，提炼形成8项可推广的经验办法。全面梳理

党的十九大以来广电总局系统党员和干部职工违纪违法"事故多发路段",聚焦易发多发问题提出防范治理的措施建议,健全广电总局"十四五"时期重点项目监督保障工作机制实施细则。广电总局党组组织开展第五轮巡视,完成一届任期内巡视全覆盖任务。建立完善"组办一体化"工作机制,进一步规范巡视工作流程,压实巡视整改责任。

深化作风建设。坚持紧盯重要节点、重点对象和易发多发问题纠治"四风",从严查处典型案件,大力整治违规发放津补贴、私车公养等问题。组织开展"落实中央八项规定精神这十年"主题党日,开展"弘扬优良家风 争创最美家庭"广电总局系统家风建设主题活动,加强日常提醒和监督检查,巩固制止餐饮浪费、拒绝酒驾醉驾成果,厉行勤俭节约抽查检查。

从严监督执纪。深化运用"一书双卡",督促及时补充内部巡视、审计等发现的问题漏洞,完善防控举措。常态化用好"四种形态"第一种形态,全面启用广电总局纪检信息化综合业务管理系统,建立处级及以下党员干部廉政档案。加强对直属单位纪检组织的业务指导,完善执纪问责工作制度,印发《执纪文书格式》《党内问责工作流程》《失实检举控告澄清工作实施办法(试行)》。

突出重点问题线索查办。开展存量问题线索专项清查行动,强化以案促改、以案促治,把严的基调长期坚持下去。强化警示教育,召开广电总局警示教育大会,开展年轻干部违纪违法专题警示教育活动等,通报中央和国家机关、广电总局查处的违纪违法案例,以案示警,以案明纪,筑牢党员干部拒腐防变思想防线。

拓展廉政教育。大力推进廉洁文化建设,用好用活"清风广电"微信公众号,深耕内容建设,全年发布信息、短视频700余条,持续传播廉洁正能量。扎实推进领导干部廉政谈话,强化日常廉政教育。认真开展广电系统廉洁文化建设课题研究,广电总局全面从严治党和党风廉政建设成效不断巩固拓展。

五、坚持思想引领，队伍建设再上新台阶

加强全媒体人才队伍建设。全系统围绕深化体制机制改革促发展，积极拓宽人才服务业务范围，主动融入中心工作，服务保障工作大局，着力建设上下贯通、执行有力的组织体系，进一步优化人力资源配置，重点打造适应党建与业务深度融合需要的全媒体人才队伍和专业人才队伍，着力打造政治过硬、本领高强、求实创新、能打胜仗的宣传思想工作队伍。

统筹联动搭好桥梁纽带。深入开展精神文明建设、统一战线工作，举办 2022 年统战人士爱国主义教育培训班。推进年轻干部下基层接地气工作，成立"青春广电"志愿服务队，广泛动员各级团组织积极建言献策。

用心用情服务干部职工。全国广电工会系统认真学好用好新修改的《工会法》，开展职工节日慰问、帮困互助、书画摄影展、职工体育节、读书分享会、劳动技能竞赛等活动，深化劳模创新工作室建设，团结动员女职工巾帼建功。扎实做好疫情防控和健康知识普及，引导干部职工增强防控意识，当好自己身体健康的第一责任人。

2023 年，全国广电系统深入开展学习贯彻习近平新时代中国特色社会主义思想主题教育，学思想、强党性、重实践、建新功，聚焦主责主业，深入实施广电党建"提质铸魂"工程，把新时代党的建设新的伟大工程各项任务落到实处，引领保障广播电视和网络视听各项事业高质量发展。

（执笔人：刘继生，国家广播电视总局发展研究中心）

第二节　人才队伍建设

提要：新一轮科技革命和产业革命加速演进，网络视听业务发展迅速，大视听发展格局初步形成，人才集聚趋强。广播电视和网络视听人才总体量质双升，人才布局和内在结构均发生深刻变化，呈现诸多新特征和新态势。

一、大视听行业成为人才竞逐高地

按统计口径，2022 年全国广播电视从业人员规模总体保持稳定。从业人员总人数达到 104.75 万人，同比下降 0.25%；管理人员 17.5 万人，专业技术人员 54.25 万人，占比 51.79%；研究生及以上学历人员 7.07 万人，本科及大专学历人员 83.39 万人，大专及以上学历人员占比 86.36%。从年龄上看，35 岁及以下人员 45.86 万人，36 岁至 50 岁人员 44.48 万人，51 岁及以上人员 14.41 万人；35 岁及以下人员占比 43.78%。

网络视听业务发展迅速，集聚大量人才。网络视听头部机构以强劲的业务发展和丰厚的待遇吸纳了大量人才，广播电视机构的新业务对年轻人才的吸引力增强。短视频平台和音频平台以较低的创作门槛吸引了大量从业者。以网络直播为例，这个业态已成为许多人创业和就业之选，有关研究数据显示，2022 年中国直播人才需求量达 1499.94 万人，仅快手平台就带动就业 3621 万个岗位。① 可以说，网络视听行业的发展释放出巨大的劳动力需求，成为城乡年轻人就业重要选择。

二、加快人才体制机制创新

（一）人才建设顶层设计持续完善

党中央十分重视人才队伍建设。2022 年 4 月，中共中央政治局召开会议，审议《国家"十四五"期间人才发展规划》，这项重要的专项规划有力推动各地各部门以习近平总书记关于做好新时代人才工作的重要思想为指导，加快把人才引领发展的战略地位落到实处。党的二十大报告首次专立章节论述人才发展，明确提出要深入实施"人才强国战略"，旗帜鲜明地强调"人才是第一资源"，指出"教育、科技、人才是全面建设社会主义现代化国家的基础性、战略性支撑"。同时，党章修订中也首次加入"充分发挥人才作为第一资源的作用"的重要表述。党和国家将人才工作提高到了新的战略高度，形成了高质量谋划人才事业、推进人才工作的科学指南。

广电总局深入学习贯彻党的二十大精神以及中央人才工作会议精神，落实国家和广电总局相关部署，2022 年制定出台《全国广播电视和网络视听"十四五"人才发展规划》，着眼于构建大视听发展格局、全面推进"未来电视"，对优化行业人才结构、提高人才核心竞争力，以人才优势撬动行业优势做出了部署。

各地广电机构积极落实中央和广电总局人才工作要求，加快建章立制为人才发展夯基垒台。上海文广集团专门开展人才工作调研，出台《关于进一步加强人才工作的实施意见》《关于支持媒体深度融合发展创新人才管理的若干意见》等文件，完善人才工作配套措施。河南台将人才视为促进发展的核心因素，以制度变革激活人才活力，出台《岗位分流管理暂行

---

① 快手大数据研究院，《快手促进就业与数字劳动者发展报告》，2023 年 4 月 28 日。

办法》《内部转岗管理暂行办法》等文件，加速人才流动和人力资源最优化配置。江西台推出《急需紧缺高层次人才引进实施办法（试行）》《人才发展规划（2023—2025年）》《人才选拔和荣誉称号推荐暂行办法》《集团职业经理人管理暂行办法》等系列举措，推进"人才兴台"战略落地。浙江局坚持正确选人用人导向，出台《关于加快建设变革型组织提高干部塑造变革能力的实施意见》，优化干部队伍结构、加快年轻干部成长。广西局印发《关于进一步加强和改进新时代广西广播电视和网络视听人才工作实施方案》。2022年，全国各地广电将人才工作作为推动全省广电发展的重要抓手，工作力度普遍加大。

（二）人才体制机制改革走向深化

着力优化人才使用机制。在政策指引下，一些广播电视播出机构探索事业单位用人新做法，激发人才动力。一是改革传统用人机制。通过打通编内编外身份壁垒，破除人才在待遇、职称、提拔等方面的障碍，推行全员聘用制，实行竞争上岗和基于业绩的绩效分配。二是推广工作室制和项目制，以放权激发活力。湖南台、河南台、安徽台等一批广电机构，不断优化项目制、工作室制，给予人才更大的项目主导权和人财物支配权。截至2022年年底，湖南台有24个节目制作团队、22个影视制作团队、34个星芒战略工作室，《声生不息》《乘风破浪》等现象级综艺都是工作室创制的。三是创新人才选拔机制。广电总局连续多年组织技能人才竞赛，一批技能人才脱颖而出并产生带动效应。一些地方台也在竞赛中选拔人才，比如湖南台连续三年举办算法大赛，实现了高精尖技术人才引进培养的快速突破。

探索建立以创新价值、能力、贡献为导向的人才评价体系。一是德才兼备、以德为先普遍成为首要用人标准。广电行业的政治属性、意识形态属性强，干部选拔必须要求政治素质高、工作实绩好、作风纪律实、群众认可度高。二是职称评审制度加快深化。依据《人力资源和社会保障部 国家广播电视总局深化播音主持专业人员职称制度改革的指导意见》相关精神要求，各地出台文件优化播音主持专业人员评定制度，不仅将非公有制广播电视节目制作机构、网络视听节目服务机构的播音主持专业人员纳入申报范围，而且将音视频、创意设计方案等代表作纳入评审依据，推动职称评审与时俱进。三是"四唯"现象加快破除，多地广电机构以采用"一人一策""一票决定"等方式为特殊人才、高层次人才打开"绿色通道"，大力度吸引人才、激活人才。

进一步完善物质和精神相结合的激励机制。面对经营方面出现的困难，各地广电机构想方设法筹集资金保障职工切身利益，创新机制，加快推广多劳多得、优劳优得的分配原则。安徽台落实《台属企业负责人经营业绩考核办法》等政策，将企业负责人考核结果与工资总额、负责人任免及薪酬挂钩，激发企业负责人干事创业的动力。越来越多的省市县广播电视播出机构着眼于调动干事创业的积极性，建立健全目标责任制管理体系，调整考核指标权重，坚持按岗定薪、岗变薪变，将分配权重向工作任务重、工作质量优、业绩贡献大的人员倾斜，突破了"干与不干一个样、干多干少一个样、能上不能下、能进不能出"的传统事业单位管理模式，成效显著。有的台全面推进，实现绩效工资与目标考核挂钩。与此同时，"飞天奖""星光奖""金声奖"以及白玉兰奖、金鹰奖、金熊猫奖等政府奖项对人才的激励作用放大，各级技能竞赛、人才评选稳步推进，行业杰出人才、专业人才表彰激励体系日趋完善。

三、持续优化广播电视和网络视听人才培养体系

（一）加快培养壮大高层次人才队伍

坚持人才引领，抓好高层次人才队伍建设是关键。广电总局以实施重大人才工程为牵引，加强高层次领军人才和青年创新人才选拔培养。一方面深入实施行业领军人才工程和青年创新人才工程，另一方面积极配合国家级人才工程做好高层次人才的推荐选拔工作。一些广电机构重点加强高层次领军人才建设，许多台推行首席制、"名主持人""名记者""名编辑"

人才培养计划，放大专业领先、业绩突出的人才作用；有些台针对急需紧缺高层次人才引进、人才发展规划、人才选拔和荣誉称号推荐、集团职业经理人管理等，制定政策，出台措施，促进特殊人才加快成长。

（二）加强青年人才队伍建设

加强人才梯队建设，培养善作善成的青年人才是人才工作的重点。中央广播电视总台大力培养青年人才，创新开展首届青年英才评选，建设青年业务骨干人才库，实施基层锻炼"蹲苗计划"，加大年轻干部选拔使用力度，持续深化"大师闪耀、新人辈出"的人才局面。江西台以干部选拔为抓手，发现培养优秀年轻干部，2022年新提拔任用的25名处级干部中，80后干部占比达41%。安徽台完善培养年轻干部常态化机制，在统筹培养各年龄段干部的同时，推进"789"优秀年轻干部计划。上海文广集团80后干部占干部总数近1/5，集团旗下百视TV（BesTV+）90后员工超过55%。湖南广电的芒果TV35岁及以下管理人员占比38%。青年强则行业强，青年人才正日益成为大视听行业的中流砥柱。

（三）推动全媒体人才队伍建设

媒体融合深入推进，行业亟需一专多能的全媒体人才。制度层面，"全媒体运营师"2022年被正式纳入国家职业分类目录，相关职业技能标准制定和专业培训加快推进，适应媒体融合的专业人才队伍日益壮大。实践层面，各地广电机构通过深度整合各种生产要素，为全媒体人才创造发展环境。有的以融媒体直播为实战演练，选拔具备互联网思维的全能人才，并重点推举新媒体首席，强化人才建设引领示范作用。有的实施"全媒体人才培育工程"，开展相关培训。上海文广第一财经新媒体矩阵，通过"摩天轮"等方式加大对人才多岗位历练，并成立媒体深度融合发展领导小组，系统整合资源要素、组织架构、业务流程等，培养符合大视听发展格局的融合人才。

（四）做好新文艺群体人才工作

随着网络文艺的快速发展，网络视听播音员主持人、网络主播、网络视听节目审核员等从业群体日益壮大，这些从业人群成为大视听人才结构的重要组成部分。主管部门加快完善相关机制，着力促进这一新群体健康有序发展。一是开展网络主播队伍建设专项调研，制定《网络主播行为规范》，划定从业规则和红线，并印发《网络主播培训大纲（试行）》，加大对头部平台和经纪机构的教育引导力度。二是制定符合新文艺群体特点的职称评价标准，积极畅通申报渠道，为符合条件的人才建立破格评审高级职称的"绿色通道"。三是举办"深入生活、扎根人民"主题实践活动，鼓励新文艺群体到革命老区、定点帮扶地区参加文艺志愿活动，加强对新文艺群体的教育引导。

四、不断改善人才成长环境

（一）加强人才教育培训

一方面，围绕大视听格局发展所需，完善培训体系。一是稳步实施电视剧、纪录片、动画片、文艺节目、网络视听节目的编导、演艺人员培训，为行业高质量发展培养英才优才。二是针对行业发展阶段重点和短板弱项，举办媒体深度融合、全媒体人才、国际传播等专项培训。三是强化青年人才培训，促进青年人才提升本领、锤炼作风，尽早成长为担当重任的主力军。另一方面，创新培训手段，通过集中轮训、专题培训、研修班、网络培训、人才论坛等方式，形成多形式全覆盖的培训体系。

（二）持续优化产学研融合模式

一是广播电视和网络视听职业教育不断优化，教育链、产业链、人才链加速贯通。广电总局进一步加强广播电视与网络视听职业教育教学指导委员会建设，加速推动职业教育发展。据统计，目前已有 1542 家院校开设网络视听相关专业，[①] 省部共建的浙江传媒学院、山西传媒学院等传媒专业院校办学水平、教学质量不断提升，为大视听人才培养培训注入新动能。

---

① 艾媒咨询，《2022 年网络视听职业教育研究报告》，2023 年 4 月 4 日。

二是校企人才培养新模式不断探索。上海文广旗下的东方传媒学院成为上海文广员工持续提升专业能力的重要路径，有的台与相关高校开展校企交流，深化人才培养和实习实践就业合作。芒果 TV 与 86 所院校建立深度合作，搭建一个开放、交流、共享的人才孵化平台；陕西广电融媒体集团与 11 所高校建立合作关系，打通"实习—见习—转录"人才输送通道。

（三）人才服务保障能力日益提升

一是人才发展的行业环境不断优化。《关于进一步规范播音员主持人职业行为和社会活动管理的意见》《网络主播行为规范》等文件制定出台，《电视剧网络剧摄制组生产运行规范（试行）》《演员聘用合同示范文本（试行）》发布，等等，行业管理规范化、标准化程度提高；广播电视和网络视听经纪人委员会等行业组织成立，从业人员的积极性和归属感显著增强。二是职业体系进一步完善。"全媒体运营师"纳入国家职业分类目录，"广播电视天线工"和"有线广播电视机线员"职业标准加速制定，行业职业体系日益健全。三是人事档案管理、社保缴纳等的管理服务工作逐渐规范化，行业人才服务保障日益改善。

2022年广播电视和网络视听人才队伍建设取得积极成效。但也应看到，目前人才工作的形势依然严峻，人才流失、结构失衡、体制机制滞后等问题依然突出，有关人才发展支持政策在各地方各层级落实力度不一。如何总结成功经验，坚持问题导向，进一步深化广播电视和网络视听人才体制机制改革，创新激励和培养机制，增强动力和活力，仍是系统内亟待解决的关键问题。

（执笔人：董潇潇，国家广播电视总局发展研究中心）

第十章

发展亮点报告

第一节　中央广播电视总台：全面学习贯彻落实党的二十大精神　奋力打造具有强大引领力、传播力、影响力的国际一流新型主流媒体

中央广播电视总台

　　2022 年是党和国家历史上具有重要里程碑意义的一年，党的二十大胜利召开，标志着百年大党团结带领全国人民踏上奋进新征程、开创新伟业的新起点。作为新时代见证者、参与者、记录者、传播者，中央广播电视总台（以下简称总台）忠诚履行党的意识形态重镇的职责使命，以"钉钉子"的精神、舍我其谁的勇气推动习近平新时代中国特色社会主义思想落地生根、开花结果，有力有效服务党和国家工作大局，书写了新时代党的新闻舆论工作的新篇章。

　　这一年，大事不断、喜事连连。习近平总书记多次给总台发来贺信，这是对总台人履职尽责的最大肯定，是总台人创新创造的最大动力，是总台人继续奋斗的最大激励。这一年，新风扑面、欣欣向荣。总台这艘当今世界体量规模最大、业务形态最多、覆盖范围最广的综合性国际传媒航母，正昂首阔步向着国际一流新型主流媒体的目标加速前进。这一年，亮点频频、成绩满满。总台深入推进"三个转变"，将创新作为工作的主基调主旋律，打了一系列大仗、硬仗、漂亮仗，交出了让党中央放心、让人民群众满意的沉甸甸的精彩答卷！

一、牢记领袖嘱托，奋力奏响爱党爱国爱社会主义的高昂旋律

总台坚持以领袖的高度就是宣传报道追求的高度为标准，围绕迎接宣传贯彻党的二十大做好重大宣传报道，深刻领悟"两个确立"的决定性意义，推动"两个维护"再上新台阶，汇聚起建功新时代、奋进新征程的强大力量。

创新升级总台"头条工程"，推动习近平新时代中国特色社会主义思想润物无声深入人心。总台用心用情组织做好习近平总书记重要时政活动报道，全年直播重大时政活动 23 场次，出品时政新媒体产品 770 余条，首发重要时政快讯 584 条，同比增长近 23%。其中，习近平主席 2022 新年贺词报道全网总触达受众 27.41 亿人次，以最快发稿时效、最快现场直击、最快反响报道，牢牢占据主流媒体舆论引领制高点。持续打造《沿着总书记的足迹》《领航》《征程》《新时代》《解码十年》《思想的力量》《雄安 雄安》《中国大区域》《高端访谈》《伟大复兴 壮丽航程》《江河奔腾看中国》《走进县城看发展》《大美边疆行》等一大批精品节目，充分彰显党的创新理论引领时代发展的思想伟力和实践伟力。

充分发挥党的宣传报道主力军压舱石重要作用，党的二十大报道覆盖全球。总台调配最精干力量、集中最优质资源组成最专业直播团队，精耕细作、反复打磨，确保十拿十稳、万无一失，以最高品质呈现领袖风采、记录盛会盛况、形成珍贵历史影像。经典镜头意蕴深长、最佳光影极致呈现、饱满音质直抵人心，创造了"最广覆盖范围、最大触达规模、最多转播转载、最热互动话题"的最佳传播效果，以全方位、矩阵式、立体化传播，全景完美呈现党的二十大盛况。《新闻联播》《新闻和报纸摘要》等重点新闻栏目推出"二十大时光""伟大复兴 壮丽航程""江河奔腾看中国"等系列报道，海内外反响热烈。党的二十大闭幕会特别报道、新闻发布会、记者招待会、"党代表通道"直播报道等，累计触达超 11.38 亿人次，相关报道在自有平台跨媒体总触达 252.01 亿人次，并历史性实现全球所有 233

个国家和地区全覆盖，在自有 44 个语种基础上将大会报道语种数量拓展到 68 个；全球 133 个国家和地区的 1818 家电视台及其新媒体平台转播总台报道达 4.2 万次，其中美欧地区就有 950 家电视台，包括美联社、路透社、法新社、欧广联等也全部采用了总台信号素材。"一国一策"、稳扎稳打，历史性地在台湾当局 14 个所谓"邦交国"实现二十大报道的全部落地，取得了重大突破。

聚焦聚力做好重大主题宣传报道，多元立体展现中国式现代化的壮阔图景。统筹做好疫情防控和经济社会发展宣传报道，提升总台财经报道业内外分量，《2022 年中国经济观察》《提振信心在行动》《三年：三问三答》《抗疫的"大账"看得清说得明》等爆款报道产品，有力有效引领舆论。庆祝香港回归祖国 25 周年宣传有声有色，《直播大湾区》《香江永奔流》《见证香港故宫》《狮子山下的故事》等重磅作品形成矩阵传播，CGTN（中国国际电视台）纪录频道和粤港澳大湾区之声频率整频道整频率落地香港播出，为庆典活动营造浓厚舆论氛围。

二、国际传播能力骤升，奋力提升在全球媒体格局中的地位、分量、份额

总台谋划"整体战"、打出"组合拳"、奏好"交响曲"，在国际舆论场上抢首发、敢亮剑、争独家，声量越来越大、地位越来越重、朋友越来越多，国际传播力骤升。

有力有效开展国际舆论斗争，以攻为守形成与中国综合国力和国际地位相匹配的国际话语权。总台精心设置对冲反制议题，批美"四部曲"《美国之殇》《永动的战争机器》《被枪支绑架的美利坚》《揭批西方主流媒体"七宗罪"》海外阅览量近 3 亿次，全球舆论广泛关注。《国际锐评》发布评论 236 篇，《玉渊谭天》全网粉丝突破 800 万，CGTN 发布评论产品 8860 余篇，策划推出《人设崩塌的"人权卫士"》《假人权、真霸权！美"以疆乱华"故伎重施》等特别报道，揭批美西方险恶用心，在国际舆论场形

成一浪高过一浪的舆论斗争声势。

全面提升国际传播效能，对外传播效果取得历史性突破。总台完善全球突发事件快速反应机制，国际新闻全球首发率达 14.55%。快速揭批反制佩洛西窜访中国台湾地区，总台报道成为全球媒体主要信源，超 3000 家媒体密集转发，首次实现在中国台湾地区主要电视台全覆盖、在 G7 国家主流电视台全覆盖，对美涉台舆论斗争取得重大历史性突破。总台俄乌冲突相关新闻素材被 127 个国家和地区的 2581 个电视台及新媒体平台采用超 83 万次，创国际热点事件发稿历史最高纪录。CGTN 海外落地取得标志性突破，英语频道海外用户稳居全球同行之首；海外落地传播结构发生标志性转变，新媒体用户总数达 4.03 亿，占比 59.8%，首次超过传统电视平台。国际视频通讯社全年发稿外媒采用总量达 246 万次，同比增长 31.4%。

广交海外朋友，精彩而得体的"媒体外交"亮点频频。成功举办首届全球媒体创新论坛、中国阿根廷人文交流高端论坛，参与承办"全球发展：共同使命与行动价值"智库媒体高端论坛，习近平总书记均致信祝贺。以元首外交为引领，与多国政府机构和主流媒体签署 7 份合作文件，5 份被列入双边活动成果清单。创新举办 58 场"新征程的中国与世界"系列海外媒体活动，有效宣介党的二十大精神，3800 多家国际媒体积极响应传播。策划推出 2022 年联合国中文日暨总台第二届海外影像节、首届"中国影像节"全球展映活动、首届"中拉情缘"影视展映活动、"东盟伙伴"媒体合作论坛、2022 中国—阿拉伯媒体合作论坛等一系列媒体活动。

三、深化"思想 + 艺术 + 技术"融合传播，奋力形成"满屏皆精品"的生动局面

总台加快推进全链条、全方位、全领域创新，凸显了主阵地、主渠道、主力军的高峰矩阵。

进一步擦亮打响"大剧看总台""大作看总台"的品牌影响力和社会美誉度。总台坚持以人民为中心的创作导向，坚定文化自信自强，推出一

大批增强人民精神力量的优秀作品。《美术里的中国》《诗画中国》《"字"从遇见你》《荣宝斋》《古韵新春》《典籍里的中国（第二季）》《故事里的中国（第三季）》《中国国宝大会（第二季）》《2022中国诗词大会》《山水间的家》《艺术里的奥林匹克》《大师列传》《从延安出发》《遇鉴文明》《非遗里的中国》以及春晚、秋晚等文化品牌类节目呈井喷式上新态势，《人世间》《山河锦绣》《航拍中国（第四季）》《零容忍》《种子 种子》《中国品牌强国盛典》等影视剧、专题片、纪录片、媒体活动口碑品质俱佳。总台发挥顶级体育赛事转播引领力，首次在世界杯前场设置完整播出线，精彩完成卡塔尔世界杯转播报道，赛事相关内容全媒体总触达受众255.27亿人次。

"5G+4K/8K+AI"战略硕果累累，媒体科技创新实力稳步走在世界第一方阵。总台奋力实现"科技冬奥·8K看奥运"的目标，圆满完成首次奥运会开闭幕式8K国际公用信号制作，实现首次奥运会赛事全程4K制播，打造全球首个高铁列车5G超高清移动直播演播室。北京冬奥传播效果刷新历史纪录，在总台多平台总触达受众628.14亿人次，成为收视率最高的一届冬奥会，国际奥委会主席巴赫3次主动接受总台独家专访，盛赞总台赛事报道和传播达到史无前例的规模和成功。积极开展8K传播体系建设和8K制播关键技术应用，"百城千屏"公共大屏项目覆盖全国21个省区市，"5G+4K/8K超高清制播示范平台"形成生产能力，移动化、智能化科研成果不断涌现，超高清、超便捷、超真实的观看体验深入人心，多项技术达到国际领先水平。

加强全媒体传播体系建设，持续塑造主流舆论新格局。"央视频"客户端累计下载量超4.91亿次，累计激活用户数1.85亿人，用户规模和活跃用户量均位居央媒新媒体平台首位。"央视新闻"客户端总下载量突破1.91亿次，社交平台用户数超7.38亿、同比增长近1亿。"云听"客户端用户量接近2亿人，规模增速位居音频行业第一。央视网月活用户超2亿人，互联网电视累计激活用户2.7亿户。"总台算法"积极应用，初步建立总台"用户画像"模型。

四、全面贯彻新发展理念，奋力开拓事业产业新格局

总台大力开拓产业发展，不断提升管理水平，多措并举稳定经营大盘，大力推动营销创新突破，成功实现逆势上扬。

升级"品牌强国工程"。开展媒体公益行动，推出"喜迎二十大""时代楷模"等主题公益广告，升级"品牌强国工程—乡村振兴典范"公益项目，助力国家乡村振兴战略，彰显了总台作为党的意识形态重镇的责任担当。深入挖掘精品节目和顶级赛事资源营销空间，牢牢抓住北京冬奥会、卡塔尔世界杯等营销机遇，大力拓展版权营销及 IPTV 等融媒体传播创收方式，打造融媒体经营一盘棋格局。

创新新媒体经营模式。充分激发新媒体价值潜能，融合传播优势不断转化为变现能力，收入结构进一步优化。央视频会员业务实现总体收入破亿元，春晚等重大项目的新媒体创收大幅增长，形成具有总台特色的新媒体经营核心竞争力。

推动产业经营发展。优化总台投资管理模式，国有企业公司制改革工作稳步推进，台属公司建章立制卓有成效，总台"大经营"格局日益完善。

五、加强党建引领作用，奋力推动党的建设高质量发展

总台深入推进新时代党的建设新的伟大工程，全面学习贯彻落实党的二十大精神，不断提高政治判断力、政治领悟力、政治执行力。

着力凝心铸魂，推动新时代党的创新理论武装走深走心走实。总台坚持把学习宣传贯彻习近平新时代中国特色社会主义思想作为首要政治任务，总台党组全年集体学习习近平总书记重要讲话和指示批示、中央文件精神 68 次。抓紧抓实抓好党的二十大精神学习宣传贯彻，引导全台党员干部学思践悟、以学促行，切实把坚定"四个自信"，增强"四个意识"，深刻领悟"两个确立"的决定性意义，推动"两个维护"再上新台阶体现

到总台工作各方面、贯穿到宣传报道全过程。

持续正风肃纪，筑牢坚强战斗堡垒。 推动政治监督具体化、精准化、常态化，织密织牢总台监督网络，坚持不懈落实中央八项规定及其实施细则精神。开展迎接党的二十大"四个一百"系列活动，抓好"学查改"专项工作，深入推进"四强"党支部建设。加强群团组织建设，成立总台妇女工作委员会，持续做好定点帮扶四川省喜德县工作。"民心工程"发挥实效，切实解决干事创业的后顾之忧。

加强人才培养，努力建设大师闪耀、新人辈出的人才队伍。 总台坚持正确选人用人导向，落实新时代好干部标准，精准科学选贤任能，分类建设总台"大师级"人才库，启动总台第二届"十佳"和青年英才评选，构建适配总台高质量发展的人才培养体系。建立健全年轻干部选育管用全链条机制，选派第二批青年业务骨干赴地方"蹲苗"历练，建立新入职大学生基层锻炼常态化机制。

新征程是充满光荣和梦想的远征。习近平总书记在2023年新年贺词中勉励我们："今天的中国，是梦想接连实现的中国""明天的中国，奋斗创造奇迹"。在新的赶考之路上，总台将更加紧密地团结在以习近平同志为核心的党中央周围，牢记习近平总书记殷切嘱托，全面学习贯彻落实党的二十大精神，以更加振奋的精神、更加昂扬的斗志、更加饱满的热情、更加顽强的毅力、更加务实的作风，奋力打造具有强大引领力、传播力、影响力的国际一流新型主流媒体，为全面建设社会主义现代化国家、全面推进中华民族伟大复兴作出新的更大贡献！

第二节　2022 年全国各省（区、市）管理与发展亮点

一、聚主线 强创作 促繁兴 推动首都广播电视网络视听高质量发展

北京市广播电视局党组书记、局长　王杰群

2022 年，北京市广电局紧紧围绕迎接学习宣传贯彻党的二十大这条主线，服务大局、稳中求进、守正创新、踔厉奋发，圆满完成各项任务，有力助推北京全国文化中心建设。

（一）坚持用心用情，在保障大局、服务为民中书写担当作为

统筹保障大局。围绕服务保障党的二十大聚焦聚力，北京局协同市、区相关部门共同推进疫情防控、安全播出、阵地管理、"黑灰广播"整治和驻地服务保障，全市广电战线 1.2 万余人次坚守一线，圆满完成重要直播转播任务。冬奥广播电视安全传输保障万无一失，首次实现全球规模化8K 超高清直播冬奥会开闭幕式及赛事内容，助力精彩冬奥惊艳世界。服务国家外交战略大局坚定有力，成功承办第五届中非媒体合作论坛，习近平主席首次致贺信并作出批示，生动展示"北京大视听"发展成果和行业担当。

站稳人民立场。以 12345、"接诉即办""未诉先办"为抓手解决群众

诉求，出台服务保障"两区"建设创新举措"京15条"，两项先行先试政策获广电总局批复同意，惠及企业13000余家；发布《北京新视听指引2022》，打造行业市场主体的业务"口袋书"；开通线上审批通道，牵头建立重点网络影视剧协审机制，助力企业实现良性运转；开展京津冀"携手迎冬奥 同心过大年"活动，重点平台"免费看"专区总浏览量4.76亿次，会员"转免"价值超1亿元；北京"视听零距离"百余场活动服务全市16区30余万人次，打通公共文化服务最后一公里。

（二）坚持有声有色，在狠抓精品、勇攀高峰中构建"北京大视听"精品创作机制

强化机制引领。统筹选题策划、创作生产、宣传推介，聚焦中国式现代化、聚焦伟大革命精神、聚焦重要时间及事件节点、聚焦新时代北京，不断寻找文艺精品创作的源头活水，推出一批类型丰富、主题鲜明、制作精良的优秀广播电视网络视听作品。

勇攀精品高峰。精品创作继续发力，取得"四个第一"：电视剧《觉醒年代》《山海情》获"五个一工程"奖，《觉醒年代》《香山叶正红》《理想之城》获"飞天奖"优秀电视剧奖，电视剧获奖数量全国第一；电视剧出品36部，在总台央视、各大卫视和重点平台播出36部，出品及播出数量居全国第一；78部网络视听作品入选广电总局各类评优推选，创作产量、评优数量居全国第一；11部动画片、14部纪录片、9个节目获广电总局2022年度季度推优，28部公益广告作品获国家部委奖励扶持，总数均居全国第一。

基金平台赋能。北京广播电视网络视听发展基金对重点题材作品加大扶持力度和资金倾斜，全年共投入8661万元，扶持优秀作品179部。成功创办首届北京动画周，中国·北京电视剧盛典融合飞天、星光"双奖"升级亮相，打造行业标杆性品牌活动。

（三）坚持出新出彩，在举旗定向、凝心聚力中强化主流思想舆论

强化主题宣传。党的二十大主题宣传浓墨重彩，"喜迎二十大 奋进新征程"等系列专题专栏形成声势，网络视听平台专区展播优秀视听作品300余部，播放量超3亿次，首都迎接宣传贯彻党的二十大氛围浓厚热烈。《北京向未来》等冬奥主题节目反响热烈，抖音迎冬奥直播答题活动吸引百万网友，鲜活讲好冬奥故事。

优化大宣传格局。"新视听＋"品牌不断创新、开花结果。开展"全媒体舆论引导力提升工程"，市区两级广播电视机构舆论引导和精品创作生产能力不断提升。一体推进文娱领域综合治理与宣传思想、意识形态工作，坚持网上网下统一标准，阵地管理更加有力。

（四）坚持走深走实，在创新引领、数字驱动中实现事业产业贯通发展

注重创新升级。加快中国（北京）高新视听产业园、中国（怀柔）影视产业示范区、中国（北京）星光视听产业基地三大国家级园区和市级视听艺术园区协同发展，推动京津冀视听走廊建设，视听产业基地转型升级获评"两区"建设市级改革创新实践案例。在全国广电系统率先编发《北京网络视听平台企业合规手册》。北京市8K超高清视频制作专项扶持资金共扶持25家单位112部作品，8K总时长达236小时。智慧广电建设成果卓有成效，30个优秀项目获得专项资金奖励扶持，全球最大超高清地面显示系统等12个视听场景成功转化落地，服务保障北京冬奥会冬残奥会，云转播及8K等多项关键技术列入科技冬奥技术库，6项被评为国际先进技术，13项在冬奥期间推广。

注重深化融合。举办第二届新视听媒体融合创新创意大赛，开展广播电视媒体融合先导单位、典型案例、成长项目征集评选，完成媒体融合创新技术与服务应用遴选推广，7项技术在20家市区媒体落地应用。"京津冀之声"获评2022年全国广播电视媒体融合典型案例，在天津、河北覆盖范围持续扩大。

注重国际传播。出台全国首个省（市）级新视听国际传播专项政策，加强国际传播能力建设，优化视听传播内容供给。进一步发挥北京市提升广播电视和网络视听业国际传播力奖励扶持专项资金效能，创新开展北京优秀影视剧海外展播季系列活动。阿语版《觉醒年代》覆盖 22 个阿拉伯国家近 5 亿人口。

2023 年，北京市广电局将继续坚持首善标准，聚焦学习宣传贯彻党的二十大精神这条主线，牢固树立"大安全"理念，筑牢广电安全生命线，把握"内容＋科技"两大中心，积极构建"产业高质量发展、现代公共服务、媒体深度融合、现代国际传播"四个格局，全力推进首都广播电视和网络视听高质量发展。

二、围绕主题主线 积极开拓创新 奋力谱写天津广电发展新篇章

天津市文化和旅游局党组书记、局长，天津市广播电视局局长　张剑

2022年，天津市广播电视系统以迎庆宣传学习贯彻党的二十大为主题主线，以社会主义核心价值观为引领，以满足人民文化需求和增强人民精神力量为着力点，牢记职责使命，积极开拓创新，奋力谱写广播电视和网络视听发展新篇章。

（一）重大主题宣传报道出彩出新

引导广电播出机构做好党的二十大等重大主题宣传，开设"学习宣传贯彻落实党的二十大精神专题报道"，推出"解读二十大精神系列专访"。聚焦"奋进新征程 建功新时代"，积极组织开展网络视听正面宣传。全市各网络视听持证机构有计划地播出主题宣传内容和优秀作品，准确把握时度效。津云新媒体推出"奋进新征程 建功新时代"专题，开展"沿着总书记的足迹"系列报道。各区融媒体中心积极宣传报道本区发展建设成就，用弘扬主旋律、传递正能量的优秀内容引领社会风尚。

（二）精品内容创作成果丰硕

《梦娃（第三季1—13集）》获评2021年度优秀国产电视动画片，广播节目《同唱一首歌》《百年征程 伉俪情深》2个节目入选2021年度广播电视创新创优节目，广播节目《童年童话——童心向党》荣获优秀广播扶持节目，电视节目《大师父小徒弟》荣获优秀电视扶持节目，电视纪录片《过年的画》入选2022年第一季度优秀国产纪录片，电视节目《青春守艺人》入选2022年第二季度创新创优节目。津产电视剧《以家人之名》入围第33届"飞天奖"、网络电影《天虎突击队》入选全国"喜迎二十大 奋进新征程"精品网络视听节目展播片单。天津局相关业务部门荣获"2021

年度优秀国产电视动画片及创作人才扶持项目优秀组织机构""2021年度广播电视创新创优优秀组织机构"等称号。

（三）传媒机构管理进一步完善

推进广播电视频率频道规范化建设。组织天津广播电视台对文艺频道专业节目比例不达标问题进行整改。进一步推动广播电视频率频道精简精办，完成天津广播电视台少儿频道与科教频道撤并、教育频道设立的申报和审批工作，完成区级广播电视播出机构及频率频道规范化设置。集中力量组织开展"灰广播"及非法医药广告播出集中整治"回头看"工作，深化巩固拓展整治成果，遏制反弹问题。进一步清理整治广播频率违规、非法医药广告及其他违法违规问题。积极开展非法卫星电视接收设施清理整治专项行动，坚决消除和遏制居（村）民社区、城乡结合部等地非法安装接收现象。

（四）安全播出防线进一步筑牢

进一步加强安全播出工作统筹指导和部署。强化管理主体责任，全力以赴确保广播电视播出安全，圆满完成了元旦、春节、两会、党的二十大等重要保障期安全检查、安全播出及宣传报道任务，实现了零停播、零插播目标，安全播出工作受到广电总局通报表扬。推动天津市应急广播体系建设。以收听收看为抓手，加强节目监听监看和分析研判，发现问题及时约谈，督促整改。持续深化监测监管，全年共对天津广播电视台、中国广电天津网络有限公司、天津网络广播电视台有限公司、各区级广播电视台的中波、调频、开路电视、卫星电视、有线电视和IPTV共计68套广播节目、484套电视节目的安全播出情况进行监测，全年未发生重大事故。

（五）意识形态建设和管理严管严控

持续深入推进文娱领域综合治理，切实加强广播电视和网络视听内容审查把关，强化创作引导和审查把关，严格落实立项审查、剧本审查、成片审查、首页首屏审查等制度。对作品的政治方向、宣传导向、价值取向、审美趣向以及军事、宗教、公安等特殊题材作品的意识形态问题、细节问题进行重点审查。对个别作品出现的恶趣味审美、涉嫌同性恋情节、炫富、未成年人早恋和篡改历史等问题进行严肃整改。集中力量开展重要敏感期网络视听专项治理工作。面向全市注册网站开展视听内容监测，及时排查并依法处置违规传播涉政、涉黄、涉暴等有害视听内容的网站 62 家，维护播出秩序。

（六）媒体深度融合持续发展

中国（京津冀）广播电视媒体融合发展创新中心平台引领作用日益增强，与京、冀两地广电部门联合开展京津冀第二届新视听媒体融合创新创意大赛、京津冀媒体号运营策略交流对接会等媒体融合交流活动，为进一步推动京津冀各级广播电视媒体深度融合发展搭建了平台、发挥了积极作用。

三、聚集主责主业 坚持守正创新 推动河北广播电视和网络视听高质量发展

河北省广播电视局党组书记、局长　曹征平

2022 年，河北省广播电视和网络视听工作以迎接宣传贯彻党的二十大为工作主线，在提升宣传舆论引导质量、广播电视文艺创作质量、全媒体传播质量、广播电视行业管理质量等方面下功夫、谋实效，更好地发挥广播电视和网络视听引导人、凝聚人、激励人的积极作用。

（一）加强学习宣传和末端落实

河北局党组团结带领全局坚定不移用党的二十大精神统一思想行动，聚焦主责主业深耕内容生产、聚焦关键环节筑牢安全防线、聚焦引领未来推动创新发展、聚焦精准对接群众需求提升公共服务、聚焦履行新时代使命锻造广电铁军，倡导"马上就办、真抓实干"的工作作风，运用干什么、怎么干、谁来干、什么时间干成"四个干"工作机制，坚决有力抓好工作落实。

（二）加强新闻宣传和精品生产

指导河北省广播电视媒体和网络视听机构，围绕重大宣传主题，圆满完成了北京冬奥会、冬残奥会宣传任务；围绕迎接庆祝党的二十大，指导推出特色专题专栏；围绕对接国家部委，确定了 11 个与广电总局对接沟通的项目，确保在节目创作生产、媒体融合发展、广电惠民服务等方面在全国争先进位。纪录片《大河之北》获得第 27 届电视文艺"星光奖"电视纪录片奖提名；《在希望的田野上》在第十六届全国党员教育电视片观摩交流活动中被评为一等奖；《香山叶正红》获得第 33 届电视剧"飞天奖"优秀电视剧奖，《前行者》获得优秀电视剧提名；《爱拼会赢》获中宣部第十六届精神文明建设"五个一工程"奖优秀作品奖；《故乡的泥土》列入中宣部 2023 年度文化产业发展专项资金推动影视产业发展项目拟支持公示

名单；网络纪录片《红色号角》、短视频《世界看崇礼，一起向未来》等 5 部作品入选广电总局推优、专题展播。河北广电无线传媒股份有限公司、河北广电 MCN 项目分别获全国广播电视媒体融合先导单位和成长项目。70 部公益作品在全省播出机构进行展播。

（三）加强安全播出和监管整治

统筹抓好播出安全、网络安全、阵地安全、设施安全、生产安全。严格落实"一把手"负责制，靠前指挥，细化监听监看监测措施；认真开展全省安全播出和安全生产大检查，组织应急演练，督促问题整改；开展内容安全专项整治，查处违规事项，整改违规节目，坚决处置有害音视频信息。党的二十大重要保障期期间，开展广播电视安全播出应急演练、重点活动直转播调度演练，监测全省 700 多个频率频道和视听网站栏目，调度全省 213 个安全播出责任单位，圆满完成重要保障期安全播出保障任务，受到广电总局肯定及河北省领导批示表扬。在 2022 年全省安全生产目标管理考核中，河北局获优秀等次。

（四）加强项目规划和扶持引导

抓好广播电视节目规划引导，制定纪录片扶持政策，部署重点节目创作，全力营造宣传强势，让主旋律和正能量主导广播电视空间。抓好电视剧创作，强化规划引领和跟踪指导，确定 65 部重点推动剧目，积极营造有利于出精品、出人才的电视剧创作生产环境。抓好网络视听精品生产，推出重点选题 110 个，规划备案重点网络影视剧 367 部，广电新媒体网络影响力进入全国先进行列，相关工作得到省部级领导 13 次肯定性批示。抓好公共文化服务体系建设，争取广电总局应急广播体系建设扶持资金 2393 万元、广电节目无线覆盖运维资金 3451 万元。完成 5 个县级应急广播体系工程建设任务，安装 2985 个大喇叭终端，覆盖 77 个乡镇、1839 个行政村、189.6 万人口，河北高效推进应急广播的经验做法被中央广播电视总台报道推广。组织推动 700MHz 频率迁移工程，完成了全部 129 座发射台站的设备更新、改造。

四、牢记使命　守正创新　全方位推动山西广电高质量发展

山西省广播电视局党组书记、局长　赵晓春

2022 年，山西省广播电视系统紧紧围绕迎接宣传贯彻党的二十大这条主线，聚焦举旗帜、聚民心、育新人、兴文化、展形象使命任务，进一步提升舆论引导、精品创作、智慧广电、公共服务、行业治理五种能力，不断强化党的建设和人才队伍建设两大保障，全省广播电视和网络视听高质量发展取得新进展新成效。

（一）主题主线宣传浓墨重彩

持续深化广播电视媒体"头条"建设和视听新媒体"首页首屏首条"建设，精心策划推出"奋进新征程 建功新时代"重大主题宣传，开办《沿着总书记的足迹》等专题专栏，全面启动《走进老区看新貌·山西行》大型采访活动，持续指导《理论天天学》等节目的创作生产，不断深化习近平新时代中国特色社会主义思想的宣传阐释。突出迎接宣传党的二十大主线，制发宣传报道工作方案，统筹网上网下，深化融合传播，强化内外联动，开办《喜迎二十大》等专题专栏，在全社会持续营造同心共学二十大精神的浓厚氛围。山西广播电视台《一枝一叶总关情 殷殷关怀暖三晋 习近平总书记山西考察调研回访记》等主题宣传报道受到广电总局表扬。

（二）广电文艺创作精品荟萃

32 集重大革命题材电视剧《走向胜利》取得发行许可证。开展山西省电视剧创作拍摄基地评选命名，首批命名 5 个基地。开展广播电视新闻作品和创新创优节目季度、年度评选，共选出《一枝一叶总关情 殷殷关怀暖三晋》等 59 件新闻作品和《再赶考 新担当》等 19 档创新创优节目。新闻专题《旱井》获第 32 届中国新闻奖三等奖；《大河奔流新时代——黄河流域九省（区）迎新春文艺演出》获第 27 届电视文艺"星光奖"电视综艺

节目提名。完成电视动画片 3 部 39 集。电视动画片《狐桃桃和老神仙（第一季）》获第 31 届中国电视金鹰奖最佳电视动画片提名。开展优秀网络视听作品评选，100 部获奖作品在全省重点新媒体网站、移动端、IPTV 播控平台、有线电视点播平台展播。《小亲圪蛋》系列等 6 件作品入选中宣部"中华文化走出去资源信息平台"。

（三）智慧广电建设加快推进

制定印发《"十四五"时期推进智慧广电建设行动计划》，全面推动智慧广电与各行业融合发展。山西广电 5G 网络服务正式启动，192 号段开始放号运营。山西省 IPTV 集成播控分平台与广电总局监管系统实现对接。加快推进广电领域 IPv6 规模部署应用，省市级台主频道全部完成高清化改造，实现高标清同播。探索媒体融合新路径，在平顺县的 1 个村庄、1 个社区和 3 个景点完成"美丽乡村智慧大屏"和"5G 看山西"试点部署；以太原有线滨河智慧社区为试点，开展有线智慧社区服务平台建设；制定《省级公共大屏联播联控平台建设方案》，全面摸底公共视听户外大屏情况，积极推进市级试点建设，着力破解公共场所视听网络安全管理滞后难题。

（四）广电公共服务能力持续提升

制定印发《全省应急广播体系建设"十四五"发展规划》，积极推动省级应急广播平台立项建设，基本完成浑源、五台、繁峙、中阳 4 个县应急广播体系建设。支持引导广播电视公益广告健康发展，连续 7 年发布《山西省广播电视公益广告宣传主题指南》，全年累计制作各类公益广告 2992 条 2676 分钟，累计播出 275.25 万条次 253 万分钟。加快山西广电与文旅产业协同发展，全面启动"百融直播·千名主播秀山西"活动。推进直播卫星用户接收设施更新换代，在灵丘、平顺完成 60 套户户通增强型接收设备试点安装；完成 9 个县级融媒体中心和忻州市网接收设施专营服务试点建设，广电公共服务保障能力持续提升。

（五）行业管理治理能力显著提升

编制完成《山西省广播电视和网络视听"十四五"发展规划》及产业、

科技两个子规划。精心部署开展迎接党的二十大安全播出保障专项行动，全年共计保障完成 39 次（日）重要保障期的安全播出保障任务。坚持网上网下统一导向、统一标准，坚持宣传例会和通气会机制，持续健全审查、备案机制。扎实开展文娱领域综合治理、深入开展境外卫星专项整治、严厉打击"黑广播"、严格广播电视商业广告治理，推动行业健康有序发展。深入开展"市场主体建设年"活动，全年审批新增广播电视节目制作机构 91 家；打造省域普法宣传品牌，与山西省委宣传部等部门联合开展全省法治动漫微视频作品征集展播，营造行业发展良好环境。

（六）党的建设和队伍建设进一步加强

积极配合山西省委巡视组对山西局党组开展政治巡视，圆满完成巡视整改任务。以政治建设为统领，各级党组织落实"第一议题"制度。坚持"三不"一体推进，着力构建长效机制。加强作风建设，严格落实中央八项规定精神及实施细则，持续整治形式主义、官僚主义问题。强化从业人员管理和资格准入，组织广播电视编辑记者、播音员主持人参加资格考试，给 291 人核发播音主持上岗证；完成广电编辑、工程、播音的初、中、高专业技术职称评审；组织开展科技、新媒体、宣传、节目制作等各类培训和技术能手竞赛，行业队伍业务素质显著提升。

五、推动内蒙古广播电视和网络视听高质量发展

内蒙古自治区广播电视局党组书记、局长　王笑铁

2022 年，内蒙古自治区广播电视行业以学习宣传贯彻党的二十大精神为主线，统筹推进落实重点工作任务和自治区"五大任务"，持续壮大主流思想舆论，提升精品内容供给，加强行业管理，提升公共服务水平，推动广播电视和网络视听高质量发展。

（一）强化宣传引导，凝聚强大精神力量

内蒙古局有力引导全区各级广播电视和网络视听播出机构聚焦重大主题主线，加强首屏首页专题专栏建设，确保习近平总书记重要思想、重要活动、重要会议高光聚焦、宣传到位。压实宣传引导职能职责，建立全区各级广电行政管理部门、播出机构主频率主频道负责人、联络员协调机制。组织全区网络视听平台开展以"奋进新征程　建功新时代"为主题开展迎接党的二十大主题宣传活动，先后展播短视频、纪录片、网络电影等各类网络视听精品节目 1000 余部。借力京蒙协作机制，征集遴选出《亮丽内蒙古，四季好风光》等 12 部形象宣传片和《内蒙古马铃薯》等 8 部特色产品宣介片，在网络平台进行持续推送。开展"礼赞新时代 奋进新征程——优秀广播电视和网络视听节目展播"活动，对评选出的 19 部广播剧、29 部电视片、70 个短视频、22 个公益广告分两批进行挂标展播，全方位宣传展现新征程自治区推进落实"五大任务"的新担当、新作为。

（二）开展推优扶持，推动精品内容生产

组织开展第四届全区广播电视公益广告大赛、优秀广播电视公益广告创意文案征集活动和内蒙古首届短视频创新创意大赛。电视节目《长城长》获 2022 年第一季度创新创优节目扶持，该节目第二季入选"中华文化广播电视传播工程"重点项目；纪录片《国家的孩子》获 2022 年第二季

度优秀纪录片；《致敬草原额吉》获广播电视公益广告电视类优秀作品二类扶持。

（三）加快推进公共服务标准化、均等化、普惠化

完成锡林郭勒盟边境地区智慧广电固边工程试点建设，新建铁塔 80 座，新建无线交互站点 88 座，新建调频发射系统 15 个，铺设光缆 377.63 公里，让边境地区军民标准化、均等化享受广电公共服务。完成牧区智慧广电宽带网络覆盖与服务工程建设任务。在 33 个牧区旗县建设万兆到旗县、千兆到苏木乡镇、百兆到嘎查村、20 兆进牧户的有线无线融合宽带网络，累计铺设光缆近 3 万公里，累计发展用户 14.5 万户。积极开展"我们的中国梦——文化进万家"活动和文化科技卫生"三下乡"活动，接受宣传群众达 10 万余人次。

（四）严格行业治理，全力维护传播秩序

与广电总局监管中心 203 台合作，对全区广播电视和网络视听播出质量、节目内容进行全方位监测监管，定期分析监测数据，发现播出内容（含广告）方面疑似违规问题 571 次，排查音视频网站 2113 家，有效提升行业监管能力与覆盖面。统筹开展非法卫星电视地面接收设施常态化整治与集中整治行动，年内开展各类执法活动 2016 次，拆除、查没非法接收设施 10372 套。强化文娱领域综合治理等内容整治，开展 5 项网络专项治理行动，查处各类互联网视听节目违规行为 10 次，有效规范传播秩序。积极推进监测监管平台建设，完成自治区级监测监管总平台指挥调度系统等模块的设备硬件连接工作，推动呼伦贝尔市等 6 个盟市新建分监测平台的基础硬件设备安装工作。

（五）圆满完成党的二十大等重保期安全播出保障任务

强化安排部署。严格落实"管行业必须管安全"要求，召开全区广播电视系统安全播出、网络安全和安全生产视频会议，全面部署行业安全保障工作。顺利完成国务院安委会第十二综合督导检查组对自治区广电局安全生产大检查工作。加强重点部位管理，建立数字传媒中心消防网格化管理机制。起草《消防安全管理实施细则》，对局属各发射台消防安全责任、消防安全管理、建筑消防设施作出详细规定，确保设施安全。制定印发迎接党的二十大全区广播电视安全播出大检查工作方案，对全区 115 个广播电视部门、责任单位开展安全检查，发现问题隐患 558 个；由局领导牵头组建 6 个包联推进组，推进包联单位问题整改，督促责任落实，圆满完成党的二十大、冬奥会、全国两会等重保期安全播出保障工作。

（六）持之以恒推动全面从严治党向纵深发展

编发党的建设、党风廉政建设工作要点及党组、机关党委、党支部三级重点任务清单、工青妇重点任务清单；领导班子成员常态化开展教育指导、调查研究、检视问题、办好实事、专题党课"五合一"下基层活动，压实党建工作主体责任；发挥纪检监督专员监督机制作用，对基层党组织全面从严治党主体责任落实情况进行专项监督。将习近平新时代中国特色社会主义思想作为党组会"第一议题"、党组理论学习中心组"首要内容"、党支部"第一内容"、党员学习"第一任务"，深刻领会习近平总书记重要讲话、重要指示批示精神实质；制定《关于推动党史学习教育常态化长效化的方案》，推动党史学习教育常态化长效化；大力开展学习型单位建设，统筹建设"广电讲堂""读书荐书""一堂好课"等学习平台载体，营造浓厚理论学习氛围。推进"最强党支部"建设，推动引导基层党组织研究探索党建与业务工作深度融合的项目化、品牌化、实效化路径。

六、聚焦聚力 守正创新 有力服务辽宁振兴发展

辽宁省广播电视局党组书记、局长　梅玉良

2022 年，辽宁省广播电视和网络视听战线紧紧围绕迎接宣传贯彻党的二十大，主动服务和融入辽宁全面振兴全方位振兴大局，守正创新，担当作为，拼搏进取，各方面工作取得新进展新成效。

（一）主题主线宣传有声有色、深入人心

持续深化广播电视媒体"头条"和网络视听平台"首页首屏首条"建设，推出《在习近平新时代中国特色社会主义思想指引下》等专题专栏，开展《沿着总书记的足迹》等系列报道，全省县融 APP 与"北斗融媒"同时同版发布《学习进行时》，理论专题节目《思想的田野——辽宁篇》荣获广电总局季度创新创优特别节目。精心组织党的二十大重大主题宣传，先后开设"奋进新征程 建功新时代""新时代新征程新伟业"等专题专栏，举办"喜迎二十大、我来说变化"短视频征集展播和"礼赞新时代 奋进新征程"优秀电视剧展播活动，微纪录片《"多福"里的多福人》在全国宣传例会介绍创作经验。全方位、多角度开展辽宁振兴发展主题宣传，推出《虎虎生风开新局》等专题专栏，开展《奋斗者正青春》等系列报道，《牢记嘱托 辽宁实践》在全国宣传例会得到表扬。中央广播电视总台新闻频道等主要平台播出涉辽正面报道 1400 余条（次）。

（二）创新创优工作用心用情、百花齐放

深化实施全省广播电视和网络视听提质创优工程，建立健全重点作品创作生产引导扶持机制，制定"1+7"工作方案和重点纪录片等 3 项扶持激励政策，开展广播电视新闻作品等 4 项创新创优活动和广播剧、公益广告等 5 项大赛。广播剧《有事找彪哥》荣获全国"五个一工程"奖，纪录片《稻乡澎湃》等 4 部作品荣获第 32 届中国新闻奖，《护鸟人》《守护湿

地"三宝"》等 21 部作品荣获广电总局季度和年度优秀作品。少儿节目《党徽闪耀映初心》、广播作品《福安巷三号》、公益广告《"七一勋章"获得者——孙景坤》等一批作品获广电总局等有关部门表奖扶持。援疆特别节目《八千里路英雄情》得到中宣部《新闻阅评》刊文表扬。《2022 辽视春晚》收视率领先省级卫视春晚。制作完成电视剧《乘风踏浪》《大三女生》、广播剧《逐梦长空》《忠诚》等一批重点作品。纪录片《李兆麟》在总台央视黄金时段播出。电视剧《昔有琉璃瓦》在韩国、泰国电视台及越南、印尼、马来西亚等国家和中国台湾地区网络平台播出。

（三）事业产业发展两翼齐飞、互促共进

围绕服务全省构建"一圈一带两区"区域发展格局，组建沈阳现代化都市圈广电视听联盟和辽宁沿海经济带广电视听联盟，充分发挥沈阳、大连"双核"牵动辐射作用，一体推进重大主题宣传、节目创新创优、媒体深度融合、产业开发经营、人才队伍建设等合作。依托全省五星级广播电视台创建，组建辽东绿色经济区 9 县（市）广电视听协作体。大力推进广电媒体深度融合，"北斗融媒"获评广电总局媒体融合新品牌。持续推进频率频道精简精办，撤销 6 个市级台公共频道和 43 个县级台频率频道，全省 49 个县级台全部实现"一县一广播一电视"。加快推进广播电视基础建设，辽宁广播电视台播控系统升级改造全面完成，所有频道实现高标清同播，IPTV 超高清智能播控云平台实现智慧运维。全省 700MHz 频率实现全部迁移，助力智慧广电 5G 网络加快发展。扎实推进应急广播体系建设，完成省级平台与国家平台和 7 个县级试点平台对接工作。重点产业园区规划建设稳步推进，沈阳五里河数字视听产业园被授予省级广电视听产业基地（园区）。科技创新力度不断加大，3 个项目荣获广电总局应用创新大赛优秀奖，"广电'新视厅'云智能平台"项目荣获广电总局智慧广电网络新服务评选家庭创新应用赛道第一名。

（四）行业阵地管理有力有序、全面强化

意识形态工作责任制有力落实，安全防线不断筑牢。健全完善全省宣传管理例会制度，开展规范播音员主持人职业行为和社会活动管理工作，组织广播电视所属新媒体平台和账号专项整治，加大重点网络视听平台管理。持续开展违法违规广告专项集中整治，建立健全长效管理机制，违法违规广告数量呈下降趋势。加大境外卫星电视整治力度，无"小耳朵"社区创建纳入全省文明城镇创建考核体系。深入开展安全播出和安全生产大检查，加强安全播出指挥调度，强化责任落实，全年安全播出事故同比下降57.8%。党的二十大重要保障期，全省各级广播电视台主频道、主频率和重点网络视听平台圆满完成重要直播转播任务。

（五）党的建设和队伍建设求严求实、持续加强

坚持以党的政治建设为统领，不断提高政治判断力、政治领悟力、政治执行力。强化基层党组织建设，在统筹疫情防控、推进改革发展的各项工作中，全省广电战线基层党组织战斗堡垒作用、广大党员先锋模范作用得到充分彰显。深化"党建＋营商环境"建设，各级广电行政管理部门持续优化行政审批工作，辽宁局审批事项总环节比上年减少14个，实际审批用时平均节约76%以上。以增强"四力"教育实践为引领，加强人才队伍教育培训，分领域、分层次组织开展线上线下培训工作，全省累计培训逾1500人次。

七、加快吉林省广播电视和网络视听高质量创新性发展

吉林省广播电视局党组书记、局长　马少红

2022年，吉林广电行业全面学习、全面把握、全面落实党的二十大精神，守正创新、攻坚克难，各方面工作取得新进展新成效。

（一）聚焦主题主线，打造舆论宣传新亮点

持续深化广播电视媒体"头条"建设和网络视听平台"首页首屏首条"建设，深入宣传习近平新时代中国特色社会主义思想、党的二十大精神及吉林贯彻落实习近平总书记重要讲话重要指示精神的工作举措、实践经验和成效成果，指导省内广电媒体开设"学习贯彻党的二十大精神""党代表归来话落实"等专栏170余个，播发新闻报道7000余条，新媒体点击量2000余万人次；围绕"一主六双"高质量发展战略和"六新产业"发展"四新设施"建设，开设专题专栏400余个，开展宣传报道5万余条（次），新媒体点击量1.7亿人次。

（二）统筹项目规划，完善精品创作新机制

建立健全2022年全省广播电视重大主题作品项目库，围绕党的二十大、中华优秀传统文化、乡村振兴、冰雪文化、生态文明、对外宣传和国际传播6大主题、120个项目，运用"五化"闭环工作法推进落实，切实提升创作水平；深入实施新时代精品工程，精心策划"传承百年 传颂经典——庆祝建党百年吉林广播电视和网络视听作品推优活动"，推荐119部优秀作品参与广电总局各类评优活动，纪录片《松花江》《红旗·征途》等入选广电总局"十四五"纪录片重点选题规划；成功举办年度广播电视公益广告大赛，评选28部优秀作品并在全省各级广播电视台集中展播；120部网络视听作品入选"中国梦"主题原创网络视听征集活动，《一水激活万水流》等被广电总局评为优秀视听作品，网络微短剧《四平警事之英

城惊雷》和网络电影《咱村好大雪》等先后在腾讯视频播出，点击率和播放率持续走高；持续提升对外传播能力，对俄广播落地项目在俄罗斯远东地区影响力不断扩大，连续 5 年入选广电总局"丝绸之路视听工程"重点项目库，"中俄青年歌会"获得俄罗斯年度国家级奖项。

（三）坚持改革创新，迈出科技发展新步伐

以"数字吉林·智慧广电"建设为引领，创新智慧广电应用生态体系，成功举办广电 5G 创新应用推进会暨中国广电 5G 网络服务吉林启动仪式；推进广电媒体深度融合，《第 1 报道》入选广电总局"广电媒体融合新品牌——新闻品牌"，吉视传媒公司"智慧农业"项目获评智慧乡村创新应用奖；争取 1.5 亿元地方政府专项债券用于吉林广播电视台 4K 超高清建设，现有 4K 节目总量已达 1.9 万小时；吉林省有线网络万兆光纤传输技术先后成为广电行业标准和国际电信联盟标准，入选工信部和国家广电总局超高清视频典型应用案例。

（四）建设民生工程，提升惠民服务新高度

扎实推进民族地区有线高清交互数字电视机顶盒推广普及项目，完成 5.27 万户有线电视机顶盒升级任务；争取国家补助 1.2 亿元用于推进 10 个边境县（市、区）智慧广电固边工程建设；应急广播省级平台建设顺利推进，8 个县已建成县、乡（镇）、村三级联动、上下贯通的应急广播体系，20 个县（市）、2171 个行政村、近 16260 个终端开展"学习强国"乡村大喇叭播报，覆盖人口 260 余万；推进有线电视城网双向化改造和农网光纤入户工程，已建成 19.8 万公里广电网络，双向化率达到 97.4%，服务 131.97 万点播用户和 141.36 万宽带用户；顺利完成 700MHz 频率迁移，地面数字电视体系不断完善，高质量完成中央和省级广播节目覆盖任务。

（五）提升治理能力，维护健康发展新环境

深学笃用习近平法治思想，不断提升行业监管效能和依法治理水平。大力推进全省广电行业行政处罚裁量权基准制定工作，完成 3 部行政法规、12 件部门规章、1 部地方性法规行政处罚标准的细化量化工作，调整 171

项具体条款；深化"放管服"改革，优化政务服务流程，加快中小微企业申请许可证办理速度，及时回应企业咨询；加强广播电视播出机构和传输机构监督管理，深入开展打击"黑广播"、非法医药广告、卫星地面接收设施整治、"清朗视听"等专项治理，深化文娱领域综合治理，进一步廓清行业风气、净化舆论环境，有效保障人民群众基本文化权益。

（六）夯实阵地管理，筑牢安全防护新屏障

严格落实意识形态工作责任制，督导全省广电行业认真落实属地管理和主管主办原则，从严落实新媒体平台"三审制""两个所有"等相关规定和制度要求，确保意识形态阵地安全；对省、市、县三级100多个单位开展督导检查，同时对12家单位的20个信息系统开展网络安全风险评估和渗透测试，顺利通过广电总局考核验收；深挖共性突出问题，消除各类风险隐患，切实补齐安全短板。党的二十大、冬奥会等重要会议、重大活动期间，全省广电行业坚守岗位、履职尽责，圆满完成安全播出保障任务。

2023年，全省广电行业将不断强化干部和人才队伍建设，激发干事创业新活力，为加快文化强省建设、在中国式现代化进程中推动吉林全面振兴取得新突破贡献广电力量。

八、黑龙江广电：砥砺奋进谋发展　守正创新谱新篇

黑龙江省广播电视局党组书记、局长　张广雷

2022 年，黑龙江局聚焦省委省政府中心工作，服务加快建设"六个龙江"建设，推动实现"八个振兴"，主题宣传、精品创作、安全播出、公共服务、行业管理、媒体融合、智慧广电建设等工作取得新进展新成效。

（一）聚焦主题主线，唱响新时代黑龙江振兴发展主旋律

主题宣传浓墨重彩。指导各级机构用心用情用功开展习近平总书记重要思想和领袖形象宣传，精准高效开展党的二十大精神主题宣传，统一开设"奋进新征程 建功新时代""喜迎党的二十大"等专题专栏专区 300 余个。紧紧围绕北京冬奥会冬残奥会、全国全省两会、省第十三次党代会和省委省政府中心工作，组织开展"能力作风建设"等各类主题宣传 70 余项，营造了振兴发展的良好舆论氛围。

重大题材作品亮点纷呈。理论文献片《黑土破晓》在总台央视纪录频道黄金时段播出，短纪录片《我和我的新时代（黑龙江篇）》在全国各大卫视播出，电视理论节目《燃烧吧！青春》入选全国重点广播电视节目。各级机构精心编排播出了《领航》《思想耀江山》等一批重点节目栏目，集中开展了"礼赞新时代 奋进新征程"优秀电视剧展播活动，举办了"迎庆党的二十大"主题网络视听作品征集展播活动，营造多平台协同联动的强大宣传声势。

安全播出保障坚实有力。组织全省行业以最高标准、最严要求、最实举措，全力做好党的二十大安全播出工作，高质量完成 10 个重保期、42 个重保日、18 场重大活动、5 次并机直播保障任务，实现重保期安全播出、网络安全零事故，获得广电总局通报表扬。

（二）服务和融入新发展格局，事业产业高质量发展取得新成效

精品创作取得突破。加大推优力度，全年向广电总局推荐《我爱冰球》《马头琴》等各类题材作品 80 多个，《钢铁运输线》《牢记嘱托种好粮》等 8 部作品获奖。加强组织化运作，以重点项目、重点机构为突破口，激发创新创优活力。广播剧《中国北斗》、电视剧《超越》获"五个一工程"奖。电视剧《青山不墨》登陆总台央视一套黄金档，创黑龙江主投主控电视剧传播影响力新高。纪录片《希望的田野：乌苏里新歌》获电视文艺"星光奖"提名。5 个公益广告项目获广电总局扶持。网络微短剧《第四审讯室》成为黑龙江首部 S 级网络剧片。

公共服务提质升级。重点民生项目有序实施，首批 8 个县智慧广电固边工程全面开工；首批 9 个老少边及欠发达县应急广播体系建设任务高质量完成，大兴安岭地区数字微波网建设项目全面建成并通过验收，哈尔滨八区隧道调频广播精准覆盖项目竣工投用。下达中央和省台节目无线覆盖运行维护资金 1.15 亿元，保障广播电视节目信号安全优质传输。全省广播电视和网络视听节目资源库总时长达 1.6 万分钟，市级电视台全部实现开设手语节目或加配字幕，推动在有线电视网传送 16 套广播节目，更好满足人民群众精神文化需求。

行业发展动能强劲。优化频道频率布局，4 个公共频道调整为专业频道。电视频道高清化建设取得重大进展，省台 7 个频道和 22 个市级频道实现高清播出，主频道高清率达 100%。紧紧围绕黑龙江"4567"产业体系建设，成立推进创意设计、现代信息服务、文化娱乐产业工作专班。扎实开展地面数字电视 700MHz 频率迁移工作。

媒体融合向纵深推进。遴选推荐省台、省网等 8 个项目成功入选全国媒体融合、智慧广电、创新应用项目。齐齐哈尔、鸡西、伊春 3 家融媒体中心入选全国试点单位。设立省全媒体中心申请得到中央编办批复。省级融媒体技术平台功能进一步完善，10 个市级融媒体平台与省级技术平台实现技术贯通、内容互通。

（三）全面推进法治政府建设，治理体系和治理能力现代化水平不断提升

依法行政能力稳步提升。出台黑龙江广电系统"八五"普法规划，通过"谁执法谁普法"履职评议验收。完善行政执法制度体系，出台全面推行包容审慎监管执法四个清单，制定行政执法案件线索管理工作制度，协同建立文化市场综合执法运行机制，提升行业监管效能。全面推行公平竞争审查"特定机构统一审"模式，圆满完成年度"双随机、一公开"监管工作任务。

优化营商环境成效明显。深化"放管服"改革，行政许可即办件占比总数达 50%，全部事项平均办理时限压缩至 3.4 个工作日，居全国行业前列，新增制作机构 59 家，年增长率达 28%。吸引新丽传媒、欢瑞世纪、华文映像 3 家国内一流机构落户，与 10 余家头部制作机构建立常态化联系，主动靠前服务，举办电视剧和公益广告创作培训班，协调开展重点电视剧《归队》《冰天雪地》《刑警时刻》调研采风活动。

行业管理秩序更加规范。修订《黑龙江省广播电视播出机构综合评估办法》，完成 2021 年度播出机构突出社会效益评估工作。坚持导向管理全覆盖，内容安全管理更加严格。境外卫星非法接收设施整治工作取得新成效，在全省存量基本清零基础上开展"回头看"行动，拆除非法卫视设施3550 件，创建"无非法小耳朵"社区 290 个。

2023 年，黑龙江局将聚焦学习宣传贯彻党的二十大精神主线，进一步提升广电工作的政治站位、行业站位、发展站位、突出"内容、技术、安全"三大重心，加力实施"舆论引导、媒体融合、公共服务、产业发展、国际传播、管理优化"六项工程，强化党的建设和人才队伍建设两个保障，为谱写中国式现代化龙江新篇章作出广电贡献。

九、坚持守正创新 努力构建新时代上海广播电视发展新格局

上海市文化和旅游局（上海市广播电视局、上海市文物局）

党组书记、局长 方世忠

2022年，上海广播电视系统全面落实中央和市委决策部署，聚焦党的二十大，坚持稳中求进、守正创新，深耕内容建设、做好安全保障、强化行业治理，努力构建新时代上海广播电视发展新格局。

（一）聚焦主责主业，深耕内容建设成果丰硕

一是精心做好新时代重大主题宣传。做到习近平总书记重要思想"天天见、天天新、天天深"。以学习宣传贯彻党的二十大精神为主线，全力做好重大主题宣传。东方卫视《东方新闻》推出"二十大专讯——新闻特写""聚焦二十大"等专栏。深入开展"新时代的答卷"主题宣传活动，推动《思想耀江山》《时间的答卷（第二季）》《这就是中国》《十年逐梦路》等电视节目以及《舞台上的中国》《上海故事》等网络视听节目的创制工作。

二是做强做优"沪产"电视剧品牌。加强现实题材电视剧创作规划，提升创制效能和艺术水准。2022年，共有21部沪产电视剧首轮播出，其中总台央视一套、八套晚间黄金时段首播3部，一线卫视首播10部，《心居》《超越》《大博弈》等剧集广受好评。

三是网络影视剧节目量质齐升。2022年，上海出品重点网络剧、网络电影、网络动画片等网络视听作品共210部；共有24个项目入选广电总局2022年度优秀网络视听作品，占全国数量的16.6%。网络剧《你安全吗？》《猎罪图鉴》《星汉灿烂》、哔哩哔哩元宵晚会《上元千灯会》等作品获得热度口碑双丰收。

（二）紧盯关键环节，稳固基础筑牢安全防线

一是圆满完成二十大安全直转播工作。将党的二十大安全保障工作作

为首要的政治任务，成立上海安全播出大检查组织机构，对33家广电行业单位开展现场检查，督促整改。制定党的二十大上海市、区两级广播电视播出机构直播转播方案，强化统筹协调，组织预习演练、加强值班值守、做好应急预案，圆满完成党的二十大重要活动直转播任务。

二是视听传播秩序进一步规范。在全市范围开展"清朗视听"网络视听内容安全治理专项行动，为迎接党的二十大召开营造风清气正的传播环境。排查视听内容4500余万条，清理有害节目内容100余万条，下线违规广告4457条，处置违法违规账号和直播间2.5余万个。境外"卫星锅"专项整治成果进一步巩固，实现市区两级境外卫星电视工作专班常态化管理。

三是健全风险防范应急处置机制。修订《上海市文化和旅游局网络安全管理办法》《上海市文化和旅游局网络安全事件应急预案》，开展对全市广电系统重要网站平台和关键信息基础设施的安全检查，实现对重点网站平台以及播出机构制播系统网络的自动监测。前瞻建立疫情条件下的广电安全播出组织保障体系，确保广播电视指挥调度、监测监管、传输播出等系统稳定运行，有力保障"空中课堂"在线教学等播出万无一失。

（三）坚持科技创新，推动上海广电行业高质量发展

一是科技创新赋能智慧广电。启动上海广电5G网络服务，用户数超过40万。东方有线"广电5G SA 网络及应用IPv6部署试点项目"入选国家试点名单。落实广电总局加快"未来电视"战略部署，开展大屏 EPG 智能推荐优化和智能推荐频道两项建设任务，目前已覆盖30万客户端用户。

二是扩大产研载体新拼图。设立"高新视频互动场景创新国家广播电视总局实验室"，腾讯公司成为上海首家广电系统外广电总局实验室依托单位。

三是加强风险防范应用。组织开展广播电视技术系统安全运行风险防范评估工作。组织开展应急广播有线电视 EPG 信息发布系统项目建设，在台风"梅花"过境上海期间，做好应急代播上海地球站广播电视卫星业务。

（四）管理与服务并重，提升行业管理效能

一是推进广电重点政策实施。700MHz 频率迁移工作取得阶段性成果，上海地面电视频道全部完成迁移。开展上海市国有影视企业社会效益评价考核，指导试点企业梳理社会责任公开报告，逐步扩大广播电视和网络视听国有企业和上市公司发布年度报告覆盖面。

二是做好行政审批和内容审查。持续推进频道专业化特色化建设，全年共新开办、调整、关停 7 个频道频率。全面排查《信息网络传播视听节目许可证》持证机构超范围经营情况。全年共审查国产电视剧 39 部，核发电视剧发行许可证 18 部；审核网络原创视听节目 204 部，其中 114 部核发许可证；审核国产动画片 35 部并发行许可证；审核境外引进视听节目 604 部。疫情期间，支持项目在线送审、材料容缺受理，全力保障网络影视剧、电视剧、境外引进节目等审批发证工作平稳有序。

三是加强行业研究。首次发布《上海广电发展年度报告》，全面反映上海 2021 年广播电视和网络视听发展情况。编制《上海电视剧行业年度报告（2021）》《上海网络视听年度报告（2021）》等广电领域行业年度报告。

2023 年，上海广播电视系统将全面学习宣传贯彻党的二十大精神，以习近平新时代中国特色社会主义思想为指导，坚持卓而独特、越而胜己，加快构建全媒体传播体系，把导向、强宣传、出精品、促发展、求实效、守底线，全面提升广电视听传播力、辐射力、影响力，为加快建设具有世界影响力的社会主义现代化国际大都市作出新的贡献！

十、江苏广电：奋力扛起文化强省建设的广电使命

江苏省广播电视局党组书记、局长　曹远剑

2022 年，江苏广电战线紧扣迎接学习宣传贯彻党的二十大主线，实施舆论引导提升、记录江苏攀峰、公共服务增效、智慧广电深化、产业转型升级、行业管理护航"六项行动"，广播电视和网络视听各项工作取得新进展新成效。

（一）主题宣传浓墨重彩、出新出彩

聚焦习近平总书记重要思想和领袖形象宣传，开展"奋进新征程 建功新时代""总书记的足迹""非凡十年"等主题采访报道，推出《思想耀江山（创新篇）》《习语常听》等一批重点电视理论和网络视听节目。聚焦迎接学习宣传贯彻党的二十大，精心策划推出"党的二十大"主题宣传节目栏目 300 多个。扎实做好全国全省两会、冬奥会和冬残奥会等重要会议活动宣传，深入开展共同富裕、乡村振兴、社会主义核心价值观、长三角一体化、疫情防控、安全生产和法治江苏、美丽江苏建设等主题宣传。常态化开展创优推优工作，《致敬百年风华》等 5 部作品被广电总局评为年度创新创优节目，《听，大运河的声音》等 8 部作品荣获第 32 届中国新闻奖，《"昆小融"帮帮团》等 10 个栏目获评 2022 年度全省网络视听新媒体"十佳"栏目（节目）。

（二）精品生产成果丰硕、实现突破

精心组织开展"我们的新时代"主题作品创作展播活动。中沙合拍的首部电视动画《孔小西和哈基姆》得到习近平主席在沙特《利雅得报》署名文章中的肯定。《人世间》《大考》《数风流人物》等 13 部电视剧在总台央视、卫视和网络平台热播，《人世间》创下总台央视一套黄金档近 8 年来收视率新高，荣获"五个一工程"奖等多个全国重大奖项。纪录片《家

在小桥流水间》、动画片《你好，辫子姑娘》、网络影视《庭外》等一批精品如期创作播出。成功举办 2022 长三角白暨豚原创网络视频大赛、江苏纪录片百人扶持计划、新鲜提案真实影像大会、南京（国际）动漫创投大会、第五届江苏省社会主义核心价值观动画短片创作大赛等活动，征集扶持推介了一批优秀视听作品。

（三）公共服务制度完善、提质增效

《江苏省广播电视公共服务实施办法》作为全国首部省级广电公共服务地方政府规章正式施行；《江苏省广播电视公共服务标准化建设规范（2022 版）》成为全国第一个省级广电公共服务标准规范，为完善广电现代公共服务体系提供了制度保障。新增建成 211 个智慧广电乡镇（街道），对 25.96 万户经济薄弱地区农村低保户收看有线电视给予补贴。统筹应急广播体系建、管、用、融，充分发挥应急广播在应急信息播发、政策宣传、公共服务、社会治理等方面作用。用好县级广播电视节目共享平台，新增汇聚 16 万分钟公益性、公共性广播电视节目内容。江苏卫视高清节目实现地面无线播出，江苏新闻广播实现苏北地区调频同步广播，成为全国首张非交通节目区域调频同步广播网。

（四）融合发展深入推进、亮点纷呈

加快推进新型主流媒体建设，充分发挥中国（江苏）、中国（苏州）广播电视媒体融合发展创新中心研究、探索、孵化作用，牵头举办长三角广电媒体融合优秀案例评选活动，引导各级广电媒体融合创新发展，6 个项目入选 2022 年全国广播电视媒体融合优秀案例、6 个项目入选全国广电媒体融合新品牌，数量均居全国第一。深入推进智慧广电建设，6 个项目入选全国人工智能和高新视频创新应用大赛获奖项目、4 个项目入选全国智慧广电网络新服务项目，入选数量位居全国前列。全省 13 个设区市广播电视台频道全部实现高清化，开展省市台 5 个专业频道评估试点取得阶段性成效。中国广电 5G 网络服务江苏正式启动并取得突破性进展，用户超 100 万户，数量居全国省级第一。坚持项目带动，充分发挥省广播电视

发展专项资金作用，共支持 47 个重点产业项目 7968 万元。加强市场主体培育，新增广播电视节目制作经营机构 431 家。成功举办 2022 长三角高新视听博览会，广电总局发来贺信。

（五）行业管理持续强化、保障到位

认真落实意识形态工作责任制，围绕把好导向关、内容关，切实抓好"播前三审""重播重审"等制度落实，常态化开展节目监评和明查暗访抽查评议工作，发现处理违规问题 100 多条次；开展"清朗视听"内容安全专项整治，查处无证违规视听节目网站 16 家，有效净化荧屏声频和网络视听空间。创新境外卫星电视管理手段，在全国率先建成境外电视监管服务平台，率先制定《非法电视网络接收设备认定工作规范（试行）》，协助公安机关出具认定意见书 74 份、查办违法案件 15 件；协同相关部门开展"黑广播"打击治理活动，协助查处案件 31 起，有力规范了传播秩序。深入开展全省行业安全大检查，组织开展"网安 2022"专项行动，党的二十大重要保障期全省广电战线坚守制作播出、传输覆盖、监测监管一线，各级广播电视台主频道、主频率和重点视听平台严格按照要求进行转播，圆满完成安全播出保障任务。持续深化"放管服"改革，广播电视政务服务平台正式上线运行，在省级机关率先实现全省广电政务服务事项一网通办、全省通办。

十一、浙江广电：奋力打造新时代广播电视和网络视听强省

浙江省广播电视局党组书记、局长　张燕

2022 年，浙江广电行业围绕主题主线，聚焦主责主业，把牢方向导向，推动全省广播电视和网络视听高质量发展取得新突破。

（一）主题宣传出新出彩

全省广电系统围绕"喜迎二十大、开好党代会"主线，聚焦"奋进新征程 建功新时代""探索共同富裕一年间"、数字化改革、经济稳进提质等重大主题，精心组织开展丰富多彩的主题宣传报道。开设《习近平浙江足迹》《共同富裕在浙江》《我们的新时代》等重大融媒专栏，推出电视理论节目《思想耀江山·绿色篇》《中国共产党为什么能》、文艺晚会《十年·逐梦向未来》、纪录片《盛世修典》《26 县纪事》、电视政论片《赶考》、外宣节目《走向共同富裕·外国人》，共同奏响新时代浙江大地变革实践的昂扬旋律。全省广电系统有 9 部作品入选第三十二届中国新闻奖，创历年最好成绩。

（二）文艺精品出圈破圈

按照"选准题材、讲好故事、拍出精品"要求，精心策划迎接党的二十大重大题材视听文艺创作生产，推出一批叫好又叫座的文艺作品。2022 年全省影视企业拍摄制作电视剧 20 部，动画片 52 部，均居全国第 2 位，备案网络剧 339 部跃居全国第 1 位。《县委大院》《我们这十年》《运河边的人们》等现实主义作品闪耀荧屏。一批优秀作品在国家级奖项评选中脱颖而出，如《外交风云》《问天》获中宣部第十六届"五个一工程"奖，《和平之舟》《叛逆者》获第 33 届电视剧"飞天奖"优秀电视剧奖，《西泠印社》获第 27 届电视文艺"星光奖"。全国评优推优取得丰硕成果，10 部动画片获广电总局年度推优，10 部视听作品入选全国迎接二十大主题重点项目，

8 部浙产电视剧入选"礼赞新时代 奋进新征程"优秀电视剧展播活动，11 部浙产剧和动画片入选广电总局 2022 年度中国电视剧和电视动画片选集，入选数量均居全国前列。

（三）公共服务扩面提质

湖州市、嘉兴秀洲区完成全国广播电视基本公共服务标准化试点，探索构建"智慧广电＋政务、养老、教育"等六大服务场景，提供广电公共服务体系标准化建设浙江方案。加强应急广播体系建设顶层设计，推动浙江省政府出台《关于深化全省应急广播体系建设的通知》，成立由省领导牵头、18 个省级部门参与的工作专班，推动应急广播从 1.0 版向 2.0 版提升。着眼缩小"三大差距"，组织助力山区 26 县跨越式高质量发展公益直播活动。对 44 个公益广告、300 档对农节目、55 个少儿节目等公益节目予以省级资金扶持。

（四）安全保障有力有效

统筹好行业高质量发展、疫情防控、安全生产"三件大事"，确保省广电行业形势平稳向好。以党的二十大安保为契机，推动制度机制和硬件设施迈上新台阶，制定实施《全省广播电视迎接党的二十大安全保障方案》及子方案，形成 1+N 安保框架，圆满完成各项安保任务，浙江局两次在全国广电系统大会上作经验交流。高质量完成境外卫星电视管理和地卫整治、播出机构和网络视听机构监管、文娱领域治理等工作，建立全省广电领域舆情每月分析研判机制，及时发现问题、督促整改，守牢阵地。

（五）改革创新稳扎稳打

坚持以数字化赋能广电工作，浙江局建成"数智视听"重大应用，打造集创作、审核、交易、监管全流程于一体的综合服务平台，推动广电工作实现跨部门跨领域跨层级工作协同。截至 2022 年，"数智视听"应用已关联企业 33 万家，服务在线交易洽谈 8000 余次，受理网剧备案审批 1800 余部，并获评浙江省数字文化系统优秀应用，浙江被列为全国广电行业政务数据规范化标准化试点省。广电媒体融合步伐加快，7 家地市级新闻传媒中心挂牌成立，浙江广电集团、绍兴市新闻传媒中心、温州广播电视传媒集团等 3 家单位入选 2022 年度全国广电媒体融合先导单位、典型案例和成长项目。提前完成 700 MHz 频率迁移阶段性目标，为广电 5G 建设奠定良好基础。

（六）产业发展提质提效

制定实施《贯彻国家广电总局 25 条措施打造公共富裕广电领域标志性成果实施方案》，出台《浙江广播电视和网络视听发展三年行动计划》，有效对接浙江高质量发展建设共同富裕示范区实施方案，推动广电产业高质量发展。制定实施《浙江省广播电视局关于贯彻落实稳经济政策若干举措的通知》，以十条措施助企纾困，稳定发展。成功举办中国（杭州）国际动漫节、戛纳电视节中国（杭州）国际电视内容高峰论坛等国际节展活动，助推浙产视听作品"走出去"。出台《关于加快推进广播电视和网络视听产业基地（园区）高质量发展的若干意见》，完善产业基地协作机制，确定两批共 16 个省级视听产业基地（园区）培育对象，省级基地园区新增建筑面积 29 万多平方米，新增广播电视节目制作机构 707 家，新入驻企业 2478 家。

（七）队伍建设走深走实

坚持以党的政治建设为统领，持续加强党的建设和人才队伍建设，持续深化全面从严治党工作。出台《关于加快建设变革型组织提高干部塑造变革能力的实施意见》，营造良好的干事创业环境。出台《关于加强广电人才队伍建设的实施办法》，继续实施全省广播电视和网络视听行业青年人才培养"新光计划"，全年组织各类培训 2000 余人次，推动浙江广播电视和网络视听人才工作高质量发展。

十二、安徽广电：踔厉奋发谱新篇

时任安徽省广播电视局党组书记、局长　陈烨

2022年，安徽广电系统紧紧围绕迎接和学习宣传贯彻党的二十大精神这条主线，踔厉奋发、守正创新，谱写广播电视和网络视听高质量发展新篇章。

（一）聚焦抓主线、举旗帜，舆论引导坚强有力

一是党的二十大宣传浓墨重彩。各级广电媒体开设"喜迎二十大""安徽这十年"等系列栏目，推出"奋进新征程 建功新时代""飞跃新时代"等系列报道，高质量直播转播党的二十大盛况。精心策划主题活动，排播"礼赞新时代 奋进新征程"优秀电视剧4.8万余集，"喜迎二十大 奋进新时代"全省广电公益广告大赛收集作品200余件。

二是领袖形象宣传用心用情。深化拓展广播电视"头条"建设和网络视听新媒体"首页首屏首条"建设，开设"沿着总书记的足迹""领航中国""牢记嘱托谱新篇 砥砺奋进新征程"等专题专栏，理论节目《思想有力量》入选广电总局"创新理论传播工程"扶持项目。

三是重点工作宣传用力用功。围绕乡村振兴、"一改两为""双招双引"等重大主题深入开展宣传报道，指导播发《以用定治 让废弃矿山由"包袱"变财富》等重点稿件，为高质量发展营造良好舆论环境。5件作品分获第32届中国新闻奖一、二、三等奖，获奖数量创十年来最佳。加强国际传播能力建设，办好《中国安徽之声》《看安徽》等外宣栏目，4部作品分别入选中宣部视听类优秀地方文化外宣品、广电总局"丝绸之路视听工程"和中外电视（网络视听）合拍项目。

（二）聚焦推精品、树品牌，创优推优精彩纷呈

一是创优推优成果丰硕。电视剧《外交风云》等2部作品荣获"五个

一工程"奖，《觉醒年代》同时荣获"飞天奖"优秀电视剧奖、优秀导演奖以及"金鹰奖"最佳电视剧奖等三大奖项。《花儿向阳 童心向党》等2档节目荣获"星光奖"提名。电视节目《徽韵中国联》、网络剧《量子的创新时代》等20余部作品分别入选广电总局重点扶持项目。《尊师重教难忘师恩》等8件作品被广电总局评为优秀公益广告。

二是大作佳作绽放荧屏。"献礼党的二十大"主题电视剧《县委大院》《大考》在皖拍摄并在总台央视一套热播。重点电视剧《幸福到万家》《分界线》《八月桂花开》在北京卫视、东方卫视等卫视热播，动画片《小鹿蓝蓝》《辉煌100年》《小英雄雨来》等分别登陆总台央视少儿频道、各大卫视和网络平台。

三是品牌效应日益凸显。升级打造的"皖美呈现——影像安徽记录计划"入选安徽省重点文艺项目，策划推出"百村记录计划"子品牌，创作生产精品纪录片26部。成功举办第五届红色微电影盛典，征集作品1600余部。长三角结对合作帮扶城市电视剧高质量发展研讨培训、安徽省广播电视精品创作周成为"孵化"精品的重要品牌。

（三）聚焦提标准、优服务，惠民工程提质增效

一是高标准建成应急广播体系。19万多个应急广播终端覆盖全省1.7万余个行政村（社区），实现省市县镇村五级互联互通，全面完成全省应急广播建设任务。联合省人防办推广人防警报融合应急广播系统试点项目，加强与宣传、应急、卫健等部门联动，理论宣讲、灾害预警、疫情防控等政策宣传受到广大干部群众欢迎。

二是高质量完成公共服务标准化试点任务。肥西县、阜南县、全椒县、南谯区、青阳县5个全国广播电视基本公共服务标准化试点任务高质量完成，在全国率先出台广播电视公共服务标准规范指引。

三是高效能服务乡村振兴战略。出台广播电视和网络视听服务乡村振兴实施意见，捐赠70余部（期）优质影视节目播映权，开展广播电视和网络视听"消费帮扶季"活动，评选"消费帮扶十佳典型案例"，组织直播带货及线下助农活动 200 余场，累计助销农产品 3200 余万元，打造"广电 +"服务乡村振兴工作品牌。

（四）聚焦促融合、增活力，事业产业优化升级

一是智慧广电注入新动能。高清播出提前 3 年实现广电总局设定目标，高清化工作位列全国第一方阵。推动文化专网建设，启动广电 5G 网络服务，初步形成广电"有线 +5G"融合发展新格局。在全国率先出台广播电视无线发射台站智慧运维建设指导意见。遴选"新时代网络安全防护系统"等 24 个智慧广电项目，4 个项目分别在广电总局广播电视和网络视听人工智能应用创新大赛、高新视频创新应用大赛中获奖，4 个案例入选工信部和广电总局超高清视频典型应用案例。安徽广播电视机构共享平台汇聚资源作用充分发挥，推动黄山文旅等一批专业化、智慧化、多元化频道开播上线。

二是媒体融合实现新作为。联合沪苏浙举办 2022 长三角广播电视媒体融合优秀案例评选。1 个项目入选全国广播电视媒体融合典型案例，10 个项目入选 2022 长三角广播电视媒体融合优秀案例，创历年最佳。淮北、阜阳、芜湖 3 个全国市级融媒体中心试点稳步推进。

三是产业发展彰显新活力。联合芜湖市承办第六届中国国际动漫创意产业交易会，签约招商项目 26 个、总投资 103.8 亿元。会同沪苏浙主办 2022 长三角高新视听博览会。大力推进"双招双引"工作，全省广电系统签约项目 38 个，签约总金额 103.25 亿元。

（五）聚焦固阵地、严监管，行业治理规范高效

一是意识形态阵地更加牢固。常态化开展意识形态领域风险隐患分析研判，加强播音员主持人职业行为规范和社会活动管理，举办"'倾听'——安徽省播音员主持人面对面"活动。将网络视听行业官方自媒体账号、广电从业人员自媒体账号纳入监管。

二是安全播出基础更加坚实。开展迎接党的二十大广播电视和网络视听安全播出、安全生产检查，组织 200 多家单位开展网络安全攻防演练，全省 251 套频率频道直播转播党的二十大"零"事故。圆满完成"1+6"主要国际经济组织负责人圆桌对话会等重要外事活动期间境外卫星电视信号传输保障任务。

十三、坚持守正创新 聚焦主责主业 扎实推动福建广播电视和网络视听高质量发展

福建省广播电视局党组成员、局长　庄志松

2022 年，福建广电行业聚焦迎接宣传贯彻党的二十大工作主线，推动全省广播电视和网络视听高质量发展取得新成效。

（一）深入开展主题主线宣传，唱响新时代主旋律最强音

一是核心宣传高光聚焦。推出"沿着总书记的足迹""领航中国·闽山闽水物华新"等专题专栏，《中国正在说》《闽宁纪事 2022》分别入选广电总局喜迎二十大重点电视理论节目和纪录片，《习近平与福建文化自然遗产》获评广电总局优秀广播电视新闻作品，《给习爷爷的信》等作品获评"中国梦"优秀网络视听作品。

二是宣传声势贯通全年。组织开展"山海交响·振兴的力量"全省广播大联播和"喜迎二十大 纪录新福建"优秀纪录片、迎接党的二十大主题优秀电视剧、"青春逐梦·强国有我"主题短视频展播，电视剧《山海情》《一诺无悔》入选中宣部、国家广电总局"礼赞新时代 奋进新征程"优秀电视剧展播，网络电影《围头新娘》入选中宣部喜迎二十大优秀文艺作品展播片单，《血战松毛岭》入选广电总局迎接党的二十大推荐作品。

三是对台对外宣传工作不断加强。第十四届海峡论坛·海峡影视季、讲读中国·融媒体国际传播、菲律宾·中国福建（泉州）电视周成功举办，《视听中国·福建时间》落地柬埔寨国家电视台，《Leen 的福建时间》登陆也门卫星电视台。

（二）扎实抓好内容生产传播，推动正能量迸发大流量

一是电视剧创作欣欣向荣。28 部电视剧通过广电总局批准立项，10 部电视剧完成制作，5 部电视剧在总台央视黄金时段播出，《山海情》《绝

密使命》《爱拼会赢》获"五个一工程"奖、"飞天奖"、金鹰奖等多个奖项，福建局4次在全国会议上作经验交流。

二是电视纪录片佳作迭出。4部纪录片入选广电总局"十四五"重点选题规划，4部纪录片获评广电总局优秀国产纪录片，《闽宁纪事2022》在东南卫视、宁夏卫视播出，《柴米油盐之上》受到中央领导肯定和海内外赞誉并获"五个一工程"奖。

三是网络影视剧繁荣发展。申请立项作品数量居全国前列，新增投资超亿元项目近20个，推出《炽道》《漫长的季节》等优秀作品，网络剧《血战松毛岭》《开端》入选广电总局2022网络视听精品节目。

四是电视节目创新创优。出台全省电视节目创新三年行动计划，举办第一届全省电视节目创新大赛，3个节目获评广电总局年度优秀少儿节目，2个节目获评广电总局创新创优节目，7部作品获广电总局动画短片创意扶持，《今日海峡》获中国新闻奖一等奖。

五是公益广告制播成效良好。3部作品获广电总局年度综合类二类扶持，5部作品入选全国广电优秀公益广告作品库，2个单位获广电总局年度公益广告传播机构，福建局获年度公益广告优秀组织机构。

（三）持续推进智慧广电建设，事业产业发展跑出加速度

一是媒体融合发展加快步伐。智慧广电展馆亮相数字中国建设峰会成果展览会，"海峡卫视融合发展事业群"入选全国广播电视媒体融合发展典型案例，"看厦门"、海博TV和新闻栏目"新闻三剑客"入选广电总局广电媒体融合新品牌。

二是公共服务体系不断完善。推进地面数字电视700MHz迁移，建成省级应急广播系统和广播电视节目共享平台，完成乡镇广播电视公共服务标准化省级示范网点建设26个。参与全国一网整合工作取得实质性进展，福建广电网络集团全业务统一运营IP平台上线。

三是扶持引导力度持续加大。深入实施"拍在福建"推广行动，更新电视剧拍摄云勘景平台，对69个电视剧网络剧项目进行扶持。福州等地

出台影视产业扶持政策，上杭、屏南县成立官方协拍服务机构。推进全省广播电视科技创新，扶持 13 个项目。

四是产业集聚发展深入推进。举办第三届中国短视频大会，积极筹办中国电视剧大会和海丝国际纪录片大会。加快构建厦门、平潭、泰宁"2+1"影视产业发展格局，中国（厦门）智能视听产业基地新增企业 30 多家。

（四）有效防范化解风险挑战，筑牢守好广播电视主阵地

一是导向关口把严把牢。落实广播电视宣传和网络视听宣传例会机制，建立市县宣传通报会、内容安全管理逐级约谈等制度，规范市、县转播中央台和省台新闻联播节目。

二是安播责任落深落细。加强广播电视设施保护，做好非法卫星电视接收设施专项整治。顺利完成党的二十大等重要时间节点和重大活动的直转播工作及安全播出重要保障任务。

三是行业管理抓紧抓实。继续推进文娱领域专项治理，执行片酬管理告知承诺制度，下线处置相关视听节目，举办第一届广播电视播音主持职业技能竞赛。落实频道频率每周巡查机制，加强虚假违法广告专项整治，开展网络微短剧专项治理。深化"放管服"改革，办结行政审批服务事项 635 件，办结率、满意率均达 100%。

十四、聚焦主线 守正创新 推动江西广播电视和网络视听高质量发展

江西省委宣传部副部长，省广播电视局党组书记、局长　杨六华

2022 年，江西广电行业围绕迎接学习宣传贯彻党的二十大这条主线，对照"作示范、勇争先"要求，有力有效服务党和国家工作大局，各项工作稳中有进，取得新进展新成效。

（一）主题主线宣传浓墨重彩

围绕党的二十大会前会中会后时间节点，指导各级广电媒体和网络视听平台精心策划推出"奋进新征程 建功新时代"等系列主题报道、专题节目，唱响昂扬奋进的主旋律。深化广播电视媒体"头条"建设和网络视听平台"首页首屏首条"建设，用心用情用功做好习近平总书记重要思想和领袖形象宣传，充分展现习近平新时代中国特色社会主义思想的真理力量和习近平总书记视察江西重要讲话的实践成果。扎实推进"三个 95 周年"、赣南等原中央苏区振兴发展战略实施十周年等重大主题宣传，开展"名播名记走基层"活动，电视节目《闪亮的坐标》《闪耀东方》《老表们的新生活》等一批优秀作品闪闪发光，电视纪录片《江豚归来》《三宝村的农民"艺术家"》，电视动画片《长征先锋》在美国、"一带一路"国家和中国香港、中国澳门、中国台湾等地区播出，有力地传播了江西好声音、展示了江西好形象。

（二）精品创作生产喜获丰收

电视剧《爱拼会赢》、广播剧《信念树》入选第十六届精神文明建设"五个一工程"，实现广电类作品"满堂红"。在第 32 届中国新闻奖和第 17 届长江韬奋奖评选中，2 件作品获一等奖，3 件作品获二等奖，1 件作品获三等奖，1 人为长江韬奋奖"长江系列"获奖者，创江西历年来最好成绩。

4部公益广告获广电总局项目扶持，江西台被评为优秀传播机构，江西局被评为优秀组织机构。出台《江西省电视剧创作生产全流程管理服务机制》，对《大道薪火》等重点项目一剧一策，跟进指导，《大道薪火》入选2023年"大剧看总台"重点电视剧播出片单。短视频《一次疫情下的母子对话》入选"弘扬社会主义核心价值观 共筑中国梦"主题原创网络视听节目;《回家》在第六届平安中国"三微"比赛中荣获三等奖。

（三）安全播出实现万无一失

把安全播出工作作为全年重中之重，对相关安全播出责任单位进行"拉网式"安全大检查和"回头看"，先后排除各类隐患问题286个，为实现安全播出奠定坚实基础。党的二十大召开期间，共2180人奋战在播出传输和监测监管一线，实现安全播出"零事故"目标。

（四）公共文化服务提质增效

扎实推进应急广播建设，江西局会同江西省财政厅联合发文，从源头上解决资金"老大难"问题。各设区市主动作为，分类督导，因地施策，2022年年底前如期实现行政村应急广播终端建设基本全覆盖的建设任务。已建成的应急广播，既服务防疫抗旱等大战大考，又服务乡村振兴和基层矛盾化解，"平战一体"的功能作用凸显，在基层治理体系中发挥了不可替代的作用，相关做法被江西省委《重要信息》宣传推介。

（五）服务行业发展成效明显

制定出台"一号发展工程""一号改革工程"实施方案，推动行业高质量发展。江西广电网络5G建设取得突破，中国广电5G核心网南昌中心节点和江西广电网络数据中心等重点工程建设完成并投入使用，如期实现中国广电江西5G放号和市场运营。广电媒体融合发展有亮点，一个案例入选全国广播电视媒体融合典型案例;江西台"今视频"品牌入选广电媒体融合新品牌平台品牌名单;3个项目入选"全国智慧广电网络新服务"案例。深化"放管服"改革，健全江西省广播电视"行政许可事项清单""市场准入负面清单""互联网＋监管"事项目录清单，依申请类政务服务事项审批时限压缩比达 80.95%，即办件占比达 50%。助推国内动漫创作生产头部企业"功夫动漫"落户江西，江西局驻政务服务中心窗口被评为"先进窗口"。创新制度建设，在信用分级分类、"证照分离"改革、公平竞争审查、轻微免罚清单方面形成制度体系。

（六）推进依法治理扎实有效

加强播出机构管理，坚持三审制度、重播重审制度，严把节目内容关和广告导向关。大力开展境外电视传播秩序专项整治行动，查获 9 起非法销售卫星地面接收设施和境外电视网络接收设备案件。常态化开展明察暗访，下达整改通知书 9 份，责成整改问题 17 个，有效遏制非法境外电视节目落地传播。深入开展打击治理"黑广播"违法犯罪专项行动，全年打掉"黑广播"17 个，维护全省广播电视用频安全。

（七）全面从严治党向上向好

各级广电机关将贯彻习近平总书记重要讲话、指示批示精神，作为党组会第一议题、中心组学习首要内容。党的二十大胜利召开后，各级广电机构迅速掀起学习宣传贯彻热潮，持之以恒在学懂弄通做实上用力，坚定捍卫"两个确立"，自觉做到"两个维护"。深化"五型"政府建设，致力打造模范机关，扎实开展"3.23"警示教育，严密组织开展落实中央八项规定及其实施细则精神十周年"回头看"活动，切实以整风精神推动活动入脑入心。

十五、加快构建山东大视听发展新格局

山东省委宣传部副部长，省广播电视局党组书记、局长　李建华

2022 年，山东局深入贯彻落实党的二十大精神，坚持稳中求进、守正创新，全力创亮点、树品牌、争一流，各项工作取得新成效。

（一）强化主题宣传，形成强大主流舆论声势

围绕迎接宣传贯彻党的二十大精神主线，统筹网上网下，统筹新闻宣传和文艺宣传，策划实施、分层次推进 46 项重点宣传项目，推出"在习近平新时代中国特色社会主义思想指引下""沿着总书记的足迹""喜迎二十大"等专题专栏，扎实开展"我们的新时代"主题节目展播、"喜迎党的二十大胜利召开"精品电视剧展播等活动，唱响了昂扬奋进的主旋律。举办网络视听国际传播系列活动暨 2022 国际短视频大赛，开展国际传播短视频创作营、"美好生活走进山东"品牌外宣等活动，进一步掀起宣传热潮。

（二）强化规划引领，创作推出一批内容精品

坚持以人民为中心的创作导向，加强规划引领、扶持引导，集中力量出精品、创佳作，全省创作生产热情高涨，动能进一步迸发。电视剧方面，《三泉溪暖》《警察荣誉》登陆总台央视黄金时段；《运河风流》在一线省级卫视黄金时段播出，《巡回检查组》获第 33 届"飞天奖"优秀电视剧奖。纪录片方面，《稷下学宫》《脉动泰山》等在总台央视集中播出，《蔬菜改变生活》《雪域戍边人》获全国优秀纪录片荣誉，《大河之洲》《城子崖》《长山列岛》引发强烈反响。网络影视剧方面，推出网络电影《勇士连》《绝地防线》、网络剧《法医秦明之无声的证词》、短视频《千里江山图》等一大批叫好又叫座的视听精品。节目栏目方面，《中国礼 中国乐》《戏宇宙》《国学小名士》《黄河文化大会》等形成亮点、出新出彩，广播剧《使命永恒》

获中宣部"五个一工程"奖。

（三）强化为民惠民，推动公共服务提质升级

探索开展全媒体、全平台、全天候、全覆盖的"四全"型应急广播体系建设，全年整合投入资金 5.7 亿元，建成省应急广播指挥中心，完成 16 个市、136 个县（市、区）及 14 个功能区平台建设，发布应急管理、疫情防控、防灾减灾等方面信息 200 万条次，济南成为全国唯一城市应急广播建设试点。持续提升全省广播电视和网络视听节目共享平台，为市县提供节目 23 万分钟、下载量 90 多万次，有效丰富了群众精神文化生活，平台入选全省改革品牌。

认真落实有线电视扶贫工作要求，投入资金 2.22 亿元，让全省 88.7 万具备安装条件的建档立卡贫困户免费看上有线电视；每年为民政部门认定的五保户、低保户、优抚对象、残疾人及部分地区的 65 岁以上老人等共 59.6 万用户实行减免政策，减免收视费达 1.06 亿元。

（四）强化融合创新，努力打造新型主流媒体

出台《山东省广电媒体融合发展三年行动计划》，推动 4K、5G、虚拟现实等新技术广泛应用，移动传播、融合发展成为行业新常态。持续推进频道专业化、高清化建设，省、市级台撤销电视频道 6 个、广播频率 1 个，专业化调整电视频道 20 个；省、市级播出机构频道全部实现高清化，79 家县级播出机构实现高清播出传输。县级融媒体中心服务功能有力提升，移动客户端本地人口下载覆盖率超过 28%，平均优化和开发移动客户端"媒体+"功能 2 项以上，区域总服务台目标初步实现。

（五）强化产业思维，不断壮大产业规模实力

实施"内容创作市场主体培育计划"，不断优化营商环境、提升政务服务，全省影视制作机构达 1866 家，同比增长 30% 以上，爱奇艺、优酷、功夫动漫、耀客传媒、焦山影业等众多头部平台、机构落地山东。举办 2022 黄河流域视听合作发展大会，牵头成立黄河流域视听高质量发展协作体，策划实施 25 个重点合作项目。大力发展网络视听产业，建设一批网络视听园区（基地），认定省级网络视听产业基地（园区）7个，组建山东视听产业发展研究中心，知名度和影响力进一步提升。

（六）强化综合治理，坚决守好阵地筑牢安全屏障

坚持全方位安全观，出台统筹推进各方面安全的实施意见，一体抓好意识形态安全、内容安全、阵地安全、生产安全等各方面安全。坚持严格监管、敢于斗争，建立全流程闭环式监测管理机制，深入推进文娱领域综合治理，核查处理问题节目8件次、违规视听节目网站17家。严厉打击擅自开办频道频率、虚假违规广告、"黑广播"、非法传播网络视听节目等行为，开展非法卫星地面接收设施整治，播出秩序日益规范。深入开展广播电视安全播出大检查，圆满完成党的二十大等重点时段、重要节目安全播出保障工作，得到广电总局通报表扬。

（七）强化政治引领，打造模范机关过硬队伍

坚持"广电姓党、绝对忠诚"，认真学习宣传贯彻党的二十大精神，忠诚拥护"两个确立"、坚决做到"两个维护"。建立"每天半小时"学习制度、理论学习中心组"四步学习法"，打造"山东广播电视系统红色教育基地"，持续用习近平新时代中国特色社会主义思想凝心铸魂。坚持一切工作到支部的鲜明导向，深入开展"四强党支部"和"一支部一品牌"创建活动，支部党建工作更加标准、规范。大力弘扬"严真细实快"优良作风，深入开展"对标先进"活动，完善督查月报、挂牌督办、督查专报等工作制度，坚持事争一流、唯旗是夺，形成担当作为、狠抓落实的浓厚氛围。

十六、河南广电：提升"六个能力"加快高质量发展

河南省广播电视局党组书记、局长　曹新博

2022 年，河南广电扎实提升舆论引导能力、精品创作能力、智慧广电发展能力、对外传播能力、安全防护能力、行业治理能力"六个能力"，有力推动了全省广播电视和网络视听高质量发展。

（一）提升舆论引导能力，迎接宣传党的二十大浓墨重彩

全省广电视听媒体紧扣迎接宣传贯彻党的二十大这条主线，深化"头条"建设和"首页首屏首条"建设，把习近平总书记核心宣传与党的二十大宣传报道有机结合，深入实施短视频"首屏首推工程"和"创新理论传播工程"，深入宣传阐释"两个确立"的决定性意义，全方位、多角度、深层次展示习近平总书记领袖风范和人格魅力。编发《广播电视宣传提示》《网络视听宣传提示》，指导全省广电视听媒体用情用功开展"奋进新征程 建功新时代"重大主题宣传，开设"喜迎二十大""二十大代表风采""我们的二十大"等专栏，开展"喜迎二十大 奋进新征程"网络视听展播活动，精心策划推出新闻报道、系列专题、长短微视频和融媒体作品，全景展现新时代历史性成就。统筹抓好党的二十大宣传报道和直播转播，坚持会前、会中、会后有序衔接，实现了党的二十大宣传递进升温、全面展开、浓墨重彩。

（二）提升精品创作能力，内容创新创优取得历史性突破

坚持"找准选题、讲好故事、拍出精品"，深耕中原文化沃土，持续推动内容创新创优。电视综艺节目《"中国节日"系列节目 2021 季》荣获第 27 届中国电视文艺"星光奖"、第十六届精神文明建设"五个一工程"优秀作品奖以及第 31 届中国电视节目"金鹰奖"提名，综艺节目《舞千年》和纪录片《黄河人家》荣获"星光奖"提名，电视剧《红旗渠》荣获"飞

天奖"和"金鹰奖"提名，全省广电内容创新创优无论是数量还是质量都创下国家级大奖评选新纪录。

（三）提升智慧广电发展能力，行业转型发展迈上新台阶

以深入实施"智慧广电建设工程"为抓手，推动全省广电行业改革创新、转型发展。不断推进广电媒体深度融合，河南台入选 2022 年全国广播电视媒体融合先导单位，"融合经营 大象赋能"入选成长项目，"共和国不会忘记"大型公益寻亲融媒体活动入选典型案例提名，"大象新闻"入选"新时代·新品牌·新影响"广电媒体融合新品牌。持续推动广电"十四五"期间技术迭代升级，建成挂牌 5 家省级广电科技创新实验室，"中原福塔景区智慧旅游"入选全国智慧广电新服务创新应用，5 个项目入选全国超高清视频典型应用案例，在全国第二届高新视频创新应用大赛夺得 3 个一等奖、2 个二等奖。全面深化县域城乡广播电视建设一体化行动，如期完成 10 个欠发达县应急广播建设任务，建成直播产业基地 143 家，着力打造智慧广电乡村建设的创新平台。举全行业之力支持中国广电河南公司广电 5G 网络建设和 192 放号运营，河南在全国率先完成 700MHz 频率迁移，成为中国广电第一家实现异号段首呼的省份。

（四）提升对外传播能力，服务文旅文创融合发展卓有成效

积极服务全省文旅文创融合战略，聚焦宣传推介"行走河南·读懂中国"品牌，省、市广播电视台更名或增设 16 个文旅类频率频道，搭建起河南文旅广电宣传矩阵。加强文化类节目创作传播，在《梨园春》《华豫之门》《武林风》《老家的味道》等传统节目持续走出去的基础上，"中国节日""中国节气"等创新节目接连出圈出彩，并入选"全球发展视听共享"播映活动节目片单，在金砖国家、中亚五国、非洲、阿拉伯地区等"一带一路"沿线重点国家展播推广，有力讲好了新时代黄河故事、河南故事。

（五）提升安全防护能力，牢牢守护广电工作"生命线"

全省广电行业扛稳压实党的二十大安全播出政治任务，先后开展 4 轮大检查，实施安全播出月和重要保障期高等级保障。特别是在重保期，全行业 3700 余名干部职工面对突发疫情坚守工作岗位，以最高标准、最严要求、最实举措，确保党中央和习近平总书记的声音安全优质传入千家万户，圆满完成了党的二十大安全播出保障任务。严格落实"三管三必须"要求，全面完成广播电视线涉普速铁路安全隐患综合治理任务，扎实办好广电行业公共区域窨井盖专项整治这一省重点民生实事，统筹抓好消防安全、防灾减灾、维稳反恐、灾后恢复重建和疫情防控，以行业一域之稳定为大局之稳定尽责任、作贡献。

（六）提升行业治理能力，坚决维护清朗视听空间

严格落实意识形态工作责任制，坚持导向管理全覆盖，深化全省广电文娱领域综合治理，认真落实"扫黄打非""打假治敲"任务分工，坚持不懈净化声频荧屏，取得扎实成效。突出抓好非法卫星电视接收设施专项整治，收缴拆除非法设施 5627 套，新发展合法用户 15 家，河南局此项工作年内 7 次受到广电总局点名表扬，以满分成绩继续稳居全国第一方阵。对行业乱象敢于亮剑、较真碰硬，查处违法违规视听网站 114 个、向上级移交涉黄涉宗教网站平台线索 37 条，查处违法违规广告 171 条、受理办结群众投诉 68 件，关停播出机构擅增和有线网络违规传输频率频道 43 个，有效维护了全省广电行业政治安全、文化安全、意识形态安全。

十七、团结拼搏实干 奋力谱写湖北广电高质量发展新篇章

湖北省委宣传部副部长，省广播电视局党组书记、局长　张世华

2022年，湖北省广播电视系统紧紧围绕学习宣传贯彻党的二十大精神这条主线，牢牢把握广播电视政治职责定位、时代使命定位、工作重心定位，深入打造湖北广电"舆论引导提升、精品创作突围、改革发展增效、科技创新引领、公共服务升级、行业治理优化"六大工程，为湖北建设全国构建新发展格局先行区贡献广电力量。

（一）聚焦聚力舆论引导提升工程，推动主题主线宣传创新创优

建立完善重大主题宣传和直转播工作协调机制，持续深化"头条"和"首页首屏首条"建设，深入阐释"两个确立"的决定性意义，切实做到"两个维护"。深入宣传习近平总书记考察湖北系列重要讲话精神和关于湖北工作重要指示批示精神。策划推出《总书记的荆楚足迹》《总书记的话记心上》等系列报道，精心开办《奋进新征程 建功新时代》《喜迎二十大》《深入学习贯彻党的二十大精神》等专栏，重点打造理论节目《改变中国的真理力量》，充分展现全省上下贯彻落实党的创新理论的举措成效、生动实践和良好风貌，有力营造迎接学习贯彻二十大，建设先行区、奋进新征程的浓厚舆论氛围。《对话长江》等10个项目入选广电总局2022年度重大主题宣传策划和重点节目，"村村响"理论宣讲典型做法在广电总局《决策参考》等平台刊发。

（二）聚焦聚力精品创作突围工程，推动湖北视听作品出圈出彩

健全完善主题宣传与精品创作引导扶持机制，统筹安排1700多万元，集中扶持260多个优秀广播电视视听节目、公益广告和电视剧项目。纪录片《金银潭实拍八十天》、联合制作的电视剧《功勋》《外交风云》获"五个一工程"奖，《"兴发"转型：从按吨卖到按克卖》等6件作品获中国新

闻奖，《奇妙的汉字》等 3 个节目入围电视文艺"星光奖"，一批作品入选广电总局创新创优节目、优秀纪录片、少儿节目、网络视听节目和中华文化传播工程。《好看湖北》等 9 件公益广告获评全国优秀作品，融媒体作品《"种子选手"袁隆平》播放量达 8.6 亿次，网络动画片《三体之面壁计划》成功探索 3D 动画工业路径新范式。

（三）聚焦聚力改革发展增效工程，推动事业产业发展提质提速

完整、准确、全面贯彻新发展理念，推动事业产业发展再上新台阶。2022 年为"中国（湖北）网络视听产业园"高质量发展年，产业园新增入驻企业 69 家，园区营业收入同比增长 10.7%，国字品牌影响和质效深化拓展、全面提升。大力推动媒体融合发展，优化完善中国（湖北）广播电视媒体融合发展创新中心建设方案，着力打造产学研用结合的媒体融合发展创新空间、孵化基地、实训平台，指导推动宜昌、荆门、鄂州三地市级融媒体中心建设试点工作；精心组织媒体融合创新案例评选，4 个案例获广电总局媒体融合先导单位等奖项，3 个案例入选国家级广播电视媒体融合新品牌。深化对外交流合作，成功举办 2022 年视听中国·日韩湖北传媒周活动，入选广电总局 2022 年"走出去"重点项目。

（四）聚焦聚力科技创新引领工程，推动智慧广电建设加力加速

加快广电 5G 一体化建设发展，有序组织 362 个发射台站 700MHz 频率迁移，全力支持湖北广电 5G 手机 192 号段投入商业运营，97 个电视频道实现高清播出，创建移动广播与信息服务广电总局实验室取得阶段性成效。加强新型主流媒体平台建设，充分发挥湖北广播电视台和长江云新媒体集团的龙头牵引作用，鼓励支持武汉、宜昌、襄阳、荆州等地骨干广播电视媒体建设发展，不断增强传播力、引导力、影响力、公信力。引导加快 5G、4K/8K、AI、区块链等新技术在广播电视领域应用，探索建立智慧广电内容生产体系，创新节目内容生产模式，丰富节目形态、呈现方式、传播途径，推动 5G 高新视频发展应用，提高新闻生产智能化智慧化水平。

（五）聚焦聚力公共服务升级工程，推动行业保障基础夯实夯牢

强化顶层设计，联合湖北省发改委、财政厅等部门印发《关于推动湖北省公共文化服务高质量发展的实施意见》《关于进一步加强"村村响"管理工作的通知》，建成"村村响"省级广播节目融合共享平台和监管平台，组织实施 1000 个村"村村响"终端"电改"项目，指导推动 11 个任务县应急广播体系建设。结合湖北各地广播电视宣传创优、阵地管理、融合发展、安全播出、重点惠民工程建设运维等情况，组织开展市州领导班子公共文化服务体系建设综合绩效考核。深化"放管服"改革，上线"掌上办"政务服务事项 12 件，办理审批事项 1130 件，"高效办成一件事"考核位居湖北省省直机关前列。积极开展"下基层、察民情、解民忧、暖民心"实践活动和"美好环境和幸福生活共同缔造"活动，解决了一批基层和群众急难愁盼问题。

（六）聚焦聚力行业治理优化工程，推动意识形态责任落细落严

严格落实意识形态工作责任制，及时研判化解广播电视领域意识形态风险隐患。加强行业阵地管理，全面清理广播电视新媒体平台和账号，着力整治虚假新闻和违法广告，维护境外电视传播秩序和良好网络视听环境，打击"黑广播"工作受到国务院相关部际联席会议办公室、国家广电总局来函表扬，境外电视整治工作连续 7 年获考评满分。严守安全生产底线红线，圆满完成党的二十大等重大直转播任务，有力确保播出安全、网络安全、设施安全，受到湖北省委领导的批示肯定。

十八、守正创新　主动作为　全面推动湖南广电工作高质量发展

湖南省委宣传部副部长，省广播电视局党组书记、局长　贺辉

2022年，湖南广电行业紧紧围绕迎接宣传贯彻党的二十大工作主线，积极推进事业产业发展和技术创新，谋划在前、主动担当，同心同德、迎难而上，不断推动广播电视和网络视听高质量发展上台阶。

（一）高举旗帜，主流思想舆论不断壮大

一是习近平新时代中国特色社会主义思想宣传深入人心。持续深化"头条"和"首页首屏首条"建设，推出"在习近平新时代中国特色社会主义思想指引下""沿着总书记的足迹"等一批专题专栏，始终保持习近平总书记重要思想和领袖形象宣传的最强音。

二是迎接党的二十大宣传声势浩大。推出"奋进新征程 建功新时代"专栏和"我们在一起""稳稳向前进"等近30个新闻专栏。网络纪录片《这十年》获得"党的二十大新闻中心"推荐。

三是省委省政府中心工作宣传有声有色。紧紧围绕全省两会、首届全省旅游发展大会、"强省会"战略推出"湖南旅游闯创干""湖湘文化入画来"等栏目节目。聚焦湖南"三高四新"战略定位和使命任务，播发稿件1000多条。

（二）矢志创新，精品生产亮点纷呈

一是广播电视节目出新出彩。2022年共有11件作品获评第32届中国新闻奖、第17届长江韬奋奖。《中国（第一季）》《23号牛乃唐（第一季）》获评第27届电视文艺"星光奖"，《勇往直前的我们》等14个节目、纪录片、动画片获评广电总局季度创新创优作品，湖南创新创优工作继续保持全国广电第一方阵。

二是重点电视剧创作喜获丰收。《理想照耀中国》《江山如此多娇》获评第 33 届"飞天奖"优秀电视剧奖，《百炼成钢》获评第 31 届"金鹰奖"优秀电视剧奖。《麓山之歌》等 4 部电视剧入选中宣部、广电总局"礼赞新时代 奋进新征程"优秀电视剧展播推荐剧目，《麓山之歌》《底线》入选广电总局 2022 年度中国电视剧选集。

三是网络视听节目佳作迭出。策划推出《这十年》《声生不息·港乐季》等一批"喜迎二十大"重点节目，《与丝路打交道的人》《江照黎明》《细说国宝（第二季）》等 19 个节目获得广电总局扶持活动推优表彰。组织开展"奋进新征程 讴歌新时代"湖南省第七届网络原创视听节目大赛，征集各类作品 1206 件。

四是公益广告制播量质双丰收。开展湖南省广播电视公益广告大赛，评选出《红》《致自成宇宙的你》等 50 件优秀作品。在第 29 届中国国际广告节黄河奖中，湖南斩获 4 金 2 银 4 铜和 19 个优秀奖，获奖作品数量全国第一，金奖作品数量、获奖作品总量双创历史最高纪录。

（三）锐意攻坚，事业产业稳步发展

一是广播电视公共服务均等化、标准化体系建设顺利实施。出台《湖南省智慧广电乡村工程建设实施方案》，提前完成茶陵等 7 个老少边及欠发达地区县级应急广播体系建设及验收和 6.5 万户民族地区有线高清交互数字电视机顶盒推广普及项目。探索标准化试点"浏阳样板"，推动浏阳入选全国第二批广播电视公共服务标准化建设试点县。省级无线覆盖工程获国家级科技进步奖项。

二是媒体融合及智慧广电有序推进。湖南卫视和芒果 TV"一体两翼 双核驱动"，打造了媒体融合发展独特的芒果模式。"我的长沙"城市服务＋融媒体平台，注册用户突破 1000 万，累计服务用户 4 亿人次。"望城融媒"抖音号获评全国优秀区域融媒体抖音号综合影响力前十。在全国第二届人工智能应用创新大赛、高新视频创新应用大赛中，湖南共获得 15 个奖项，位居全国前列。

三是马栏山视频文创产业园建设结出硕果。2022年，园区新注册企业1027家，实现企业营收600亿元，同比增长15%；实现税收33.18亿元，同比增长10%；华为湖南总部等18家行业头部企业入驻园区。广电总局明确"支持举办'马栏山杯'全国网络短片大赛"等7个项目作为2022—2023年度马栏山视频文创产业园部省共建重点项目。湖南局马栏山视频监管与服务中心在园区挂牌运行。

四是广播电视"走出去"工程成效明显。电视剧《我在他乡挺好的》、"芒果TV国际APP'文化国风专区'建设项目"等11个项目入选国家"走出去"项目。芒果TV国际APP下载量超1.15亿，YouTube官方频道订阅总用户达1783万，成为该平台华语第一MCN。

（四）严把导向，阵地管理坚强有力

一是意识形态阵地可管可控。召开全省宣传管理工作例会14次，出刊《媒体监管简（专）报》189期。开展涉政、涉军、"清风行动"、"清朗视听"等6项专项整治工作，查删屏蔽违规账号6410个，查删不良信息7852条，下架问题节目3部，下线8万多条违规视频、737条无版号游戏解说内容和347小时问题中小学课程内容。

二是文娱领域综合治理持续深入。重拳遏制追星炒星、天价片酬、"阴阳合同"、"娘炮"审美等问题，节目嘉宾片酬大幅压减。实行重点网络综艺节目主要嘉宾承诺制度，指导《初入职场的我们·法医季》《爸爸当家》等节目406名艺人签署书面承诺书。

三是境外电视、"黑广播"专项整治行动卓有成效。全省召开整治会议298场次，开展集中整治行动777次，查处非法违规销售经营户193户，打掉"黑广播"5个。

四是违规商业广告整治成果显著。开展集中整治"灰广播"及非法医药广告播出等专项行动，下发《关于进一步规范槟榔制品生产经营活动的通知》，关停9档违规养生类节目，处理违规广告189条次，约谈省级频道频率10余次。

　　五是重保期安全播出保障到位。建立健全合作联动机制，全方位开展行业安全大检查和"回头看"行动，共检查省市县安全播出责任单位 91 家，圆满完成党的二十大等重保期直播转播保障任务。

十九、策马扬鞭 千帆竞发 全力构建广东广电高质量发展新格局

广东省广播电视局党组书记、局长　王晓

2022 年，广东省广电战线以习近平新时代中国特色社会主义思想为指引，全面贯彻落实党的二十大精神，着力推动广电事业产业高质量发展，各方面工作取得新进展、呈现新成效。

（一）宣传管理和舆论引导工作卓有成效

坚持以核心宣传为首要政治任务，扎实开展广播电视媒体"头条"建设和加强网络视听新媒体"首页首屏首条"建设和短视频"首屏首推工程"。推出《牢记总书记的嘱托》《沿着总书记的足迹》等专题，上线《唱响主旋律》红歌专区，形式多样地宣传习近平新时代中国特色社会主义思想深刻内涵和中国共产党百年奋斗光辉历程。通过首屏全版联幅海报形式呈现庆祝香港回归祖国 25 周年大会盛况和习近平总书记视察香港的最新动态。组织省内 46 家广播电视台（融媒体中心）、51 个频道展播广电总局 2022 年广播电视重点节目《思想耀江山》。

党的二十大召开前后，指导全省广播电视播出机构，通过专题专栏、短视频、融媒产品、互动小游戏等形式，积极展现新时代南粤大地在文化产业、乡村振兴、城市发展、科技创新、疫情防控等领域取得的亮眼成绩，播出党的二十大主题宣传公益广告约 5000 条（次），开展"喜迎二十大 奋进新征程"优秀网络视听作品展播活动，上线优秀作品 2000 余部，累计点播近 30 亿次。以"清朗视听"内容安全专项整治工作为抓手，完成对近 3000 个省内广电所属新媒体平台、账号的梳理摸底，清理网络视听违规节目 946 万余条，涉及账号近 78 万个，以实际行动迎接党的二十大胜利召开，营造良好宣传氛围。

（二）文艺精品创作呈现蓬勃发展的景象

在广电总局组织的广播电视节目、国产电视动画片、少儿节目、国产纪录片等年度评审中取得全优成绩，逾 30 个作品获奖。纪录片《粤港澳大湾区》分别在总台央视纪录频道、大湾区卫视首播，重大理论文献片《铁军魂》获得播映许可，4K 大型纪录片《海上来客》在法国、美国、柬埔寨等 89 个国家及地区传播。国产电视动画产量继续领跑全国。电视剧《湾区儿女》《扫黑风暴》入围第 33 届电视剧"飞天奖"及第 31 届中国电视金鹰奖优秀电视剧提名，《湾区儿女》获得第十六届精神文明建设"五个一工程"优秀作品奖。广东通过规划备案的网络影视剧总数位列全国第三，"广东省原创网络视听精品项目库"已入库 54 部优秀作品。择优采购 4 部"喜迎党的二十大"主题广播电视公益广告精品。中国（广州）国际纪录片节作为重点文化会展入选国家《"十四五"文化发展规划》。

（三）电视频道高清化建设走在全国前列

认真落实部省合作协议，实现大湾区卫视、珠江之声正式开播，以线上线下相结合的方式成功举办大湾区广电视听产业合作论坛。积极推动建设全国超高清视频产业发展示范省，加快超高清电视机顶盒的部署应用，全省 4K 机顶盒用户数累计 2609 万户，占总电视用户 80%，用户数全国第一。全省可提供标准的 4K 节目量 2.6 万小时，较上年增加 5707 小时。支持开展 8K 超高清电视制播系统技术研究，加速推动 8K 产业升级。中国广电 5G 核心网南部大区节点完成首期建设，成为全国首个投入商业试运营的 5G 700MHz 网络平台。

（四）产业园区建设和 5G 发展驶入快车道

在全国率先设立网络视听产业试点机构，继续探索网络视听行业治理新模式，强化试点机构创新发展的方向引领及扶持指导，促进广东网络视听产业高质量发展。目前有 9 家"5G+智慧视听"网络视听产业试点机构，并且建立协作联盟。启动云产业园（区）建设规划方案制定工作，推进广东视听产业园区的转型升级。推进建设全国首个中国超高清视频创新产业示范区——中国（广州）超高清视频创新产业园区，入驻企业超 70 家，拥有自主知识产权数量 10868 项，专利数量超 4000 项，有效促进了产业集聚，带动相关产业产值逾 530 亿元。推动科技传媒产业深度融合，园区科技研发方面持续深耕，实现超高清制播核心技术的国产化替代，建立行业标准，被国家版权局授予"全国版权示范园区（基地）"。

（五）智慧广电建设和应急广播系统建设实现新突破

开展智慧广电平台服务乡村振兴和美丽圩镇示范点建设，2022 年全省完成智慧广电平台示范点建设任务的县（县级市、区）共 45 个。广东省广电网络公司打造"智慧大脑、乡村宣传、乡村治理、乡村文明、乡村创业、数字应用"六类功能服务，"广东广电网络智慧广电乡村振兴试点项目"被评为广电总局智慧乡村创新应用，清远水头、揭阳塘埔、汕头东陇社区的"粤智助""健康小屋"等示范点获广东省领导肯定。2022 年全省共完成 10 个市级应急广播平台、52 个县区级应急广播平台建设，建成乡镇（街道）分控平台 512 个，行政村（社区）分控平台 7994 个，全省建成大喇叭系统终端 60596 个。

二十、广西广电：勇担新使命 奋进新征程 展现新作为

广西壮族自治区党委宣传部副部长，自治区广播电视局

党组书记、局长　满昌学

2022 年，广西广电系统聚焦广电总局"六大工程"和新时代壮美广西建设任务，推进全区广播电视和网络视听高质量发展取得新突破。

（一）紧扣迎接宣传贯彻党的二十大工作主线，主题宣传有声有色

一是统筹全区力量，做优党的二十大主题宣传。深入实施舆论引导能力提升工程，指导全区行业机构围绕学习宣传贯彻党的二十大精神开展文艺宣传、新闻宣传、网络宣传、对外传播，开设"沿着总书记的足迹""中国这十年"等专题专栏。

二是整合各方资源，打造全国性宣传品牌。联合 8 个省区和区直单位，开展电视短片、网络短视频、公益广告等"喜迎党的二十大"系列三大赛事和展播活动，征集作品 4000 多部，170 多部优秀作品在 9 省区主流媒体和新媒体平台展播。

三是升级构建技术安全"四张网"，圆满完成党的二十大安全播出保障任务。在全国率先升级构建无线、有线、监测、应急广播技术安全"四张网"，圆满完成党的二十大等重要活动、重点节日的安全播出保障工作，在全国广电行业安全播出培训班作经验介绍。

（二）服务新时代壮美广西建设，精品力作创优出彩

一是重大主题节目栏目做亮主题宣传。电视专题片《紧跟伟大复兴领航人踔厉笃行》在习近平总书记视察广西"4·27"重要讲话发表一周年之际播出，在广大干部群众中引发热烈反响，获广电总局《监管日报》专题点评。

二是电视剧创作取得重大突破。《大山的女儿》入选广电总局"礼赞

新时代，奋进新征程"优秀电视剧展播剧目，党的二十大期间在全国展播，居全国黄金时段电视剧收视排行第一。

三是"桂派纪录片"品牌效应凸显。《苗寨八年》获第 27 届电视文艺"星光奖"。《灭疟记》《广西剿匪纪事》在总台央视 4 套《国家记忆》栏目播出。筹拍推进《漓江》《从灵渠到平陆运河》等重点项目，《漓江》获广电总局"记录新时代"精品纪录片项目扶持。

四是网络视听作品亮点纷呈。《中国—东盟青年主播创造营短视频系列》获中国新闻奖三等奖。大型融媒体项目《四时六堡》入选广西当代文学艺术创作三年规划扶持项目，并上线中国和东盟重要媒体和网络平台热播。

（三）推动公共服务提质升级，智慧广电建设走在全国前列

一是全面启动智慧广电固边工程，完善边疆民族地区基础设施建设。防城港市防城区、东兴市的智慧广电固边工程按期开工并超额完成年度任务，工程整体工作走在全国前列。

二是开展应急广播体系建设，有效打通公共服务"最后一公里"。已建成自治区级应急广播云平台和 68 个县级应急广播体系，覆盖超过 60%的县（市、区），形成"一平台＋多通道＋多终端"广西应急广播体系。

三是先试先行开展智慧广电乡村工程建设，补齐完善广播电视基础设施短板。采取"试点先行、标准引领"的模式深入推进智慧广电乡村工程，围绕"建、管、用、融"制定《"壮美广西·智慧广电"乡村工程试点村建设标准》。

（四）构建以广西为枢纽、东盟为重点的广播电视和网络视听国际传播体系，中国—东盟视听周品牌影响力提质升级

一是中国—东盟视听周机制性平台效应突显。第四届中国—东盟视听周期间，8 位东盟国家官员视频或现场参加活动，开幕式晚会和青年主播创造营首次走进东盟，中国—东盟优秀视听节目实现双向互译互播，举办中国—东盟视听传播论坛，发布《中国—东盟视听国际传播十年发展报告》，项目签约数量为历年最高。联合国内 10 个省区开展节目展播，海外播放量逾 1000 万次。

二是面向东盟的品牌资源持续发挥效能。持续打造《中国剧场》《中国动漫》等品牌栏目和"同唱友谊歌"中越歌曲演唱大赛等品牌活动，译制近千集中国优秀作品落地东盟播出。广西台与东盟国家合拍纪录片达 16 部，其中《一湾一世界》于 2022 年 APEC 会议期间，在柬埔寨、泰国主流媒体播出。

（五）推动广电视听行业发展壮大，事业产业发展有新进步

一是"高清广西"建设取得阶段性成效。全区设区市以上广播电视台电视频道基本实现高标清同播，全区有线电视高清实际用户数 337.44 万户，高清 / 超高清用户占总用户的 59.08%，高于全国平均（55.29%）水平。

二是中国—东盟网络视听产业基地有初步成果。产业基地入驻企业逐年增加，面向东盟的视听交流成果成效初显。其中，2022 年中国—东盟小语种影视译制人工智能科创中心完成中国视听作品的英语和印尼语字幕译制有电影 100 多部，电视剧近 200 集，短视频近 4000 个，在 YouTube、Meta 以及印尼电信 IPTV 等海外主流新媒体平台播出。中国—东盟跨境主播孵化基地有 30 名跨境主播参与项目，主要语种涵盖泰语、越南语、印尼语等东盟语种，已经完成近 500 分钟的影视作品译配。

（六）坚持全面从严治党，推动高质量党建和队伍建设

一是将全面从严治党、党内法规执行工作纳入广西局党组重要议事日程，制定印发《中共广西壮族自治区广播电视局党组落实全面从严治党责任清单》等，全面认真开展巡视巡察工作，营造风清气正的选人用人环境。

二是以"党的二十大"为主线，高标准推进清廉机关建设，持续打造"高山台站党旗红"等党建品牌，加强基层党组织规范化管理。

二十一、坚持服务海南自贸港建设大局 奋力推动广播电视高质量发展

海南省旅游和文化广电体育厅厅长　李辉卫

2022 年，海南广电系统坚持以习近平新时代中国特色社会主义思想为指导，全面深入学习宣传贯彻党的二十大精神，努力开新局、绘新篇、拓新路、创新绩，取得明显成效。

（一）抓牢工作主线，着力开创广电宣传新局面

坚持树立政治工作意识，牢牢抓住工作主线，做大正面宣传，做强主流舆论，高效率开创广播电视主流舆论宣传新局面。

一是抓牢学习宣传贯彻习近平总书记重要讲话主线。圆满完成习近平总书记考察调研海南重要指示批示等宣传报道任务。先后推出大型特别报道《报告总书记》、系列报道《牢记嘱托担使命 踔厉奋发向未来》、特别报道《习习春风满琼州：习近平总书记在海南考察引起全省干部群众热烈反响》等。

二是抓牢学习宣传贯彻党的二十大精神主线。圆满完成党的二十大等开幕会的直、转播工作和各项宣传报道任务。总台央视《新闻联播》等节目采用海南报送的党的二十大主题宣传报道稿件 4 条。海南台共播发二十大主题新闻 602 条次，新媒体产品 513 条次。推出《喜迎二十大·非凡十年》《二十大代表回基层》等 40 余个专题专栏和系列报道，其中《临高海上流动宣讲团》得到海南省委赞扬。

三是抓牢宣传推动海南自由贸易港建设主线。圆满完成海南省第八次党代会和省委八届二次全会、博鳌亚洲论坛和中国国际消费品博览会（以下简称消博会）等自贸港建设重大事件的宣传报道任务。《自贸朋友圈》专栏节目，横向联动新华社、人民日报、中央广播电视总台等中央级媒体

平台，纵向融合全国各省市主要媒体、自媒体资源，展示宣传了自贸港形象。

（二）推动融合创新，书写广电传播新篇章

坚持守正与创新，推动广播电视大小屏互动、线上线下结合，国内国际并进，绘就广电传播的新篇章。

一是推动融媒平台创新。海南台构建了以"视听海南"客户端为核心，集第一视频网站、移动客户端、海南 IPTV 大屏端以及"两微一抖一快"等海内外各类社交媒体、账号于一体的全网分发融媒体传播矩阵，粉丝超5500 万。

二是推动制作方式创新。与广电总局广科院合作打造国家广播电视网工程技术研究中心。推出国内首次 5G+8K VR 海陆空航拍直播；"水下 VR全景互动融媒制作平台应用"获得广电总局 2022 年第二届高新视频创新应用大赛三等奖；在消博会期间推出数字人"元宇宙·永不落幕的消博会2.0"大型融媒宣传报道和"海南佳肴"数字美食藏品项目，获首届全国广播电视融媒体营销创新大赛奖；发起"海洋强国 向海而兴——全国新媒体海底直播联盟"，已有贵州多彩新媒体、辽视新媒体等 16 家广电媒体单位加入。

三是推动国际传播创新。创新推动广电视听品牌项目走出去，助力自贸港故事、中国故事海外传播。《全球国货之光》节目被广电总局评为创新创优节目并获专项扶持资金，同时获评 2022 年全国广播电视媒体融合典型案例。《大使家宴》栏目生动讲述中外友好交往故事，获中宣部阅评、国家广电总局专题点评。

（三）强化公共服务，着力开拓广电惠民新思路

坚持服务为民，积极扩大公共服务标准化供给，探索多样化个性化服务，拓展广播电视惠及人人的新思路。

一是强化设施服务。完成海南省地面数字电视 700MHz 频率迁移和地面数字电视单频网调优工作。截至 2022 年，建成覆盖全省的各类光缆共

30828 公里。建立省、市（县）、乡镇、村四级广播电视公共服务技术维护系统，较好满足了直播卫星电视用户维护服务需求。

二是强化智慧服务。探索开展"5G+4K/VR 智慧广电产业平台建设项目"，推进"海视云"平台云化升级扩容改造；不断增加超高清电视节目内容供给和 4K 超高清视频内容储备。提升海南省第六届运动会开幕式视听体验服务，运用裸眼 3D 技术，给观众带来"体育＋艺术＋科技"创新组合的全新视听体验。

三是强化政务服务。全年共审核上报重点网络影视剧 993 部，同比增长 43.6%；获得规划备案号 614 部，同比增长 158%，其中《两个人的小食光》《乌河左岸》等 10 部剧目获广电总局重点推荐作品。探索"媒体＋政务＋服务"模式，创建一条 24 小时"不打烊"的求助通道"海南地区疫情求助服务平台"。

（四）加大科技应用，着力创造广电安全新业绩

坚持统筹发展和安全，强化新技术应用，完善安全管理、预警监测、应急处置系统，有效提升安全播出、网络安全保障工作水平。

一是推动应急广播应用。依托全省广播电视网络和县级应急广播统一管理平台，建设海南省新增旅游扶贫示范村及椰级乡村旅游点应急广播项目、无线电补点站及应急广播建设项目。全省共建设 5000 多个应急广播终端，形成了县、镇、村三级联动的应急广播系统。海南台新闻频道、新闻广播获批"应急频道""应急广播"呼号以来，扎实做好应急响应特定时段的宣传报道和安全播出工作，2022 年启动 8 场防御台风和"抗疫"应急宣传。

二是推动实时监测应用。全省 5 家重点广电单位的 7 个网站实现 7×24 小时的实时监测。定期开展网站漏洞扫描和渗透测试，开展网络安全攻防演练，提升省内广电行业重点单位网络安全防护水平。

三是推动 5G 融合应用。探索开展 5G 融合应用示范项目，携手海南移动完成 2905 座 700MHz 5G 基站建设，实现全省 18 个市县城区和乡镇的 5G 连续覆盖。筹建海南 5G 核心网及配套系统，实现三大运营商的互联互通和网间结算。顺利启动海南广电 5G 网络服务，探索建设覆盖全省的 5G 新型教育虚拟专网，推进"广电 5G 电子学生证""广电 5G+ 智慧农业""海口交警应急广播"等应用。

二十二、奋力推动重庆广电事业高质量发展

重庆市文化和旅游发展委员会党委书记、主任 冉华章

2022 年，重庆广播电视行业聚焦迎接学习宣传贯彻党的二十大，守正创新担使命，踔厉奋发谱新篇，奋力推动重庆广播电视事业高质量发展。

（一）聚焦主题主线，提升舆论引导能力，在唱响新时代最强音上展现更大作为

一是做强主流思想舆论。深化广播电视媒体"头条"和网络视听平台"首页首屏首条"建设，推出《总书记的足迹》《领航新时代》等主题报道，创作播出大型电视理论节目《思想的田野（重庆篇）》，推动习近平新时代中国特色社会主义思想"天天见、天天新、天天深"。

二是抓好重大主题宣传。开设"迎接党的二十大"新闻专栏，推出"一江碧水向东流"全媒体新闻行动等主题报道；做好"二十大时光"特别报道，采编的《二十大时光·声音——外币上的"中国建造"彰显大国担当》受到广电总局表扬。

三是强化疫情防控宣传。指导重庆广电集团（总台）开设《众志成城守望相助 坚决打赢疫情歼灭战》等专题专栏，推出《防疫"心"守护》健康直播系列节目，全媒同步、齐声抗疫。

四是提升国际传播效能。西部影视译制中心挂牌成立，重庆电视台与白俄罗斯广播电视台深化合作，成功举办中白建交三十周年图片展暨重庆—明斯克电视周开播仪式，《百年巨变|山水重庆：轨道上的都市区》被广电总局评为优秀对外传播纪录片。

（二）聚焦内容生产，打造精品力作，在增强人民群众文化获得感上得到更大提升

一是强化创作能力培训。举办重庆市 2022 年融合媒体短视频创作培训班，开展线上优秀公益广告赏析交流，视听精品创作生产能力得到提升。

二是强化扶持激励引导。组织开展节目创新创优评选活动，14 件广播电视作品件获"中国广播电视奖·广播电视节目奖"；成功举办 2022 年重庆市网络视听作品大赛、"喜迎党的二十大"全市公益广告大赛，3 件公益广告作品获广电总局专项扶持，《人民的英雄 英雄的人民》获中国公益广告黄河奖特别金奖。

三是强化精品创作展演。电视剧《绝密使命》获第十六届"五个一工程"奖、第 33 届电视剧"飞天奖"优秀电视剧大奖，15 部视听作品获得省部级以上奖项，5 部广播电视剧分别登陆一线卫视、总台央广播出。

（三）聚焦惠民便民，提升公共服务质效，在促进人民精神生活共同富裕上体现更大担当

一是推进智慧广电建设。开展无线发射台站智慧运维试点，完成地面数字电视 700MHz 频率迁移，"5G 社区居家养老"入选智慧城市创新应用项目，"来点微电视"入选智慧家庭创新应用项目，"基于用户行为深度学习的智能推荐系统""华龙芯党政融媒体互动视频融合解决方案"等 4 个项目斩获全国奖项。

二是加快基础设施建设。推动实施 5 个老少边及欠发达地区县级应急广播建设项目，完成 37 个区县应急广播系统建设，建成应急广播终端 5.9 万组，覆盖 10200 个行政村（社区）；完成重庆广播电视发射新塔一期项目论证和报批，浮图关广播电视发射塔大修排危项目通过验收，重庆有线智慧广电数据中心投入试运行。

三是提升公共服务水平。支持重庆广电集团（总台）推进 4K 超高清电视频道建设和车载 4K 融合生产中心建设，全市 31 个电视频道实现高清播出；向有线电视用户免费提供 20 多万小时付费点播节目以及 140 套直播电视频道，丰富市民精神文化生活。

（四）聚焦科技赋能，推进媒体深度融合，在落实国家战略、服务中心大局上实现更大突破

一是深化媒体融合发展。"12320 优医生—智慧医疗""智慧养老'数字社区平台·智慧宝'"、大小屏联动等融合项目持续成长，重庆广电集团（总台）"第1眼"入选"新时代·新品牌·新影响"广电媒体融合新品牌。

二是推动区域协调发展。川渝两省市在联合举办广播电视节目、共同拍摄制作广播电视作品、联袂打造《成渝双城记》电视专区等方面先行先试，首次联合举办春节联欢晚会，合作拍摄的电视剧《一路向前》完成制作、《智能大时代》有序推进，以实际行动助推成渝地区双城经济圈建设。

三是推动广电文旅协同发展。围绕重庆"一区两群"协调发展布局，制作播出展示重庆城市形象、地域特色、风土人情的广播电视作品，宣传推广重庆文化旅游产品，提升重庆"山水之地、美丽之城"城市品牌形象；成功举办第十四届中国西部动漫文化节，带动重庆本土动漫产业、文化旅游数字经济加快发展。

（五）聚焦安全发展，强化综合治理，在守牢意识形态阵地上提供更大保障

一是强化安全播出保障。组织开展行业安全播出大检查、大整治，投入8000余万元整治播出安全隐患328项，圆满完成党的二十大、北京冬奥会、全国全市两会等21天重要保障期保障任务。

二是加强广电阵地管理。严格落实意识形态工作责任制，强化导向管理全覆盖，下架违规影视剧3000余部；持续加强广播电视机构的监督管理，创新应用"中国视听大数据系统"开展电视频道综合评价，加强广播电视广告播出管理和养生类节目专项治理，常态化开展非法卫星电视接收设施整治并将其纳入区县平安建设考核指标体系。

三是深化文娱领域综合治理。坚决整治艺人违法失德、"阴阳合同"、高价片酬、唯流量论、泛娱乐化、追星炒星、"饭圈"等问题，持续开展"清朗视听"内容安全专项行动，意识形态主阵地进一步巩固。

二十三、四川广电：提质增效促发展 稳中求进谱新篇

四川省委宣传部副部长，省广播电视局党组书记、局长　李晓骏

2022 年，四川广电系统坚持以习近平新时代中国特色社会主义思想和习近平总书记来川视察重要指示精神为指导，围绕迎接宣传贯彻党的二十大这一主线，按照"一二三四五"工作思路，尽心尽责、克难奋进，广电事业保持稳中有进、稳中向好势头。

（一）坚持高举旗帜，思想伟力指引广电行稳致远

全省广电行业四万多名干部职工始终把学懂弄通做实习近平新时代中国特色社会主义思想作为头等大事，把学习宣传贯彻党的二十大精神作为首要政治任务，原原本本学习《习近平谈治国理政》第四卷、《论党的宣传思想工作》、党的二十大报告和新党章，深刻领悟"两个确立"的决定性意义，把"广电工作首先是政治工作、广电部门首先是政治机关、广电媒体首先是政治喉舌"融入血液之中、展现在分秒之间。

（二）坚持紧扣主线，主旋律正能量更加充沛昂扬

全行业紧扣迎接宣传贯彻党的二十大这条主线，在新闻宣传、文艺宣传和安全播出上都展现了广电人的使命担当。新闻宣传上，各级各类广电媒体精心策划推出系列主题报道、专题节目，开展了"奋进新时代 启航新征程"等大型融媒体新闻行动。文艺宣传上，推出了《走在巴山蜀水间——习近平总书记与四川》等专题片，创作了《生态秘境》《重装出川》《凉山进入动车时代！看见"速度"里的幸福》等一批展现治蜀兴川火热实践的作品，开展"喜迎党的二十大"展播活动，唱响了主旋律，弘扬了正能量。安全播出上，联合开展迎接党的二十大安全播出和安全生产大检查，奋战在制作播出、传输覆盖、监测监管一线，把党中央的声音安全优质传入千家万户，圆满完成重要直转播任务。

（三）坚持内容为王，广电精品创作生产量质齐升

强化以人民为中心的创作导向，加强选题策划，做好评审推优，一批精品力作脱颖而出，广播剧《回家》、纪录片《又见三星堆》荣获第十六届精神文明建设"五个一工程"奖，《理响家》等理论节目、《了不起的分享》等文化节目推陈出新，1部电视剧在总台央视热播，3部广播剧登陆总台央广，7部纪录片在总台央视播出，3部动画片在省级台、IPTV、OTT和爱奇艺、腾讯视频、优酷等平台播出。四川局策划、全行业参与的"百部川扬"网络视听作品征集传播活动，流量突破100亿，获得《人民日报》专文点赞。

（四）坚持为民惠民，广电公共服务能力稳步提升

实施广电公共服务效能提升和应急广播体系功能拓展两项攻坚行动，出台《实施方案》，印发广播电视基本公共服务《实施标准》，四川省财政投入1.42亿元、地方财政投入2亿元，圆满完成全省26万个广播电视户户通运行维护民生实事。省财政投入9242.6万元、中央财政投入2269万元用于应急广播建设和运维。投入110万元实施寄宿制学校广播电视覆盖工程，解决了凉山州喜德县、会理市2.2万师生收听收看难题。与四川省水利厅、地震局开展战略合作，提升灾害预警和应急宣传时效，保障人民生命财产安全。提升本地节目覆盖，推进民族地区有线高清交互机顶盒普及推广。开展第三届"广电惠民服务月"活动。广电为民惠民情怀洒满雪域高原、写在田间地头。

（五）坚持自立自强，广电创新发展取得积极成果

完善"十四五"规划推进实施机制，16个项目进入国家发改委重大工程项目库，30个项目进入四川省发改委重大工程项目库，年度重点任务、重大项目有序推进，省重点项目连续获得四川省委、省政府"红榜"表扬。制定出台稳发展的若干政策措施，推行"拍在四川"行动，通过政策扶持＋服务优化，吸引40多个剧组在川摄制、10多家头部影视企业来川落户，全年新增广播电视节目制作经营机构324家，累计达到1784家。4个

市纳入中宣部融媒体中心建设试点，县级融媒体中心省级技术平台正式投用，已接入全省 84 个市县，7 个媒体融合项目获广电总局推优。36 个智慧广电示范区建设加快推进。2 个国家级产业基地规模持续提升，稳居全国第一方阵。省级园区加快培育。700MHz 频率迁移基本完成，中国广电 5G 西南核心节点落子成都，广电 5G 在川试商用。国家超高清视频创新中心落户四川。19 个项目获得高新视频和人工智能国家大奖。

（六）坚持夯基固本，广电综合治理能力有效提升

各级广电管理部门坚持导向管理全覆盖，依法管理、严格管理，深化文艺领域综合治理，加强广播电视机构和广告、短视频、网络直播、网络主播等管理，开展无"小耳朵"市（州）创建，整治人民群众反映强烈的各类问题，行业管理水平进一步提升。定期分析研判意识形态风险，抓好问题整改，圆满完成习近平主席新年贺词、北京冬奥会等直转播任务。台站深化改革工作取得重大进展。法治政府建设取得实效。"放管服"改革进一步深化，"一网通办"能力有效提升，全年近 600 件窗口事项的现场办结率、按时办结率、群众满意率均为 100%。党的建设和人才队伍建设持续推进，基层党组织在疫情防控、森林防灭火、改革发展中发挥了先锋模范作用。组织参加广电总局网络培训 10 期、四川局培训 22 个，培训 2800 多人次，全行业人员队伍能力素质进一步提升，为行业发展提供了有力支撑。

二十四、真抓实干 砥砺前行 推动贵州广播电视和网络视听高质量发展

时任贵州省委宣传部副部长，省广播电视局党组书记、局长　耿杰

2022 年，贵州广电系统紧扣迎接学习宣传贯彻党的二十大和贵州省第十三次党代会工作主线，落实贵州"围绕'四新'主攻'四化'"主战略和"四区一高地"主定位，真抓实干、砥砺前行，各方面工作取得新进展新成效。

（一）新时代主旋律最强音高昂嘹亮

坚持突出首要政治任务，围绕习近平总书记重要讲话精神和重要会议活动，策划推出重大理论宣传、新闻报道、时政评论等 300 多条（次），有力有效推动习近平总书记重要思想和领袖形象深入人心。《沿着总书记的足迹》《新春走基层·总书记到过我们家——苗寨之变》等节目得到了受众的好评，引发刷屏热传。

坚持突出迎接学习宣传贯彻党的二十大工作主线，全方位、多层次、广覆盖、高水平开展宣传报道，组织开展"礼赞新时代·奋进新征程"展播活动，联合广西、云南开展"我们这十年——喜迎二十大 奋进新征程"主题电视短片征集推优展播活动，共征集作品 1032 部，评选出 34 部优秀作品在三省区广播电视台展播。推出《深入学习贯彻二十大精神》《奋进向未来》等专题专栏，在全国率先谋划开展"党的二十大精神在基层——贵州新闻媒体'千人百进'大型蹲点调研采访活动"，持久深入掀起学习宣传贯彻党的二十大精神热潮。"党代表心语"获得中宣部点名表扬，《我们这十年》入围广电总局迎接党的二十大重点剧目。

坚持围绕中心、服务大局，持续深入解读新国发 2 号文件精神，开展 5 场"黔边新貌"直播，得到全国近 50 家媒体同步转发；创新做好贵州省

第十三次党代会宣传，全方位解读党代会精神；主动出击做好冬奥会宣传，"冰雪运动＋旅游"报道得到广电总局点名表扬。

坚持网络舆论引导，"村BA"宣传报道成全网爆款，中央广播电视总台、人民日报、澎湃、腾讯等多家央媒和知名媒体予以关注转发，中央网信办以优秀案例进行点赞。

坚持对外讲好贵州故事，精心打造《贵州回声》对外传播品牌，围绕贵州山川、文化、民俗、美食等主题推出600余条报道，在全球50多个国家和地区新媒体平台推出。

（二）广播电视高质量发展成效显著

认真贯彻落实新国发2号文件精神，争取广电总局印发《支持贵州在新时代西部大开发上闯新路若干措施》，在23个方面给予贵州具体支持。

智慧广电综合试验区建设取得新成效，以提升智慧广电服务经济社会发展能力为着力点，不断拓展智慧广电政用民用商用业态。《超高清（4K）全媒体转播平台》获得第十四届中国电影电视技术学会科技进步一等奖，《CCDI数字内容超算中心建设项目预应用实例》入选广电总局典型案例，《贵州省省级有线应急广播指挥调度平台》《贵州省三网融合视听节目监管平台二期》入选2022年数字治理省级示范项目。

精品创作出新出彩，制定《贵州省广播电视精品创作扶持办法》，采取政策引导、资金扶持、展播推介等方式，推动广播电视精品创作，涌现了一批反映时代精神、展现贵州风采的精品力作。《花繁叶茂》入围第33届中国电视剧"飞天奖"，《千年梦想 决胜今朝》喜获中国新闻奖，纪录片《一江清水向东流》广受好评，《农业人的十二时辰》获广电总局2022年第一季度创新创优广播电视节目，《"黔"进的力量》《奋进向未来》入选广电总局2022年广播电视重点节目。

广电5G取得新突破。成为全国首批广电5G放号试商用的20个省份之一，建成广电5G基站1.9万个，实现广电5G信号乡乡通，5G用户超过30万。

公共服务更加普惠。有线电视光纤网进一步向自然村组延伸，覆盖城乡用户 868 万户，完成民族地区 22.4 万个有线高清机顶盒推广普及任务，建成 3 个市（州）应急广播平台，完成 4 个县的应急广播系统建设任务，应急广播在政策宣传、疫情防控宣传、气象预警信息发布等领域广泛应用，特别是在宣传党的二十大精神方面，发挥了显著效能和独特作用。

媒体融合向纵深发展。贵阳市、黔东南州入选全国市级融媒体中心试点名单，动静客户端被广电总局评为"新时代新品牌新影响"品牌，贵广网络公司获全国媒体融合先导单位提名，贵州广播电视台"体育旅游"频道调整为"生态·乡村"频道，成为全国第一个生态文明电视频道。

数字基础设施更加完善，启动中国广电云（西南）数据中心（一期）、"东数西算"工程贵阳至广州直连网建设；数字乡村、雪亮工程、智慧教育、远程医疗等融合创新业态巩固深化，有力有效助推全省数字经济发展。

（三）广电安全防线更加牢固

全省广电系统深入开展安全播出和安全生产大检查，严格执行播前三审、重播重审等制度，持续开展"清风行动""清朗视听"等专项整治行动，统筹抓好网络安全、阵地安全、设施安全、生产安全，消除安全隐患，保障了全系统的持续安全稳定，高质量高效率完成党的二十大安全播出任务。始终加强自身建设，强化理论武装，坚持党的建设、意识形态、法治建设、反腐倡廉、干部队伍建设等工作一体推进，彰显了高度的政治担当和昂扬的精神风貌。

二十五、奋力开创云南广播电视和网络视听高质量创新性发展新局面

云南省广播电视局党组书记、局长 盛高举

2022 年，云南局坚持以习近平新时代中国特色社会主义思想为指导，紧扣迎接和学习宣传贯彻党的二十大工作主线，全力抓好工作落实，事业发展迈上新台阶。

（一）抓宣传管导向

持续深化广电媒体"头条"和网络视听媒体"首页首屏首条"建设，实施"创新理论传播工程"和短视频"首屏首推工程"，推出"总书记来信"特别策划，推动习近平新时代中国特色社会主义思想深入人心。围绕云南省委"3815"战略发展目标，加强主题宣传、政策宣传、成就宣传、典型宣传，为全省经济社会发展凝心聚力。精品创作生产取得历史性突破，争取国家和省级财政资金 1194 万元扶持奖励 129 件作品、8 家文艺创作单位，24 件作品获广电总局及国家有关部委评优或扶持。精心筹备第三届澜湄视听周暨泰国主题日系列活动，努力将澜湄视听周打造成为重要的区域性国际传播交流平台，推动广电行业在云南建设中国面向南亚东南亚辐射中心中发挥更大作用。加强和改进对突发事件和社会热点问题的舆论引导，严明新闻报道纪律，确保舆论导向正确。

（二）抓安播守阵地

坚持"字字千钧、秒秒政治、天天考试"的总要求，统筹抓好播出安全、网络安全、设施安全、传输安全、生产安全，坚决把党中央的声音安全优质传入千家万户。扎实开展全省行业安全播出暨安全生产大检查，对 180 家单位提出 699 条整改意见，督促各单位将风险隐患消灭在萌芽阶段，全省各级广播电视台主频道、主频率和各重点网络视听平台以重点时段重

要节目零秒停播的优异成绩圆满完成党的二十大等重保期安播保障任务。

（三）抓项目惠民生

争取中央资金 4.36 亿元，实施 12 个边境县（市）智慧广电固边工程、33 个县（市）应急广播系统、8.82 万户民族地区有线高清交互数字电视机顶盒推广普及和怒江、迪庆州级广电媒体融合提升工程，以及广播电视重点项目运行维护。作为年度全国广电系统重点惠民工程项目种类最全、投资最大、建设任务最重的省份之一，工作进度居全国第一。提前完成年度 33 个中央补助县应急广播项目建设，全省已建成 79 个县级系统，整体水平步入全国前列，得到云南省政府主要领导批示肯定。基层广播电视公共服务网络标准化建设走在全国前列，出台《云南省广播电视局关于加强基层广播电视公共服务网络标准化建设实施意见》，推行"十有"服务标准，上线基层广电公共服务运维信息化系统，经验做法在全国广电系统交流推广。

（四）抓监管促发展

深入开展文娱领域综合治理，加强播音员主持人社会活动管理，落实电视剧母版制作管理规范要求，规范 IPTV 和互联网电视建设运营，切实把好关口、守好阵地。坚持网上网下一个标准一体管理，采取责令整改、通报问题、行政约谈等措施，依法督促整改违规节目。启动省级广播电视与视听新媒体监测监管平台建设，提高有害视听内容发现的即时性、研判的精准性、处置的有效性。编发监测监管简报专报 101 期，关停违规网站 9 个，发出整改通知 34 份，查处非法卫星地面接收设施 1974 套（件），配合查处"黑广播"32 个，绝不给有害信息和错误言论提供传播渠道。

（五）抓创新添活力

实施智慧广电乡村工程、智能广播、虚拟红人等试点建设，推动广电融入和服务乡村振兴、基层治理等领域。完成全省州（市）级以上 47 个电视频道高清化建设，为全国实现完整高清化建设任务的 6 个省份之一。加快推进全国有线电视"一网整合"，广电 5G 网络正式开通运营，广电

5G 用户达到 11.75 万。探索开展县级融媒体中心综合成效评价，配合推进昆明、德宏、怒江 3 个州（市）级融媒体中心建设试点，红河州州级融媒体中心融合改革经验获广电总局推广。12 个项目在广电总局举办的智慧广电和媒体融合类评先评优中获奖。

（六）抓党建强队伍

加强党的全面领导，强化理论武装，推动全行业自觉做习近平新时代中国特色社会主义思想的坚定信仰者、积极传播者、忠实实践者。大抓培训练兵，举办各类培训班 22 期，组织参加广电总局及云南省内各类培训班 90 余期，近 8000 余人次参加培训；首次举办两期"全省广播电视公共服务能力提升培训班"，覆盖全省各州（市）广电局局长、分管副局长及全省县级广电局局长。扎实抓好巡视整改，相关经验做法在云南省纪委监委内部工作网刊发 2 次，并推送到中央巡视办。以"小事小节看作风"专题组织生活会为抓手，持续培树干部职工"学习创新、专业规范、担当尽责、从严从实、善作善成、勇于争先"六种作风，群众评议机关作风活动满意率达到 99.07%。

二十六、奋力推进西藏广播电视事业高质量发展

西藏自治区广播电视局党组副书记、局长　燕红

2022 年，西藏自治区广播电视战线坚持以习近平新时代中国特色社会主义思想为指导，聚焦迎接学习宣传贯彻党的二十大这条主线，主动作为，各方面工作取得新成效。

（一）坚定拥护"两个确立"，坚决做到"两个维护"

把学习贯彻习近平新时代中国特色社会主义思想和党的二十大精神作为首要政治任务，深刻领悟"两个确立"的决定性意义，不断强化忠诚核心、拥护核心、跟随核心、捍卫核心的思想自觉、政治自觉、行动自觉。党的二十大召开后，西藏局党组以理论中心组学习为龙头，结合读书班和专题辅导讲座等多种方式，开展全覆盖的学习教育，迅速掀起学习宣传贯彻党的二十大精神热潮，推动党员干部自觉做习近平新时代中国特色社会主义思想的坚定信仰者、积极传播者、忠实实践者。

（二）始终坚持正确导向，舆论宣传强劲有力

加强广播电视媒体"头条"建设和网络视听媒体"首页首屏首条"建设，开设"总书记与新西藏""新时代新作为新篇章"等专题专栏、系列报道、新媒体作品，深入宣传习近平新时代中国特色社会主义思想，大力宣传自治区推进"四个创建""四个走在前列"的重大举措和工作成效。聚焦党的二十大会前、会中、会后三个阶段有序衔接，统筹电视大屏、融媒小屏和广播音频，推出"奋进新征程 建功新时代"大型主题报道和"党的二十大代表风采"等专栏，推出《数说十年》等微视频，制作播出《平凡的力量》电视专题片，开展"我们的新时代""礼赞新时代，奋进新征程"等优秀作品展播活动，形成宣传热潮。完善创作生产引导扶持机制，做好重点选题规划和评优推优工作，加大优质内容供给。纪录片《青稞》入选

中宣部对外推广片目名录，纪录片《党的光辉照边疆》以及少儿节目《花儿向阳 童心向党》入选第 27 届电视文艺"星光奖"，纪录片《发现拉萨》入选广电总局 2022 年第一季度优秀国产纪录片名单节目，《藏地奇兵之圣迹传说》等 6 部网络剧获广电总局重点网络影视剧规划备案。

（三）扎实推进事业产业，为民惠民能力稳步提升

坚持以人民为中心的发展思想，加强广播电视事业产业建设，不断提高广播电视综合服务能力。制定《关于推进农牧区新一代直播卫星广播电视"户户通"覆盖建设的指导意见》，加强农牧区、偏远地区、边境地区、异地搬迁点"户户通"建设，2022 年底全区广播电视综合人口覆盖率分别达到 99.41%、99.56%。持续深化县级应急广播体系运行维护管理，西藏成为全国应急广播工作典型省份。有序推进那曲市应急广播体系宣传农牧民群众试点工作。制定《国家广播电视总局捐赠少数民族语言电视剧译制片源分配暨译制播出管理暂行办法》，成立工作领导小组和译制成片质量评审专家库。加快重点项目建设，西藏有线数字电视总前端灾备中心验收完成，投入运行。西藏影视音像资料库项目土建工程进入施工阶段。西藏广播电视和网络视听监测监管、有线数字电视网络传输平台项目前期工作有序推进。智慧广电固边工程、"三区三州"市级广电融合提升工程进展顺利。积极参与推进全国有线电视网络整合和广电 5G 建设一体化发展，西藏广电 5G 同全国一道开网放号运营。全区广播电视节目制作经营机构发展到 253 家，市场主体规模进一步扩大。

（四）切实加强行业管理，安全防线牢牢确保

严格落实意识形态工作责任制，推动治理体系和治理能力现代化。严格执行行业宣传管理工作制度，及时调度宣传重点、节奏，确保主题鲜明、基调一致、导向正确。编印《区广播电视宣传提示》11 期、《视听评议》24 期、《监听监看快报》34 期，制定《西藏自治区广播电视局网络视听节目内容审读审查和经费使用管理暂行办法》，成立审读审查专家库。加强广播电视广告播出管理，做好广播电视公益广告扶持项目评审工作。召开卫星地面接收设施整治厅际联席会议，开展专项整治行动和执法检查，有力维护电视传播秩序。制定《关于迎接党的二十大广播电视安全保障专项工作方案》，编印《安全播出调度令》，对全区台站技术系统进行巡检巡查，同时成立检查组进行安全播出大检查，圆满完成党的二十大期间重要直播转播等安全播出保障任务。

（五）着力推进党的建设，政治保障不断强化

认真贯彻落实自治区党委进一步改进作风狠抓落实工作部署和自治区政府"学习二十大，政府'是什么、干什么、怎么干'"学习实践活动要求，抓党建带业务、强党建促发展。召开区广电局系统全面从严治党暨加强党的建设工作会议，制定《自治区广电局2022年党建工作要点》《局党组落实全面从严治党主体责任工作安排》，不断强化党建管理。严格落实西藏局党组成员联系党支部工作制度，有序推进基层党建工作。牢固树立凭能力用干部、以实绩论英雄的鲜明导向，扎实开展干部选拔任用、招录审核等各项工作。举办首届西藏广播电视技术能手竞赛，为专业技术人才脱颖而出提供了平台。广电人坚守在一线安全播出岗位，全天候值勤值班，确保了播出安全，以实际行动践行了广播电视的职责使命。

二十七、陕西广电：守正创新勇突破　服务大局再出发

陕西省广播电视局党组成员、副局长　单子孝

2022年，陕西广电战线按照创新工作全力以赴做、重点工作扎实有效做、基础日常工作认真细致做的工作部署，稳中求进、守正创新、真抓实干，推动全省广电事业发展取得新成效。

（一）突出首要，党的二十大学习宣传贯彻形成热潮

紧紧围绕迎接学习宣传贯彻党的二十大这一首要政治任务，推动安全播出万无一失、主题宣传浓墨重彩、贯彻落实走深走实。

一是深入细致抓好保障。陕西局党组严格按照"两个至上""三管三必须"原则，成立6个检查组，深入全省112个台站（单位）检查整改。组织全省广电系统8400余名干部职工并肩作战，圆满完成党的二十大重保期安全播出等保障任务。

二是精心精准抓好宣传。指导陕西融媒体集团策划推出"奋进新征程建功新时代"献礼党的二十大重大精品启动仪式，将媒体报道、精品节目、电视剧、纪录片等数十种精品项目有序衔接，形成全面立体、厚重热烈的宣传矩阵。成立省、市、县三级直转播工作协调机构，高标准高质量推进党的二十大宣传，全年全省播出主题节目1927条，开设专题专栏120多个；指导陕西台逐年推出《核心引领启新程》《践行嘱托谱新篇》《踔厉奋发开新局》系列理论融媒节目，持续性掀起主题宣传热潮。征集"我们的新时代"优秀网络视听作品，展播"中国梦"活动主题原创优秀网络视听节目，创新性打造视频动画IP，在全省唱响昂扬奋进主旋律。

三是对标发力抓好贯彻。制定出台陕西局《贯彻落实党的二十大精神的工作思路和举措》，确立"两个全面增强、四个走在前列"目标，明确九项工作举措；制定《陕西局贯彻落实习近平总书记重要讲话重要指示精

神台账》，推动学习贯彻党的二十大精神同学习习近平总书记来陕考察重要讲话重要指示有效结合。紧盯基层一线、行业机构"急难愁盼"问题，积极想办法、拿措施，全年争取中央资金 6400 多万、省财政资金 5100 多万，与省财政厅联合制定《陕西省广播电视和网络视听精品剧目奖补实施细则》，为行业精品生产和基层公共服务解难题办实事。

（二）聚焦主业主责，推动广电工作高质量发展

严格阵地管理，深耕内容建设，强化技术支撑，筑牢安全底线，推动广播电视和网络视听高质量发展，谱写广电事业新篇章。

一是意识形态管理坚强有力。严格落实意识形态工作责任制，严抓细管、亮剑发声。制定实施《陕西局 2022 年意识形态工作实施要点》，实行广播电视和网络视听一个标准、一体管理，确保导向管理全覆盖。加强广播电视和网络视听传播秩序管理，积极推进文娱领域综合治理，完成全省国有广播电视节目制作经营企业社会效益评价考核，组织全省广播电视行政执法业务培训。扎实开展"清风行动""清朗视听"专项治理以及境外卫星电视传播秩序专项整治、行业用频管理和"黑广播"监测、违规广告治理，有效防止了错误内容、有害信息非法传播，净化行业生态。

二是精品创作创历史最好成绩。电视剧生产数量及在总台央视和一线卫视播出数量稳居西部第一、全国第一方阵。第十六届精神文明建设"五个一工程"奖中，《装台》等 2 部电视剧、1 部广播剧获奖，占陕西 9 部获奖作品的 1/3。《我们从延安走来》等 7 部纪录片、2 部动画片在总台央视主频道播出，乡村振兴题材系列纪录片《瓜熟蒂落》获全国优秀国产电视纪录片，并首次获得中国纪录片学院奖最佳长纪录片奖和优秀导演奖；动画片《延安童谣》获全国优秀国产电视动画片和"星光奖"提名。3 个节目获广电总局创新创优节目，2 部作品获中国广播电视大奖、2 个节目和 5 部网络剧片获广电总局优秀网络视听节目和季度优秀作品，为近年来最好成绩。4 件公益广告作品被广电总局和文旅部评为红色旅游优秀公益广告作品，2 家制作机构获得扶持，陕西局被广电总局评为公益广告制作播出优秀组织单位。

　　三是行业发展提质升级。大力推动全省广播电视和网络视听产业转型升级，努力构建大视听产业格局。推进"文学陕军"和"西部影视"强强合作，建立"网络视听节目制作四方平台"，批建陕西网络影视视频基地和"丝路之声"音频基地，"西部影视"品牌持续做大做靓。陕西广电 5G 完成承载网、核心网建设，实现互联互通，取得阶段性建设成果。全省地市级以上频道高标清同播建设基本完成，地面数字电视 700MHz 频率有序迁移。23 个老少边及欠发达县（区）应急广播工程项目稳步完成，省级应急广播平台已与 40 个县平台有效对接，应急信息发布和日常宣传的"最后一公里"成功打通。对外交流工作取得重大突破，《视听中国 陕西时间》在阿拉伯地区正式开播，形成覆盖 22 个阿拉伯国家和地区的播出声势。指导陕西台推出晚会节目《2022 丝路春晚》，全域点击超 13 亿，受到人民日报、新华社等主流媒体转发和好评。

　　（三）保持"严"的基调，持续加强党的建设和人才队伍建设

　　把强化党的建设和人才队伍建设作为根本保障，思想建党、理论强党、依规管党和从严治党取得了新成效。创新履职"清单"、问题"清零"、行业"清朗"、政商"清亲"、内部"清正"、为政"清廉"工作方法，作风建设专项行动扎实有效。加大行业人才队伍建设，组织 6 批次约 2800 人次参加融媒体业务培训，700 余人次参加各类干部培训。

二十八、推动甘肃广播电视和网络视听高质量发展

甘肃省委宣传部副部长，省广播电视局党组书记、局长　李润强

2022年，甘肃省广播电视行业围绕中心、服务大局，始终与党和国家事业同向同行，与甘肃改革发展同频共振，聚焦学习贯彻党的二十大精神，认真履行职责使命，坚持不懈守正创新，各项工作取得新进展新成效。

（一）唱响主旋律，持续深化理论武装凝心聚力

突出迎接和学习宣传贯彻党的二十大这一主线，深入实施"舆论引导能力提升"工程，深度阐释习近平新时代中国特色社会主义思想，全方位、深层次、多角度展示全省人民在习近平总书记对甘肃重要讲话重要指示批示精神指引下，创造美好生活的生动实践，接续创作推出了一批有分量、接地气的成就报道，奏响爱党爱国的最强音，唱响昂扬奋进的主旋律，极大地振奋了全社会的精神力量。

（二）传播正能量，着力强化精品力作价值引领

深耕陇原文化资源沃土，持续实施"新时代精品"工程和陇原文艺高峰攀登工程，加强重点选题策划，跟进重点项目拍摄，推出了《陇原星火·胡廷珍》《南梁星火》《南梁纪事》《青春敦煌》《青春宣言》《青春丰碑》《幸福中国·奋斗甘肃（第一季）》《石窟中国》《红果果 金担担》《敦煌仙子和她的朋友们》等一批聚焦重大革命、重大历史、重大现实题材以及反映中华优秀传统文化的广播剧、电视剧、纪录片、动画片和网络视听作品，实现了传播效果和价值引领的双丰收。

（三）守好主阵地，确保广播电视和网络视听阵地安全

严格落实意识形态工作责任制，持续深化拓展"管理优化"工程和"安全播出"工程。建成广播电视和网络视听省级监管平台，大幅提升了全省广播电视和网络视听监测监管能力。深入开展非法卫星地面接收设施专项

整治，有力维护了甘肃省重点区域的政治安全文化安全。深入开展全省安全播出大检查，集中排查消除各类风险隐患，圆满完成北京冬奥会、党的二十大等重要保障期安全播出保障任务，在广电总局相关会议上作经验交流。完成 IPTV 集成播控平台与传输系统规范对接省级初验，实现了对 525.69 万 IPTV 用户内容和 EPG 管理，做到对内容播出安全的实际控制。

（四）推进"放管服"，改革优化监管助推行业复兴

发挥"互联网＋政务服务网"优势，让数据多跑路、让群众少跑腿，简化行政审批流程、压缩业务办理时限，实现了办结率、群众满意率持续保持 100%，《甘肃省广播电视局推行告知承诺制方便企业快捷审批》案例被司法部评为"减证便民"全国"十大优秀案例"之一。积极推动频道频率优化整合，全面完成 75 家县级广播电视播出机构频道频率建设，对甘肃台和 8 个市州台公共频道予以调整或撤销，审批并颁发县级《广播电视频道许可证》134 个，为 9 家新闻单位核发《信息网络传播视听节目许可证》。

（五）打好保障牌，推进公共文化服务提质增效

持续提升群众精神文化需求，实现了省市两级 17 家播出机构 29 个电视频道的高清化播出，完成民族地区 3.92 万户有线电视用户高清交互数字电视机顶盒更新更换工作，做好"村村通""户户通"运营维护，全省广播、电视人口综合覆盖率分别达到 99.31% 和 99.41%。建好用好应急广播，高效启动实施 25 个县应急广播建设项目和肃北县"智慧广电·固边工程"项目建设，充分发挥应急广播在疫情防控宣传、突发灾害预警、惠农政策解读等方面的独特优势，实现全省广电公共服务与乡村振兴有效衔接。出色完成"应急使命·2022"高原高寒地区抗震救灾实战化演习应急广播演练，突发事件的安全传输播出保障能力得到进一步提升。

（六）构建新格局，强力推进广播电视媒体融合发展

组织完成 86 个县级融媒体中心建设任务，指导完成甘肃广电融媒体中心和 13 个市级融媒体中心的整合挂牌，实现了甘肃省、市（州）、县（区）融媒体中心的全覆盖，打造酒泉市"新闻＋政务＋服务"为核心的综合性移动客户端的示范项目，为全省媒体融合发展提供有益借鉴。积极开展媒体融合发展调研，主动指导市县级融媒体中心破解建设中存在问题的体制性问题和结构性障碍，扩大优质内容产能、激发人才队伍活力、发挥音视频优势、打造精品内容，推动传统媒体主力军向移动互联网主阵地的大进军。

二十九、奋力谱写青海广电高质量发展新篇章

青海省广播电视局党组书记、局长　张新文

2022 年，青海广电工作紧紧围绕党的二十大和青海省第十四次党代会主题主线，坚持稳中求进、守正创新，进一步壮大主流舆论、繁荣精品创作、提升治理效能、推动创新发展，各项工作取得新成效。

（一）聚焦主题主线，舆论氛围浓厚热烈

一是以抓好习近平总书记重要思想和领袖形象宣传为重点，持续深化广播电视媒体"头条"建设和网络视听平台"首页首屏首条"建设，启动全省应急广播系统，用心用情用功做好习近平总书记重要思想、重要活动和重要会议的宣传。统筹做好习近平总书记视察青海一周年主题宣传，指导各级广播电视播出机构和网络视听媒体开设专题专栏、播发重点报道，生动展现习近平总书记的领袖风范、雄才大略、为民情怀、人格魅力。

二是浓墨重彩推进党的二十大和省第十四次党代会重大主题宣传。建立全省广播电视直转播协调机制，指导推出"聚焦二十大""二十大时光"等新闻专栏和《潮涌江源·感恩奋进向未来》等特别报道，在程序报道、反响报道、成就报道、融媒宣传等多点发力，迅速兴起学习贯彻党的二十大精神热潮。开展广电总局"礼赞新时代·奋进新征程"优秀电视剧、"恢宏新时代·逐梦向未来"广播电视节目展播活动，网上网下同频共振，营造良好的舆论氛围。

（二）聚焦青海特色，精品创作出新出彩

围绕迎接党的二十大主题，策划推进"我们的新时代·晴彩青海"主题创作，遴选优秀作品进行重点扶持。策划指导青海卫视创作播出理论节目《思想的田野（青海篇）》、微纪录片《我和我的新时代——我心在高原》等精品佳作。纪录片《青海·我们的国家公园》入围第27届电视文艺"星

光奖"，同名纪录电影入围首届华语纪录电影大会特别推荐摄影和自然类推荐作品两类奖项，两作品均荣获青海省第十二届精神文明建设"五个一工程"优秀作品奖。与沿黄各省（区）广播电视和网络视听行业单位开展跨区域合作，启动网络纪录片《生声不息：黄河的咏叹（青海篇）》创作拍摄。组织开展"逐梦新征程，一起向未来"短视频大赛、"喜迎二十大，奋进新征程""奋进新征程，建功新时代"主题公益广告大赛等优秀影视作品征集展播活动，共征集到 646 件作品，遴选 123 件进行扶持，展播各类公益广告 10 万余条次，通过政策引导、资金扶持和资源倾斜，着力促进影视制作机构平稳健康有序发展。

（三）聚焦阵地管理，安全播出高质高效

省市（州）县联动、各部门各单位共同发力，以最高标准、最严要求、最实举措、最佳状态圆满完成党的二十大、青海省第十四次党代会以及元旦、春节、北京冬奥会、冬残奥会、全国全省两会等重大活动及日常各项安全播出保障工作任务。下发青海省广电系统"3·1394"安全责任标准，创新形式向市州县委主要领导和宣传部门主要负责同志发出安全播出保障工作《提示函》，召开警示教育视频会、安全生产月每日视频调度会，夯实安全播出工作基础。开展应急演练、完善应急预案，组织全省各级安全播出责任单位开展安全播出自查整改和安全播出大检查，全力做好安全生产、安全播出、网络安全、设施保护等工作。行业治理工作有序推进。完成全省 46 座广播电视播出机构和 100 个省市（州）县级广播电视播出机构频道频率审核换证工作。持续开展非法网络视听节目和非法卫星电视接收设施专项整治工作，查缴非法卫星电视地面接收设施 361 套，查处 33条涉嫌非法医药及虚假违规广告，落实 IPTV 集成播控分平台和三大运营商传输分发主体责任，实现对 IPTV 内容的管理，营造广播电视播出良好环境。

（四）聚焦惠民工程，公共服务提质增效

持续推动广播电视公共服务标准化、均等化建设。争取全省广播电视事业产业发展中央专项资金 3.01 亿元，重点实施"三区三州"市级广电融合提升、民族地区有线高清交互数字电视机顶盒推广普及、政府购买直播卫星接收设施维护服务和县级应急广播体系建设等项目，有力提升全省广播电视公共服务水平。持续推进电视高清化建设，4 个省级、9 个市（州）级和 20 个县级播出机构电视频道实现高标清播出，市（州）级以上广电播出机构电视频道高清播出率达 100%。基本完成 700MHz 频率迁移工作，启动中国广电 5G 网络服务。开展媒体融合先导单位、典型案例的征集评选工作。通过加强作品扶持、助企培训、上门解难、优化服务等形式，推动影视制作机构平稳健康发展。译制完成《长津湖》《人世间》等影视节目 1386 集，向安多卫视、6 州 19 县广播电视台和甘肃、四川等涉藏地区共 30 家州县级电视台免费提供影视译制节目 1300 集，铸牢中华民族共同体意识。

（五）聚焦提质铸魂，党的建设推进有力

持续加强党的建设和队伍建设，持续深化全面从严治党工作，大力实施党建"提质铸魂"工程，扎实推进作风建设专项行动和"全员大学习、业务大比拼、作风大转变、能力大提升"专项行动。持续强化干部队伍建设，推行"集中培训＋网络培训＋实践锻炼"的培训模式，强化干部教育培训，全年累计培训各类人员 2720 余人次。

三十、谱写新时代新征程宁夏广播电视事业新篇章

宁夏回族自治区广播电视局党组书记、局长　高瑞莉

2022年，宁夏广播电视战线以实施舆论引导、精品创作、公共服务、产业发展、行业管理、人才队伍"六个提升工程"为抓手，奋力推进广播电视和网络视听工作取得新成效。

（一）新闻宣传浓墨重彩、展现新作为

聚焦打好党的二十大、自治区第十三次党代会两大宣传战役，建立双月宣传例会、单月宣传提示制度，构建"上下一体、横向对边、纵向到底"宣传矩阵，指导全区广播电视和网络视听媒体深入开展"新时代的答卷""总书记的足迹"等主题宣传和"强国复兴有我"群众性主题宣传教育活动，常态化开展疫情防控信息发布和舆论引导工作，唱响主旋律、弘扬正能量，持续巩固壮大奋进新时代主流思想舆论。党的二十大期间，总台央视《新闻联播》《朝闻天下》等栏目播发宁夏相关新闻106条次，宁夏台刊发（转载）专栏报道和各类稿件1900多条（篇），累计阅读量（点击播放量）8700多万次；制作推出的《宁夏"劲"行时》《非凡十年》等公益广告在学习强国、光明日报客户端等平台播出，得到广泛认可和好评。

（二）精品创作增量提质、实现新突破

指导创播《振兴路上》《家园》《闽宁纪事2021》等10余部电视精品，作品数量、质量创历年之最；电视剧《山海情》斩获第33届中国电视剧"飞天奖"优秀电视剧、优秀编剧、优秀女演员3项大奖和第31届中国电视金鹰奖优秀电视剧奖，入选第十六届精神文明"五个一工程"电视类优秀作品奖；纪录片《闽宁纪事2022》、理论节目《时代答卷·面对面》、短视频《了不起的"00"后》、政论片《思想的田野（宁夏篇）》分别入选广电总局2022年10部重点纪录片、重大主题宣传项目库、原创网络视听优秀

节目和广播电视创新创优节目；全国首部葡萄酒产业题材电视剧《星星的故乡》杀青；第七届宁夏公益广告大赛圆满收官，品牌辐射力、社会影响力持续提升。

（三）公共服务扩面增效、取得新进展

把保障党的二十大等活动安全播出作为重大政治任务，组织开展多科目应急演练，对全行业及三大运营商120多个点位开展全覆盖、无盲区、零漏点检查，排查问题隐患230个，重要保障期全区未发生广播电视安全播出事件事故。建成灵武市、盐池县、隆德县应急广播系统；完成9.8万户民族地区有线高清交互数字电视机顶盒推广普及年度任务；银川市新闻传媒中心全国市级融媒体中心改革试点有序推进，被提名为全国媒体融合先导单位；宁夏广播电视台影视频道调整为文旅频道并正式开播，成为西北地区首家省级文旅频道。

（四）行业治理建管并重、呈现新成效

在全国首创广播电视无线发射台站技术体系、运维体系、管理体系、应急体系等建设管理规范标准。严肃查处宁夏教育电视台、固原市广播电视台、吴忠市广播电视台转播公益类节目中出现落马官员镜头问题。查处违规播出广告84条，联合市场监管部门对全区传统媒体开展广告行政约谈工作得到广电总局肯定；监测网络视听节目3.4万余条，审核2.6万余条，下线节目101部；持续开展境外卫星地面接收设备专项整治，查处非法销售商476家，查缴非法设备127台套。审核电视剧备案剧本6部、网络影视剧备案剧本41部，审查上线网络影视剧7部。

（五）产业发展夯基筑台、迈出新步伐

实施重大产业项目带动战略，中国广电（宁夏·中卫）数据中心全国绿色节能示范项目经国家发展改革委批复同意，获中央专项补助资金2.9亿元。广电5G网络建设加快推进，传输承载网、700M核心网、2.6G专用核心网建设全面完成，实现了与宁夏三大运营商网间互联互通，并成功举办广电5G网络服务启动仪式开网放号。国家文化大数据体系宁夏分平

台和文化专网建设顺利推进，地面数字电视 700MHz 频率迁移工作圆满完成，宁夏文化大数据产业联盟组建成立，广电 5G 发展空间进一步拓展。指导宁夏广电传媒集团有限公司重组，宁夏广电发展借势搭上"顺风车"、驶入"快车道"。

（六）管党治党纵深推进、彰显新气象

巩固拓展党史学习教育成果，深入开展党的二十大和习近平总书记视察宁夏重要讲话指示批示精神"大学习、大讨论、大宣传、大实践"活动，深入推进"三抓一树"活动、创建"五型"模范机关工作，全面实施"三强九严"工程，积极推进"一支部一品牌"创建活动。深入开展"廉洁从政警示日"和"廉政警示教育周"活动，不敢腐、不能腐、不想腐一体推进，政治生态持续净化。加强业务培训，邀请相关专家教授以视频形式举办全区广播电视安全保障、统计业务培训班，组织从业人员 1400 人次参加广电总局 20 个线上线下培训。推荐广电行业领军人才和青年托举人才人选各 2 名，建成宁夏广播电视和网络视听行业安全播出专家库，初步建立全区广播电视行业专家人才库。

三十一、守正创新 务实笃行 新疆广播电视事业再创辉煌

新疆维吾尔自治区广播电视局党组书记、副局长 刘月星

2022年，新疆维吾尔自治区广播电视局稳中求进、守正创新，务实笃行、担当作为，积极克服疫情影响，认真履行职责使命，各项工作取得新成效。

（一）正面宣传强劲有力，舆论引导能力进一步提升

聚焦首要政治任务，持续深化广播电视媒体"头条"建设和网络视听平台"首页首屏首条"建设，深入开展习近平总书记重要思想和领袖形象宣传，始终保持核心宣传的时代强音。指导协调广播电视媒体和网络视听平台围绕党的二十大等重要节点、北京冬奥会等重大活动、中华民族共同体意识等重大主题，持续办好"奋进新征程 建功新时代""喜迎二十大"等专栏，浓墨重彩做好主题宣传。深耕细作"新疆广播电视走出去工程（第七期）"，支持新疆广播电视台《中国之声》《今日中国》两档外宣栏目在吉尔吉斯斯坦、土耳其落地播出，拍摄制作外宣题材纪录片《山河新疆（第三季）》，着手创作20部外宣题材短视频，努力讲好中国故事新疆篇章。

（二）工作机制不断完善，精品创作能力进一步提升

建立精品创作生产联席会议制度，召开一系列创作座谈会、推进会、推介会、研讨会，引导制作机构与优质平台加强合作，凝聚各方力量同向发力。参与广电总局《我们这十年》等电视剧创作拍摄，指导新疆丝路鼎晟影视制作有限公司、克拉玛依广播电视台等影视机构创作拍摄《阿勒泰的天空》《英雄伴我成长》《邻里一家人》等一批电视剧、动画片、网络剧。组织开展"我们的新时代"等优秀作品展播活动。加强译制工作全流程管理，完成电视剧、电影等译制2000余集（部）。积极开展推优奖扶工作，23件作品获得国家、自治区奖励扶持。

（三）安播任务全面完成，安全保障能力进一步提升

将党的二十大安全播出工作作为全年工作的重中之重，以最高标准、最严要求、最实举措全力做好安全保障工作。召开自治区迎接党的二十大广播电视和网络视听安全播出工作会议，成立迎接党的二十大安全保障工作领导小组，成立 6 个检查组开展 2 轮全区安全播出大检查。实施高频次调度指挥，首次组织开展区、地、县三级播出机构并机转播和应急演练，有效提升了应急处置能力。通过全区各级各有关部门共同努力，圆满完成党的二十大及北京冬奥会等 8 个重要保障期安全播出任务。

（四）项目建设稳步推进，公共服务能力进一步提升

落实"十四五"规划年度项目资金 9100 余万元，完成年度民族地区有线高清交互数字电视机顶盒推广普及项目；扎实推动"三区三州"市级广电融合提升工程，加快高清、超高清电视发展，年内 1 个县级融媒体中心完成 4K 高清系统改造、1 个县级融媒体中心综合频道实现高标清同播。稳步推进智慧广电固边工程、农村智能大喇叭建设项目、老少边及欠发达地区县级应急广播体系建设前期工作，34 个边境县（市、区）智慧广电固边工程完成可研和投资计划申请，3 个县应急广播体系建设项目完成初步设计，为加快完成今年项目建设奠定了基础。

（五）依法行政切实加强，阵地管理能力进一步提升

深化"放管服"改革，完成全区 102 个播出机构许可证和频道许可证期满换发及一批行政许可事项。出台广播电视系统区、地、县三级权责清单指导目录和行政处罚自由裁量权基准，细化量化行政执法行为的裁量范围、种类、幅度，促进广播电视行政权力依法依规运行。依法开展文娱领域综合治理，督促广播电视播出机构和视听节目网站严格落实审核机制，及时处置违规短视频和医疗养生类节目。深入开展打击治理"黑广播""灰广播"违法犯罪专项行动和非法卫星电视接收设施整治行动，收缴、拆除非法卫星电视接收设施 987 套。

三十二、守正创新 担当作为 推动兵团广播电视事业高质量发展

新疆生产建设兵团党委宣传部副部长,

兵团文化体育广电和旅游局党组书记、局长　王子彬

2022 年,新疆生产建设兵团(以下简称兵团)广播电视战线全面深入贯彻党的二十大精神,深入实施文化润疆,大力推进先进文化示范区建设,提升技术支撑,筑牢安全底线,推动兵团广播电视事业高质量发展。

(一)实施文化润疆,努力提高兵团广播电视工作科学化制度化规范化水平

贯彻落实习近平总书记"要以增强认同为目标,深入开展文化润疆"的重要指示精神,着力解决困扰兵团广电行业发展的基础性、长期性问题,巩固壮大党的意识形态阵地。

一是监测监管体系建设初见成效。为填补兵团没有省级广电监管中心的空白,在新成立的兵团文化体育广电和旅游发展中心加挂"兵团广播电视监测中心"牌子,明确承担建设、运行、维护广播电视监测技术系统与联网工作、实时监测兵团广播电视网络传输质量与覆盖效果、实时监测兵团通过卫星传送的广播电视节目信号质量等职能。兵团广电视听监测监管项目列入 2022 年中央支持新疆专项资金支持和帮助内容,总投资 3500 万元。目前一期工程已顺利完工,二期工程已完成项目初设并进入施工阶段。

二是安全播出管理日趋规范。围绕迎接宣传贯彻党的二十大精神工作主线,强化兵团广播电视安全播出管理,对辖区内安全播出责任单位制度建设、设备配置和技术水平进行全方位梳理,出台《关于加强广播电视和网络视听安全播出保障的通知》《关于加强广播电视设施安全播出、网络安全和设施保护的通知》等文件,编印《广播电视政策法规汇编》,确保各

级广电安全播出责任单位对安全播出要求、事件事故处置办法、值班值守规则等认识到位、措施到位、责任到位。

三是依法行政水平稳步提升。完成兵团 128 家节目制作机构的《广播电视节目制作经营许可证》换发证工作、县级融媒体中心《信息网络传播视听节目许可证》办证工作和机构名称变更工作。完成第一批播音员主持人执业资格证书办理，兵团各级广播电视台共 55 名播音员主持人实现持证上岗。加强兵团卫星电视广播地面接收设施专项治理，持续打击黑灰广播，强化广告监管。

四是兵地融合机制更加完善。成立广播电视兵地融合发展工作协调小组，与新疆维吾尔自治区广电局建立兵地行政审批协调机制，支持中国广电新疆网络股份有限公司与中国广电兵团网络有限公司签署战略合作协议。

五是人才队伍建设成效显著。落实与广电总局研修学院签订的人才培养战略合作协议，举办兵团广播电视安全播出政策与业务培训班、广播电视和网络视听优秀作品创作培训班，进一步提升兵团广电业务骨干专业水平和实际工作能力。

（二）着眼兵团先进文化示范区建设，完善现代文化公共服务体系

一是推进智慧广电固边工程建设，提升广播电视固边强边能力。推进兵团 54 个边境团场智慧广电固边项目列入国家"十四五"时期文化保护传承利用工程项目储备库，总投资 8.1 亿元。目前第一批 3 个师共 33 个边境团场项目已基本完工，第二批 7 个师 21 个边境团场项目前期工作已启动。

二是加快推进广播电视媒体融合发展，提升广播电视制播能力。推进南疆地区第一师阿拉尔市、第三师图木舒克市、第十四师昆玉市纳入广电总局 2022 年度"三区三州"城市广电媒体融合提升工程，总投资 3000 万元，目前项目进入验收阶段。

三是推进边境团场应急广播体系建设，满足基层应急与宣传需要。兵团 59 个边境师市团场列入"十四五"时期国家老少边及欠发达地区应急广播体系建设补助名单，总投资约 2.65 亿元，目前正进行项目技术方案等前期工作。

（三）弘扬兵团精神，加大广电精品创作力度

贯彻落实习近平总书记"兵团人铸就的热爱祖国、无私奉献、艰苦创业、开拓进取的兵团精神，是中国共产党人精神谱系的重要组成部分，要用好这些宝贵财富"的重要指示，进一步坚定文化自信，大力弘扬兵团精神、胡杨精神和老兵精神，不断加大广电精品创作力度。

一是加强剧目谋划。根据"找准选题、讲好故事、拍出精品"要求，积极参与谋划兵团题材电视剧，展示兵团历史画卷的电视剧《西长城》，讲述兵团人相亲相爱、团结奋斗的电视剧《在生命最美的地方》和改革开放大潮中兵团儿女们奋进历程的电视剧《年轻的城》正在紧锣密鼓开展前期工作。电视剧《红日照天山》已完成剧本审读。支持《红星情》《在生命最美的地方》电视剧剧本申报兵团文艺精品工程扶持项目。

二是做好项目宣传推介。纪录片《兵团人》和《飞阅兵团》分别荣获中国电视文艺"星光奖"和中国广播电视大奖。开展迎接党的二十大兵团优秀电视纪录片展播及短视频评比活动。

三是提升电视剧管理能力。通过政务平台落实网上办等工作措施，理顺电视剧行政审批业务。开展兵团题材电视剧创作调研，了解电视剧扶持政策，探索学习创作生产事前辅导和政策解读等工作模式，为持续推动兵团电视剧创作生产和产业发展打下基础。

附　录

附录一　2022 年广播电视和网络视听发展大事记

1月

1月6日　2022年全国广播电视工作会议在京召开。会议提出，2022年广播电视和网络视听工作要突出迎接宣传贯彻党的二十大工作主线，全力做好服务北京冬奥会、冬残奥会工作，深化拓展"六大工程"，进一步提升"六个能力"。

1月6日　国家广电总局印发《关于推进智慧广电乡村工程建设的指导意见》（广电发〔2022〕1号），积极推进智慧广电全面融入乡村振兴战略。

1月6日　工信部、国家广电总局、中央广播电视总台（以下简称总台）等6部门联合印发《"百城千屏"活动实施指南》（工信厅联电子函〔2021〕315号），丰富超高清视音频服务场景，加速推动超高清视音频在多方面的融合创新发展。

1月10日　国家发改委、国家广电总局等21部门印发《"十四五"公共服务规划》（发改社会〔2021〕1946号），提出加强智慧广电基础设施建设，推进实施智慧广电固边工程和市级广电融合发展提升工程等目标任务。

1月25日　中宣部、国家广电总局联合印发《关于进一步规范播音员主持人职业行为和社会活动管理的意见》（中宣办发〔2022〕2号），对播音员主持人职业行为和社会活动管理全过程以及重点环节进行规范管理，明确行业从业人员应遵循的基本规则。

1月26日　中央网信办、国家广电总局等10部委联合印发《数字乡村发展行动计划（2022—2025年）》，为广电行业推进数字乡村工作提供重要指引。

1月26日　由中央广播电视总台发起和主办的首届全球媒体创新论坛在北京举行，本届论坛以"共享科技冬奥"为主题。国家主席习近平向论坛致贺信，希望与会嘉宾集智共商、交流分享，助力精彩展现冰雪运动独特魅力，发扬奥林匹克精神，共同推动奥林匹克冬季运动发展。

1月30日　国家广电总局印发《关于推动新时代纪录片高质量发展的意见》（广电发〔2022〕7号），从繁荣创作生产、做强行业主体等方面提出推动新时代纪录片高质量发展系列政策。

2月

2月2日　由国家广电总局网络视听节目管理司指导的《中国梦·我的梦——2022中国网络视听年度盛典》举办。盛典集中展现2021年网络视听创作的丰硕成果，为迎接党的二十大胜利召开和"中国梦"提出十周年营造了良好氛围，在网络视听空间唱响了"共筑中国梦、奋进新征程"的主旋律。

2月7日　全国广电系统圆满完成北京2022年冬奥会开幕式广播电视安全播出保障工作。

2月8日　国家广电总局印发《"十四五"中国电视剧发展规划》（广电发〔2022〕9号），对"十四五"时期电视剧事业产业发展进行系统谋划，推动建设电视剧强国。

2月14日　国务院印发《"十四五"国家应急体系规划》，安排了五类共十七项重点工程，到2025年，应急管理体系和能力现代化建设将取得重大进展。

2 月 15 日　国家发改委、国家广电总局等 13 部门联合印发的《网络安全审查办法》正式施行,将网络平台运营者开展数据处理活动影响或者可能影响国家安全等情形纳入网络安全审查,掌握超过 100 万用户个人信息的网络平台运营者赴国外上市必须申报网络安全审查。

2 月 18 日　国家广电总局召开全面从严治党暨党的建设工作会议,对推进广电总局党建和纪检工作高质量发展作出部署。

2 月 21 日　国家电影局、国家广电总局等 6 部门联合发布《关于促进影视基地规范健康发展的意见》(国影发〔2022〕1 号),指出准确把握影视基地的产业定位,以服务影视创作生产为核心,合理控制影视基地配套产业规模,严防借影视基地之名行房地产开发之实。

2 月 22 日　中央一号文件《中共中央 国务院关于做好 2022 年全面推进乡村振兴重点工作的意见》正式发布,对县级融媒体中心、农村应急广播建设等提出了新要求。

3 月

3 月 1 日　国家网信办等 4 部门联合发布的《互联网信息服务算法推荐管理规定》正式施行,明确算法推荐服务提供者的信息服务规范。

3 月 2 日　国家广电总局召开"迎接党的二十大"主题电视剧重点项目推进会,进一步研究迎接党的二十大重点电视剧创作工作。

3 月 2 日　国家广电总局举办 2022"视听中国"系列活动启动仪式,并举行了"北京优秀影视剧海外展播季"阿拉伯地区节目互播仪式。

3 月 10 日至 13 日　全国广电系统圆满完成十三届全国人大五次会议、全国政协十三届五次会议闭幕会和北京 2022 年冬残奥会闭幕式广播电视直播转播和安全播出保障工作。

3 月 24 日　首届中国播音主持"金声奖"评选结果公示,共评出优秀广播播音员主持人、优秀电视播音员主持人各 10 名。

3 月 25 日　国家网信办等 3 部委联合印发《关于进一步规范网络直播

营利行为促进行业健康发展的意见》（税总所得发〔2022〕25号），加强网络直播营利行为规范性引导。

4月

4月1日 国家广电总局《电视剧母版制作规范》正式实施，对电视剧母版时长、署名、图像、声音、字幕、封装格式、制作质量等进行了技术量化和统一规范。

4月7日 江苏局、上海局、浙江局、安徽局联合印发通知，启动2022长三角广播电视媒体融合优秀案例评选活动，设置成长项目、典型案例、网络人气等奖项。

4月12日 国家广电总局网络视听节目管理司、中宣部出版局联合发布《关于加强网络视听节目平台游戏直播管理的通知》（网函〔2022〕27号），督促网络直播平台建立并实行未成年人保护机制，严禁网络视听平台传播违规游戏。

4月20日 中央网信办等5部门联合印发《2022年数字乡村发展工作要点》，提出繁荣发展乡村数字文化等10个方面30项重点任务。

4月24日 为庆祝香港回归祖国25周年，由国家广电总局和香港中联办指导的音乐综艺节目《声生不息·港乐季》开播，追溯港乐发展历史，探寻和展现同根同源中华文化。

4月26日 中国广播电视社会组织联合会、中国网络视听节目服务协会发布《电视剧网络剧摄制组生产运行规范（试行）》，从制片人职责要求、工作进程管理、安全与保障、劳务报酬等方面对剧组工作进行了规定。

5月

5月7日 中央文明办、国家广电总局等4部门联合发布《关于规范网络直播打赏 加强未成年人保护的意见》，禁止未成年人参与直播打赏，严控未成年人从事主播。

5月9日　中国广播电视社会组织联合会、中国网络视听节目服务协会发布《演员聘用合同示范文本（试行）》，明确影视项目演员聘用环节相关规范。

5月10日　国家广电总局分别批复上海局、北京局、中国广电，同意设立"高新视频互动场景创新国家广播电视总局实验室""高新视频云交互创新国家广播电视总局实验室""智慧广电传播创新国家广播电视总局实验室"。

5月11日　国家广电总局批复北京局，同意设立"电视剧制作技术创新研究与应用国家广播电视总局实验室"。

5月19日　国家广电总局召开"纪念《在延安文艺座谈会上的讲话》发表80周年 推动新时代广播电视和网络视听文艺繁荣发展理论研讨会"，重温《讲话》的历史意义和现实意义，推动新时代广播电视和网络视听文艺事业繁荣发展。

5月20日　国家广电总局印发《广播电视和网络视听领域经纪机构管理办法》（广电发〔2022〕34号），规范视听领域经纪活动，加强经纪机构和人员管理。

5月22日　中办、国办印发《关于推进实施国家文化数字化战略的意见》（中办发〔2022〕27号），提出依托现有有线电视网络设施、广电5G网络和互联互通平台，形成国家文化专网等重点任务。

6月

6月1日　《网络剧片发行许可证》全面发放。"网标"将国产网络剧片审查纳入行政许可事项管理，标志着网络剧片管理从备案登记时代进入发放行政许可证时代。

6月6日　国务院未成年人保护工作领导小组办公室印发《未成年人文身治理工作办法》（国未保办发〔2022〕6号），提出加强未成年人文身危害宣传和舆论监督，视听节目不得含有诱导未成年人文身的内容。

6月8日　国家广电总局召开迎接党的二十大重点电视剧创作暨现实题材电视剧创作工作推进会。

6月8日　国家广电总局、文旅部联合印发《网络主播行为规范》（广电发〔2022〕36号），规定了网络主播应当坚持的正向行为规范和要求，列出了网络主播在提供网络表演和视听节目服务过程中不得出现的行为。

6月14日　国家网信办发布新修订的《移动互联网应用程序信息服务管理规定》，应用程序提供者和应用程序分发平台应当履行信息内容管理主体责任，维护良好网络生态。

6月17日　国家广电总局发布《关于进一步加快推进高清超高清电视发展的意见》（广电发〔2022〕37号），明确到2025年年底，全国地级及以上电视台和有条件的县级电视台全面完成从标清到高清转化，高清电视成为电视基本播出模式。

6月20日　国家广电总局召开迎接党的二十大全国广电行业安全播出大检查暨安全生产大检查动员电视电话会议。

6月25日　文旅部等5部门出台《关于加强剧本娱乐经营场所管理的通知》（文旅市场发〔2022〕70号），提出明确经营范围、实行告知性备案、严格内容管理等要求。

6月27日　国家网信办发布《互联网用户账号信息管理规定》（国家互联网信息办公室令第10号），明确了账号信息注册和使用规范。

6月27日　由国家广电总局主办的中国广电5G网络服务启动仪式在中国共产党历史展览馆举行，标志着全国有线电视网络整合和广电5G建设一体化发展取得新的突破性进展，广电网络初步形成"有线+5G"融合发展新格局。

6月28日　国家广电总局召开重点电视理论节目《思想耀江山》创作推进会，时任中宣部副部长，国家广电总局局长、党组书记徐麟指导推进节目创作播出工作。

7月

7月4日　国家广电总局召开电视剧创作座谈会，进一步加强电视剧精品创作。

7月5日　民政部等16部门联合印发《关于健全完善村级综合服务功能的意见》（民发〔2022〕56号），提出推进智慧广播电视进村入户，健全应急广播体系。

7月6日　国家广电总局召开广播电视和网络视听行业数据规范化标准化电视电话会议。

7月12日　中国网络视听节目服务协会网络视听职业道德建设委员会在京成立，充分发挥协会行业自教自律职能，进一步加强网络视听行业的职业道德建设。

7月14日　国务院办公厅发布《关于印发国务院2022年度立法工作计划的通知》（国办发〔2022〕24号）。预备提请全国人大常委会审议广播电视法草案。

7月15日　2022年全国广播电视和网络视听工作年中推进会在京召开。会议强调要聚焦主责主业深耕内容建设、聚焦关键环节筑牢安全防线、聚焦引领未来推动创新发展、聚焦精准对接群众需求提升公共服务、聚焦履行新时代使命锻造广电铁军。

7月18日　商务部、中宣部、国家广电总局等27部门联合印发《关于推进对外文化贸易高质量发展的意见》（商服贸发〔2022〕102号），广电总局承担了积极探索高水平开放路径、深化文化领域审批改革、大力发展数字文化贸易、鼓励优秀广播影视节目出口等多项任务。

7月20日　中广联合会广播电视和网络视听经纪人委员会成立，规范经纪机构、经纪人员从业行为，促进行业合规有序发展，建设良好行业生态。

7月21日　国家广电总局发布《广播电视和网络视听节目对外译制规

范》。这是我国第一部广播电视和网络视听节目译制行业标准，对于提高广电视听国际传播力，推动视听节目对外译制标准化规范化具有重要意义。

7月29日　大湾区卫视、珠江之声开播暨"视听中国·香江故事"系列活动在广州启动，为内地、港澳和全球华语观众提供更多优秀视听节目，推动大湾区经济社会融合发展。

8月

8月1日　国家版权局印发《以无障碍方式向阅读障碍者提供作品暂行规定》（国版发〔2022〕1号），鼓励出版、电影、广播电视、网络视听等机构为其拥有版权的作品同步制作、提供无障碍格式版。

8月2日　由国家广电总局国际司主办的"中国与中亚国家广电视听合作研讨会"以线上线下结合的方式在京举行。

8月3日　国家广电总局召开迎接党的二十大重点文艺节目创作推进会。会议指导推动《博物馆之城》《时间的答卷（第二季）》《我们的新时代》等十档重点文艺节目创作播出工作。

8月16日　中办、国办印发《"十四五"文化发展规划》，提出我国"十四五"时期文化发展的目标任务。

8月18日　中宣部举行"中国这十年"系列主题新闻发布会，介绍新时代宣传文化工作举措与成效。时任国家广播电总局党组成员、副局长孟冬在发布会上就广播电视公共服务建设、文艺精品创作、技术发展情况等回答了记者提问。

8月25日至26日　第五届中非媒体合作论坛在北京成功举办。国家主席习近平向论坛致贺信。论坛通过了《第五届中非媒体合作论坛共同宣言》，配套举办"首届非洲视听节目中国展播季""我的中非友好故事"短视频征集等活动，组织中非媒体合作十年成果展和视听科技互动展，发布节目互播、纪录片创作、栏目创新、新媒体合作等12项合作成果。

8月26日　国家广电总局举行国家电视剧版本存储体系收藏证书颁发

仪式，这是广电总局牵头开展，安全、公益、长期收藏保存电视剧版本的国家级系统工程，将促进电视剧版本保护与传承。

9月

9月2日　国家广电总局、中国作协签署战略合作协议，推动文学和影视有机结合、共同发展。

9月4日　中办、国办印发《关于新时代进一步加强科学技术普及工作的意见》，要求广播、电视、报刊、网络等各类媒体要加大科技宣传力度，主流媒体要发挥示范引领作用，增加科普内容。

9月6日至7日　以"新时代 新视听 新机遇 新未来"为主题的第四届中国—东盟视听周开幕式和中国—东盟视听传播论坛在南宁举办。国家广电总局发展研究中心与广西广电局共同研编的《中国—东盟视听国际传播十年发展报告》在论坛发布。

9月9日　国家网信办等3部门联合印发《互联网弹窗信息推送服务管理规定》，要求互联网弹窗信息推送服务提供者落实信息内容管理主体责任，建立健全信息内容审核、生态治理、数据安全和个人信息保护、未成年人保护等管理制度。

9月20日　国家广电总局发布《关于使用国产电视剧片头统一标识的通知》(广电办发〔2022〕281号)，要求国产电视剧播出时，须使用片头统一标识，准确标注国产电视剧发行许可证号，放置于每集电视剧片头前展示。

9月28日　"中国视听"平台上线发布仪式举办。"中国视听"平台是集聚全国广播电视和网络视听优秀节目、供全社会使用的公益服务平台，主要功能定位包括：宣传习近平新时代中国特色社会主义思想，以高品质视听内容满足人民群众美好精神文化需求，推介优秀节目、引导精品创作生产。

9月30日　中国广播电视网络集团有限公司有线电视智能推荐频道服

务在北京、上海、杭州试点上线，覆盖三地 60 万有线电视家庭用户。

9 月 30 日 《广播电视节目传送业务管理办法》（国家广电总局令第 12 号）公布，加强广播电视节目传送业务管理，规范广播电视节目传送秩序。

9 月 30 日 《广播电视无线传输覆盖网管理办法》（国家广电总局令第 13 号）公布，加强对广播电视无线传输覆盖业务的管理，维护广播电视播出秩序。

10 月

10 月 13 日 国家广电总局公布"全国智慧广电网络新服务"征集评选结果，共有智慧城市创新应用、智慧乡村创新应用、智慧家庭创新应用、文化数字化创新应用各 10 个案例入选。

10 月 16 日 中国共产党第二十次全国代表大会开幕会在北京召开。全国各级广播电视主频道、主频率按要求对开幕会进行了直播转播。广电总局及各省（区、市）监测监管部门通过卫星、有线、无线监测系统对直播转播情况进行了全面监测监听监看，圆满完成党的二十大开幕会现场直播的安全播出保障任务。

10 月 26 日 国家广电总局、国家乡村振兴局等 5 部门联合印发《关于加快推动农村应急广播主动发布终端建设的通知》（广电发〔2022〕60 号），提出到 2025 年年底，全国 70% 以上的行政村部署 2 套以上应急广播主动发布终端；灾害事故多发易发地区和乡村治理重点地区行政村主动发布终端覆盖率达到 100%，20 户以上自然村部署 1 套以上应急广播主动发布终端。

10 月 28 日 工信部、教育部、文旅部、国家广电总局、国家体育总局联合印发《虚拟现实与行业应用融合发展行动计划（2022—2026 年）》（工信部联电子〔2022〕148 号），提出以虚拟现实技术助力广播电视及网络视听业态更新，支持建设虚拟现实音视频专区与影院等任务。

10 月 31 日　国家市场监管总局、国家广电总局等 7 部门联合印发《关于进一步规范明星广告代言活动的指导意见》，构建规范明星广告代言活动的治理体系，为维护好明星代言领域清朗空间提供政策指引。

11月

11 月 1 日　第 33 届电视剧"飞天奖"、第 27 届电视文艺"星光奖"颁奖典礼在北京首钢园举行。《山海情》《在一起》等 16 部电视剧获得"飞天奖"优秀电视剧奖，14 部优秀作品获"星光奖"。

11 月 14 日　国家广电总局发布《关于进一步加强网络微短剧管理 实施创作提升计划有关工作的通知》（广电办发〔2022〕345 号），提出严肃、扎实开展"小程序"类网络微短剧专项整治，加强规范管理，实施创作提升计划。

11 月 16 日　国家网信办发布新修订的《互联网跟帖评论服务管理规定》，进一步细化跟帖评论服务提供者要求，提出对公众账号生产运营者的责任要求。

11 月 20 日　2022 中俄视听传播周成功启动。本届"视听周"由国家广电总局、俄罗斯数字发展通信与大众传媒部共同支持。

11 月 21 日　由国家广电总局国际合作司主办的"共享新视听 共创新未来——中阿合作主题周"启动仪式以线上线下相结合方式举行。

11 月 22 日　国家广电总局召开 2022 年全国广播电视公共服务工作暨县级标准化试点建设推进视频会议。会议总结广电公共服务工作取得的成绩和县级基本公共服务标准化试点建设经验，部署扩大标准化试点建设工作。

11 月 25 日　国家网信办等 3 部门联合印发《互联网信息服务深度合成管理规定》，为视音频领域的深度合成内容监管提供法律依据。

11 月 30 日　广电总局"'新时代·新品牌·新影响'暨喜迎党的二十大广电媒体融合新品牌推选活动"结果发布，推选出"央视新闻"等新闻品牌 22 个、"芒果 TV"等平台品牌 22 个、"'中国节日'系列节目"等产品品牌 12 个。

12月

12 月 6 日　国家广电总局办公厅印发《5G 频道技术白皮书》（广电办发〔2022〕373 号），规范和促进 5G 频道发展。

12 月 6 日　国家广电总局印发《关于推动短剧创作繁荣发展的意见》（广电发〔2022〕67 号），从加强现实题材短剧创作、提升短剧创新创造能力、培育壮大短剧创作主体等方面推动短剧创作繁荣发展，构建新型短剧传播格局和市场体系。

12 月 30 日　国家广电总局印发《全国广播电视和网络视听"十四五"人才发展规划》（广电发〔2022〕72 号）。

附录二　2022年全国各省（自治区、直辖市）广播电视发展基本数据一览表 ①

地区	2022 年发展基本数据
北京市	广播电视综合人口覆盖率均达 100%。持《信息网络传播视听节目许可证》机构 135 家。持有电视剧制作许可证（甲种）的单位 7 家。取得发行许可证的电视剧 36 部，京产电视剧 37 部在电视频道和网络平台播出。有线电视实际用户数 612.54 万户，高清交互数字电视用户 537.85 万。IPTV 现有用户数 200 余万户。撤销了 1 个电视频道和 3 个广播频率。广播电视和网络视听实际创收收入 4318.56 亿元，同比增长 7.37%。
天津市	广播电视综合人口覆盖率均达 100%。全年共受理并审查重点网络影视剧立项 366 部、成片 31 部；电视剧片审查 2 部；电视剧剧本审查 6 部；电视剧备案公示 10 部；动画片备案 2 部，审查 2 部，发证 2 部；中外合拍动画片立项申请 1 部。有线电视实际用户数 362.4 万户，截至 2023 年 2 月，IPTV 规范对接用户达到 355.6 万。完成 3 个频道设立，撤销了 1 个电视频道。广播电视和网络视听实际创收收入 63.11 亿元，同比减少 29.83%。
河北省	广播电视综合人口覆盖率分别为 99.79%、99.86%。完成 5 个县级应急广播体系工程建设任务。全省共受理电视剧备案申请 23 部 809 集，备案公示 10 部；发《国产电视剧发行许可证》2 个。有线电视实际用户数 607.38 万户，IPTV 用户 1707.86 万，直播卫星户户通用户 83.88 万。广电和网络视听实际创收收入 53.74 亿元，同比减少 7.26%。
山西省	广播电视综合人口覆盖率分别为 98.97%、99.29%。34 个县完成应急广播体系建设工程。现有广播电视播出机构 112 个，广播电视节目制作经营机构 560 个，持有《信息网络传播视听节目许可证》机构 108 个、备案机构 5 个。完成电视剧 2 部、动画片 2 部，规划备案网络影视剧 18 部，上线备案 5 部。引进境外电视剧 2 部、境外网络影视剧（含港澳台剧）46 部。有线电视实际用户 383.64 万户，IPTV 用户 707.91 万。撤销 1 个广播频率。广播电视和网络视听实际创收收入 23.29 亿元，同比减少 0.02%。

① 本节数据来源于国家广播电视总局规划财务司、全国省级广播电视行政部门及部分播出运营机构所提供的材料。

续表

地区	2022 年发展基本数据
内蒙古自治区	广播电视综合人口覆盖率均达 99.75%。完成了 10 个老少边及欠发达旗县应急广播体系建设方案审核及备案工作。持《信息网络传播视听节目许可证》机构 115 家。有线电视实际用户 269.57 万户，IPTV 用户达 325 万。撤销 1 个广播频率。广播电视和网络视听实际创收收入 15.75 亿元，同比减少 17.82%。
辽宁省	广播电视综合人口覆盖率分别达到 99.5%、99.48%。完成省级应急广播平台与国家平台和 7 个县级试点平台对接。持《广播电视节目制作经营许可证》机构 620 家，持《信息网络传播视听节目许可证》单位 55 家。生产完成并获准发行电视剧 1 部、网络剧 1 部、网络电影 2 部、动画片 5 部。有线电视实际用户 508.71 万户，IPTV 用户 250.16 万户。撤销 4 个电视频道，3 个付费电视频道，49 个县级台全部实现"一县一广播一电视"。广播电视和网络视听实际创收收入 34.95 亿元，同比减少 9.73%。
吉林省	广播电视综合人口覆盖率分别为 99.56%、99.63%。应急广播共建设大喇叭系统终端数量 19231 个。持《广播电视节目制作经营许可证》单位 262 个，持《信息网络传播视听节目许可证》单位 51 个，备案机构 8 个。生产完成并获准发行的网络视听作品 4 部。有线电视实际用户数 622.7 万户，户户通用户数 260.14 万，IPTV 用户 408.74 万户。广播电视和网络视听实际创收收入 33.82 亿元，同比减少 3.2%。
黑龙江省	广播电视综合人口覆盖率分别为 99.96%、99.95%。持《广播电视节目制作经营许可证》机构 269 家，持《信息网络传播视听节目许可证》机构 85 家。制作纪录片 21 部；6 部电视剧通过广电总局备案公示，3 部电视剧上星播出；受理 38 部网络影视剧项目规划备案申请，4 部网络剧片取得发行许可。户户通用户数为 20.6 万户，IPTV 用户数为 238 万户，有线电视实际用户 549.82 万户。撤销 6 个电视频道、2 个广播频率。广播电视和网络视听实际创收收入 30.12 亿元，同比减少 5.99%。
上海市	广播电视综合人口覆盖率均达 100%。完善了区级 5G+ 应急广播建设方案。持《广播电视节目制作经营许可证》机构 2827 家，持《信息网络传播视听节目许可证》机构 48 家，备案机构 11 家。核发电视剧发行许可 18 部，网络剧完片发号 38 部，网络电影完片发号 22 部，网络微短剧完片发号 34 部，网络综艺完片发号 18 部，网络纪录片完片发号 14 部，网络动画片完片发号 84 部，国产动画片发行许可发行 35 部，备案 40 部，审核境外引进视听节目 576 部。有线电视实际用户 755.1 万户，IPTV 用户数 528.02 万，OTT 用户数 55.84 万。撤销 2 个付费电视频道、1 个付费广播频率。广播电视和网络视听实际创收收入 1612.55 亿元，同比增长 50.67%（其中网络媒体广告收入 1018 亿元，同比增长 110.16%）。
江苏省	广播电视综合人口覆盖率均达 100%。累计建成 17524 个行政村 203835 只应急广播终端。持《广播电视节目制作经营许可证》机构 2030 家，持《信息网络传播视听节目许可证》机构 92 家。生产完成并获准发行电视剧 10 部、电视动画片 41 部、网络影视剧 37 部。新增建成 211 个智慧广电乡镇（街道）。有线电视未覆盖到的农村地区均实现直播卫星户户通，约 2000 多户。有线电视实际用户 1248.23 万户。广播电视和网络视听实际创收收入 349.61 亿元，同比减少 15.26%。

地区	2022 年发展基本数据
浙江省	广播电视综合人口覆盖率分别为 99.81%、99.88%。已有 7 个市级、69 个县级应急广播平台完成双向化改造，12000 余个行政村实现双向化终端覆盖。共有获得《信息网络传播视听节目许可证》机构 134 家、备案单位 18 家，广播电视制作机构共 3700 余家。电视剧通过备案公示 50 部，动画片通过备案公示 82 部，办理《电视剧拍摄许可证（乙种证）》21 部，动画片发证 52 部，纪录片题材备案 249 部。网络影视剧发放规划备案号 1644 部，发放上线备案号 339 部。有线电视实际用户 1251.45 万户，IPTV 用户达 675.35 万户，OTT 用户达 15601.49 万户。撤销 1 个付费电视频道。广播电视和网络视听实际创收收入 557.52 亿元，同比减少 0.76%。
安徽省	广播电视综合人口覆盖率分别为 99.95%、99.94%。建设 19 万多个应急广播终端，终端平均在线率 87% 以上。持《广播电视节目制作经营许可证》总数 720 家，持《信息网络传播视听节目许可证》73 家，备案 7 家。备案电视剧 2 部，电视动画片获得发行许可 9 部。上线备案重点网络影视剧 25 部。有线电视实际用户 810.29 万户。广播电视和网络视听实际创收收入 95.21 亿元，同比增长 10.66%。
福建省	广播电视综合人口覆盖率分别为 99.87%、99.9%。完成 3380 个村、16223 个 IP 应急广播终端建设升级。持《广播电视节目制作经营许可证》机构 1398 个，持《信息网络传播视听节目许可证》机构 108 个。生产完成并获批发行 11 部国产电视剧，重点网络影视剧 32 部。有线电视实际用户 730.25 万户，IPTV 用户数超 500 万，户户通用户数 1446469 户，村村通用户数 750639 户。广播电视和网络视听实际创收收入 248.72 亿元，同比减少 1.64%。
江西省	广播电视综合人口覆盖率分别为 99.47%、99.75%。全省有 80 个县（市、区）开展应急广播建设，覆盖 925 个乡镇、10122 个行政村，应急广播终端达到 4.87 万余个。持《广播电视节目制作经营许可证》机构总数为 309 家，持《信息网络传播视听节目许可证》机构 124 家。生产完成并获准发行的电视动画片共 1 部。有线电视实际用户数 536.31 万，IPTV 总用户数约 706.2 万，OTT 用户数约 622 万。村村通用户 30 万户，户户通用户 143 万户。撤销 1 个电视频道。广播电视和网络视听实际创收收入 49.02 亿元，同比增长 29.67%。
山东省	广播电视综合人口覆盖率分别为 99.66%、99.71%。建成并启用省应急广播指挥调度中心，完成 16 个市、136 个县（市、区）及 14 个功能区平台建设，部署终端 16.3 万个。广播电视播出机构 146 家、影视制作机构 1866 多家、视听节目网站 2200 多家。审查电视剧备案 24 部、完成片 7 部、境外引进剧 3 部、发放发行许可 5 部；审核发行 8 部动画片，通过总局备案公示剧目 32 部。受理规划备案重点网络影视剧 952 部次、上线审核 144 部次。有线电视实际用户 1471.89 万户，IPTV 用户数超 2000 万户。撤销 4 个电视频道，1 个广播频率。广播电视和网络视听实际创收收入 168.28 亿元，同比增加 1.28%。
河南省	广播电视综合人口覆盖率分别为 99.7%、99.69%。建设完成 21 个欠发达县应急广播项目。广播电视节目制作经营机构 915 家，持《信息网络传播视听节目许可证》机构 131 家、备案机构 3 家。受理并备案公示的电视剧 3 部；审查引进境外电视剧 12 部；审查网络剧 1 部。受理网络剧、网络电影剧本梗概 173 部，成片 5 部，规划备案通过 25 部，成片备案通过 4 部。备案动画片 9 部。有线电视实际用户 636.73 万户，IPTV 用户 1656 万户。广播电视和网络视听实际创收收入 41.37 亿元，同比减少 11.53%。

地区	2022 年发展基本数据
湖北省	广播综合人口覆盖率分别为 99.9%、99.88%。持有《广播电视节目制作经营许可证》机构共计 977 家。完成 9 部网络电影、3 部网络剧、8 部网络动画片、2 部网络微短剧等重点网络影视剧上线备案审查。有线电视实际用户 1272.04 万户，IPTV 用户规模突破 800 万户。撤销 6 个电视频道。广播电视和网络视听实际创收入 144.66 亿元，同比减少 1.11%。
湖南省	广播电视综合人口覆盖率分别为 99.42%、99.76%。全省建成 31 个县级应急广播体系，郴州和湘西州启动市级应急广播平台建设。全省共有播出机构 108 个。持《广播电视节目制作经营许可证》机构 885 家，持《信息网络传播视听节目许可证》机构 133 家。生产完成并获准发行电视剧 10 部，生产完成并获准发行的网络剧 5 部，网络动画 9 部，网络电影 5 部，网络微短剧 5 部，国产电视动画片备案备案公示 12 部，获准发行动画片 7 部。有线电视实际用户 639.2 万户，IPTV 用户数为 1533.2 万户，户户通用户数共计 8138359 户。撤销 1 个广播频率。广播电视和网络视听实际创收入 272.62 亿元，同比减少 9.33%。
广东省	广播电视综合人口覆盖率均达 99.98%。共完成 10 个市级应急广播平台，52 个县区级应急广播平台建设。广播电视节目制作经营机构 3550 家。持《信息网络传播视听节目许可证》及备案的网络视听节目服务机构 146 家。获发行许可的电视剧 19 部，备案公示的国产电视动画片 70 部。有线电视实际用户 1535.92 万户，IPTV 累计用户数 2049 万户。撤销 2 个电视频道、1 个广播频率、1 个付费广播频率。广播电视和网络视听实际创收入 1329.24 亿元，同比增长 37.48%（其中网络视听节目服务收入收入 653.98 亿元，同比增长 92.9%）。
广西壮族自治区	广播电视综合人口覆盖率分别为 98.8%、99.45%。累计建成广西应急广播云平台和 68 个县级应急广播体系。持《广播电视节目制作经营许可证》机构 640 家，持《信息网络传播视听节目许可证》机构 101 家。取得重点网络影视剧立项备案号数量为 134 部，核发重点网络影视剧上线号 9 部。有线电视实际用户 782.45 万户。撤销 2 个电视频道。广播电视和网络视听实际创收入 37.25 亿元，同比减少 7.28%。
海南省	广播电视综合人口覆盖率分别为 99.45%、99.48%。建成 9 个县级应急广播系统平台，覆盖 74 个乡镇 860 个行政村。持《广播电视播出机构许可证》机构 20 家，持《广播电视节目制作经营许可证》机构 816 家，持《信息网络传播视听节目许可证》机构 26 家。完成并获准发行电视剧 1 部、网络剧 56 部、动画片 1 部。有线电视实际用户 125.95 万户，IPTV 用户 197 万户。广播电视和网络视听实际创收入 40.89 亿元，同比减少 38.79%。
重庆市	广播电视综合人口覆盖率分别为 99.55%、99.65%。37 个区县建成县级应急广播平台，应急广播终端达 5.9 万组，覆盖 9079 个行政村（社区）。持《信息网络传播视听节目许可证》机构 45 家，持《广播电视节目制作经营许可证》机构 857 家。审查发行电视剧 3 部、电视动画片 2 部，完成重点网络影视剧（动画片）规划信息备案 229 部、通过 69 部，成片上线备案 15 部，通过 9 部。有线电视用户实际 613.69 万户，IPTV 累计用户 504.27 万户。广播电视和网络视听实际创收入 54.51 亿元，同比减少 14.61%。
四川省	广播电视综合人口覆盖率分别为 99.39%、99.72%。建成 1 个省级应急广播平台，4 个市级、145 个县级应急广播平台，4.62 万个村级广播系统和 26.2 万个大喇叭终端。广播电视播出机构 162 个。持《广播电视节目制作经营许可证》机构 1784 家，持《信息网络传播视听节目许可证》机构 214 家。制作发行电视剧 6 部，电视动画片 5 部，纪录片 457 部。有线电视实际用户数 889.15 万户，IPTV 用户数 2700 余万户。撤销 2 个电视频道。广播电视和网络视听实际创收入 165.08 亿元，同比增长 38.02%。

续表

地区	2022 年发展基本数据
贵州省	广播电视综合人口覆盖率分别为 99.02%、99.24%。实施 4 个"老少边及欠发达地区县级应急广播体系建设"项目，建成省级应急广播平台 1 个、市级平台 5 个、县级平台 87 个，部署应急广播终端点位 29.03 万个，覆盖 1.17 万个行政村。广播电视节目制作机构 310 家，网络视听节目服务持证机构 63 家。重点网络电影规划备案 21 部，网络电视剧规划备案 5 部、网络微短剧 46 部、网络动画片 1 部、网络综艺节目 1 部。有线电视实际用户 909.91 万户，IPTV 激活用户 839.76 万户。广播电视和网络视听实际创收收入 74.5 亿元，同比增加 2.02%。
云南省	广播电视综合人口覆盖率分别为 99.64%、99.67%。应急广播体系已实施 9 个州（市）级平台建设，建成 79 个县级系统，发布终端总体覆盖率超过 60%。广播电视播出机构共 137 个。持《广播电视节目制作经营许可证》机构 367 家，持《信息网络传播视听节目许可证》机构 151 家。共受理备案国产电视剧（含电视动画片）15 部，备案公示 8 部，发证 1 部，完成引进剧内容审查 7 部，发证 6 部。审核网络影视剧规划备案 383 部。有线电视实际用户 392.79 万户，IPTV 用户数 449 万户，OTT 用户数 700 万户。撤销 3 个电视频道。广播电视和网络视听实际创收收入 46.38 亿元，同比增加 23.71%。
西藏自治区	广播电视综合人口覆盖率分别为 99.41%、99.56%。持《广播电视节目制作经营许可证》机构 253 家。有线电视实际用户 24.63 万户。广播电视和网络视听实际创收收入 5.02 亿元，同比减少 44.38%。
陕西省	广播电视综合人口覆盖率分别为 99.48%、99.71%。23 个县已完成应急广播建设项目验收。全省制作经营机构为 1536 家，新批持《广播电视节目制作经营许可证》机构 263 家、电视剧制作（乙种）证 2 个，持《信息网络传播视听节目许可证》机构 104 家。备案公示电视剧 21 部，许可发行电视剧 7 部。备案公示重点网络影视剧 122 个，审查通过的完成片 37 部，境外引进剧 6 部，动画片备案 8 部，发放许可证 5 部。有线电视实际用户 750.95 万户，户户通户数 626.18 万户，IPTV 覆盖用户超 700 万户。广播电视和网络视听实际创收收入 68.6 亿元，同比减少 1.79%。
甘肃省	广播电视综合人口覆盖率分别为 99.46%、99.52%。实施 13 个老少边及欠发达地区县级应急广播体系建设任务和 12 个其他县级应急广播体系建设任务。广播电视播出机构 92 家。持《广播电视节目制作经营许可证》机构 536 家，持《信息网络传播视听节目许可证》机构 82 家。受理国产电视剧备案 6 部，备案公示 4 部；审查电视剧完成片 1 部；受理网络影视剧备案 86 部，其中 22 部通过规划备案，4 部取得上线备案。户户通用户 549.7 万户，有线电视实际用户 156.45 万户；IPTV 用户 525.69 万户。广播电视和网络视听实际创收收入 9.23 亿元，同比减少 8.39%。
青海省	广播电视综合人口覆盖率分别为 99.15%、99.2%。应急广播建设共完成 38 个县。广播电视播出机构 46 家，持《广播电视节目制作经营许可证》188 家，持《信息网络传播视听节目许可证》41 家。制作播出纪录片 2 部，获准上线网络电影 2 部。有线电视实际用户 98.96 万户，户户通用户数为 108 万户。广播电视和网络视听实际创收收入 2.56 亿元，同比减少 13.7%。
宁夏回族自治区	广播电视综合人口覆盖率分别为 99.93%、99.98%。完成了 7 个县级应急广播体系建设。持《广播电视节目制作经营许可证》机构 189 家，持《信息网络传播视听节目许可证》单位 20 家。制作纪录片 74 部。有线电视实际用户 122.91 万户，IPTV 累计用户数 113.15 万户。广播电视和网络视听实际创收收入 5.63 亿元，同比减少 4.33%。

地区	2022 年发展基本数据
新疆维吾尔自治区	广播电视人口综合覆盖率分别为 99.2%、99.3%。广播电视播出机构 102 个。广播电视节目制作经营机构 820 家，互联网视听节目服务单位 95 家。电视剧发行许可 3 部，网络影视剧规划备案 82 部、上线备案和发行许可 64 部。有线电视实际用户 276.37 万户。撤销 1 个电视频道。广播电视和网络视听实际创收收入 68.84 亿元，同比减少 49.35%。
新疆生产建设兵团	有线电视实际用户 15.87 万户。广播电视和网络视听实际创收收入 2.7 亿元，同比增加 39.99%。

附录三　2022年全国广播电视发展主要指标一览表①

2022年全国广播电视发展主要指标一览表（一）

	宣传情况				覆盖情况				有线电视发展情况							
	广播节目播出时间	电视节目播出时间	广播节目制作时间	电视节目制作时间	广播综合人口覆盖率	电视综合人口覆盖率	无线广播综合人口覆盖率	无线电视综合人口覆盖率	有线电视实际用户数	有线数字电视实际用户数	有线双向数字电视实际用户数	有线电视视频费用户数	有线数字电视缴费用户数	有线双向数字电视缴费用户数	有线电视用户占本地区总户数比重	有线广播电视网络传输干线总长（不含县级前端以下）
	万小时	万小时	万小时	万小时	%	%	%	%	万户	万户	万户	万户	万户	万户	%	万公里
全国合计	1,602.15	2,003.64	787.65	285.21	99.65	99.75	98.90	98.65	19,964.25	19,198.69	9,819.92	11,049.55	10,703.58	6,097.31	43.20	224.45
国家广播电视总局	—	25.56	0.21	23.44	—	—	—	—	—	—	—	—	—	—	—	4.00
中央广播电视总台	17.21	4.38	24.81	1.00	—	—	—	—	—	—	—	—	—	—	—	—
其他部门所属单位	—	—	—	—	—	—	—	—	—	—	—	—	—	—	—	—
北京市	12.40	17.63	9.93	6.19	100.00	100.00	100.00	100.00	612.54	575.01	540.01	387.32	378.67	367.56	112.33	22.38
天津市	14.33	18.44	9.81	1.97	100.00	100.00	100.00	86.63	362.40	357.48	159.22	85.47	81.07	54.60	84.99	0.37
河北省	91.70	98.00	43.65	13.43	99.79	99.86	99.64	99.21	607.38	587.36	222.53	344.03	305.34	148.49	23.35	8.05
山西省	56.55	63.21	26.84	10.98	98.97	99.29	98.95	99.27	383.64	322.77	35.89	152.12	136.61	14.63	109.83	7.93
内蒙古自治区	68.80	68.81	29.51	7.84	99.75	99.75	99.50	98.88	269.57	267.08	150.63	190.62	187.96	122.99	29.93	1.26
辽宁省	67.68	66.75	39.79	11.33	99.50	99.48	99.42	98.62	508.71	483.47	160.41	428.73	423.92	157.28	32.77	2.97
吉林省	59.44	53.48	22.69	6.06	99.56	99.63	99.26	97.60	622.70	622.70	413.84	256.20	256.20	165.32	60.87	1.74
黑龙江省	57.92	61.01	21.83	9.09	99.96	99.95	99.96	99.91	549.82	544.67	206.02	456.83	455.06	177.99	39.15	9.87
上海市	14.26	13.60	8.77	3.60	100.00	100.00	100.00	100.00	755.10	740.83	738.89	371.25	367.27	366.23	132.11	9.46
江苏省	75.62	77.19	56.39	18.21	100.00	100.00	100.00	100.00	1,248.23	1,243.07	618.80	961.82	947.29	481.74	48.37	4.44
浙江省	76.63	71.09	50.06	13.92	99.81	99.88	99.39	99.14	1,251.45	1,243.63	557.31	939.40	918.82	477.37	71.02	4.40
安徽省	65.62	74.23	30.55	7.72	99.95	99.94	99.95	99.94	810.29	615.73	201.26	285.16	236.05	87.27	36.65	3.54
福建省	53.80	47.65	23.88	4.90	99.87	99.90	99.33	98.99	730.25	730.25	355.28	505.97	505.97	398.70	62.56	23.71

① 附录及全书主要数据由国家广播电视总局规划财务司提供，计算结果保留小数点后两位。其他部门所属单位指持有《广播电视节目制作经营许可证》《信息网络传播视听节目许可证》等的中央国家机关下属单位。

续表

地区	宣传情况				覆盖情况				有线电视发展情况							
	广播节目播出时间	电视节目播出时间	广播节目制作时间	电视节目制作时间	广播综合人口覆盖率	电视综合人口覆盖率	无线广播综合人口覆盖率	无线电视综合人口覆盖率	有线电视实际用户数	有线数字电视实际用户数	有线双向数字电视实际用户数	有线电视缴费用户数	有线数字电视缴费用户数	有线双向数字电视缴费用户数	有线电视用户占本地区总户数比重	有线广播电视网络传输干线总长（不含县级前端以下）
	万小时	万小时	万小时	万小时	%	%	%	%	万户	万户	万户	万户	万户	万户	%	万公里
江西省	37.85	65.57	17.02	8.05	99.47	99.75	99.33	99.61	536.31	506.39	189.79	275.96	272.36	91.55	36.24	11.17
山东省	105.26	148.73	56.50	17.73	99.66	99.71	99.56	99.38	1,471.89	1,400.71	558.89	920.14	861.95	392.69	42.78	45.45
河南省	73.63	93.55	34.27	13.01	99.70	99.69	99.70	99.68	636.73	619.13	164.78	258.24	250.98	73.01	19.16	5.55
湖北省	61.12	69.88	23.95	8.58	99.90	99.88	99.78	99.80	1,272.04	1,260.93	779.94	385.84	385.50	216.81	60.86	3.07
湖南省	54.66	80.07	24.24	10.00	99.42	99.76	98.72	98.81	639.20	613.67	246.50	350.86	290.99	141.10	26.99	11.02
广东省	84.67	83.71	59.81	14.20	99.98	99.98	97.54	97.55	1,535.92	1,476.91	750.90	1,334.49	1,306.90	621.74	43.28	21.95
广西壮族自治区	42.27	64.35	20.64	8.75	98.80	99.45	98.03	98.73	782.45	782.45	464.96	248.35	248.35	205.82	46.39	1.28
海南省	15.76	11.06	7.00	1.94	99.45	99.48	99.42	99.44	125.95	117.20	45.79	76.77	74.60	29.51	46.56	0.30
重庆市	20.76	29.89	10.44	6.53	99.55	99.65	95.22	94.05	613.69	549.18	420.46	239.18	238.50	226.67	50.90	0.68
四川省	72.45	121.60	29.28	12.72	99.39	99.72	98.49	98.40	889.15	858.64	523.88	491.68	479.21	367.11	28.10	3.33
贵州省	27.72	58.06	12.91	5.73	99.02	99.24	94.79	93.98	909.91	909.91	585.88	358.51	358.51	324.84	67.52	1.62
云南省	45.35	95.21	17.95	10.27	99.64	99.67	97.96	97.87	392.79	369.03	131.28	203.89	197.37	87.53	25.24	3.70
西藏自治区	15.49	39.13	2.78	3.23	99.41	99.56	98.16	97.22	24.63	23.89	—	10.92	10.92	—	24.35	0.51
陕西省	48.67	64.59	23.03	9.11	99.48	99.71	99.29	99.43	750.95	748.44	287.39	312.34	312.31	173.42	55.26	4.14
甘肃省	38.53	57.47	16.24	6.18	99.46	99.52	97.16	96.60	156.45	118.07	68.40	105.06	102.56	57.86	17.88	1.67
青海省	26.37	31.55	3.66	1.97	99.15	99.20	99.14	99.04	98.96	98.96	69.73	19.89	19.89	3.48	48.47	0.78
宁夏回族自治区	13.33	17.83	5.47	1.61	99.93	99.98	99.49	99.58	122.91	122.06	41.20	28.18	28.18	17.62	44.84	0.51
新疆维吾尔自治区	86.27	110.38	23.73	5.92	99.20	99.30	99.13	99.27	276.37	276.35	130.04	64.33	64.29	46.39	33.37	2.41
新疆生产建设兵团	—	—	—	—	—	—	—	—	15.87	12.72	—	—	—	—	—	1.22

2022 年全国广播电视发展主要指标一览表（二）

	从业人员	总收入	实际创收入	广告收入	广播广告收入	电视广告收入	网络媒体广告收入	有线电视网络收入	有线电视收视维护费收入	落地费收入	有线电视机顶盒广告收入	付费数字电视频道收入	新媒体业务收入	网络视听节目服务收入	资产总额
	万人	亿元	亿元	亿元	亿元	亿元	亿元	亿元	亿元	亿元	亿元	亿元	亿元	亿元	亿元
全国合计	104.75	12,419.34	10,668.52	3,342.32	73.72	553.23	2,407.39	719.55	255.31	29.34	2.42	27.13	4,399.92	1,209.38	28,880.92
国家广播电视总局	0.97	77.10	42.65	0.13	—	0.01	0.07	5.90	—	—	—	—	8.85	0.10	937.06
中央广播电视总台	4.22	575.79	575.09	224.10	5.62	200.47	16.31	0.57	—	—	—	0.57	100.42	5.07	2,075.71
其他部门所属单位	0.37	35.69	27.43	16.87	—	11.09	4.04	0.02	—	—	—	0.02	0.36	0.03	104.97
北京市	11.83	4,738.47	4,318.56	1,301.53	4.28	65.50	1,059.65	21.95	8.64	3.08	0.20	0.49	2,581.69	334.25	6,495.01
天津市	0.86	69.80	63.11	5.89	1.66	3.57	0.04	5.05	2.18	0.56	0.02	0.50	12.15	7.20	298.62
河北省	3.53	91.10	53.74	9.72	2.32	6.49	0.20	23.30	6.74	0.98	0.03	0.42	9.39	0.01	286.30
山西省	2.62	75.02	23.29	6.47	1.03	3.55	0.24	5.14	2.95	0.37	0.00	0.40	2.78	—	142.00
内蒙古自治区	1.83	48.56	15.75	2.90	0.58	2.19	0.01	9.30	4.97	0.01	0.00	0.26	0.85	—	125.79
辽宁省	2.49	60.28	34.95	10.08	3.04	6.48	0.18	18.34	11.57	1.41	0.06	0.55	2.07	0.22	184.09
吉林省	1.97	54.08	33.82	6.96	1.43	4.86	0.03	18.00	8.70	0.58	0.03	0.19	2.61	0.00	350.59
黑龙江省	2.26	63.09	30.12	5.45	1.45	3.57	0.32	15.14	8.21	0.89	0.10	0.70	2.20	0.00	189.12
上海市	3.82	1,695.01	1,612.55	1,039.77	2.95	14.77	1,018.00	31.58	9.86	2.04	—	2.72	292.57	139.29	3,789.99
江苏省	6.54	382.08	349.61	59.12	7.28	27.09	6.20	72.71	28.05	1.03	0.23	2.30	32.16	12.77	2,092.50
浙江省	6.34	685.80	557.52	102.20	7.90	45.03	6.87	81.92	22.76	2.29	0.18	2.73	128.33	5.04	2,533.03
安徽省	2.79	153.79	95.21	38.55	2.24	12.61	15.37	17.34	5.09	0.87	0.03	0.35	5.69	0.09	286.58
福建省	3.59	314.19	248.72	88.16	1.86	7.77	69.35	42.35	7.56	0.73	—	2.48	17.21	3.53	434.31
江西省	2.12	94.31	49.02	12.88	1.13	7.51	0.38	16.36	5.27	0.32	0.00	0.17	10.63	0.04	160.68

续表

	从业人员	总收入	实际创收入	广告收入	广播广告收入	电视广告收入	网络媒体广告收入	有线电视网络收入	有线电视维收费收入	落地费收入	有线电视机顶盒广告收入	付费数字电视频道收入	新媒体业务收入	网络视听节目服务收入	资产总额
	万人	亿元	亿元	亿元	亿元	亿元	亿元	亿元	亿元	亿元	亿元	亿元	亿元	亿元	亿元
山东省	6.24	240.99	168.28	51.75	5.68	23.66	13.75	37.85	13.24	1.51	0.11	2.21	32.30	0.54	694.11
河南省	3.74	77.41	41.37	11.78	2.73	6.28	0.36	8.51	5.31	1.47	0.11	0.27	7.98	—	250.17
湖北省	3.68	187.54	144.66	16.73	2.71	8.98	3.57	32.64	11.05	2.19	0.11	0.60	76.98	1.18	497.30
湖南省	4.45	310.53	272.62	86.89	2.74	32.74	48.06	20.17	7.36	1.52	0.15	0.73	79.97	40.42	1,073.51
广东省	7.97	1,421.87	1,329.24	168.35	5.04	17.10	137.81	86.54	36.39	2.64	0.62	3.50	920.94	653.98	2,822.14
广西壮族自治区	1.93	79.28	37.25	4.22	0.70	2.80	0.28	16.35	5.91	0.59	0.01	0.34	3.13	0.00	214.32
海南省	0.76	61.37	40.89	2.77	0.06	1.24	0.21	3.54	1.73	—	—	0.04	6.11	2.19	163.16
重庆市	1.54	82.13	54.51	8.90	0.73	4.60	0.33	20.20	5.58	0.99	—	0.64	4.25	0.93	158.41
四川省	5.13	275.26	165.08	17.60	2.72	7.52	0.96	39.94	13.02	1.21	0.01	1.15	36.24	1.09	651.51
贵州省	2.02	96.42	74.50	9.46	0.44	5.87	0.56	27.28	6.44	0.46	0.40	1.81	6.77	—	421.75
云南省	2.30	78.84	46.38	11.92	0.94	7.52	2.39	10.30	3.84	0.40	0.00	0.26	2.61	0.01	334.64
西藏自治区	0.52	24.84	5.02	1.00	0.01	0.01	0.91	0.21	0.18	0.01	—	0.00	0.01	—	38.76
陕西省	2.14	91.02	68.60	9.60	2.66	5.69	0.62	18.10	8.06	0.55	—	0.20	6.92	0.59	323.77
甘肃省	1.50	34.36	9.23	2.03	0.41	1.33	0.02	3.76	1.31	0.16	0.00	0.22	1.03	0.00	182.59
青海省	0.45	12.78	2.56	0.62	0.15	0.23	—	1.29	0.38	0.12	—	0.05	0.33	—	30.71
宁夏回族自治区	0.54	16.35	5.63	1.13	0.16	0.51	0.13	2.49	0.59	0.15	—	0.22	0.55	—	53.22
新疆维吾尔自治区	1.69	107.03	68.84	6.53	1.07	4.32	0.18	4.56	1.55	0.20	0.02	0.05	3.85	0.81	484.50
新疆生产建设兵团	—	7.16	2.70	0.26	—	0.26	—	0.83	0.83	—	—	—	0.00	—	

附录四　2022 年全国广播电视总收入构成情况图表

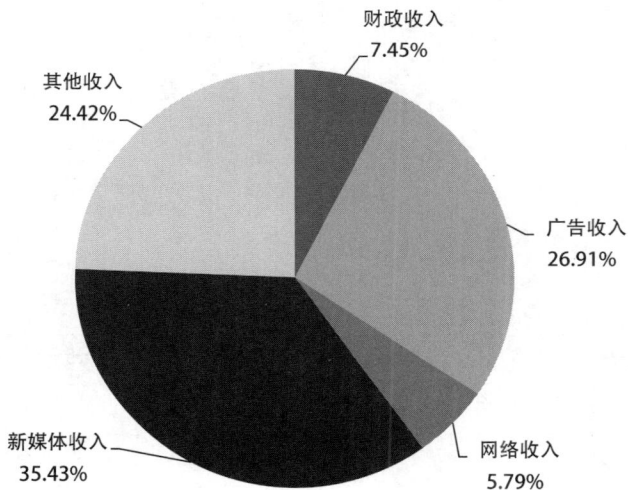

财政收入
7.45%

其他收入
24.42%

广告收入
26.91%

新媒体收入
35.43%

网络收入
5.79%

2022 年全国广播电视总收入分类构成情况

指标	总收入（亿元）	占全国广电总收入比重（%）
财政收入	925.51	7.45
广告收入	3,342.32	26.91
网络收入	719.55	5.79
新媒体收入	4,399.92	35.43
其他收入	3,032.04	24.42
全国总收入	12,419.34	100.00

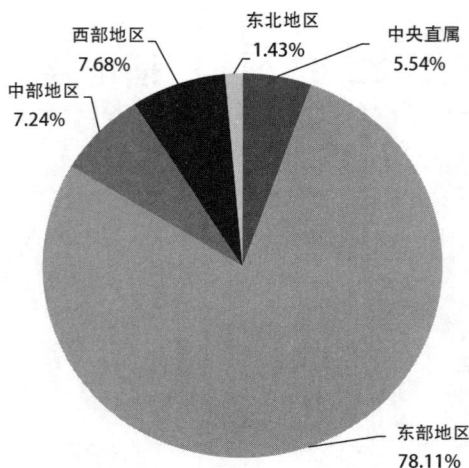

西部地区 7.68%
东北地区 1.43%
中央直属 5.54%
中部地区 7.24%
东部地区 78.11%

2022 年全国广播电视总收入区域构成情况①

地区	总收入（亿元）	占全国广电总收入比重（%）
中央直属	688.58	5.54
东部地区	9,700.68	78.11
中部地区	898.59	7.24
西部地区	954.03	7.68
东北地区	177.46	1.43
全国合计	12,419.34	100.00

---

① 本书附录中所指东部地区包括北京市、天津市、河北省、上海市、江苏省、浙江省、福建省、山东省、广东省和海南省 10 个省（市）；中部地区包括山西省、安徽省、江西省、河南省、湖北省和湖南省 6 省；西部地区包括内蒙古自治区、广西壮族自治区、重庆市、四川省、贵州省、云南省、西藏自治区、陕西省、甘肃省、青海省、宁夏回族自治区和新疆维吾尔自治区 12 个省（区、市）；东北地区包括辽宁省、吉林省和黑龙江省 3 省。

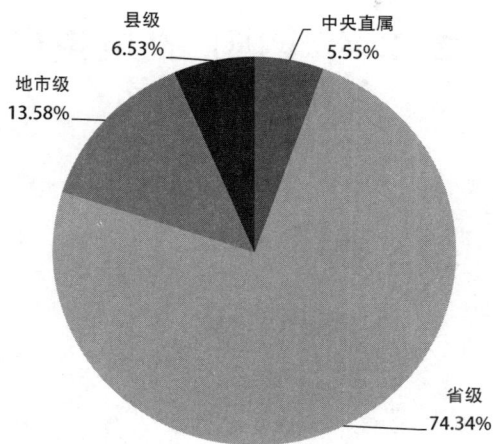

2022 年全国广播电视总收入分级构成情况

地区	总收入（亿元）	占全国广电总收入比重（%）
中央直属	688.58	5.55
省级	9,232.92	74.34
地市级	1,686.56	13.58
县级	811.28	6.53
全国合计	12,419.34	100.00

附录五　2022 年全国广播电视广告收入分布情况图表

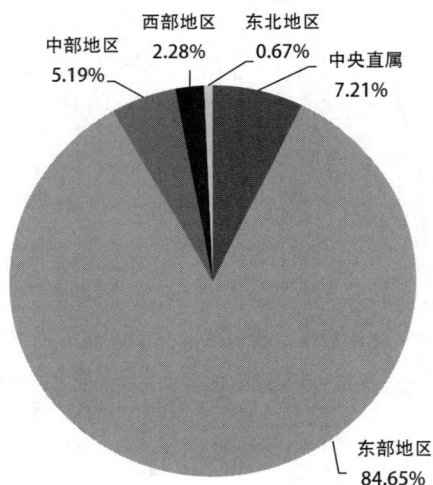

西部地区 2.28%　东北地区 0.67%　中央直属 7.21%　中部地区 5.19%　东部地区 84.65%

2022 年全国广播电视广告收入区域构成情况

地区	广告收入（亿元）	占全国广告总收入比重（%）
中央直属	241.10	7.21
东部地区	2,829.26	84.65
中部地区	173.30	5.19
西部地区	76.17	2.28
东北地区	22.49	0.67
全国合计	3,342.32	100.00

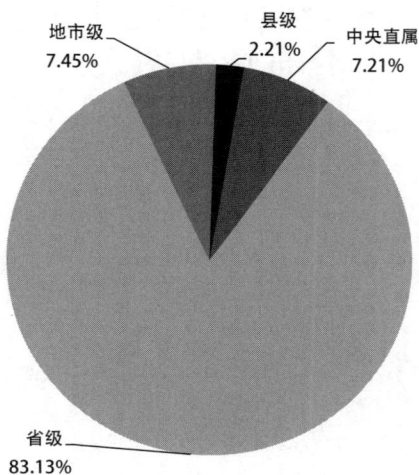

县级
2.21%

地市级
7.45%

中央直属
7.21%

省级
83.13%

2022 年全国广播电视广告收入分级构成情况

地区	广告收入（亿元）	占全国广告收入比重（%）
中央直属	241.10	7.21
省级	2,778.38	83.13
地市级	249.05	7.45
县级	73.79	2.21
全国合计	3,342.32	100.00

附录六　2022 年全国广播电视新媒体业务收入分布情况图表

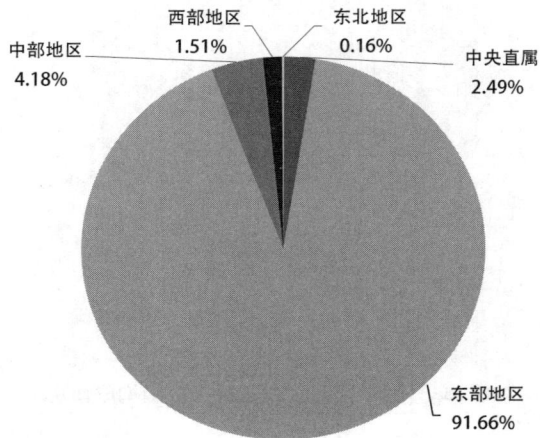

2022 年全国广播电视新媒体收入区域构成情况 ①

地区	新媒体业务收入（亿元）	占全国新媒体业务收入比重（%）
中央直属	109.63	2.49
东部地区	4,032.84	91.66
中部地区	184.02	4.18
西部地区	66.55	1.51
东北地区	6.88	0.16
全国合计	4,399.92	100.00

---

①　各网络视听平台收入按注册地计入各区域。

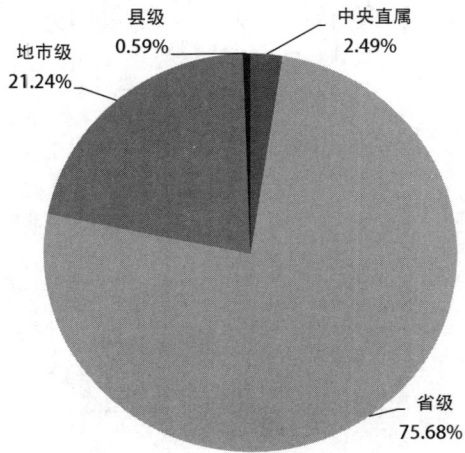

县级
0.59%

地市级
21.24%

中央直属
2.49%

省级
75.68%

2022 年全国广播电视新媒体收入分级构成情况

地区	新媒体业务收入（亿元）	占全国新媒体业务收入比重（%）
中央直属	109.63	2.49
省级	3,329.87	75.68
地市级	934.69	21.24
县级	25.73	0.59
全国合计	4,399.92	100.00

附录七 2022 年全国公共广播电视制作、播出情况图表

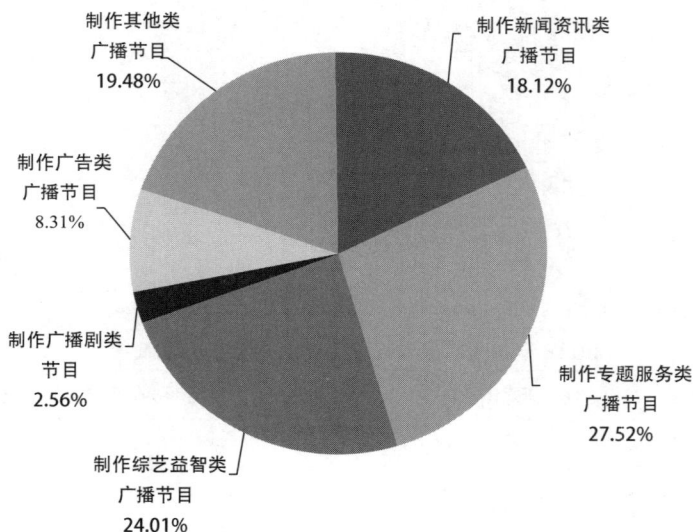

制作其他类
广播节目
19.48%

制作新闻资讯类
广播节目
18.12%

制作广告类
广播节目
8.31%

制作广播剧类
节目
2.56%

制作专题服务类
广播节目
27.52%

制作综艺益智类
广播节目
24.01%

2022 年全国公共广播节目按类别制作时间情况

制作广播节目类别	时间（万小时）	占全年制作广播节目时间比重（%）	较 2021 年同比增长（%）
制作新闻资讯类广播节目	142.73	18.12	−2.05%
制作专题服务类广播节目	216.79	27.52	−2.61%
制作综艺益智类广播节目	189.09	24.01	−2.46%
制作广播剧类节目	20.14	2.56	−10.05%
制作广告类广播节目	65.42	8.31	−8.14%
制作其他类广播节目	153.48	19.48	−2.18%
全年制作广播节目时间合计	787.65	100.00	−3.08%

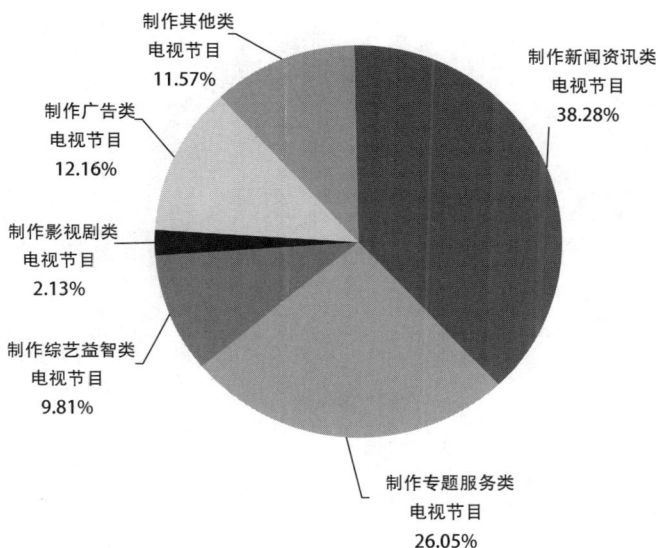

制作其他类电视节目 11.57%

制作广告类电视节目 12.16%

制作影视剧类电视节目 2.13%

制作综艺益智类电视节目 9.81%

制作新闻资讯类电视节目 38.28%

制作专题服务类电视节目 26.05%

2022 年全国公共电视节目按类别制作时间情况

制作电视节目类别	时间（万小时）	占全年制作电视节目时间比重（%）	较2021年同比增长（%）
制作新闻资讯类电视节目	109.17	38.28	−0.18%
制作专题服务类电视节目	74.30	26.05	−6.27%
制作综艺益智类电视节目	27.99	9.81	−6.76%
制作影视剧类电视节目	6.07	2.13	−19.28%
制作广告类电视节目	34.67	12.16	−8.64%
制作其他类电视节目	33.01	11.57	−21.09%
全年制作电视节目时间合计	285.21	100.00	−6.78%

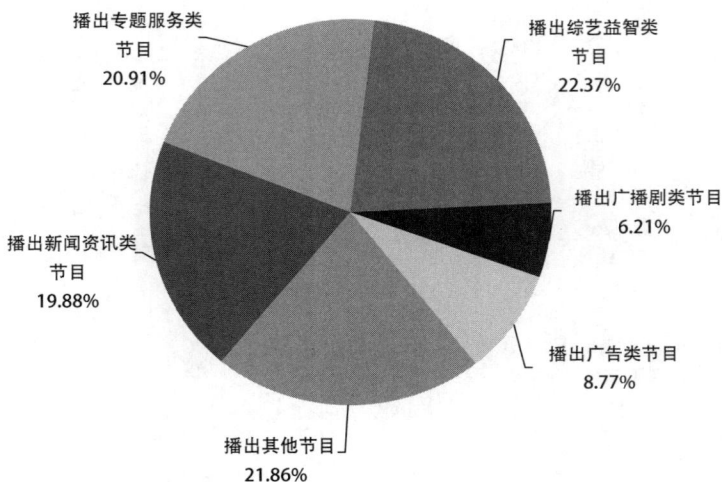

2022 年全国公共广播节目按类别播出时间情况

广播节目播出类别	时间（万小时）	占全年广播节目播出时间的比重（%）	较2021年同比增长（%）
播出新闻资讯类节目	318.59	19.88	1.68%
播出专题服务类节目	334.94	20.91	−0.45%
播出综艺益智类节目	358.46	22.37	1.17%
播出广播剧类节目	99.43	6.21	1.69%
播出广告类节目	140.49	8.77	−2.06%
播出其他节目	350.24	21.86	1.77%
全年公共广播节目播出时间合计	1,602.15	100.00	0.80%

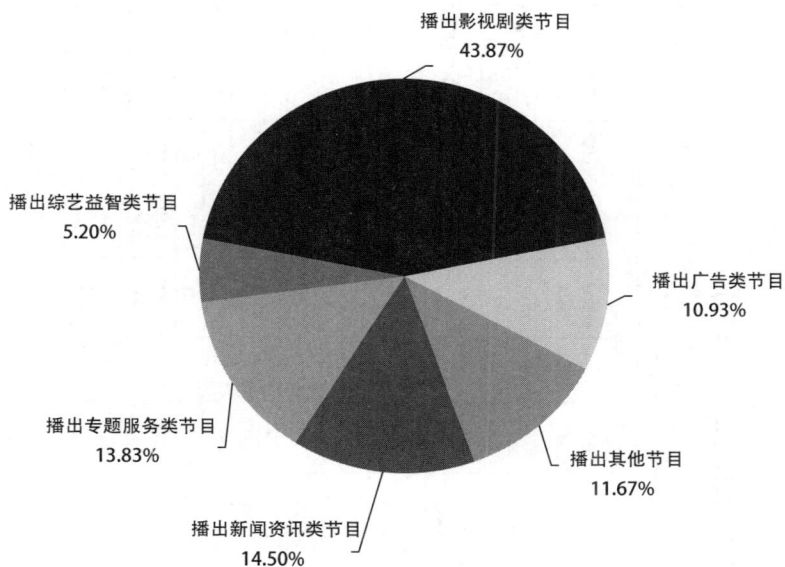

播出影视剧类节目
43.87%

播出综艺益智类节目
5.20%

播出广告类节目
10.93%

播出专题服务类节目
13.83%

播出其他节目
11.67%

播出新闻资讯类节目
14.50%

2022 年全国公共电视节目按类别播出时间情况

电视节目播出类别	时间（万小时）	占全年电视节目播出的比重（%）	较 2021 年同比增长（%）
播出新闻资讯类节目	290.50	14.50	0.57%
播出专题服务类节目	277.10	13.83	1.05%
播出综艺益智类节目	104.24	5.20	−4.77%
播出影视剧类节目	878.95	43.87	−0.61%
播出广告类节目	219.10	10.93	−3.07%
播出其他节目	233.75	11.67	1.14%
全年公共电视节目播出时间合计	2,003.64	100.00	−0.51%

附录八 2022年全国广播电视人才队伍情况图表

2022年全国广播电视行业从业人员情况一览表（一）

单位：人

	从业人员	长期职工	女	党员	县级融媒体中心人员	从业人员按职业分类									
						管理人员	专业人员	编辑、记者	女	播音员、主持人	女	工程技术人员	艺术人员	经营人员	其他人员
全国合计	1,047,549	978,092	449,186	332,816	147,827	174,978	542,497	180,843	94,865	30,862	18,985	148,791	32,092	67,858	330,074
国家广播电视总局	9,741	9,484	3,903	4,876	29	1,760	6,698	161	116	1	1	5,409	129	116	1,283
中央广播电视总台	42,197	39,293	21,241	11,491	—	5,035	22,512	8,705	5,520	599	335	4,592	2,363	1,618	14,650
其他部门所属单位	3,684	3,598	2,086	1,631	19	872	2,536	1,416	907	36	25	426	72	391	276
北京市	118,299	102,772	55,889	16,695	2,072	17,868	45,678	8,012	4,723	1,458	915	13,361	3,787	7,840	54,753
天津市	8,585	8,478	4,140	3,247	618	1,193	6,315	2,762	1,576	252	156	1,235	340	479	1,077
河北省	35,270	33,256	15,452	13,654	9,127	5,007	18,860	6,603	3,409	1,445	888	4,851	1,753	1,987	11,403
山西省	26,196	24,124	12,141	8,387	6,572	4,374	13,369	6,615	3,538	689	428	3,126	526	920	8,453
内蒙古自治区	18,339	15,769	7,849	7,096	4,283	2,043	11,980	5,492	2,876	985	588	3,466	331	316	4,316
辽宁省	24,885	23,793	10,260	11,826	3,286	4,434	14,059	5,230	2,653	1,073	668	3,986	1,039	1,476	6,392
吉林省	19,655	18,791	7,361	7,851	3,449	3,055	13,299	4,517	2,251	770	424	3,372	387	3,636	3,301
黑龙江省	22,563	22,018	8,589	9,492	4,133	4,233	12,169	4,906	2,640	736	444	3,845	419	955	6,161
上海市	38,222	36,969	17,439	7,955	1,287	5,701	17,866	3,809	2,432	631	377	4,690	2,589	3,273	14,655
江苏省	65,440	62,577	27,489	21,281	10,433	9,469	36,986	11,801	5,998	1,909	1,180	8,668	1,596	7,264	18,985
浙江省	63,445	58,010	27,424	18,875	11,040	11,030	32,465	9,845	5,272	1,588	965	9,694	2,525	4,217	19,950
安徽省	27,914	26,539	11,349	10,275	4,597	5,993	14,760	5,221	2,353	1,222	738	4,024	868	1,908	7,161
福建省	35,890	33,606	14,916	9,738	3,743	6,755	16,691	5,544	2,982	841	569	4,866	929	2,042	12,444

2022 年全国广播电视行业从业人员情况一览表（二）

单位：人

	从业人员	长期职工	女	党员	县级融媒体中心人员	管理人员	专业人员	从业人员按职业分类							
								编辑、记者	女	播音员、主持人	女	工程技术人员	艺术人员	经营人员	其他人员
江西省	21,223	19,843	8,101	7,779	2,980	4,982	9,424	3,477	1,672	765	483	2,279	278	900	6,817
山东省	62,364	58,760	26,006	20,569	11,701	9,562	35,394	13,147	6,349	2,773	1,713	8,928	1,448	3,930	17,408
河南省	37,411	36,244	15,381	15,757	10,202	6,254	18,593	9,251	4,356	1,653	995	4,620	456	1,157	12,564
湖北省	36,821	35,655	14,823	15,203	5,811	6,258	19,517	6,175	3,093	999	636	5,187	956	4,473	11,046
湖南省	44,548	42,814	19,202	15,739	7,557	8,005	21,037	6,194	2,971	981	592	5,882	1,050	3,599	15,506
广东省	79,703	74,570	32,472	21,492	6,771	14,765	39,086	9,212	4,747	2,040	1,248	12,339	2,979	5,048	25,852
广西壮族自治区	19,264	18,162	7,714	7,828	2,964	3,705	10,612	3,918	2,023	673	445	3,376	721	622	4,947
海南省	7,615	7,346	3,352	2,063	820	1,400	3,438	1,468	867	287	171	662	424	344	2,777
重庆市	15,445	14,632	6,473	4,468	3,246	2,808	7,650	2,849	1,368	399	251	1,770	481	1,196	4,987
四川省	51,324	47,060	21,210	16,954	7,828	9,804	24,201	8,303	4,259	1,460	908	5,683	1,343	3,784	17,319
贵州省	20,214	18,719	8,371	6,324	4,087	4,081	10,117	4,031	2,062	679	427	2,723	198	809	6,016
云南省	22,974	21,637	9,200	8,407	4,383	3,130	14,737	6,293	3,406	889	524	4,840	537	1,029	5,107
西藏自治区	5,154	4,333	2,438	2,646	899	663	3,313	1,185	586	381	200	852	137	73	1,178
陕西省	21,350	19,873	8,972	7,900	5,398	3,409	13,843	4,524	2,463	796	522	2,788	404	486	4,098
甘肃省	15,023	13,885	6,026	6,302	3,046	3,402	7,852	3,487	1,719	644	411	2,016	111	839	3,769
青海省	4,516	4,169	1,892	1,280	861	560	3,260	986	542	304	174	1,035	226	388	696
宁夏回族自治区	5,374	5,104	2,262	1,900	684	892	3,148	1,374	741	215	136	896	131	211	1,334
新疆维吾尔自治区	16,901	16,209	7,763	5,835	3,901	2,476	11,032	4,330	2,395	689	448	3,304	559	532	3,393

续表

	合计	按学历分			按年龄分			按专业技术职务分				按年收入分		
		研究生	本科及大专	高中及以下	35岁及以下	36岁至50岁	51岁及以上	正高级	副高级	中级	初级	10万元以下	10万元（含）至20万元	20万元以上
全国合计	1,047,549	70,657	833,919	142,973	458,598	444,753	144,198	10,691	46,449	156,873	433,992	609,172	312,540	125,837
国家广播电视总局	9,741	1,328	7,527	886	2,931	5,197	1,613	443	1,454	3,118	2,745	1,938	5,083	2,720
中央广播电视总台	42,197	6,943	30,485	4,769	18,335	18,660	5,202	1,194	3,415	10,401	18,028	9,568	11,595	21,034
其他部门所属单位	3,684	1,110	2,528	46	1,679	1,720	285	90	236	896	1,700	351	1,648	1,685
北京市	118,299	16,518	93,269	8,512	79,304	33,298	5,697	933	1,884	6,007	27,659	53,005	40,828	24,466
天津市	8,585	692	7,275	618	2,984	4,364	1,237	298	909	1,556	3,479	3,414	3,807	1,364
河北省	35,270	1,234	27,296	6,740	11,359	18,763	5,148	513	1,908	6,402	13,481	30,158	4,355	757
山西省	26,196	1,011	20,817	4,368	9,075	12,705	4,416	174	1,116	4,545	9,314	22,848	3,112	236
内蒙古自治区	18,339	773	15,915	1,651	5,815	8,725	3,799	503	2,057	4,650	6,838	14,139	4,062	138
辽宁省	24,885	1,114	20,199	3,572	5,522	13,459	5,904	386	1,432	5,548	10,970	20,582	3,880	423
吉林省	19,655	920	15,459	3,276	5,031	10,520	4,104	499	1,896	3,892	13,368	17,016	2,345	294
黑龙江省	22,563	801	17,837	3,925	4,981	12,443	5,139	583	2,245	4,381	8,773	20,057	2,247	259
上海市	38,222	6,663	28,801	2,758	22,067	13,648	2,507	241	910	4,632	10,972	8,300	15,225	14,697
江苏省	65,440	3,654	52,955	8,831	28,812	27,110	9,518	449	2,705	8,836	32,460	32,835	24,435	8,170
浙江省	63,445	3,110	52,550	7,785	30,685	24,656	8,104	430	2,364	10,028	28,380	26,177	26,423	10,845
安徽省	27,914	1,332	22,377	4,205	11,286	11,919	4,709	200	1,278	4,473	12,932	18,660	8,387	867
福建省	35,890	1,170	29,745	4,975	17,838	13,726	4,326	229	1,322	3,762	17,997	21,042	11,976	2,872
江西省	21,223	760	15,723	4,740	7,020	10,206	3,997	144	697	2,575	6,619	15,084	5,682	457
山东省	62,364	2,962	50,334	9,068	26,190	27,353	8,821	538	3,229	11,196	25,917	42,574	16,806	2,984
河南省	37,411	1,029	26,897	9,485	11,164	20,095	6,152	209	1,518	6,783	15,376	33,653	3,377	381

续表

	合计	按学历分			按年龄分			按专业技术职务分				按年收入分		
		研究生	本科及大专	高中及以下	35岁及以下	36岁至50岁	51岁及以上	正高级	副高级	中级	初级	10万元以下	10万元(含)至20万元	20万元以上
湖北省	36,821	1,762	28,413	6,646	13,334	16,588	6,899	226	1,005	6,103	18,271	24,035	10,550	2,236
湖南省	44,548	2,554	34,599	7,395	19,412	19,416	5,720	184	1,238	5,851	25,595	27,375	10,362	6,811
广东省	79,703	4,981	64,719	10,003	41,100	29,393	9,210	409	2,001	8,691	27,173	32,451	33,392	13,860
广西壮族自治区	19,264	979	16,354	1,931	7,176	8,718	3,370	110	954	4,018	9,656	13,467	5,129	668
海南省	7,615	327	6,174	1,114	3,702	2,846	1,067	33	173	639	4,666	4,514	2,817	284
重庆市	15,445	643	13,025	1,777	6,935	6,118	2,392	182	683	1,707	6,836	7,992	6,633	820
四川省	51,324	2,443	39,869	9,012	22,023	21,056	8,245	185	1,120	6,206	20,359	31,529	16,934	2,861
贵州省	20,214	477	16,065	3,672	9,008	8,745	2,461	114	790	2,742	14,511	12,888	6,364	962
云南省	22,974	871	19,573	2,530	8,604	11,126	3,244	368	1,868	5,200	8,305	15,204	7,172	598
西藏自治区	5,154	192	3,960	1,002	2,586	2,203	365	105	257	917	2,552	1,536	3,041	577
陕西省	21,350	989	17,473	2,888	7,611	10,388	3,351	155	950	3,618	10,260	17,244	3,433	673
甘肃省	15,023	531	12,094	2,398	5,035	7,178	2,810	137	819	2,392	6,121	12,944	2,017	62
青海省	4,516	111	3,934	471	1,928	1,979	609	60	265	662	2,573	2,622	1,704	190
宁夏回族自治区	5,374	225	4,719	430	2,064	2,405	905	101	334	888	2,990	3,444	1,758	172
新疆维吾尔自治区	16,901	448	14,959	1,494	6,002	8,027	2,872	266	1,417	3,558	7,116	10,526	5,961	414

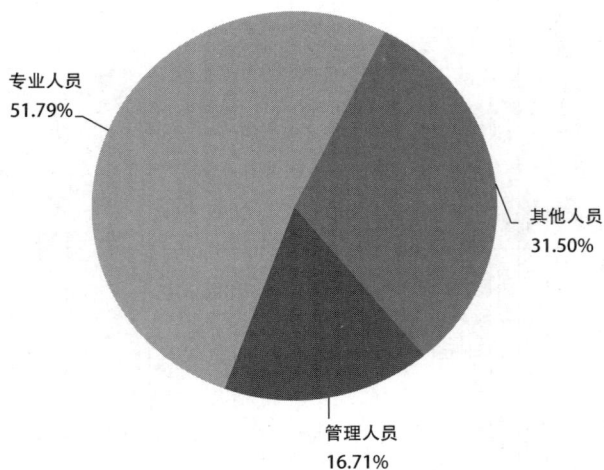

2022 年全国广播电视行业从业人员分类构成情况

类别	人数（万人）	占全国广电从业人员比重（%）
管理人员	17.50	16.71
专业人员	54.25	51.79
其他人员	33.00	31.50
从业人员总计	104.75	100.00

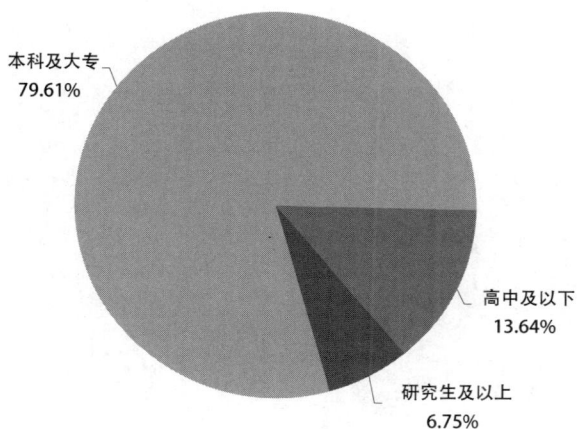

本科及大专
79.61%

高中及以下
13.64%

研究生及以上
6.75%

2022 年全国广播电视行业从业人员学历构成情况

各学历从业人员	人数（万人）	占全国广电从业人员比重（%）
研究生及以上	7.07	6.75
本科及大专	83.39	79.61
高中及以下	14.29	13.64
从业人员总计	104.75	100.00

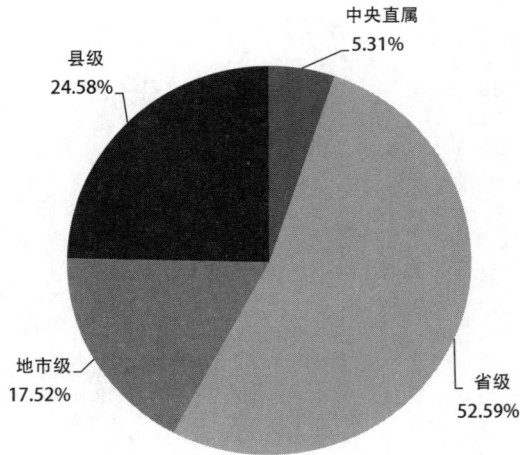

中央直属
5.31%

县级
24.58%

地市级
17.52%

省级
52.59%

2022 年全国广播电视行业从业人员分级构成情况

地区	从业人员（万人）	占全国从业人员比重（%）
中央直属	5.56	5.31
省级	55.09	52.59
地市级	18.35	17.52
县级	25.75	24.58
全国合计	104.75	100.00

《中国广播电视全媒体发展报告（2023）》
编写工作机构

编　审　组

祝燕南　　杨明品　　崔承浩

编　撰　组

陈　林　　赵　捷　　朱新梅　　李秋红　　张苗苗

彭　锦　　贺　涛　　莫　桦　　戚　雪　　张庆男

索　强　　刘继生　　王　羽　　吉　京　　索东汇

孙　晖　　胡　祥　　秦　煦　　董潇潇　　黄田园

丁　琪　　赵京文　　沈雅婷　　顾　芳　　周　菁

周述雅　　王小溪

编　辑　部

主　任:陈　林

副主任:戚　雪

成　员:张庆男　索　强

统计分析组

王学民　曹　森　贺利荣

保　障　组

宋　锋　吕岩梅　李亚飞　陈秀敏　曹淑芹
王　东　王兴会　张司淼　邱焦焦　冯雯欣
曹思和　徐嘉琪　马贤丽　姜　慧　靳　丹

《中国广播电视全媒体发展报告（2023）》
提供材料单位

国家广播电视总局办公厅

国家广播电视总局政策法规司

国家广播电视总局宣传司

国家广播电视总局电视剧司

国家广播电视总局传媒机构管理司

国家广播电视总局网络视听节目管理司

国家广播电视总局媒体融合发展司

国家广播电视总局科技司

国家广播电视总局安全传输保障司

国家广播电视总局规划财务司

国家广播电视总局公共服务司

国家广播电视总局国际合作司（港澳台办公室）

国家广播电视总局人事司

国家广播电视总局机关党委

中央广播电视总台

中国广播电视网络集团有限公司

国家广播电视总局无线电台管理局

国家广播电视总局监管中心

国家广播电视总局广播电视卫星直播管理中心

国家广播电视总局广播影视发展研究中心

国家广播电视总局广播电视科学研究院

国家广播电视总局广播电视规划院

中广电广播电影电视设计研究院

中国电视艺术委员会

国家广播电视总局研修学院

国家广播电视总局广播影视人才交流中心

中国广播电视社会组织联合会

中国广播电视国际经济技术合作总公司

北京市广播电视局

北京广播电视台

天津市广播电视局

天津海河传媒中心

河北省广播电视局

河北广播电视台（集团）

山西省广播电视局

山西广播电视台

内蒙古自治区广播电视局

内蒙古广播电视台

辽宁省广播电视局

辽宁广播电视集团（台）

吉林省广播电视局

吉林广播电视台

黑龙江省广播电视局

黑龙江广播电视台

上海市广播电视局

上海广播电视台

江苏省广播电视局

江苏省广播电视总台（集团）

浙江省广播电视局

浙江广播电视集团

安徽省广播电视局

安徽广播电视台

福建省广播电视局

福建省广播影视集团

江西省广播电视局

江西广播电视台

山东省广播电视局

山东广播电视台

河南省广播电视局

河南广播电视台

湖北省广播电视局

湖北广播电视台（集团）

湖南省广播电视局

湖南广播电视台

广东省广播电视局

广东广播电视台

广西壮族自治区广播电视局

广西广播电视台

海南省旅游和文化广电体育厅

海南广播电视总台（集团）

重庆市文化和旅游发展委员会

重庆广播电视集团（总台）

四川省广播电视局

四川广播电视台

贵州省广播电视局

贵州广播电视台

云南省广播电视局

云南广播电视台

西藏自治区广播电视局

西藏广播电视台

陕西省广播电视局

陕西广电融媒体集团

甘肃省广播电视局

甘肃省广播电视总台

青海省广播电视局

青海广播电视台

宁夏回族自治区广播电视局

宁夏广播电视台

新疆维吾尔自治区广播电视局

新疆生产建设兵团文化体育广电和旅游局

新疆生产建设兵团广播电视台